NOMOSEINFÜHRUNG

Prof. Dr. Gerhard Robbers
Universität Trier

Einführung in das deutsche Recht

8. Auflage

Die Deutsche Nationalbibliothek verzeichnet diese Publikation in
der Deutschen Nationalbibliografie; detaillierte bibliografische
Daten sind im Internet über http://dnb.d-nb.de abrufbar.

ISBN 978-3-7560-0010-4 (Print)
ISBN 978-3-7489-3589-6 (ePDF)

8. Auflage 2023
© Nomos Verlagsgesellschaft, Baden-Baden 2023. Gesamtverantwortung für Druck und
Herstellung bei der Nomos Verlagsgesellschaft mbH & Co. KG. Alle Rechte, auch die des
Nachdrucks von Auszügen, der fotomechanischen Wiedergabe und der Übersetzung,
vorbehalten.

Für Annette, Georg, Inka, Johann und Judith

Vorwort zur achten Auflage

Das Recht steht in ständiger Diskussion. Seine Entwicklung, Ausformung und Anwendung ist Gegenstand andauernder Auseinandersetzung im Bemühen um Übereinstimmung und Akzeptanz. Diese Diskussion steht in internationalem Kontext und ist Teil des allgemeinen demokratischen Prozesses. Sie kann dabei nur fruchtbar sein, wenn sie sich nicht in Einzelheiten verliert, sondern den Gesamtzusammenhang ihres Gegenstandes bewahrt. Dazu möchte diese allgemeine Einführung beitragen, ohne den Anspruch erschöpfender Darstellung und Durchdringung im Einzelnen. So mag auch das Wagnis gerechtfertigt sein, die Grenzen der eigenen Spezialfächer zu überschreiten. Vielfältige Hilfe und intensiver Rat von Kollegen, Mitarbeiterinnen und Mitarbeitern haben diesen Versuch möglich gemacht. Ihnen allen bin ich dankbar.

Die achte Auflage ist durch eigene Kapitel zum Europarecht und zum Völkerrecht erweitert worden, um der weiterhin wachsenden Bedeutung dieser Rechtsgebiete für das deutsche Recht noch stärker Rechnung zu tragen. Insgesamt befindet sich diese Einführung auf dem Stand vom März 2023.

Trier, im März 2023   *Gerhard Robbers*

Inhaltsübersicht

Vorwort zur achten Auflage   7

Abkürzungsverzeichnis   17

A. Allgemeine Strukturen   23
- I. Rechtstradition, Rechtsgebiete und Rechtsquellenf   23
- II. Gerichtsbarkeit   31
- III. Juristische Ausbildung und Berufe   34
- IV. Juristische Arbeits- und Hilfsmittel   36

B. Öffentliches Recht   39
- I. Verfassungs- und Verwaltungsrechtsgeschichte   39
- II. Verfassungsrecht   42
- III. Verwaltungsrecht   72

C. Strafrecht   112
- I. Geschichte und System   112
- II. Allgemeiner Teil   116
- III. Besonderer Teil   128
- IV. Jugendstrafrecht   134
- V. Strafprozessrecht   136

D. Privatrecht   143
- I. Geschichte und System   143
- II. Allgemeiner Teil des Bürgerlichen Gesetzbuches   146
- III. Schuldrecht   158
- IV. Sachenrecht   184
- V. Familienrecht   191
- VI. Erbrecht   200
- VII. Internationales Privatrecht   205
- VIII. Handels- und Gesellschaftsrecht   207
- IX. Wertpapierrecht   215
- X. Gewerblicher Rechtsschutz   217
- XI. Urheberrecht   220
- XII. Arbeitsrecht   221
- XIII. Insolvenzrecht   223
- XIV. Zivilprozessrecht und Freiwillige Gerichtsbarkeit   224

Inhaltsübersicht

E.	**Europarecht**	**232**
	I. Struktur	232
	II. Die Europäische Union	232
F.	**Völkerrecht**	**239**
	I. Struktur	239
	II. Wichtige Institutionen und Verträge	239

Stichwortverzeichnis   241

Inhalt

Vorwort zur achten Auflage — 7

Abkürzungsverzeichnis — 17

A. Allgemeine Strukturen — 23
- I. Rechtstradition, Rechtsgebiete und Rechtsquellenf — 23
  1. Rechtstradition — 23
  2. Rechtsgebiete — 24
     a) Privatrecht – öffentliches Recht – Strafrecht — 24
     b) Formelles und materielles Recht — 25
     c) Bezüge zum Europarecht und zum Völkerrecht — 25
  3. Rechtsquellen — 26
     a) Geschriebenes Recht — 26
     b) Rechtsprechung — 26
     c) Gewohnheitsrecht — 27
     d) Normenhierarchie — 28
     e) Auslegung — 30
- II. Gerichtsbarkeit — 31
  1. Allgemeine Strukturen und Grundsätze — 31
  2. Aufbau der Gerichtsbarkeit — 32
- III. Juristische Ausbildung und Berufe — 34
- IV. Juristische Arbeits- und Hilfsmittel — 36

B. Öffentliches Recht — 39
- I. Verfassungs- und Verwaltungsrechtsgeschichte — 39
- II. Verfassungsrecht — 42
  1. Allgemeines — 42
     a) Begriff, Wesen und Funktion der Verfassung — 42
     b) Geltungsbereich — 44
  2. Grundrechte — 45
     a) Allgemeine Lehren — 45
     b) Einzelne Grundrechte — 50
  3. Verfassungsstrukturprinzipien — 54
     a) Demokratie — 54
     b) Rechtsstaat — 55
     c) Sozialstaat — 57
     d) Republik — 57
     e) Bundesstaat — 57
     f) Europäische Integration — 59
  4. Verfassungsorgane — 60
     a) Der Bundespräsident — 60
     b) Der Deutsche Bundestag — 61
     c) Der Bundesrat — 64
     d) Die Bundesregierung — 64
     e) Das Bundesverfassungsgericht — 65
  5. Politische Parteien — 66
  6. Finanzverfassung — 67

Inhalt

	7. Militärische Verteidigung	68
	8. Innerer Notstand	70
	9. Religionsgemeinschaften	70
III.	Verwaltungsrecht	72
	1. Allgemeines Verwaltungsrecht	72
	a) Aufgaben und Organisation der Verwaltung	72
	b) Rechtliche Handlungsformen der Verwaltung	74
	c) Öffentliche Sachen	76
	d) Verwaltungsverfahren	76
	e) Amtshaftungs- und Entschädigungsrecht	78
	2. Besonderes Verwaltungsrecht	80
	a) Polizeirecht	80
	b) Umweltrecht	84
	c) Ausländerrecht	86
	d) Sozialrecht	89
	e) Kommunalrecht	92
	f) Baurecht	94
	g) Melde- und Passrecht	95
	h) Datenschutzrecht	95
	i) Recht des öffentlichen Dienstes	97
	j) Kulturverwaltungsrecht	98
	k) Medienrecht	100
	l) Straßenverkehrsrecht	103
	m) Wirtschaftsverwaltungsrecht	104
	n) Steuerrecht	106
	3. Verwaltungsprozessrecht	109
C.	**Strafrecht**	**112**
I.	Geschichte und System	112
	1. Geschichte	112
	2. System	114
II.	Allgemeiner Teil	116
	1. Grundsätze	116
	2. Tatbestandsverwirklichung	117
	3. Vorsatz und Fahrlässigkeit	118
	4. Täterschaft und Teilnahme	118
	5. Vollendung und Versuch	119
	6. Rechtswidrigkeit und Rechtfertigungsgründe	120
	7. Schuld und Entschuldigungsgründe	122
	8. Irrtum im Strafrecht	123
	9. Sanktionensystem	125
III.	Besonderer Teil	128
IV.	Jugendstrafrecht	134
V.	Strafprozessrecht	136
D.	**Privatrecht**	**143**
I.	Geschichte und System	143
	1. Geschichte	143
	2. System	145

Inhalt

II. Allgemeiner Teil des Bürgerlichen Gesetzbuches	146
1. Rechtsfähigkeit	146
2. Geschäftsfähigkeit	147
3. Juristische Personen	148
4. Willenserklärung	149
5. Willensmängel	150
6. Rechtsgeschäft	151
7. Vertrag	153
8. Allgemeine Geschäftsbedingungen	154
9. Form	154
10. Stellvertretung	155
11. Gute Sitten	156
12. Verjährung	157
III. Schuldrecht	158
1. Allgemeiner Teil des Schuldrechts	158
a) Grundsätze	158
b) Entstehen von Schuldverhältnissen	158
c) Erlöschen von Schuldverhältnissen	159
d) Inhalt von Schuldverhältnissen	160
aa) Treu und Glauben	160
bb) Leistungsort	160
cc) Stückschulden und Gattungsschulden	160
dd) Einstehen für Dritte	161
ee) Vertrag zugunsten Dritter	161
ff) Mehrheit von Schuldnern und Gläubigern	162
gg) Wechsel von Schuldner und Gläubiger	162
hh) Schadensersatz	162
ii) Kausalität	163
jj) Mitverschulden	164
e) Leistungsstörungen	164
aa) Unmöglichkeit	164
bb) Verzug	165
cc) Culpa in contrahendo	166
2. Besonderer Teil des Schuldrechts	166
a) Gesetzlich normierte Vertragstypen	166
aa) Grundsätze	166
bb) Verbraucherprivatrechtliche Sondervorschriften	167
cc) Kaufvertrag	168
dd) Schenkung	169
ee) Miete und Pacht, Leihe und Darlehen	170
ff) Dienstvertrag und Werkvertrag	171
gg) Weitere Vertragstypen	172
b) Geschäftsführung ohne Auftrag	173
c) Bereicherungsrecht	174
d) Deliktsrecht und Gefährdungshaftung	177
aa) Grundsätze	177
bb) Grundtatbestand	178
cc) Weitere Deliktsansprüche	179

		dd) Umfang der Ersatzpflicht	182
		ee) Unterlassungs- und Beseitigungsansprüche	182
		ff) Gefährdungshaftung	183
IV.	Sachenrecht		184
	1.	Grundsätze	184
	2.	Besitz	185
	3.	Eigentum	186
	4.	Beschränkte dingliche Rechte	189
V.	Familienrecht		191
	1.	Grundsätze	191
	2.	Verlöbnis	192
	3.	Ehe	192
		a) Eheschließung	192
		b) Rechte und Pflichten aus der Ehe	193
		c) Eheliches Güterrecht	193
		d) Ehescheidung	194
	4.	Eingetragene Lebenspartnerschaft	196
	5.	Kindschaftsrecht	196
	6.	Verwandtschaft, Adoption, Vormundschaft und ähnliche Institute	198
		a) Verwandtschaft und Schwägerschaft	198
		b) Adoption	199
		c) Vormundschaft, Betreuung und Pflegschaft	199
VI.	Erbrecht		200
	1.	Grundsätze	200
	2.	Gesetzliche Erbfolge	201
	3.	Gewillkürte Erbfolge und Vermächtnis	202
	4.	Pflichtteilsrecht	203
	5.	Stellung des Erben	204
VII.	Internationales Privatrecht		205
VIII.	Handels- und Gesellschaftsrecht		207
	1.	Handelsrecht	207
	2.	Gesellschaftsrecht	209
		a) Grundsätze	209
		b) Aktiengesellschaft	211
		c) Gesellschaft mit beschränkter Haftung	212
		d) Genossenschaft	213
		e) Gesellschaft bürgerlichen Rechts	213
		f) Offene Handelsgesellschaft	214
		g) Kommanditgesellschaft und verwandte Gesellschaftsformen	215
IX.	Wertpapierrecht		215
X.	Gewerblicher Rechtsschutz		217
	1.	Wettbewerbsrecht	217
	2.	Kartellrecht	218
	3.	Patentrecht und Warenzeichenrecht	219
XI.	Urheberrecht		220
XII.	Arbeitsrecht		221
XIII.	Insolvenzrecht		223

Inhalt

XIV.	Zivilprozessrecht und Freiwillige Gerichtsbarkeit	224
	1. Grundsätze	224
	2. Verfahrensgang	225
	3. Mahnverfahren	228
	4. Musterfeststellungsklage	229
	5. Vollstreckungsrecht	229
	6. Freiwillige Gerichtsbarkeit und Familiensachen	231

E. Europarecht 232
   I. Struktur 232
   II. Die Europäische Union 232
      1. Rechtsquellen 232
         a) Primärrecht 233
         b) Sekundärrecht 233
         c) Subsidiäres Recht 234
         d) Internationale Übereinkünfte 234
      2. Organe der Europäische Union 234
         a) Der Europäische Rat 234
         b) Der Rat der Europäischen Union 235
         c) Das Europäische Parlament 235
         d) Die Europäische Kommission 236
         e) Der Gerichtshof der Europäischen Union 236
         f) Die Europäische Zentralbank 237
         g) Der Europäische Rechnungshof 237
      3. Grundprinzipien des Unionsrechts 237

F. Völkerrecht 239
   I. Struktur 239
   II. Wichtige Institutionen und Verträge 239
      1. Die Vereinten Nationen 239
      2. Der Europarat 239
      3. Die Europäische Menschenrechtskonvention 240

Stichwortverzeichnis 241

Abkürzungsverzeichnis

Abs.	Absatz
AEUV	Vertrag über die Arbeitsweise der Europäischen Union
AG	Aktiengesellschaft
AGBG	Gesetz zur Regelung des Rechts der Allgemeinen Geschäftsbedingungen
ArbGG	Arbeitsgerichtsgesetz
AktG	Aktiengesetz
ALR	Allgemeines Landrecht für die preußischen Staaten
Alt.	Alternative
AO	Abgabenordnung
ARD	Arbeitsgemeinschaft der öffentlich-rechtlichen Rundfunkanstalten der Bundesrepublik Deutschland
Arge.	Arbeitsgemeinschaft
Art.	Artikel
AsylG	Asylgesetz
AT	Allgemeiner Teil
AtG	Atomgesetz
AufenthG	Aufenthaltsgesetz
Aufl.	Auflage
AWG	Außenwirtschaftsgesetz
BAföG	Bundesausbildungsförderungsgesetz
BAGE	Entscheidungen des Bundesarbeitsgerichts
BauGB	Baugesetzbuch
BauNVO	Baunutzungsverordnung
BBG	Bundesbeamtengesetz
BbgGastG	Brandenburgisches Gaststättengesetz
BbgGO	Gemeindeordnung für das Land Brandenburg
BbgKVerf	Kommunalverfassung des Landes Brandenburg
Bbg PolG	Brandenburgisches Polizeigesetz
BBodSchG	Bundes-Bodenschutzgesetz
Bd.	Band
Bde.	Bände
BDSG	Bundesdatenschutzgesetz
BeamtStG	Beamtenstatusgesetz
bearb.	bearbeitet
BEEG	Bundeselterngeld- und Elternteilzeitgesetz
BEG	Bundesentschädigungsgesetz
BefBezG	Gesetz über befriedete Bezirke für Verfassungsorgane des Bundes
BeschV	Beschäftigungsverordnung
BetrVG	Betriebsverfassungsgesetz
BeurkG	Beurkundungsgesetz
BFHE	Entscheidungen des Bundesfinanzhofs
BGB	Bürgerliches Gesetzbuch
BGBl.	Bundesgesetzblatt
BGG	Gesetz zur Gleichstellung behinderter Menschen
BGH	Bundesgerichtshof
BGHSt	Entscheidungen des Bundesgerichtshofs in Strafsachen
BGHZ	Entscheidungen des Bundesgerichtshofs in Zivilsachen
BHO	Bundeshaushaltsordnung
BImSchG	Bundesimmissionsschutzgesetz
BKGG	Bundeskindergeldgesetz

Abkürzungsverzeichnis

BMG	Bundesmeldegesetz
BNatSchG	Bundesnaturschutzgesetz
BPolG	Bundespolizeigesetz
BremPolG	Bremer Polizeigesetz
BR	Bayerischer Rundfunk
BRAO	Bundesrechtsanwaltsordnung
BRRG	Beamtenrechtsrahmengesetz
BSGE	Entscheidungen des Bundessozialgerichts
BtMG	Betäubungsmittelgesetz
BVerfG	Bundesverfassungsgericht
BVerfGE	Entscheidungen des Bundesverfassungsgerichts
BVerfGG	Bundesverfassungsgerichtsgesetz
BVerfSchG	Bundesverfassungsschutzgesetz
BVerwGE	Entscheidungen des Bundesverwaltungsgerichts
BVG	Bundesversorgungsgesetz
BWG	Bundeswahlgesetz
BWO	Bundeswahlordnung
CD-ROM	Compact Disk Read Only Memory
CDU	Christlich-Demokratische Union Deutschlands
ChemG	Chemikaliengesetz
CISG	Übereinkommen der Vereinten Nationen über Verträge über den internationalen Warenkauf (UN-Kaufrecht)
Co.	Compagnie
CSU	Christlich-Soziale Union
DDR	Deutsche Demokratische Republik
DepotG	Depotgesetz
DNA	Deoxyribonucleic acid, *deutsch*: Desoxyribonukleinsäure
eV.	eingetragener Verein
EG	Europäische Gemeinschaft; Vertrag zur Gründung der Europäischen Gemeinschaft
EGBGB	Einführungsgesetz zum Bürgerlichen Gesetzbuch
EGGVG	Einführungsgesetz zum Gerichtsverfassungsgesetz
EKD	Evangelische Kirche in Deutschland
EMRK	Europäische Konvention zum Schutze der Menschenrechte und Grundfreiheiten
ErbbauV	Verordnung über das Erbbaurecht
ErbStG	Erbschaft- und Schenkungsteuergesetz
EStG	Einkommensteuergesetz
ESZB	Europäisches System der Zentralbanken
EuG	Europäisches Gericht erster Instanz
EuGH	Gerichtshof der Europäischen Union
EuGVVO	Verordnung über die gerichtliche Zuständigkeit und die Anerkennung und Vollstreckung von Entscheidungen in Zivil- und Handelssachen
Europol	Europäisches Polizeiamt
EWIV	Europäische Wirtschaftliche Interessenvereinigung
EZB	Europäische Zentralbank
f.	folgende
FamFG	Gesetz über das Verfahren in Familiensachen und in den Angelegenheiten der freiwilligen Gerichtsbarkeit
FDP	Freie Demokratische Partei
FeV	Fahrerlaubnis-Verordnung
ff.	fortfolgende

Abkürzungsverzeichnis

FGO	Finanzgerichtsordnung
FreizügG/EU	Freizügigkeitsgesetz EU
GastG	Gaststättengesetz
GebrMG	Gebrauchsmustergesetz
Gema	Gesellschaft für musikalische Aufführungs- und mechanische Vervielfältigungsrechte
Gen	Genossenschaft
GenG	Genossenschaftsgesetz
GeschMG	Geschmacksmustergesetz
Gestapo	Geheime Staatspolizei
GETZ	Gemeinsames Extremismus- und Terrorismusabwehrzentrum
GewO	Gewerbeordnung
GewStG	Gewerbesteuergesetz
GG	Grundgesetz für die Bundesrepublik Deutschland
GKG	Gerichtskostengesetz
GmbH	Gesellschaft mit beschränkter Haftung
GmbHG	Gesetz betreffend die Gesellschaften mit beschränkter Haftung
GOBT	Geschäftsordnung des Deutschen Bundestages
GO NRW	Gemeindeordnung für das Land Nordrhein-Westfalen
GO Rh-Pf	Gemeindeordnung Rheinland-Pfalz
GrEStG	Grunderwerbsteuergesetz
GTAZ	Gemeinsames Terrorismusabwehrzentrum
GVG	Gerichtsverfassungsgesetz
GWB	Gesetz gegen Wettbewerbsbeschränkungen (Kartellgesetz)
HandwO	Handwerksordnung
HGB	Handelsgesetzbuch
HGO	Hessische Gemeindeordnung
HGrG	Haushaltsgrundsätzegesetz
Hrsg.	Herausgeber
IfSG	Infektionsschutzgesetz
IHKG	Gesetz über die Industrie- und Handelskammern
InsO	Insolvenzordnung
JGG	Jugendgerichtsgesetz
JURIS	Juristisches Informationssystem
JVEG	Justizvergütungs- und -entschädigungsgesetz
KAGB	Kapitalanlagegesetzbuch
KG	Kommanditgesellschaft
KGaA	Kommanditgesellschaft auf Aktien
KJB	Karlsruher Juristische Bibliographie
KrWG	Kreislaufwirtschaftsgesetz
KSchG	Kündigungsschutzgesetz
KStG	Körperschaftsteuergesetz
KWKG	Kriegswaffenkontrollgesetz
LGastG Baden-Württemberg	Gaststättengesetz für Baden-Württemberg
LKrO BW	Landkreisordnung für Baden-Württemberg
LPartG	Lebenspartnerschaftsgesetz
Mio.	Million(en)
MitbestG	Mitbestimmungsgesetz
MontanMitbestG	Gesetz über die Mitbestimmung der Arbeitnehmer in den Aufsichtsräten und Vorständen der Unternehmen des Bergbaus und der Eisen und Stahl erzeugenden Industrie
MRRG	Melderechtsrahmengesetz

Abkürzungsverzeichnis

NATO	North Atlantic Treaty Organization
NDR	Norddeutscher Rundfunk
NJW	Neue Juristische Wochenschrift
Nr.	Nummer
NSDAP	Nationalsozialistische Deutsche Arbeiterpartei
NVwZ	Neue Zeitschrift für Verwaltungsrecht
OEG	Opferentschädigungsgesetz
OHG	Offene Handelsgesellschaft
OWiG	Ordnungswidrigkeitengesetz
PartG	Parteiengesetz
PatG	Patentgesetz
PDS	Partei des Demokratischen Sozialismus
PKW	Personenkraftwagen
POG Rh-Pf	Polizei- und Ordnungsbehördengesetz von Rheinland-Pfalz
PolG NRW	Polizeigesetz des Landes Nordrhein-Westfalen
ProdHaftG	Produkthaftungsgesetz
ProdSG	Produktsicherheitsgesetz
RBEG	Regelbedarfs-Ermittlungsgesetz
Rn.	Randnummer
RGZ	Entscheidungen des Reichsgerichts in Zivilsachen
ROG	Raumordnungsgesetz
Rom I-VO	EU-Verordnung über vertragliche Schuldverhältnisse
RPflG	Rechtspflegergesetz
RVG	Rechtsanwaltsvergütungsgesetz
S.	Seite
SA	Sturmabteilung
SächsGastG	Sächsisches Gaststättengesetz
ScheckG	Scheckgesetz
SE	Societas Europae
SED	Sozialistische Einheitspartei Deutschlands
SGastG	Saarländisches Gaststättengesetz
SGB	Sozialgesetzbuch
SGG	Sozialgerichtsgesetz
SPD	Sozialdemokratische Partei Deutschlands
SS	Schutzstaffel
st. Rspr.	ständige Rechtsprechung
StAG	Staatsangehörigkeitsgesetz
StG	Stille Gesellschaft
StGB	Strafgesetzbuch
StPO	Strafprozessordnung
StVG	Straßenverkehrsgesetz
StVO	Straßenverkehrsordnung
StVollstrO	Strafvollstreckungsordnung
StVZO	Straßenverkehrszulassungsordnung
StWG	Stabilitätsgesetz
SVG	Soldatenversorgungsgesetz
TA-Lärm	Technische Anleitung zum Schutz gegen Lärm
TA-Luft	Technische Anleitung zur Reinhaltung der Luft
Teilbd.	Teilband
TierSchG	Tierschutzgesetz
u.a.	und andere
UKlaG	Unterlassungsklagengesetz
UmwG	Umwandlungsgesetz

Abkürzungsverzeichnis

UmwRG	Umwelt-Rechtsbehelfsgesetz
UNO	United Nations Organization
UrhG	Urheberrechtsgesetz
USA	United States of America
UStG	Umsatzsteuergesetz
UWG	Gesetz gegen den unlauteren Wettbewerb
v.	von, vom
VerbrKrG	Verbraucherkreditgesetz
VersG	Versammlungsgesetz
Vgl.	Vergleiche
V-Leute	Verbindungsleute
VO	Verordnung
VOB	Verdingungsordnung für Bauleistungen
VVaG	Versicherungsverein auf Gegenseitigkeit
VwGO	Verwaltungsgerichtsordnung
VwVfG	Verwaltungsverfahrensgesetz
WDR	Westdeutscher Rundfunk
WEG	Wohnungseigentumsgesetz
WG	Wechselgesetz
WHG	Wasserhaushaltsgesetz
WRV	Weimarer Reichsverfassung
WStG	Wehrstrafgesetz
z. B.	zum Beispiel
ZDF	Zweites Deutsches Fernsehen
ZDG	Zivildienstgesetz
ZPO	Zivilprozessordnung
ZVG	Gesetz über die Zwangsversteigerung und die Zwangsverwaltung

A. Allgemeine Strukturen

I. Rechtstradition, Rechtsgebiete und Rechtsquellenf

1. Rechtstradition

Das deutsche Recht steht in enger Verknüpfung mit der Gesamtentwicklung europäischer und anglo-amerikanischer Rechtsordnungen. Im Zentrum Europas gelegen, hat Deutschland seit jeher beständigen Austausch der Rechtsideen erlebt. Gemeinsame Wurzeln und historische Erfahrungen begründen strukturelle Ähnlichkeiten der Rechtsordnungen, ihre Unterschiede sind Antworten auf Besonderheiten der politischen Entwicklungen. Vor allem die Einigung Europas in der Europäischen Union trägt heute dazu bei, Gemeinsamkeiten zu verstärken; es gibt kaum noch ein Rechtsgebiet, das nicht durch Normen des Europäischen Unionsrechts mindestens berührt, wenn nicht geprägt ist. In der institutionellen Ausgestaltung ist das neu, nicht aber in der Sache grundsätzlich gemeinsamer Rechtsentwicklung selbst.

Die aus der europäischen Aufklärung des 17. und 18. Jahrhunderts stammende *Kodifikationsidee* führte zusammen mit den politischen Einigungsbestrebungen des 19. Jahrhunderts zu umfassenden Gesetzbüchern für eine Reihe wichtiger Rechtsgebiete. Sie geben dem deutschen Recht das Gepräge einer kodifizierten, also in umfassenden Gesetzbüchern niedergelegten Rechtsordnung. Es gehört nicht zuletzt deshalb zur kontinentaleuropäischen Rechtsfamilie. Gleichwohl besitzt die Rechtsprechung erhebliches Gewicht bei der Fortentwicklung und Konkretisierung des Rechts, so dass der Gegensatz zur anglo-amerikanischen Tradition weniger scharf ist als oft behauptet.

Wie die meisten anderen kontinentaleuropäischen Rechtsordnungen ist das deutsche Recht bis heute tief geprägt von der *Rezeption des römischen Rechts*. In der Spätantike gesammelt, sind große Teile römischer Rechtsregeln zwischen dem 12. und dem 16. Jahrhundert von Oberitalien aus über Europa verbreitet worden. Als eine dogmatisch durchgebildete, schriftlich fixierte Rechtsordnung trat sie neben und oft an die Stelle der überkommenen einzelnen germanischen Stammesrechte. Besonders im 19. Jahrhundert sind diese Überlieferungen systematisiert worden und bilden so eine Grundlage des heute in Deutschland geltenden Rechts.

Das gegenwärtige Erscheinungsbild des deutschen Rechts lässt sich nicht verstehen ohne die *Katastrophe der nationalsozialistischen Herrschaft* zwischen 1933 und 1945. Rechtsetzung und Rechtsanwendung sind in wesentlichen Zügen bis in die Gegenwart hinein von dem Bemühen geprägt, eine Wiederholung solchen Unrechts zu verhindern. Hier besonders liegt begründet, dass das Grundgesetz als Verfassung eines demokratischen und sozialen Rechtsstaates alles andere Recht durchwirkt. Heute ist für das deutsche Recht die zentrale Rolle der Grundrechte und des Rechtsstaatsprinzips kennzeichnend. Sie geben der gesamten Rechtsordnung bis in dogmatische Einzelfragen hinein Struktur und Richtung. Dies und das bedeutende Gewicht der Verfassungsgerichtsbarkeit sind wirkkräftiger Teil einer Verrechtlichung auch der Politik. Die einzelnen Motive dieser Entwicklung, mit der weitere Kennzeichen verfassungsstaatlicher Ordnung wie Demokratie, Sozialstaatlichkeit und Bundesstaatlichkeit verwoben sind, wurzeln in älteren, oft in Jahrhunderten gewachsenen Traditionen, die in je unterschiedlicher Ausprägung den europäisch-nordatlantischen Rechtsraum verbinden.

Die Katastrophe des Nationalsozialismus durchzieht bis heute auch die stets anhaltende Debatte über *Rechtspositivismus und überpositives Rechtsdenken*. Diese Diskussion betrifft die Frage, woraus das Recht seine Verbindlichkeit herleitet. Kennzeichen für den Rechtspositivismus ist in der gegenwärtig überwiegenden Auffassung die strikte Trennung von positiv gesetztem Recht und Moral. Auch extrem unmoralisches Recht kann danach rechtliche, wenngleich nicht moralische Verbindlichkeit beanspruchen. Voraussetzung ist dabei lediglich, dass die Bestimmungen von den zuständigen Stellen als Recht gesetzt sind. In positiver Konsequenz kann das zu Verlässlichkeit, Stetigkeit und Orientierungssicherheit des Rechts führen, in negativer Konsequenz dagegen zu nicht erträglichen Inhalten der Rechtsordnung. Für das überpositive Rechtsdenken dagegen ist die grundsätzliche Übereinstimmung des Rechts mit ethischen Prinzipien konstitutiv. Das Recht verliert danach seine Verbindlichkeit, wenn es gegen fundamentale moralische Gebote verstößt. Die dabei geltenden Maßstäbe werden aus verschiedenen Quellen hergeleitet: aus der geschichtlichen Erfahrung, als Naturrecht aus der Natur des Menschen oder der Natur insgesamt, aus der praktischen Vernunft, aus historisch oder kulturell gewachsenen Grundstrukturen im Sinne eines Kulturrechts oder eines Naturrechts mit wechselndem Inhalt, aus göttlicher Offenbarung oder Schöpfung, endlich aus dem gemeinsamen Bestand internationalen Menschenrechtsdenkens. Beide Denkschulen halten sich heute etwa die Waage, vielleicht überwiegt in der Praxis wieder ein vorsichtiger Rechtspositivismus, der in den möglichen Konsequenzen durch die soziale Kraft des Grundgesetzes und seine innere Legitimität gemildert wird. Der Gegensatz beider Grundrichtungen ist aber im Ergebnis wenig fruchtbar; vielmehr wird es darauf ankommen, Verbindungen zwischen ihnen zu finden.

2. Rechtsgebiete

a) Privatrecht – öffentliches Recht – Strafrecht

6 Herkömmlich wird das Recht in die drei großen Bereiche *Privatrecht, öffentliches Recht und Strafrecht* unterteilt. Dieser Unterscheidung folgt auch durchgängig der akademische Unterricht. Von ihr hängt der Stellenwert bestimmter Rechtsprinzipien ebenso ab wie die Struktur des Rechtsschutzsystems. In der historischen Entwicklung begründet, besitzt die Unterscheidung teilweise durchaus sachliche Berechtigung, wird aber im Zuge der Entwicklung neuer Rechtsgebiete und durch den Wandel rechts- und staatstheoretischer Überzeugungen, endlich auch wegen zahlreicher Überschneidungen der Bereiche zunehmend fragwürdig.

7 Zur Unterscheidung zwischen Privatrecht und öffentlichem Recht bestehen zahlreiche *Theorien*. Heute herrschend ist die Sonderrechtstheorie. Sie beschreibt das öffentliche Recht als den Inbegriff derjenigen Normen, die ausschließlich einen Träger öffentlicher Gewalt berechtigen oder verpflichten, also insbesondere den Staat, aber auch etwa supranationale Organisationen wie die Europäische Union. Das Privatrecht wendet sich dagegen an beliebige Rechtssubjekte. Bei einer im 19. Jahrhundert verwurzelten Auffassung stand dabei im Hintergrund, dass der Staat seinen Bürgern im öffentlichen Recht auf der Grundlage von Befehl und Gehorsam entgegenzutreten befugt wäre, während Gleichheit und Freiheit der Individuen das Privatrecht prägten. Heute liegt der Sinn der Unterscheidung eher darin, dass der Staat durch das öffentliche Recht stärkeren Bindungen etwa durch die Grundrechte unterworfen ist und seine Kompetenzen besonderer Begründung bedürfen.

8 Beide Rechtsbereiche konvergieren aber in der Praxis zunehmend. Im Privatrecht wird der Ungleichheit von Machtpositionen, etwa zwischen Großunternehmen und Verbrauchern, immer stärker nach Maßstäben Rechnung getragen, die für die Bändi-

I. Rechtstradition, Rechtsgebiete und Rechtsquellenf **A.**

gung staatlicher Macht entwickelt worden sind. Bedient sich der Staat andererseits des Privatrechts, darf er sich auch dann seinen verfassungsrechtlichen Bindungen nicht entziehen.

Zum *öffentlichen Recht* gehört die Verfassung, für den Bund also das Grundgesetz, für die Länder darüber hinaus auch die Landesverfassungen. Dazu gehört neben vielen anderen auch das Wahlrecht, das Staatsangehörigkeitsrecht, das Recht der politischen Parteien, das Geschäftsordnungsrecht der Verfassungsorgane wie etwa Bundestag oder Bundesrat, das Gerichtsverfassungs- und Prozessrecht. Zum öffentlichen Recht zählen weiter das allgemeine und besondere Verwaltungsrecht mit zahlreichen Einzelmaterien wie dem Polizeirecht, dem Ausländerrecht, dem Kommunalrecht, dem Beamtenrecht, dem Umweltrecht, dem öffentlichen Baurecht oder dem Steuerrecht. 9

Trotz der herkömmlichen Ausgliederung und eigenständigen Behandlung des *Strafrechts* bleibt in der Sache auch das Strafrecht Teil des öffentlichen Rechts, weil nur der Staat über die Strafkompetenz verfügt. Gleichwohl bildet es traditionell ein eigenes Rechtsgebiet. Hierzu gehört auch das Recht der Ordnungswidrigkeiten, das für minder schweres Unrecht die Ahndung mit Geldbußen und Verwarnungen bereithält. 10

Das *Privatrecht* mit seiner Grundidee der Privatautonomie geht vom Einzelnen als freiem Rechtssubjekt aus und stellt Rechtsinstitute zur Entfaltung der Persönlichkeit bereit wie den Vertrag, Eigentum und Besitz, die Gesellschaft oder die Ehe. Auch dieses Gebiet ist in zahlreichen Einzelgesetzen normiert mit einem Zentrum im Bürgerlichen Gesetzbuch. Es ist aber oft der Fall, dass in Gesetzen, die grundsätzlich dem Privatrecht zugeordnet werden müssen, öffentlich-rechtliche Normen enthalten sind, und umgekehrt. 11

b) Formelles und materielles Recht

Eine weitere gängige Unterscheidung betrifft die Differenz zwischen materiellem und formellem Recht. Auch sie ist fließend und oft wenig trennscharf. Das materielle Recht umfasst Rechte und Pflichten der Rechtssubjekte sowie die Begründung von Rechtsinstituten wie den Vertrag, das Amt oder die Ehe. Formelles Recht bezeichnet eher die Wege der Rechtsdurchsetzung, dabei vor allem das Verfahrens- und Prozessrecht etwa der Gerichte. 12

c) Bezüge zum Europarecht und zum Völkerrecht

Das Recht der *Europäischen Union* bildet eine eigene Rechtsordnung, die mit den mitgliedstaatlichen Rechtsordnungen aufs Engste verwoben ist. Sie umfasst selbst öffentliches Recht, Privatrecht und in Ansätzen auch Strafrecht, wenn man überhaupt diese Kategorien weiter verwenden will. Das Grundgesetz verpflichtet in Art. 23 Abs. 1 die Bundesrepublik zur Integration in die Europäische Union. 13

Auch dem *Völkerrecht* gegenüber ist das Grundgesetz besonders aufgeschlossen. Das Völkerrecht umfasst vor allem dasjenige Recht, das die Beziehungen der Staaten untereinander regelt. Die – wenigen – allgemeinen Regeln des Völkerrechts sind Bestandteil des Bundesrechts und gehen den einfachen Gesetzen vor (Art. 25 GG). 14

25

A. Allgemeine Strukturen

3. Rechtsquellen
a) Geschriebenes Recht

15 Die zentrale Funktion des Gesetzes ist in der deutschen Rechtsordnung unübersehbar. Das Gesetz ist Ausdruck und Voraussetzung der Allgemeinheit des Rechts, also der grundsätzlich gleichen Geltung des Rechts für jedermann, gleichzeitig auch der Öffentlichkeit der Rechtsordnung als wesentlicher Bedingung seiner demokratisch begründeten Geltung. Das Gesetz gilt als unverzichtbare Grundlage verlässlichen Rechts, das Orientierungssicherheit verschaffen soll. Diese Funktion wird freilich zunehmend durch die hohe Geschwindigkeit der Änderungen in Frage gestellt, denen die Gesetze fast durchweg unterworfen werden. Die Komplexität der Gesetzessprache, die Unübersichtlichkeit der Gesetze und ihre große Zahl beeinträchtigen zunehmend aber auch die Öffentlichkeitsfunktion der Gesetze; sie sind für den Normalbürger oft kaum mehr verständlich. Andererseits verlangt die Technizität der Lebensverhältnisse nach detaillierten Regelungen. Insgesamt scheint sich die Kodifikationsidee in einer Krise zu befinden. Noch immer prägt jedoch die Gesetzesform große Teile des Rechts.

16 *Gesetz im materiellen Sinn* ist jede abstrakt-generelle Rechtsnorm. Es gilt grundsätzlich für eine unbestimmte Vielzahl von Fällen, also abstrakt, und für jedermann, der von der Norm erfasst wird, also generell, nicht für bloß einen Einzelfall. Es kann erscheinen als Verfassung, als Parlamentsgesetz, als durch die Regierung oder Verwaltung auf gesetzlicher Grundlage erlassene Rechtsverordnung der Exekutive oder als Satzung, zu deren Erlass Selbstverwaltungskörperschaften wie die Gemeinden befugt sind. *Gesetz im formellen Sinn* dagegen ist nur die vom Parlament in Gesetzesform erlassene Norm, unabhängig von ihrem Inhalt; es kann deshalb auch einen konkreten Einzelfall regeln.

b) Rechtsprechung

17 Es wäre trotz der Bedeutung der Kodifikationsidee unrichtig, die deutsche Rechtsordnung einseitig als gesetzesgeprägt anzusehen und sie etwa richterrechtlich akzentuierten Systemen, besonders des anglo-amerikanischen Rechts, strikt gegenüberzustellen. Auch in der deutschen Rechtsordnung besitzt das *Richterrecht*, also die in der Rechtsprechung entwickelten und konkretisierten Rechtssätze, ganz erhebliches Gewicht. Dies gilt zunächst wegen der Notwendigkeit, das Gesetzesrecht auszulegen und zu konkretisieren, weil der Gesetzgeber niemals alle in der Praxis möglichen Fälle vorausdenken kann. Oft vermeidet auch der Gesetzgeber eine allzu konkrete Entscheidung über eine Sachfrage und überlässt die Rechtsentwicklung bewusst der Rechtsprechung.

18 Die ganz herrschende Meinung in Deutschland billigt dem Richterrecht gleichwohl nicht die Qualität einer Rechtsquelle zu, es ist lediglich Erkenntnisquelle dafür, was nach dem Verständnis der berufenen Rechtsanwender als Recht gilt. Aber auch so haben die Gerichte in der Rechtsentwicklung eine oft dominante Rolle übernommen. Sie haben dabei jedenfalls die akademische Rechtslehre in den Hintergrund treten lassen, die im 19. Jahrhundert und bis in die Mitte des 20. Jahrhunderts hinein das deutsche Recht oft wesentlich geprägt hat. Immerhin besitzt die Rechtslehre auch heute nicht unerhebliche Bedeutung für die Entwicklung der Rechtsdogmatik, also der Darstellung der inneren logischen Zusammenhänge der Rechtsnormen.

19 Eine Bindung der Gerichte an obergerichtliche Entscheidungen im Sinne eines strikten *Präjudizienrechts* kennt die deutsche Doktrin nicht. Dies würde bedeuten, dass

obergerichtliche Entscheidungen über eine bestimmte Rechtsfrage alle nachfolgenden richterlichen Entscheidungen binden und nur unter erschwerten Voraussetzungen überwindbar wären. Für das deutsche Recht gilt demgegenüber allgemein, dass Gerichtsentscheidungen grundsätzlich nur zwischen den Parteien des konkreten Rechtsstreites Rechtskraft besitzen. Die Gerichte sind an Gesetz und Recht gebunden (Art. 20 Abs. 3, Art. 97 GG), nicht an die Rechtsprechung. Auch für untergeordnete Gerichte ist die höchstrichterliche Rechtsprechung deshalb grundsätzlich nicht verbindlich. Ein Amtsgericht kann in derselben Rechtsfrage zu einer anderen Auffassung und Entscheidung gelangen als zuvor der Bundesgerichtshof. Nur wenn in demselben Rechtsstreit ein oberes Gericht bei der Entscheidung über einen Rechtsbehelf die Entscheidung des unteren Gerichts aufhebt und den Fall zur erneuten Entscheidung an das untere Gericht zurückverweist, tritt eine Bindung im konkreten Fall ein.

Um dennoch ein notwendiges Maß an *Einheit der Rechtsprechung* zu gewährleisten, gibt es die Divergenzvorlage. Danach müssen obere Gerichte regelmäßig die Sache einem übergeordneten Gericht zur Entscheidung der Rechtsfrage vorlegen, wenn sie von der vorherigen Rechtsprechung eines anderen oberen Gerichtes abweichen wollen. Für den konkreten Fall ist das vorlegende Gericht dann an die Rechtsauffassung des höheren Gerichtes gebunden. Ähnliches ist vorgesehen, wenn der Senat eines obersten Gerichtes von der Rechtsprechung eines anderen Senats desselben Gerichtes abweichen will; hier bestehen die sogenannten Großen Senate, die aus einzelnen Richtern verschiedener Senate gebildet sind und die Rechtsfrage verbindlich entscheiden.

Eine Ausnahme gilt auch für das Bundesverfassungsgericht. Seine Entscheidungen binden gemäß § 31 Abs. 1 BVerfGG die Verfassungsorgane des Bundes und der Länder sowie alle Gerichte und Behörden. In manchen Fällen haben seine Entscheidungen Gesetzeskraft.

Betrachtete man jedoch nur den rechtlichen Grundsatz, ergäbe sich für die Praxis ein schiefes Bild. Die Entscheidungen der Obergerichte haben weit über die genannten Ausnahmen hinaus prägende Wirkung für die Rechtsprechung insgesamt. In aller Regel folgen die Untergerichte der höchstrichterlichen Rechtsprechung; sie besitzt kaum zu überschätzende rechtsstrukturierende Kraft. Oft formulieren die Obergerichte für die Veröffentlichung ihrer Entscheidungen zusammenfassende Leitsätze, die bisweilen quasi normative Kraft erlangen.

Endlich sind Fälle nicht ganz selten, in denen die Gerichte sich auf eine auslegende, konkretisierende und lückenfüllende Funktion nicht beschränken. Manchmal urteilen sie auch gegen den Wortlaut des Gesetzes. Solche *Rechtsfortbildung* ist nicht gänzlich unzulässig; wandeln sich die Verhältnisse oder auch die Überzeugungen der Rechtsgemeinschaft, kann es ein Gebot der Gerechtigkeit sein, auch gegen das Gesetz (contra legem) zu entscheiden. Grund und Ausmaß dieser Ausnahme sind allerdings überaus umstritten. Jedenfalls bleiben die Gerichte an die Wertentscheidungen der Verfassung gebunden.

c) Gewohnheitsrecht

In der Nähe zum Richterrecht, gleichwohl streng von ihm zu unterscheiden, steht das Gewohnheitsrecht. Gewohnheitsrecht ist als Rechtsquelle anerkannt. Es ist Konsequenz der rechtsbildenden Kraft faktischer Umstände, besonders der Gewohnheit, der Tradition und des Herkommens. Von Gewohnheitsrecht spricht man dann, wenn eine langandauernde Übung und die Überzeugung von der Rechtmäßigkeit dieser

A. Allgemeine Strukturen

Übung bei den Betroffenen bestehen. Solches Gewohnheitsrecht muss von den Gerichten als verbindlich ihren Entscheidungen zugrunde gelegt werden. Einzelne Stimmen fordern allerdings zur Begründung der Verbindlichkeit, dass das Gewohnheitsrecht zuvor von den Gerichten anerkannt werde. Bisweilen wird auch die Voraussetzung der langandauernden Übung in Zweifel gezogen. Angesichts der weit fortgeschrittenen gesetzlichen und richterrechtlichen Durchbildung der Rechtsordnung besitzt das Gewohnheitsrecht nur noch sehr eingeschränkte Bedeutung. Einige Relevanz kommt allerdings dem auf örtlicher Ebene geltenden Gewohnheitsrecht zu; man spricht hier von Observanz: Im Wegerecht etwa bestimmt sich die Qualität eines tatsächlich von der Allgemeinheit benutzten Weges als öffentlicher Weg aus dem langandauernden Herkommen der tatsächlichen öffentlichen, als rechtmäßig betrachteten Nutzung, wenn eine ausdrückliche Widmung als öffentlicher Weg durch die dafür zuständige Stelle nicht erfolgt ist.

d) Normenhierarchie

25 Die verschiedenen Normtypen stehen nach herkömmlichem Verständnis untereinander in einem klaren und strengen hierarchischen Verhältnis, dem sogenannten *Stufenbau der Rechtsordnung*. Es besteht eine Rangfolge der Normen; die jeweils rangniedere Norm muss mit der ranghöheren Norm vereinbar sein. Ist das nicht der Fall, so ist die unvereinbare rangniedere Norm grundsätzlich nichtig und ungültig, und zwar in der Regel von Anfang der Normkollision an, also ex tunc.

26 Oberste deutsche, geschriebene Norm ist die *Verfassung*, auf der Ebene der Bundesrepublik Deutschland das Grundgesetz. Gemäß Art. 1 Abs. 3 GG binden die Grundrechte Gesetzgebung, Rechtsprechung und vollziehende Gewalt als unmittelbar geltendes Recht. Nach Art. 20 Abs. 3 GG ist die Gesetzgebung an die verfassungsmäßige Ordnung, die vollziehende Gewalt und die Rechtsprechung sind an Gesetz und Recht gebunden. Hiermit statuiert die Verfassung ihren Vorrang vor allem sonstigen staatlichen Recht. Dies bindet alles staatliche Recht an die Souveränität des Volkes, das als Verfassungsgeber die verbindliche Grundstruktur des Rechts vorgegeben hat.

27 Überaus umstritten ist, ob über der Verfassung ein ungeschriebenes *überpositives* Recht verbindlich besteht, insbesondere in der Form eines Naturrechts, also eines von Natur aus bestehenden richtigen Rechts. Das Bundesverfassungsgericht hat diese in letzte Glaubensfragen hineinreichende Problematik für den praktischen Rechtsgebrauch bereits früh vorsichtig zusammenführend entschieden. Die verfassungsrechtliche Prüfung an naturrechtlichen Vorstellungen zu orientieren, verbiete sich durch die Vielfalt der Naturrechtslehren, die zutage trete, sobald der Bereich fundamentaler Rechtsgrundsätze verlassen werde. Für die Prüfung von Einzelfragen komme als Maßstab nur das Grundgesetz in Betracht. Allerdings kann nach einer vorher ergangenen Entscheidung selbst eine Verfassungsnorm nichtig sein, wenn sie grundlegende Gerechtigkeitspostulate, die zu den Grundentscheidungen der Verfassung gehören, in schlechthin unerträglichem Maße missachtet. Diese Grundsätze hat das Bundesverfassungsgericht in seiner Rechtsprechung bestätigt, die zu DDR-Unrecht ergangen ist, und dabei besonders auf die in den internationalen Menschenrechtspakten niedergelegten Prinzipien verwiesen.

28 Im Rang unterhalb der Verfassung steht das vom Parlament erlassene *formelle Gesetz*. Es folgen die *Rechtsverordnung* und die *Satzung*. Erhebliche Bedeutung besitzen zudem *Verwaltungsvorschriften*. Sie werden von der Exekutive zunächst als verwaltungs-

I. Rechtstradition, Rechtsgebiete und Rechtsquellenf **A.**

interne, also nur für die Behörden selbst verbindliche Bestimmungen erlassen. Sie dienen der möglichst gleichmäßigen Auslegung, Konkretisierung und Anwendung des Rechts. Sie können über die Pflicht zur Gleichbehandlung aus Art. 3 Abs. 1 GG Wirkung auch nach außen entfalten. Darüber hinaus hat das Bundesverwaltungsgericht eine eigene Kompetenz der Verwaltung zur Gesetzeskonkretisierung anerkannt, kraft derer Verwaltungsvorschriften Verbindlichkeit auch für den Richter entfalten können.

Einzelentscheidungen von Behörden und Gerichten sind an jene höheren Rechtsnormen gebunden, soweit diese Normen ihrerseits gültig sind. 29

Eine zusätzliche Komplexität besteht durch die Struktur der Bundesrepublik Deutschland als *Bundesstaat*. Die Erfüllung der staatlichen Aufgaben ist in erster Linie Sache der Länder. Die – vielfältigen – Zuständigkeiten des Bundes sind ausdrücklich aufgezählt (Art. 30, 70 ff., 83 ff. GG). Dabei gilt aber: Bundesrecht bricht Landesrecht (Art. 31 GG). Kollidiert Landesrecht mit dem Recht des Bundes, geht das Bundesrecht vor. Nach dem Rang des jeweiligen Rechts wird weiter nicht differenziert: Eine Rechtsverordnung des Bundes bricht – soweit eine Bundeszuständigkeit besteht – selbst das Verfassungsrecht eines Bundeslandes. 30

Das *Völkerrecht* steht grundsätzlich neben der deutschen Rechtsordnung. Völkerrechtliche Verträge bedürfen gemäß Art. 59 Abs. 2 GG der Umsetzung durch Gesetz, um innerstaatlich wirksam zu sein, soweit sie die politischen Beziehungen des Bundes regeln oder sich auf Gegenstände der Bundesgesetzgebung beziehen. Sie gelten dann in dem Rang eines einfachen, formellen Bundesgesetzes. Das gilt etwa für die Europäische Konvention zum Schutze der Menschenrechte und Grundfreiheiten (EMRK). Eine Besonderheit enthält Art. 25 GG: Die allgemeinen Regeln des Völkerrechts sind Bestandteil des Bundesrechts; sie gehen den Gesetzen vor und erzeugen Rechte und Pflichten unmittelbar für die Bewohner des Bundesgebietes. Hier kommen besonders die Völkerrechtsoffenheit und Völkerrechtsfreundlichkeit des Grundgesetzes zum Ausdruck. Für solche allgemeinen Regeln des Völkerrechts bedarf es zur innerstaatlichen Geltung keines Umsetzungsaktes. Allerdings sind als allgemeine Regeln des Völkerrechts bisher nur wenige Grundsätze anerkannt. Einige Relevanz besitzt immerhin der völkerrechtliche Mindeststandard im Fremdenrecht: Ausländer müssen als Rechtssubjekte behandelt werden, sie besitzen ein Recht auf Zugang zu unabhängigen Gerichten, dürfen nicht unmenschlich behandelt und nicht ohne Rechtsgrund in Haft genommen werden. Solche allgemeinen Regeln des Völkerrechts bilden eine eigene Rangstufe im Stufenbau der Rechtsordnung: Unterhalb der Verfassung, aber über den Parlamentsgesetzen. 31

Das *Recht der Europäischen Union* besteht als eigene Rechtsordnung. Die der Union zukommenden Hoheitsrechte sind, was die Bundesrepublik Deutschland betrifft, früher im Wege des Art. 24 Abs. 1 GG übertragen worden. Danach kann der Bund durch Gesetz Hoheitsrechte auf zwischenstaatliche Einrichtungen übertragen. Für die Europäische Union hält inzwischen Art. 23 GG sehr detaillierte entsprechende Normen bereit. Art. 24 GG behält Relevanz für die Übertragung von Hoheitsrechten auf andere zwischenstaatliche Einrichtungen; ein Beispiel ist Eurocontrol, die europaweite Flugsicherung mit eigenen Hoheitsrechten zur Erfüllung ihrer Sicherungsaufgaben. Nach der herrschenden Meinung geht das Recht der Europäischen Union im konkreten Fall dem deutschen Recht vor, auch der Verfassung. Allerdings überprüft das Bundesverfassungsgericht Unionsrecht je nach Sachzusammenhang in unterschiedlicher Intensität 32

A. Allgemeine Strukturen

an der deutschen Verfassung und setzt sich mit der Annahme einer solchen Kompetenz in offenen Widerspruch zum Europäischen Gerichtshof.

e) Auslegung

33 Das Recht lebt in der Sprache. Rechtsnormen sind sprachlich, meist schriftlich fixiert. Sie bedürfen der Auslegung, um verstanden zu werden. Diese Rechtsauslegung ist eines der Hauptgeschäfte des Juristen, für das eine recht ausgefeilte Methodik entwickelt worden ist. Herkömmlich unterscheidet man eine Reihe verschiedener Auslegungsmethoden. Die *Wortlautinterpretation* fragt nach dem gegenwärtig möglichen Sinn des Wortlautes der Norm. Die *grammatische Auslegung* betrachtet den grammatischen Aufbau, wobei oft die Stellung eines Kommas den Sinn eines Satzes völlig verändern kann. Die *systematische Interpretation* stellt die Norm in die Systematik des Gesetzes als Ganzem, wobei sich etwa Hinweise auf den Charakter der Bestimmung als Regel oder Ausnahme oder auf ihre Reichweite für einen bestimmten Lebensbereich ergeben. Die *genetische Interpretation* sucht Auslegungshinweise aus der unmittelbaren Entstehungsgeschichte der Bestimmung, zum Beispiel aus Parlamentsprotokollen und Gesetzesbegründungen, meist um den subjektiven Willen des Gesetzgebers zu erforschen. Die weitergespannte *historische Auslegung* stellt die Norm in den Horizont geschichtlicher Abläufe, sieht sie als Teil der politischen und sozialen Entwicklung, der Rechts- und Ideengeschichte. Die *teleologische Auslegung* endlich fragt nach dem telos, dem Sinn und Zweck der Norm. Diesen klassischen Auslegungsmethoden werden oft weitere an die Seite gestellt wie die rechtsvergleichende Auslegung, die Folgenorientierung der Normanwendung, die Akzeptanzfähigkeit oder, im Blick auf die europäische Einigung, die gemeinschaftsfreundliche, integrationsorientierte Auslegung.

34 Bisher hat sich keine Reihenfolge oder *Rangordnung* der Interpretationsmethoden durchsetzen können, jede von ihnen muss bei der Auslegung zum Tragen gebracht werden, und erst alle zusammen ergeben ein gültiges Bild dessen, was die Norm bewirken will. Stets müssen auch die Lebensverhältnisse, zu deren Regelung die Norm bestimmt ist, im Auge behalten werden. Einen gewissen Vorrang besitzt heute die teleologische Auslegung, während der Wortlaut oft als Grenze möglicher Sinnvarianten gilt. Besonders bedeutsam ist die Frage, ob in erster Linie der durch Auslegung ermittelte subjektive Wille des historischen Gesetzgebers verbindlich ist oder vielmehr der objektive Wille des Gesetzes. Die Gerichte messen dem subjektiven Willen des Gesetzgebers regelmäßig nur untergeordnete Bedeutung zu, weil er oft schwer zu ermitteln ist, vor allem aber historisch überholt sein kann: Die Vorstellungen des Gesetzgebers von 1896, was die guten Sitten im Sinne von § 138 BGB sein können, stimmen mit den heutigen Verhältnissen oft nicht überein, die das Bürgerliche Gesetzbuch aber doch regeln soll. Verbindlich ist vielmehr der objektive, heute gültige Wille des Gesetzes. Allerdings werden bei neuen Gesetzen die Vorstellungen des Gesetzgebers zur Ermittlung dieser objektiven Bedeutung größere Relevanz besitzen als bei älteren Normen. Die teleologische Auslegung als Frage nach dem Zweck des Gesetzes ist weniger eine Auslegungsmethode neben anderen als vielmehr das Ziel der Auslegung insgesamt. Besteht eine Lücke im Gesetz, fehlt es also für einen Sachverhalt an einer ausdrücklichen gesetzlichen Regelung, hilft oft die Analogie: die Anwendung einer Rechtsnorm auf einen anderen, ähnlich gelagerten Sachverhalt.

35 Wegen des Vorranges der Verfassung besitzt die sogenannte verfassungskonforme Auslegung besonderes Gewicht, die vom Bundesverfassungsgericht entwickelt wurde. Ist

II. Gerichtsbarkeit

ein Gesetz mehreren Auslegungen zugänglich, von denen die eine das Gesetz als verfassungswidrig, die andere es als verfassungsgemäß erscheinen lässt, so ist die Auslegung zu wählen, mit der das Gesetz verfassungsgemäß bleibt. Damit wird die maßgebliche Funktion des Gesetzgebers gewahrt.

II. Gerichtsbarkeit

1. Allgemeine Strukturen und Grundsätze

Die grundlegenden *Normen* über die Gerichtsbarkeit enthält das Grundgesetz in Art. 20 Abs. 3, 92 ff. Bestimmungen, die die Gerichtsbarkeit insgesamt betreffen, finden sich dazu im Gerichtsverfassungsgesetz (GVG). Für die einzelnen Gerichtszweige regeln Normen der verschiedenen Verfahrensordnungen weitere Einzelheiten. Die wichtigsten sind die Zivilprozessordnung (ZPO), die Strafprozessordnung (StPO), die Verwaltungsgerichtsordnung (VwGO), das Arbeitsgerichtsgesetz (ArbGG), die Finanzgerichtsordnung (FGO), das Sozialgerichtsgesetz (SGG) und das Bundesverfassungsgerichtsgesetz (BVerfGG). Hinzu tritt das Verfahrensrecht der europäischen Gerichte.

Die Rechtsprechung wird ausschließlich durch *Richter* ausgeübt. Die Richter sind nur Recht und Gesetz unterworfen. Dieser Grundsatz der Unabhängigkeit des Richters gehört zu den zentralen Errungenschaften des modernen Rechtsstaates. Der Richter ist sowohl in der Sache als auch persönlich unabhängig (Art. 97 GG): Die Entscheidung in der Sache kann ihm von niemandem, besonders nicht von Regierung oder Verwaltung, vorgeschrieben werden. Persönliche Konsequenzen aus seiner richterlichen Entscheidungstätigkeit können und dürfen nicht gezogen werden. Deshalb werden Richter grundsätzlich auf Lebenszeit bestellt; sie können gegen ihren Willen nur aufgrund richterlicher Entscheidung nach dem Gesetz vorzeitig entlassen, in den Ruhestand versetzt, ihres Amtes enthoben oder an ein anderes Gericht versetzt werden. Beförderungen von Richtern in eine höhere Position werden in besonderen Verfahren entschieden, die die Unabhängigkeit sichern sollen.

In der Regel entscheiden Berufsrichter. Die Gerichtsbarkeit kennt aber auch den Laienrichter oder Schöffen. Dies sind Bürger, die für einen bestimmten Zeitraum das Richteramt neben ihrem normalen Beruf ehrenamtlich versehen. Sie werden hierzu in einem recht komplizierten Verfahren gewählt. Als Richter sind sie stets nur in Kollegialgerichten tätig, dabei aber den Berufsrichtern in der Abstimmung gleichberechtigt. Der ursprüngliche Sinn dieser Einrichtung liegt in dem Bemühen, bürgerlichen Sachverstand, Bürgernähe und demokratische Transparenz in die Gerichtsbarkeit einzubringen.

Alle Gerichtsverfahren sind, soweit mündlich verhandelt wird, öffentlich. Nur in bestimmten Fällen, etwa bei grober Ungebühr der Zuschauer oder aber zum Schutz von Verfahrensbeteiligten oder der Sicherheit des Staates, kann die Öffentlichkeit vom Gericht ausgeschlossen werden. Ursprünglich sollte die Gerichtsöffentlichkeit ein rechtsstaatliches Verfahren sicherstellen, indem die Allgemeinheit Kontrolle ausüben und so die Betroffenen vor staatlicher Willkür schützen konnte. Dagegen ist in jüngerer Zeit vielmehr der Schutz von Beteiligten, der Angeklagten oder der Zeugen vor der Öffentlichkeit zu einem wichtigen Anliegen geworden, weil die Bloßstellung in den Medien oft schwerer wiegt als die gerichtliche Bestrafung. Selbst ein Freispruch kann oft den Schaden nicht wiedergutmachen, der durch die öffentliche Erörterung für die Betroffenen entstanden ist. Gerade um Verfahrensbeteiligte vor der Öffentlichkeit zu schützen, aber auch um die Unabhängigkeit des Gerichts nicht zu gefährden, sind Fernseh- und Rundfunkaufnahmen, das Fotografieren, Filmen und das Aufnehmen der Gerichtsverhandlung auf Tonträger zur Veröffentlichung grundsätzlich nicht zugelassen (§ 169 GVG).

2. Aufbau der Gerichtsbarkeit

40 Die Rechtsprechung ist im Wesentlichen auf *fünf Gerichtsbarkeiten* verteilt, entsprechend den großen Bereichen der Rechtsordnung: die ordentliche Gerichtsbarkeit, die Arbeitsgerichtsbarkeit, die allgemeine Verwaltungsgerichtsbarkeit, die Sozialgerichtsbarkeit und die Finanzgerichtsbarkeit. Hinzu tritt insbesondere die Verfassungsgerichtsbarkeit, endlich auch die europäische Gerichtsbarkeit sowie internationale Gerichtsbarkeiten.

41 Ein alle Gerichtsbarkeiten umfassendes oberstes Gericht gibt es nicht, wie es in den Vereinigten Staaten von Amerika im Supreme Court für die Bundesgerichtsbarkeit besteht oder in der Schweiz mit dem Schweizerischen Bundesgericht. Diese Trennung der Gerichtsbarkeiten führt nicht selten zu unterschiedlichen Wertungen in Einzelfragen und häufig zu schwierigen Abgrenzungs- und Zuständigkeitsproblemen. Ein sachlicher Grund für die historisch gewachsene Aufspaltung liegt in der besonderen Sachkunde, die die Spezialisierung der Gerichte möglich macht. Wegen der oft unterschiedlichen Grundprinzipien der einzelnen Rechtsgebiete und der jeweils anderen Prozessregeln mag sich auch eine angemessenere Behandlung der Einzelfragen ergeben. Der Einheit der Rechtsordnung dient die Aufspaltung der Gerichtsbarkeiten nicht.

42 Zu der vertikalen Teilung nebeneinander bestehender Gerichtsbarkeiten gibt es eine horizontale, hierarchische Stufung nach *verschiedenen Instanzen*. Der Prozess beginnt grundsätzlich bei einem niederen Gericht und kann häufig durch Rechtsbehelfe gegen deren Entscheidungen zur höheren Instanz gebracht werden. Die wichtigsten von zahlreichen speziellen Rechtsbehelfen sind Berufung, Revision und Beschwerde. Bei der Berufung prüft das Berufungsgericht den gesamten Prozessstoff erneut, also auch die erheblichen Tatsachen; so werden etwa wieder Zeugen vernommen. Bei der Revision findet nur eine Überprüfung der Rechtsfragen statt. Anders als diese Rechtsmittel betrifft die Beschwerde regelmäßig nur einzelne Fragen eines gesamten Verfahrens. Instanzgerichte sind jeweils auch für einen bestimmten örtlichen Bereich zuständig. In den Gerichten entscheiden Einzelrichter oder Kollegien – Kammern oder Senate – als einzelne Spruchkörper.

43 Stets muss vor Anhängigkeit eines Verfahrens feststehen, welcher Spruchkörper in welcher Besetzung über den Fall entscheidet, um Manipulationen vollkommen auszuschließen. Dafür stellt jedes Gericht einen Geschäftsverteilungsplan auf.

44 Unter Vernachlässigung einzelner Besonderheiten ergibt sich danach folgendes Bild: Die *ordentliche Gerichtsbarkeit* umfasst die Zivilgerichtsbarkeit und die Strafgerichtsbarkeit und damit das Zivil- oder bürgerliche Recht und das Strafrecht. Diese Rechtsgebiete allein waren zu Beginn des 19. Jahrhunderts unabhängigen Gerichten anvertraut, deshalb der aus dieser Zeit stammende Name ordentliche Gerichtsbarkeit. Die Zivilgerichtsbarkeit ist grundsätzlich für Streitigkeiten des bürgerlichen Rechts zuständig. Die Strafgerichtsbarkeit entscheidet über Strafsachen und Verfahren im Ordnungswidrigkeitenrecht. In den ordentlichen Gerichten sind dafür grundsätzlich jeweils unterschiedliche Spruchkörper zuständig.

II. Gerichtsbarkeit A.

Unterste Gerichte der ordentlichen Gerichtsbarkeit sind die Amtsgerichte. Darüber stehen die Landgerichte, es folgen die Oberlandesgerichte, endlich steht an der Spitze der ordentlichen Gerichtsbarkeit der Bundesgerichtshof mit Sitz in Karlsruhe. Der Bundesgerichtshof ist für die gesamte Bundesrepublik Deutschland zuständig und ist ein oberstes Bundesgericht. Die Oberlandesgerichte sind Gerichte der jeweiligen Länder und jeweils für zumeist mehrere Landgerichte, diese wiederum regelmäßig für mehrere Amtsgerichte zuständig.

45

Neben der ordentlichen Gerichtsbarkeit steht die *Arbeitsgerichtsbarkeit*. Sie entscheidet über arbeitsrechtliche Streitigkeiten, also etwa über die Zulässigkeit der Entlassung eines Arbeitnehmers. Die Instanzgerichte sind Arbeitsgerichte, Landesarbeitsgerichte und das Bundesarbeitsgericht mit Sitz in Erfurt.

46

Die *allgemeine Verwaltungsgerichtsbarkeit* entscheidet über verwaltungsrechtliche Streitigkeiten, soweit sie nicht einer besonderen Verwaltungsgerichtsbarkeit, das sind Sozialgerichtsbarkeit und Finanzgerichtsbarkeit, zugeordnet sind. In einzelnen Fällen sind Verwaltungsrechtsstreitigkeiten aus historischen oder sachlichen Gründen der ordentlichen Gerichtsbarkeit überantwortet, so darf etwa die Entscheidung über die Höhe der Entschädigung bei Enteignungen gemäß Art. 14 Abs. 3 GG den ordentlichen Gerichten nicht entzogen werden. Die allgemeine Verwaltungsgerichtsbarkeit ist unterteilt in Verwaltungsgerichte, Oberverwaltungsgerichte – die in einzelnen Bundesländern Verwaltungsgerichtshof heißen – und das Bundesverwaltungsgericht mit Sitz in Leipzig.

47

Die *Sozialgerichtsbarkeit* entscheidet über Fragen des Sozialrechts, wie etwa den Anspruch auf eine Altersrente. Es bestehen die Sozialgerichte, die Landessozialgerichte und das Bundessozialgericht in Kassel.

48

Die *Finanzgerichtsbarkeit* ist für Fragen des Steuerrechts zuständig. Hier gibt es nur zwei Ebenen: Die Finanzgerichte auf Landesebene und den Bundesfinanzhof in München.

49

Das Nebeneinander der Gerichtsbarkeiten kann in einzelnen Rechtsfragen zu Widersprüchen in der Rechtsprechung führen. Um dies zu vermeiden, ist der *Gemeinsame Senat der obersten Gerichtshöfe des Bundes* gemäß Art. 95 Abs. 3 GG eingerichtet, mit freilich sehr eingeschränkten Zuständigkeiten. Er wird aus Richtern der obersten Gerichtshöfe des Bundes gebildet.

50

Gerichtshöfe des Bundes können grundsätzlich nur über Fragen des Bundesrechts entscheiden. Für Fragen des Landesrechts sind die Gerichte der Länder letztinstanzlich zuständig. Sie entscheiden aber auch als Instanzgerichte in Sachen des Bundesrechts. Es gibt also keine durchgängige institutionelle Trennung der Gerichtsbarkeiten nach Bundes- oder Landesmaterien. Für manche Rechtsmaterien des Bundesrechts sind aber ausschließlich Bundesgerichte zuständig: Etwa für Disziplinarfälle der Soldaten die Truppendienstgerichte mit Rechtsbehelfen zum Bundesverwaltungsgericht. Für Bundesbeamte besteht in Disziplinarsachen das Bundesdisziplinargericht als erste Instanz, der Rechtszug geht dann zu besonderen Senaten – den Disziplinarsenaten – des Bundesverwaltungsgerichts. Weiter gibt es die Richterdienstgerichte für Disziplinarangelegenheiten der Bundesrichter. Endlich entscheidet das Bundespatentgericht als erstinstanzliches Gericht über Patentfragen, Rechtsbehelfe gehen zum Bundesgerichtshof. Die besondere Wehrstrafgerichtsbarkeit besteht nach Art. 96 Abs. 2 GG nur für den Verteidigungsfall.

51

A. Allgemeine Strukturen

52 Eine Sonderstellung kommt der *Verfassungsgerichtsbarkeit* zu. Die Bundesländer haben Verfassungsgerichtshöfe, bisweilen Staatsgerichtshof genannt, eingerichtet. Sie entscheiden in landesrechtlich bestimmten Verfahrensarten über Streitigkeiten, die ihren Rechtsgrund in der Landesverfassung haben.

53 Hervorragende Bedeutung besitzt das *Bundesverfassungsgericht* (Art. 92 ff. GG) in Karlsruhe. Es ist das höchste deutsche Gericht und gehört zu den angesehensten und mächtigsten Institutionen der Bundesrepublik Deutschland. Das Bundesverfassungsgericht entscheidet ausschließlich über Fragen des Grundgesetzes in besonders aufgezählten Verfahrensarten (vgl. etwa Art. 93, 100 GG). Da das Grundgesetz aber – freilich unbeschadet der Geltung des Europäischen Unionsrechts – oberste Norm der deutschen Rechtsordnung insgesamt ist und alle Rechtsgebiete beeinflusst, wird die gesamte Rechtsordnung durch die Rechtsprechung des Bundesverfassungsgerichts geprägt. Eine Trennung von einfachem Recht und Verfassungsrecht ist oft schwierig. Auch wenn das Bundesverfassungsgericht häufig über hochpolitische Fragen zu entscheiden hat, bleibt es doch Teil der Rechtsprechung. Es hat auch nicht die Möglichkeit, die Entscheidung über eine Rechtsfrage zu verweigern, weil sie besonders intensive politische Implikationen besitze.

54 Bemerkt werden muss endlich die wachsende Bedeutung der Rechtsprechung der *Gerichte der Europäischen Union* für die Bundesrepublik Deutschland, des Gerichts der Europäischen Union (EuG) und des Europäischen Gerichtshofs (EuGH) mit Sitz in Luxemburg. Ebenso wenig wie das materielle Recht lässt sich heute das Zusammenwirken der staatlichen Institutionen verstehen ohne den ständigen Blick in das Unionsrecht. Mit den Gerichten der Europäischen Union nicht verwechselt werden darf der Europäische Gerichtshof für Menschenrechte mit Sitz in Straßburg, der über die Verletzung von Menschenrechten und Grundfreiheiten nach der Europäischen Menschenrechtskonvention entscheidet.

III. Juristische Ausbildung und Berufe

55 Das Bild des Juristen in der Bundesrepublik Deutschland wird bestimmt durch die Idee des *Einheitsjuristen*. Der Jurist soll in der Lage sein, nach angemessener Einarbeitung in Besonderheiten einzelner Gebiete grundsätzlich alle Bereiche des Rechts kompetent zu bearbeiten und damit alle juristischen Berufe auszufüllen. Die juristische Ausbildung soll deshalb vor allem die juristische Methode vermitteln, nicht in erster Linie Einzelwissen. Das Studium der Rechtswissenschaft wird in juristischen Fakultäten der Universitäten absolviert. Es steht neben anderen Studiengängen; ein Grundstudium in einem anderen Fach ist nicht erforderlich. Dieses Universitätsstudium dauert etwa acht Semester, also vier Jahre, eine Obergrenze besteht nicht. Es endet mit der Ersten Juristischen Prüfung, dem Referendarexamen, das zu einem Teil von den Landesjustizministerien unter Mitwirkung von Professoren und Praktikern abgenommen wird, zu einem anderen Teil von den Universitäten selbst. Daran schließt sich eine zweijährige praktische Ausbildung an, das Referendariat. Die Referendare verbringen jeweils einige Monate bei Gerichten, Verwaltung, Rechtsanwälten und in weiteren Stationen, um sich mit der Praxis der Rechtsanwendung vertraut zu machen. Als Abschluss folgt die Zweite Juristische Staatsprüfung, das Assessorexamen. Mit Bestehen dieser Prüfung ist der Absolvent fertiger Jurist, sogenannter Volljurist, und grundsätzlich fähig, jeden juristischen Beruf zu ergreifen.

III. Juristische Ausbildung und Berufe

In sehr eingeschränktem Umfang gibt es auch juristische Studiengänge an Fachhochschulen, die eher als die Universitäten der reinen praktischen Berufsausbildung dienen sollen. Sie beschränken sich aber auf Teilbereiche des Rechts und ermöglichen jedenfalls bisher nicht den Zugang zu den herkömmlichen juristischen Berufen. Eine juristische Ausbildung, die an den Fachhochschulen angeboten wird, ist die Ausbildung zum Rechtspfleger. Der Rechtspfleger nimmt selbstständig bestimmte Aufgaben der Rechtspflege wahr (§§ 1, 2 RPflG). Dazu gehören etwa die Vereins- und Grundbuchsachen, das Mahnverfahren und Einzelaufgaben in der Zwangsvollstreckung.

Die meisten Juristen werden *Rechtsanwälte* in eigenen Kanzleien oder als angestellte Rechtsanwälte. Sie sind befugt, Mandanten juristisch zu beraten und vor Gericht zu vertreten. Um als Rechtsanwalt vor Gericht auftreten zu können, bedarf es einer Zulassung als Rechtsanwalt, die von einer Rechtsanwaltskammer, der Selbstverwaltungsorganisation der Rechtsanwälte, ausgesprochen wird. Nur sehr wenige Rechtsanwälte sind beim Bundesgerichtshof zugelassen. Im Übrigen können sie vor jedem Gericht auftreten. Der Rechtsanwalt ist nach der Bundesrechtsanwaltsordnung ein unabhängiges Organ der Rechtspflege (§ 1 BRAO), er ist dabei jedoch keineswegs eine staatliche Stelle, sondern übt einen freien Beruf aus.

Viele junge Juristen ergreifen auch Berufe in der *gewerblichen Wirtschaft*. Sie können dann als Mitarbeiter in den Rechtsabteilungen größerer Firmen oder als Syndikus, das heißt als Rechtsberater, in Verbänden vornehmlich juristisch tätig sein. Oft verlassen sie aber auch die rein juristische Laufbahn und sind im allgemeinen Firmenmanagement tätig. Hier konkurrieren sie besonders mit Betriebswirten.

Der Volljurist besitzt stets die Befähigung zum Richteramt. Der *Richterberuf* ist eine Laufbahn, in die der Assessor regelmäßig unmittelbar nach dem Zweiten juristischen Staatsexamen eintritt. Freilich werden hier meist nur Absolventen mit guten Examensergebnissen eingestellt. Zuständig ist hierfür die für die jeweilige Gerichtsbarkeit verantwortliche Ministerialverwaltung. Die Richter an höheren Gerichten werden durch Richterwahlausschüsse gewählt.

Eng an die Richterlaufbahn angelehnt ist der Beruf des *Staatsanwalts*. Er ist zuständig für die Strafverfolgung. In manchen Bundesländern findet ein regelmäßiger Austausch des Personals zwischen Gerichtsbarkeit und Staatsanwaltschaft statt.

Ein erheblicher Bedarf an Juristen besteht in der *Staatsverwaltung*. Sie arbeiten dort regelmäßig als Beamte. Auch dies ist eine Laufbahn, die zumeist unmittelbar nach dem Zweiten juristischen Staatsexamen von besseren Kandidaten eingeschlagen wird. Sie führt zu Verwaltungsaufgaben in Behörden von Kommunen, Ländern und Bund mit Aufstiegsmöglichkeiten bis zum beamteten Staatssekretär. Ein nicht unerheblicher Bedarf an Juristen besteht darüber hinaus in internationalen Organisationen wie der UNO und in den Organen der Europäischen Union, wo ebenfalls primär verwaltende Aufgaben zu erfüllen sind.

Der Beruf des *Notars* ist in den Bundesländern unterschiedlich ausgestaltet. Seine Aufgaben liegen besonders in der öffentlichen Beurkundung, dabei aber auch in der Gestaltung etwa von Grundstücksgeschäften, Gesellschaftsverträgen, Ehe- und Erbverträgen. Süddeutsche Länder kennen den Amtsnotar, entweder als Beamten oder aber als Selbstständigen, der ausschließlich als Notar tätig ist. Norddeutsche Länder übertragen die Aufgaben des Notars auf freiberuflich tätige Rechtsanwälte.

A. Allgemeine Strukturen

63 Nur wenige Juristen ergreifen die Laufbahn als *Hochschullehrer*. Hierfür sind regelmäßig die Promotion und die Habilitation erforderlich. Beide setzen unterschiedlich intensive schriftliche Arbeiten, meist Monographien, voraus sowie das Bestehen mündlicher Prüfungen. Die weitere Laufbahn vollzieht sich regelmäßig nicht an der Fakultät, an der sich der Hochschullehrer habilitiert hat, sondern bedingt einen Ruf an eine andere Universität.

64 Die Ausbildung der Juristen steht in *ständiger Diskussion*. Sie wird in der Atmosphäre, in Methode und Einzelfragen noch immer vom Ziel geprägt, zum Beruf des Richters zu führen. Rechtsgestaltung in Verträgen und Normsetzung, Rechtsdurchsetzung und Rechtsberatung im Beruf des Rechtsanwalts kommen dabei zu kurz. Starke Kräfte fordern eine Verkürzung, oft auch eine Aufspaltung und Spezialisierung des Studiums. Die Absolventen solcher Ausbildungsgänge würden früher im Beruf stehen, Ausbildung und wohl auch Arbeitskraft wären billiger. In der Tat ist fraglich, ob so viele umfassend ausgebildete Juristen gebraucht werden. Auf der anderen Seite darf über die Reformvorhaben die kulturelle und volkswirtschaftlich notwendige Funktion des Juristenstandes nicht gefährdet werden. Sie besteht in der Organisation der Gesellschaft nach Rechtsgrundsätzen und setzt Überblick über die Zusammenhänge in andere Rechtsbereiche und Lebensfelder hinein voraus. Eine der ersten juristischen Tugenden ist deshalb das audiatur et altera pars, also das Anhören und tolerante Bedenken auch der Gegenmeinung, durchaus auch im Interesse der Durchsetzung des eigenen Standpunktes.

IV. Juristische Arbeits- und Hilfsmittel

65 Der in seiner Breite und Fülle eher unübersichtliche Rechtsstoff ist technisch recht gut erschlossen. Die Bundesgesetze werden im *Bundesgesetzblatt* (BGBl.) verkündet. Es erscheint in zwei Teilen. Der erste Teil (BGBl. I) enthält die Gesetze sowie Verordnungen des Bundes und sonstige Bekanntmachungen von wesentlicher Bedeutung. Im zweiten Teil (BGBl. II) sind die völkerrechtlichen Übereinkünfte des Bundes veröffentlicht und die zu ihrer Inkraftsetzung oder Durchsetzung erlassenen Rechtsvorschriften sowie damit zusammenhängende Bekanntmachungen, endlich auch Zolltarifvorschriften. Ein dritter Teil des Bundesgesetzblattes (BGBl. III) enthält eine nicht weiter fortgeschriebene bereinigte Sammlung des Bundesrechts, die Ende der 1950er Jahre erstellt worden ist.

66 Das *Bundessteuerblatt* ist das amtliche Verordnungsblatt für Gesetze und Verordnungen besonders des Bundes und der Länder auf dem Gebiet des Steuerrechts. Die Bundesministerien verfügen über Amtsblätter, in denen ressortrelevante Veröffentlichungen vorgenommen werden.

67 Ähnliches gilt für die Bundesländer. Es gibt *Gesetzes- und Verordnungsblätter* sowie *Amtsblätter* einzelner oder mehrerer Ministerien. Auch die Kommunen, also Kreise und Gemeinden, verfügen regelmäßig über eigene Amtsblätter, in denen kommunale Angelegenheiten bekannt gemacht werden.

68 Gesetzentwürfe sind über die *Drucksachen* von Bundestag und Bundesrat sowie der Landtage öffentlich zugänglich.

69 Der Bund und die Länder geben jeweils *bereinigte Sammlungen des Landesrechts* heraus. Hier ist das geltende Recht im Zusammenhang auf neuem Stand zugänglich, während die Gesetzblätter der Länder wie des Bundes regelmäßig nur die laufenden

IV. Juristische Arbeits- und Hilfsmittel

Änderungen veröffentlichen. Die meisten Rechtsnormen sind heute in der jeweils geltenden Fassung im Internet abrufbar (für die Bundesgesetze: www.gesetze-im-internet.de).

Der Beck-Verlag gibt Loseblattsammlungen als Zusammenstellungen der wichtigsten Gesetze und Verordnungen auf den verschiedensten Rechtsgebieten heraus: etwa der »Schönfelder: Deutsche Gesetze« für das Zivil- und Strafrecht, »Sartorius I: Verfassungs- und Verwaltungsgesetze« für das öffentliche Recht, »Sartorius II: Internationale Verträge, Europarecht« für das Völker- und Europarecht. Daneben gibt es entsprechende Sammlungen einzelner Landesrechte und für einzelne Sachgebiete. Der Nomos-Verlag gibt ein jährlich erscheinendes dreibändiges Werk des Deutschen Rechts heraus. Textausgaben der wichtigsten Gesetze erscheinen in preisgünstiger Taschenbuchform in verschiedenen Verlagen. **70**

Die *wichtigsten Entscheidungen* der Obergerichte sind in Entscheidungssammlungen enthalten, die regelmäßig von den Richtern der jeweiligen Gerichte herausgegeben werden. Die praktisch bedeutsamsten sind: Entscheidungen des Bundesverfassungsgerichts (BVerfGE), Entscheidungen des Bundesgerichtshofs in Zivilsachen (BGHZ), Entscheidungen des Bundesgerichtshofs in Strafsachen (BGHSt), Entscheidungen des Bundesarbeitsgerichts (BAGE), des Bundesverwaltungsgerichts (BVerwGE), des Bundessozialgerichts (BSGE), des Bundesfinanzhofs (BFHE). Auch die Obergerichte der Länder verfügen in der Regel über entsprechende Sammlungen. Viele Entscheidungen werden in Fachzeitschriften abgedruckt. Wichtige Entscheidungen sind regelmäßig im Internet frei zugänglich. **71**

Die Zahl der *Lehrbücher* ist inzwischen fast unüberschaubar. Regelmäßig stellen sie ein einzelnes Rechtsgebiet dar, bei größeren Zusammenhängen auch einzelne Teile davon, und machen die wichtigsten Strukturen, Kernfragen und Anwendungsprobleme für Studenten, oft aber auch noch für Praktiker verständlich. Manche begnügen sich mit erster Einführung oder einfacher Wiedergabe und Zusammenfassung, andere stehen auf höchstem Niveau wissenschaftlicher Durchdringung. Einzelne Rechtsprobleme werden intensiv regelmäßig in Monographien wissenschaftlich abgehandelt. **72**

Für die Praxis wichtig ist die *Kommentarliteratur*. Sie stellt den Rechtsstoff besonders unter Einbezug der relevanten Rechtsprechung in der Abfolge der Gesetzessystematik und der Paragrafenreihung der einzelnen Gesetze dar. Für die wichtigeren Gesetze gibt es jeweils mehrere, teilweise sehr umfangreiche Kommentierungen. **73**

Vielfältig ist auch der *Zeitschriftenmarkt*. Einige *Zeitschriften* mit Blick auf grundsätzlich alle Rechtsgebiete stehen neben einer großen Zahl von Periodika, die einzelnen weiter oder enger gefassten Rechtsbereichen gewidmet sind. Regelmäßig werden hier Aufsätze zu einzelnen Rechtsfragen veröffentlicht, Gerichtsentscheidungen abgedruckt und kommentiert und Besprechungen neu erschienener Bücher veröffentlicht. **74**

Ein nützliches Hilfsmittel für das Erschließen des juristischen Schrifttums ist die Karlsruher Juristische Bibliographie (KJB). Sie erscheint in monatlicher Folge und wertet alle Neuerscheinungen juristischer Aufsätze und Monographien des Inlandes und ausgewählt des Auslandes aus. Die vielfältigen juristischen Abkürzungen verzeichnet »Hildebert Kirchner/Dietrich Pannier, Abkürzungsverzeichnis der Rechtssprache, 10. Aufl. 2021«. **75**

Unentbehrlich sind die *juristischen Datenbanken*. JURIS enthält Nachweise und zum Teil Volltexte von Rechtsnormen, Gerichtsentscheidungen und Schrifttum. Beck-online **76** ist das Pendant zu JURIS und enthält das umfangreiche Angebot dieses Verlages in einer Datenbank. Die meisten juristischen Fachzeitschriften wie die Neue Juristische Wochenschrift (NJW) oder die Neue Zeitschrift für Verwaltungsrecht (NVwZ), stehen online zur Verfügung, dazu Datenbanken für einzelne Rechtsgebiete, Rechtsprechungssammlungen und Textsammlungen.

Schrifttum:
Johann Braun, Einführung in die Rechtswissenschaft, 4. Aufl. 2011
Kristian Kühl/Hermann Reichhold/Michael Ronellenfitsch, Einführung in die Rechtswissenschaft, 3. Aufl. 2019
Thomas M. J. Möllers, Juristische Arbeitstechnik und wissenschaftliches Arbeiten. Klausur, Hausarbeit, Seminararbeit, Studienarbeit, Staatsexamen, Dissertation, 10. Aufl. 2021

B. Öffentliches Recht

I. Verfassungs- und Verwaltungsrechtsgeschichte

Das *Deutsche Reich* hat sich nach der Dreiteilung des fränkischen Reiches aus dessen östlichem Teil in einem allmählichen Prozess vornehmlich während des 10. Jahrhunderts entwickelt. Es verstand sich über Jahrhunderte als Nachfolger des römischen Reiches, seine Könige wurden als römische Kaiser gekrönt. Das Reich nannte sich deshalb »Heiliges Römisches Reich«. Seit dem späten 15. Jahrhundert setzte sich der Titel »Heiliges Römisches Reich Deutscher Nation« durch, womit die inzwischen deutliche Nationenbildung aufgenommen wurde.

Der Form nach war das Reich eine *Wahlmonarchie*. Die deutschen Könige wurden von den Kurfürsten gewählt. Gleichwohl bildeten sich zeitweise und zum Teil langdauernde Dynastien heraus, besonders die der Habsburger. Die gewählten Könige wurden regelmäßig zum Kaiser gekrönt. Die Reichsgewalt lag bei Kaiser und Reichstag, die für wichtige Akte zusammenwirken mussten. Der Reichstag wurde von den herausragenden Herrschaftsträgern gebildet, den Ständen. Dies waren die Kurfürsten, die das Kurfürstenkollegium bildeten, sodann die Reichsfürsten und endlich die Reichsstädte, wobei die Zugehörigkeit der letzteren und ihre Befugnisse umstritten waren. Die hohe, mit weltlichen Herrschaftsrechten ausgestattete Geistlichkeit gehörte zum Teil dem Kurfürstenkollegium zu – die Erzbischöfe und Kurfürsten von Trier, Mainz und Köln –, zum Teil dem Fürstenkollegium.

Bereits das Heilige Römische Reich kannte grundlegende Bestimmungen, die heute als Verfassungsrecht bezeichnet würden, sogenannte *leges fundamentales*. Dazu gehörte die Goldene Bulle von 1356, in der der Wahlmodus für die Königswahl und der später mehrfach geänderte Kreis der damals sieben Kurfürsten bestimmt waren. Als weitere leges fundamentales galten der Augsburger Reichsabschied von 1555 und der Westfälische Friede nach dem Dreißigjährigen Krieg (1618–1648) von 1648. Kennzeichnend für die gesamte Geschichte dieses Reiches war die ständige Auseinandersetzung zwischen Reichsgewalt und den Selbstständigkeitsansprüchen der Fürsten in ihren Territorien. Mit dem *Dreißigjährigen Krieg* und dem Westfälischen Frieden war die zentrale Reichsgewalt auf Dauer geschwächt. Die Bildung moderner, absolutistisch geprägter Staaten vollzog sich auf der Ebene der Territorien, den Vorläufern der heutigen Bundesländer. Einige Bedeutung behielt vor allem die Gerichtsbarkeit des Reiches, besonders die des Reichskammergerichts.

Das wohl zentrale Ereignis, das für die staatsrechtliche Entwicklung bis heute in vielem prägend wurde, ist die *Reformation*, die besonders auf *Martin Luther* zurückgeführt wird und deren Beginn oft mit dem Jahr 1517 verbunden wird. Sie führte durch zahlreiche kriegerische Auseinandersetzungen zum Dreißigjährigen Krieg. Parallele Ereignisse und Entwicklungen vollzogen sich besonders in England und Frankreich. Am Ende standen sich in Deutschland die katholische und die protestantische Konfession gleich stark und erschöpft gegenüber. Die staatsrechtlichen Ergebnisse sind vielfältig. Das endgültige Zerbrechen der religiösen Einheit schuf ein machtpolitisches, vor allem aber ideelles Vakuum, das mit der Entwicklung des modernen, zentral geführten, souveränen und grundsätzlich säkularen und damit nicht unmittelbar religiös begründeten Staates gefüllt wurde. Staatliche Neutralität, philosophische Aufklärung und Zugriff auf die Vernunft als zentrale Begründungskategorien in Abkehr von theologischen Argumenten entwickelten sich auf diesem Hintergrund, aber auch eine Übersteigerung

B. Öffentliches Recht

der Staatsidee. Die *Säkularisierung* des Staatsrechts insgesamt war die Konsequenz. Die Ergebnisse der kriegerischen Auseinandersetzungen begünstigten und beschleunigten die Entwicklung zum Nationalstaat. Die Zerstörungen an Sachen und an sozialen Beziehungen schufen faktische Voraussetzungen der Gleichheitsidee; das Gleichgewicht der Konfessionen in Deutschland führte zu einem spezifisch institutionell- und gruppenorientierten Gleichheitskonzept.

81 Die besonders in Frankreich im Verlauf der Religionskriege entwickelte Staatsform des *Absolutismus* setzte sich in Deutschland besonders in Preußen und in dem damals noch zum Reichsverbund gehörenden Österreich durch. Hier vereinigte der Landesherr als oberster Gesetzgeber, oberster Richter und oberste ausführende Macht alle Staatsgewalt in sich. Er war staatlichen Gesetzen selbst nicht unterworfen (legibus solutus) und nur Gott verantwortlich. Für die zuvor den einzelnen Herrschaften und Ständen obliegende Verwaltung bedeutete das eine weitgehend zentralisierende, prinzipiell hierarchische, auf Durchrationalisierung und Effizienz angelegte Strukturierung und die Unterwerfung aller Lebensverhältnisse unter die Letztentscheidungsbefugnis des Monarchen. Die Forderung nach Menschenrechten und Gewaltenteilung erweist sich als naheliegende, fast zwangsläufige Gegenentwicklung.

82 Die *Französische Revolution* regte auch in Deutschland zunächst weitere Reformforderungen und Menschenrechtsideen an. Die militärischen Erfolge Frankreichs gegen das Deutsche Reich führten zu einer letzten großen Reichsreform im Reichsdeputationshauptschluss von 1803. Vielfältige kleinere, selbstständige Herrschaften wurden den größeren Territorien einverleibt. Die geistlichen Herrschaften wurden fast vollständig aufgehoben und im weiteren Verlauf die meisten Güter der katholischen Kirche säkularisiert, das heißt enteignet.

83 Die Gründung des Rheinbundes, einem Zusammenschluss west- und süddeutscher Territorien, durch *Napoleon* führte zur *Auflösung des Reiches*. 1806 legte Kaiser *Franz II* die Kaiserkrone nieder und entließ die Reichsstände aus ihren Verpflichtungen gegenüber dem Reich, eine freilich verfassungswidrige Maßnahme, die aber die Reichsgewalt und damit das Heilige Römische Reich Deutscher Nation tatsächlich beendete.

84 Erst nach der Niederlage *Napoleons* wurde 1815 auf dem *Wiener Kongress* eine Neuordnung Deutschlands vorgenommen. An die Stelle des Heiligen Römischen Reiches Deutscher Nation trat der *Deutsche Bund* als Verein souveräner Fürsten in Deutschland. Die Verfassungsentwicklung fand nun vor allem in den *Ländern* statt, die zumal seit 1818, in einer zweiten Welle seit 1830 und endlich wie Preußen von 1848 an, *Verfassungen* erhielten. Zumeist wurden sie verstanden als vom Fürsten gewährt, sie waren überwiegend oktroyierte Verfassungen. Nicht die Volkssouveränität, sondern die Fürstensouveränität, das monarchische Prinzip, lag dem zugrunde. Die meisten Verfassungen überantworteten die Gesetzgebung dem Zusammenwirken von Volksvertretung und Monarch, das Wahlrecht war eingeschränkt. Die überwiegende Zahl der Verfassungen kannte die Gewährleistung von Grundrechten, freilich verstanden als Untertanenrechte, begrenzt auf die Bürger des konkreten Landes.

85 Die bürgerliche *Revolution von 1848* mit ihren Grundrechtspostulaten scheiterte und vermochte die angestrebte Einigung Deutschlands in einem neuen Kaiserreich, jetzt unter Ausschluss Österreichs, nicht durchzusetzen. Sie ist aber bis heute mit ihrer demokratischen und grundrechtsprägenden Verfassung, der Paulskirchenverfassung, ein Kristallisationspunkt positiver Verfassungsentwicklung in Deutschland geblieben.

I. Verfassungs- und Verwaltungsrechtsgeschichte

Der Deutsche Bund dauerte bis 1866, als Preußen unter dem Ministerpräsidenten Bismarck den *Norddeutschen Bund* gründete, ein stärker zentral organisiertes Reich. Nach dem deutsch-französischen Krieg von 1870/71 traten die süddeutschen Staaten, nicht jedoch Österreich, dem Norddeutschen Bund bei, wodurch das *Deutsche Reich von 1870/71* gegründet wurde, das Bismarckreich. Seine Verfassung entsprach im Wesentlichen der Verfassung des Norddeutschen Bundes mit einer relativ starken Zentralgewalt und dem preußischen König als geborenem deutschem Kaiser. Sie enthielt vornehmlich aus Kompetenzgründen keinen ausgeführten Grundrechtsteil; wesentliche Teile der Grundrechtsideen wurden aber im einfachen Gesetzesrecht des Reiches umgesetzt wie die Rechtsschutzgarantien in den Reichsjustizgesetzen, also der Strafprozessordnung, der Zivilprozessordnung und dem Gerichtsverfassungsgesetz, wirtschaftliche Freiheiten im Bürgerlichen Gesetzbuch, die alle in dieser Zeit verabschiedet wurden. Mit dem Deutschen Reich von 1870/71 ist die Bundesrepublik Deutschland heute als Völkerrechtssubjekt identisch.

Die Niederlage im Ersten Weltkrieg (1914–1918) führte zur Revolution mit dem Sturz der Monarchie und der Errichtung der *Weimarer Republik*. Sie ruhte auf der Anerkennung der Volkssouveränität und gewährleistete zahlreiche Grundrechte, die allerdings zum Teil als bloße Programmsätze für die Gesetzgebung verstanden wurden, nicht als unmittelbar geltendes Recht. Der direkt vom Volk gewählte Reichspräsident besaß eine Schlüsselstellung in der politischen Auseinandersetzung; er ernannte den Reichskanzler aus eigenem politischem Gutdünken und konnte durch Notverordnungen unter weitgehender Ausschaltung des Parlaments regieren.

Die Zerrissenheit der zunächst führenden politischen Kräfte, vor allem aber die Wirtschaftskrise seit 1930 führten 1933 zur Machtergreifung der *Nationalsozialisten*, die in der NSDAP, der Nationalsozialistischen Deutschen Arbeiterpartei, organisiert waren und mit SA (Sturmabteilung) und SS (Schutzstaffel), später mit der Gestapo (Geheime Staatspolizei) über skrupellos eingesetzte Mittel des Terrors verfügten. Die Nationalsozialisten, jedenfalls zunächst von breiten Schichten des deutschen Volkes getragen, missachteten, missbrauchten und zerstörten die gewachsenen und verbindlichen Rechtsgrundsätze und Verfassungsstrukturen, stürzten die Welt in den Zweiten Weltkrieg und ermordeten in perfide organisiertem Vorgehen die jüdische und sonst als »nichtarisch« diskriminierte Bevölkerung.

Erst der vollständige Sieg der Alliierten und die bedingungslose *Kapitulation* Deutschlands machten 1945 dieser entsetzlichen Verwüstung allen Rechts und aller Kultur ein Ende. Die Erfahrung des Nationalsozialismus und der Wille, eine Wiederholung solchen Unrechts zu vermeiden, prägen das Recht in der Bundesrepublik Deutschland bis heute. Das Grundgesetz, das 1949 in Kraft getreten ist, ist hiervon tief durchdrungen. Diese Erfahrungen liegen aber auch dem inneren Selbstverständnis der Bundesrepublik Deutschland zugrunde; die politische Auseinandersetzung, ihre Höhepunkte und die Orte ihres Versagens sind ohne das Wissen um diese Zusammenhänge nicht zu verstehen.

Die Siegermächte teilten Deutschland in vier *Besatzungszonen,* daneben wurden die östlichen Gebiete Polen, der nördliche Teil Ostpreußens der Sowjetunion zugeschlagen. Die drei westlichen Besatzungszonen schlossen sich im Verlauf der zunehmenden Konfrontation zwischen den Westmächten und der Sowjetunion weiter zusammen. Hieraus entstand 1949 die *Bundesrepublik Deutschland,* im selben Jahr wurde im Osten die *Deutsche Demokratische Republik* gegründet.

B. Öffentliches Recht

91 In der Hoffnung, die Teilung Deutschlands werde bald überwunden werden, verabschiedete der aus Abgeordneten der neugewählten Landesparlamente bestehende Parlamentarische Rat am 8.5.1949 das *Grundgesetz*. Es trat nach Annahme durch die Landesparlamente und der Genehmigung durch die Westalliierten am 23.5.1949 um 24.00 Uhr in Kraft. Ursprünglich als kurzfristiges Provisorium gedacht, war es alsbald von der Bevölkerung akzeptiert und bildet heute geradezu ein Identifikationszentrum des deutschen Volkes.

92 Die sozialistisch geprägte Verfassung der DDR von 1949 wurde 1968 durch eine neue Verfassung abgelöst, die 1974 nochmals tiefgreifend verändert wurde, indem alle Hinweise auf eine mögliche Wiedervereinigung Deutschlands gestrichen wurden.

93 Erst das Ende der Konfrontation zwischen West und Ost führte am 3.10.1990 zur *Vereinigung Deutschlands*. Die näheren Regelungen sind in dem Zwei-plus-Vier-Vertrag zwischen den Siegermächten USA, Frankreich, Großbritannien und der Sowjetunion einerseits, der Bundesrepublik Deutschland und der Deutschen Demokratischen Republik andererseits festgelegt. Einige weitere völkerrechtliche Verträge, wie der mit der Republik Polen, ergänzen diese Regelungen. Damit endete die bis dahin bestehende Verantwortung der Siegermächte für ganz Deutschland. Beide deutschen Staaten haben die Bedingungen der Vereinigung in dem Einigungsvertrag vom 31.8.1990 vereinbart. Damit war eine Ära zu Ende gegangen. Gerade auch die Konfrontation zwischen Ost und West, der Kalte Krieg und die Teilung Deutschlands hatten das Rechtsdenken tief geprägt. Nach anfänglichen Unsicherheiten ist Deutschland heute wieder zusammengewachsen; einzelne bisweilen tiefgreifende Unterschiede verbleiben. Neue Herausforderungen auch für die Rechtsordnung treten hervor, besonders die Bewahrung und Entwicklung der europäischen Einigung und die Integration neuer, besonders muslimisch geprägter, Bevölkerungsteile, mit dem Angriffskrieg Russlands gegen die Ukraine aber auch wieder die Gewinnung und Sicherung des Friedens in Europa

Schrifttum:
Hans Boldt, Deutsche Verfassungsgeschichte, Bd. I, 3. Aufl. 1994, Bd. II, 2. Aufl. 1993
Werner Frotscher/Bodo Pieroth, Verfassungsgeschichte, 20. Aufl. 2022
Axel Gotthard, Das Alte Reich 1495–1806, 5. Aufl. 2013
Dieter Grimm, Deutsche Verfassungsgeschichte, 1776–1866, 3. Aufl. 1995
Ernst Rudolf Huber, Deutsche Verfassungsgeschichte seit 1789, 8 Bde., 2./3. Aufl. ab 1984
Jörn Ipsen, Der Staat der Mitte: Verfassungsgeschichte der Bundesrepublik Deutschland, 2009
Kurt G. A. Jeserich/Hans Pohl/Georg-Christoph von Unruh (Hrsg.), Deutsche Verwaltungsgeschichte, 6 Bde., ab 1983
Michael Kotulla, Deutsche Verfassungsgeschichte, 2008
Adolf Laufs, Rechtsentwicklungen in Deutschland, Nachdruck 4. Aufl. 2019
Christian-Friedrich Menger, Deutsche Verfassungsgeschichte der Neuzeit, 9. Aufl. 2003
Dietmar Willoweit/Steffen Schlinker, Deutsche Verfassungsgeschichte, 8. Auf. 2019
Dietmar Willoweit, Reich und Staat, 2013
Reinhold Zippelius, Kleine deutsche Verfassungsgeschichte, 7. Auf. 2006

II. Verfassungsrecht

1. Allgemeines

a) Begriff, Wesen und Funktion der Verfassung

94 Das *Grundgesetz* bildet die Verfassung der Bundesrepublik Deutschland. Damit besitzt Deutschland eine kodifizierte, geschriebene, in einer Urkunde zusammengefasste Ver-

II. Verfassungsrecht

fassung. Sie bildet die *Verfassung im formellen Sinne*. Die Länder haben ebenfalls jeweils eigene Landesverfassungen, mit denen sie teils wesentlich dem Grundgesetz folgen, teils in einzelnen Bereichen ihre besondere Identität ausbilden. Das in Art. 28 Abs. 1 GG niedergelegte Homogenitätsgebot verpflichtet die Landesverfassungen wie alles übrige Landesrecht, den Grundprinzipien des Grundgesetzes zu entsprechen. Im Übrigen wirken wichtige bundesverfassungsrechtliche Regelungen unmittelbar in die Landesverfassungen ein und bilden so Teil des Verfassungsrechts der Länder selbst.

Die *Änderung* des Grundgesetzes ist besonders erschwert, um breiten Konsens zu sichern und die Verfassung tagespolitischen Strömungen möglichst zu entziehen. Es kann nur geändert werden, wenn zwei Drittel der Mitglieder des Bundestages und zwei Drittel der Mitglieder des Bunderates zustimmen. Eine Änderung ist auch nur möglich, indem der Text des Grundgesetzes selbst ausdrücklich geändert wird.

Bestimmte Grundstrukturen sind einer Verfassungsänderung überhaupt nicht zugänglich. Art. 79 Abs. 3 GG sagt: »Eine Änderung dieses Grundgesetzes, durch welche die Gliederung des Bundes in Länder, die grundsätzliche Mitwirkung der Länder bei der Gesetzgebung oder die in den Art. 1 und 20 niedergelegten Grundsätze berührt werden, ist unzulässig«. Diese sogenannte *Ewigkeitsgarantie* betrifft die föderale Struktur Deutschlands, die Wahrung und Achtung der Menschenwürde sowie bestimmte zentrale Strukturbestimmungen wie Rechtsstaatlichkeit, Demokratie und Volkssouveränität, Sozialstaatlichkeit und die Staatsform der Republik. Über die Grundsätze des Art. 1 GG ist auch der Kerngehalt weiterer Grundrechte der Abschaffung durch eine Verfassungsänderung entzogen, insofern dieser Kerngehalt Ausprägung der Menschenwürde ist. Art. 79 Abs. 3 GG selbst kann wegen der Logik der Norm nicht abgeschafft werden. Einzelne, systemimmanente Modifizierungen der in dieser Norm genannten Grundsätze sind allerdings zulässig. Hierin kommt insgesamt zum Ausdruck, dass die Identität der Verfassung gewahrt werden muss. Das hindert nicht, eine neue Verfassung in Kraft zu setzen, wie Art. 146 GG ausdrücklich sagt, wohl aber, durch einen schleichenden Prozess die Grundstruktur der Verfassung zu deformieren.

Neben der Verfassung im formellen Sinn, der Verfassungsurkunde des Grundgesetzes, besteht in zahlreichen einfachen Gesetzen *Verfassungsrecht im materiellen Sinn*, Recht, das die Verfassung unmittelbar ausführt und konkretisiert und die Funktionen von Verfassungsorganen präzisiert. Hierzu zählen neben zahlreichen anderen etwa das Staatsangehörigkeitsgesetz, die Wahlgesetze, das Abgeordnetengesetz, das Bundesministergesetz, das Parteiengesetz, das Gesetz über das Bundesverfassungsgericht und die Geschäftsordnungen der Verfassungsorgane. Gesetzgebungstechnisch unterliegen sie keinen Besonderheiten gegenüber sonstigen einfachen Parlamentsgesetzen. Nur die Geschäftsordnungen der Verfassungsorgane werden von diesen Organen regelmäßig selbst erlassen und können leichter geändert werden, was darin begründet liegt, dass sie lediglich die innere Organisation und den internen Geschäftsgang regeln und keine unmittelbare Wirkung nach außen haben. Insbesondere gibt es in Deutschland heute nicht mehr die sonst verbreitete Figur des organischen Gesetzes, das als besonders bedeutsames Gesetz nur mit qualifizierter Mehrheit beschlossen und geändert werden könnte.

Zu den bedeutendsten, bis in die Entscheidung von Einzelfragen hineinreichenden Problemstellungen gehört das Verständnis von *Wesen und Funktion* der Verfassung. Zwei Auffassungen stehen sich hier im Wesentlichen gegenüber: Eine Schule versteht Verfassung im Kern als Entscheidung, als Grenzlinie zwischen denjenigen, die die

B. Öffentliches Recht

verfasste Gemeinschaft bilden, einerseits und den Außenstehenden andererseits. Sie geht auf den Staatsrechtslehrer *Carl Schmitt* (1888–1985) aus der Weimarer Republik zurück. Verfassung ist danach Teil einer Grundunterscheidung zwischen Freund und Feind. Einzelne, für die Grenzziehung besonders wichtige Verfassungsnormen haben nach dieser Lehre ein gegenüber anderen Bestimmungen des Verfassungstextes erhöhtes Gewicht. Das Faktum der grundlegenden Entscheidung, die nicht weiter begründet werden kann, besitzt in ihr zentrale Bedeutung. Tendenziell und gemeinhin führt diese Auffassung unter den gegenwärtigen verfassungsrechtlichen Verhältnissen zu einem Verständnis von Demokratie als wertfreier rechts- und verfassungsschöpfender Gewalt des Volkes, zu einer Betonung parlamentarischer Herrschaft, im Ergebnis zu einem sozialen Positivismus.

99 Die andere, wohl etwa gleich starke, aber in der Rechtsprechung des Bundesverfassungsgerichts lange überwiegende Auffassung geht auf *Rudolf Smend* (1882–1975) zurück, der seine Lehre ebenfalls in der Zeit der Weimarer Republik formuliert hat: Verfassung ist rechtliches Mittel der Integration. Besonders die Grundrechte sind Ausdruck einer Wert- und Kulturgemeinschaft. Solche Integration erfasst grundsätzlich alle Menschen, die im Geltungsbereich der Verfassung leben. Die Verfassung ist danach nicht Markierung einer Grenze, sondern sie soll Einheit bilden und ist selbst als Einheit zu verstehen und zu interpretieren. Die Verwirklichung ihrer Postulate ist deshalb auch als Aufgabe zu verstehen. Hierbei geht die Tendenz eher zu einer Wahrung rechtsstaatlicher, der Verfassung vorgeordneter allgemeiner Rechtsprinzipien, zur Verpflichtung auch der verfassunggebenden Gewalt des Volkes auf kulturell gewachsene Werte.

100 Das Bundesverfassungsgericht hatte anfangs Verfassung und dabei besonders die Grundrechte als *Wertordnung* und in sich geschlossene Einheit betrachtet, was der Begründung umfassender Freiheitssicherung der Einzelnen zugute kam. Später hat es, ohne den Freiheitsschutz zu beeinträchtigen, dieses Denken in geschlossenen Kreisen aufgebrochen und von den Grundrechten lediglich noch als wertentscheidenden Grundsatznormen gesprochen.

b) Geltungsbereich

101 Das Grundgesetz gilt für das *Territorium* der Bundesrepublik Deutschland und ihm gleichgestellter Orte wie etwa für deutsche Schiffe auf hoher See. Alle Staatsgewalt ist an das Grundgesetz gebunden, auch wenn sie im oder für das Ausland tätig wird. Nach der Vereinigung Deutschlands im Jahre 1990 sind alle weitergehenden territorialen Ansprüche vollständig ausgeschlossen. Dies ist auch Sinn zahlreicher Änderungen in der Verfassung (Präambel, Art. 23, Art. 146 GG).

102 Primärer Anknüpfungspunkt in *personaler Hinsicht* ist weniger die Staatsangehörigkeit, die im Staatsangehörigkeitsgesetz (StAG) geregelt ist. Vielmehr steht der Begriff des Deutschen im Vordergrund. Dies gilt für die Grundrechtsträgerschaft, die bisweilen auf Deutsche begrenzt ist, ebenso wie für das Wahlrecht. Der Begriff des Deutschen ist in Art. 116 GG definiert und geht über die deutsche Staatsangehörigkeit hinaus. Deutscher im Sinne des Grundgesetzes ist, wer die deutsche Staatsangehörigkeit besitzt oder als Flüchtling oder Vertriebener deutscher Volkszugehörigkeit oder als dessen Ehegatte oder Abkömmling in dem Gebiet des Deutschen Reiches nach dem Stand vom 31.12.1937 Aufnahme gefunden hat. Die näheren Maßgaben enthält das Bundesvertriebenengesetz, das die deutsche Volkszugehörigkeit ebenso definiert wie die Frage, wer Flüchtling oder Vertriebener ist. Faktisch handelt es sich dabei um deutsche

II. Verfassungsrecht

Auswanderer und ihre Nachkommen in Gebieten Osteuropas und Chinas, die nach Deutschland zurückkehren. Mit diesem Anknüpfen an den Begriff des Deutschen ist keinerlei Anspruch verbunden; Folgerungen ergeben sich erst, wenn Menschen dieses Kreises nach Deutschland kommen.

Die deutsche *Staatsangehörigkeit* wird in erster Linie durch Geburt erworben. Es gilt das Prinzip des ius sanguinis. Danach erwirbt ein Kind die deutsche Staatsangehörigkeit durch Geburt, wenn ein Elternteil die deutsche Staatsangehörigkeit besitzt. Auch durch die Annahme als Kind kann die deutsche Staatsangehörigkeit erworben werden. Durch Geburt im Inland erwirbt das Kind ausländischer Eltern die deutsche Staatsangehörigkeit, wenn ein Elternteil seit acht Jahren rechtmäßig seinen gewöhnlichen Aufenthalt in Deutschland hat und über einen gefestigten Aufenthaltsstatus verfügt (§ 4 StAG). 103

Auch ein Ausländer kann die deutsche Staatsangehörigkeit erwerben. Hierzu ist grundsätzlich erforderlich, dass sich der Ausländer zur freiheitlichen demokratischen Grundordnung bekennt, sich legal im Inland niedergelassen hat, unbescholten ist, ausreichende Wohnung gefunden hat und sich und seine Angehörigen zu ernähren imstande ist. Die Einbürgerung von Ehegatten Deutscher ist erleichtert. Für Ausländer, die seit längerer Zeit legal in Deutschland leben, besteht unter bestimmten Voraussetzungen ein Anspruch auf Einbürgerung (§§ 10 ff. StAG). Noch immer wird darauf geachtet, möglichst Doppelstaatsangehörigkeiten zu vermeiden, wenngleich auch hierbei in den letzten Jahren zusätzliche Ausnahmen geschaffen worden sind. Das gilt besonders für Bürger der Europäischen Union, für die eine doppelte Staatsangehörigkeit unproblematisch möglich ist (§ 12 StAG). 104

2. Grundrechte

a) Allgemeine Lehren

Das Grundgesetz stellt die Grundrechte im ersten Abschnitt an den Anfang des Verfassungstextes. Damit betont es in bewusster Abkehr von der überwiegenden staatsrechtlichen Tradition und als Reaktion auf die nationalsozialistische Missachtung des Einzelnen die grundlegende, staats- und verfassungsbegründende Bedeutung der *Rechte des Individuums*. 105

Ausgehend von der Würde des Menschen (Art. 1 Abs. 1 GG) gewährleistet das Grundgesetz eine Vielzahl einzelner Grundrechte. Es steht dabei in der europäisch-nordamerikanischen Tradition des Menschenrechtsdenkens. Soweit die einzelnen Gewährleistungen im ersten Abschnitt des Grundgesetzes enthalten sind, spricht man von Grundrechten, andere in der Verfassung verstreute Rechtsgarantien werden grundrechtsgleiche Rechte genannt. 106

Freiheitsrechte stehen neben *Gleichheitsrechten*. Art. 2 Abs. 1 GG schützt die freie Entfaltung der Persönlichkeit. Dieses Grundrecht fungiert als allgemeines Freiheitsrecht, gewissermaßen als Auffanggrundrecht, soweit die zahlreichen einzelnen Freiheitsrechte Lücken des Grundrechtsschutzes lassen. 107

Das allgemeine Gleichheitsrecht gewährleistet Art. 3 Abs. 1 GG mit der Garantie der Gleichheit aller Menschen vor dem Gesetz. Auch dieses Grundrecht besteht als allgemeines Recht hinter einer Anzahl besonderer Gleichheitssätze wie der Gleichberechtigung von Männern und Frauen (Art. 3 Abs. 2 GG) oder der Gleichheit des Wahlrechts 108

(Art. 28 Abs. 1, Art. 38 Abs. 1 GG). Damit gewährleisten Art. 2 Abs. 1 GG und Art. 3 Abs. 1 GG zusammen den umfassenden Schutz von Freiheit und Gleichheit.

109 In der deutschen Doktrin kommt den Grundrechten erhebliche Bedeutung zu. Sie bilden geradezu das Zentrum und den Angelpunkt allen Rechtsdenkens.

110 Entsprechend vielfältig sind die *Funktionen*, die ihnen zugeschrieben werden. Grundrechte gelten zunächst als *Abwehrrechte*. Diese Funktion ist besonders seit dem 19. Jahrhundert betont worden. Sie bedeutet, dass der Staat nicht ohne besondere Rechtfertigung in den Rechtskreis des Einzelnen eindringen darf. Ungerechtfertigte Eingriffe kann der Betroffene abwehren, also gegen eine ungerechtfertigte Verhaftung, gegen die Wegnahme seines Eigentums oder gegen das Verbot einer bestimmten Meinung Rechtsschutz erlangen.

111 Neben der Abwehrfunktion besitzen die Grundrechte herkömmlich auch Bedeutung als *Teilhaberechte* am politischen, demokratischen Prozess. Besonders für Rechte wie die Meinungs- und Pressefreiheit, für die Versammlungsfreiheit und die Wahlrechte ist dies deutlich.

112 In sehr zurückhaltendem Umfang ist darüber hinaus eine gewisse *Leistungsdimension* der Grundrechte anerkannt. Der Staat hat im Rahmen des Möglichen dafür Sorge zu tragen, dass bestimmte Voraussetzungen der Grundrechtsausübung vorhanden sind: Die freie Wahl von Beruf und Berufsausbildung verpflichtet die öffentliche Hand etwa dazu, in angemessenem Umfang Studienplätze zur Verfügung zu stellen, wenn aus Rechtsgründen ein abgeschlossenes Studium Voraussetzung für die Ausübung eines Berufes ist.

113 In enger Beziehung zu dieser Leistungsfunktion stehen die Grundrechte als *Schutzpflichten* des Staates. So ist die öffentliche Hand verpflichtet, nicht nur das Recht auf Leben und körperliche Unversehrtheit im Sinne der Abwehrfunktion zu achten, also nicht selbst diese Güter zu verletzen. Vielmehr verpflichtet ihn das Grundrecht aus Art. 2 Abs. 2 S. 1 GG, selbst aktiv diese Rechte vor Angriffen Dritter oder vor sonstigen Gefahrenquellen zu schützen, also etwa im Rahmen des Möglichen für eine gesunde Umwelt Sorge zu tragen.

114 Endlich besitzen Grundrechte auch eine Funktion als *Garantie von Organisation und Verfahren*. Der Staat muss angemessene Organisations- und Verfahrensstrukturen vorsehen, um Grundrechte rechtzeitig und effektiv zu schützen. So muss das Recht auf Eigentum eines Straßenanliegers schon im Verwaltungsverfahren bei der Planung eines Straßenbaus etwa durch Anhörungs- und Informationsrechte angemessen zur Geltung gebracht werden können.

115 Diese fünf verschiedenen, anerkannten Grundrechtsfunktionen lassen zwei *Dimensionen der Grundrechte* deutlich werden. Grundrechte bestehen zunächst als individuelle, subjektive Rechte der Einzelnen und der juristischen Personen. Sie bilden aber auch eine Sphäre des objektiven Rechts. So ist etwa der freiheitliche, demokratische politische Prozess als solcher geschützt. Oft gewährleisten Grundrechte bestimmte Rechtsinstitute: die Ehe (Art. 6 Abs. 1 GG), das Eigentum (Art. 14 GG), den Vertrag (Art. 2 Abs. 1 GG), eine freie Presse (Art. 5 Abs. 1 GG), das System der tariflichen Auseinandersetzung (Art. 9 Abs. 3 GG). Solche objektive Dimension der Grundrechte besteht als Verstärkung der individuellen Rechte, aber unabhängig von individueller konkreter Einforderung. Der Staat begegnet besonders hier als Garant von Freiheit.

II. Verfassungsrecht

B.

Das Grundgesetz unterscheidet *allgemeine Menschenrechte*, die für jedermann gelten, wie etwa die Glaubensfreiheit oder die Meinungsfreiheit, und Grundrechte, die Deutschen vorbehalten sind, sogenannte *Deutschenrechte*, wie die Versammlungs- und Vereinigungsfreiheit oder die Berufsfreiheit. Damit sind Ausländer aber keineswegs schutzlos gestellt. Sie können sich im Bereich dieser Lebenszusammenhänge auf das allgemeine Grundrecht der freien Entfaltung der Persönlichkeit aus Art. 2 Abs. 1 GG berufen. Das bringt freilich eine leichtere Einschränkbarkeit ihrer Rechte mit sich. Umstritten, aber zu bejahen ist, ob die Geltung von Deutschenrechten in bestimmten Zusammenhängen, die vom Europäischen Unionsrecht geprägt sind, auf Angehörige von Mitgliedstaaten der Europäischen Union ausgedehnt werden muss. Besonders für die Berufsfreiheit ist dies der Fall.

116

Aus den Grundrechten berechtigt, also *Grundrechtsträger*, sind private Personen, in erster Linie Einzelne. Juristische Personen, also von der Rechtsordnung als eigene Rechtsträger konstruierte Einheiten wie Vereine oder Gesellschaften, sind ebenfalls Grundrechtsträger, soweit das Grundrecht seinem Wesen nach auf sie anwendbar ist (Art. 19 Abs. 3 GG): Eine juristische Person kann Eigentum haben und ist dabei durch Art. 14 Abs. 1 GG geschützt. Nicht aber kann sie ein Gewissen haben, und sie kann sich deshalb nicht auf die Gewissensfreiheit aus Art. 4 Abs. 1 GG berufen. Juristische Personen im Sinne des Art. 19 Abs. 3 GG sind alle solche Vereinigungen, die über ein Mindestmaß an innerer Struktur verfügen, so dass sie zu einer eigenständigen Willensbildung und zu eigenem Handeln in der Lage sind. Das kann schon für nur locker gebildete Bürgerinitiativen der Fall sein; auf die besonders gefasste Eigenschaft, eine juristische Person des Zivilrechts zu sein, kommt es nicht an. Die Grundrechtsposition ausländischer juristischer Personen ist in anachronistischer Weise durch Art. 19 Abs. 3 GG stark eingeschränkt; jedenfalls können sie sich aber auf Prozessgrundrechte wie das Recht auf Gehör vor Gericht (Art. 103 Abs. 1 GG) und das Recht auf den gesetzlichen Richter (Art. 101 Abs. 1 S. 2 GG) berufen.

117

Staatliche Einrichtungen sind grundsätzlich keine Grundrechtsträger. Grundrechte sollen in erster Linie vor unzulässigem Handeln des Staates schützen, nicht aber die öffentliche Hand begünstigen. Nur einzelne Prozessgarantien wie Art. 103 Abs. 1, Art. 101 Abs. 1 S. 2 GG und das allgemeine Willkürverbot gelten auch zugunsten des Staates. In manchen Lebensbereichen bestehen allerdings staatliche Einrichtungen, die gerade die Ausübung von Freiheitsrechten organisatorisch ermöglichen sollen. Das sind vor allem die staatlichen Universitäten und die öffentlich-rechtlich organisierten Rundfunk- und Fernsehanstalten. Sie können sich auf dasjenige Grundrecht berufen, dessen Ausübung sie zugeordnet sind, die öffentlich-rechtlichen Rundfunk- und Fernsehanstalten auf das Grundrecht der Rundfunkfreiheit aus Art. 5 Abs. 1 GG, die Universitäten auf die Freiheit von Forschung und Lehre, Wissenschaft und Kunst aus Art. 5 Abs. 3 GG.

118

Zur Wahrung der Grundrechte ist der Staat in allen seinen Ausprägungen verpflichtet: Die Grundrechte binden Gesetzgebung, vollziehende Gewalt und Rechtsprechung als unmittelbar geltendes Recht (Art. 1 Abs. 3 GG). Private dagegen werden durch die Grundrechte grundsätzlich nicht gebunden, weil Grundrechte als Rechte der Einzelnen bestehen, nicht als Pflichten. Eine unmittelbare Bindung für Private, die sogenannte *unmittelbare Drittwirkung der Grundrechte*, ist nur für Art. 9 Abs. 3 GG, die Koalitionsfreiheit, anerkannt: Das Recht, zur Wahrung und Förderung der Arbeits- und Wirtschaftsbedingungen Vereinigungen zu bilden, ist für jedermann und für alle Berufe

119

47

B. Öffentliches Recht

gewährleistet. Abreden, die dieses Recht einschränken oder zu behindern suchen, sind nichtig, hierauf gerichtete Maßnahmen rechtswidrig. Dieses Recht betrifft vor allem die Bildung von Gewerkschaften und Arbeitgebervereinigungen, das Führen von Arbeitskämpfen und den Abschluss von Tarifverträgen zur Bestimmung von Arbeitslohn und Arbeitsbedingungen. So ist es unmittelbar wegen Art. 9 Abs. 3 GG unzulässig, als Arbeitgeber die Einstellung eines Arbeiters davon abhängig zu machen, dass er einer bestimmten oder dass er keiner Gewerkschaft angehört. Im Übrigen besteht keine solche unmittelbare Drittwirkung der Grundrechte. Allenfalls das Verbot der Behinderung einer Bewerbung um ein Bundestags- oder Landtagsmandat aus Art. 48 GG kann noch hierher gerechnet werden.

120 Es ist aber die Theorie der *mittelbaren Drittwirkung* anerkannt: Die Grundrechte besitzen Ausstrahlungskraft auf alle Bereiche des Rechts, weil sie als verfassungsrechtliche Wertentscheidungen bestehen. In der Auslegung und Anwendung des einfachen Rechts, also des Rechts unterhalb der Verfassung, müssen die in den Grundrechten enthaltenen Wertentscheidungen zum Tragen gebracht werden. Die Menschenwürde darf auch unter Privaten nicht verletzt werden, Freiheit und Gleichheit sollen auch im Verhältnis von Privaten untereinander zur Geltung kommen. Allerdings stehen sich hier meist unterschiedliche Grundrechtspositionen prinzipiell gleichberechtigt gegenüber. Etwa das Recht des Vermieters auf Schutz seines Eigentums (Art. 14 Abs. 1 GG) und das Recht des Mieters auf Freiheit der Kunst (Art. 5 Abs. 3 GG), wenn der Mieter spät abends Trompete übt und Unfrieden zwischen mehreren Mietern im Hause stiftet. Hier muss die Rechtsordnung zu Lösungen kommen, die die Rechte aller Beteiligten unter Beachtung der grundgesetzlichen Wertentscheidungen angemessen wahren.

121 Grundrechte gelten nicht schrankenlos. Ihre primäre Aufgabe ist allerdings die Gewährleistung von Freiheit und Gleichheit. Dies geschieht durch den sogenannten *Schutzbereich* der einzelnen Grundrechte: etwa das Recht, sich ohne Anmeldung oder Erlaubnis friedlich und ohne Waffen zu versammeln (Art. 8 Abs. 1 GG). Die unfriedliche oder bewaffnete Versammlung ist aber nicht durch Art. 8 Abs. 1 GG geschützt und fällt deshalb nicht in dessen Schutzbereich. Bei Beeinträchtigungen des Schutzbereiches durch den Staat spricht man von einem *Eingriff*, wenn die Beeinträchtigung nicht völlig unerheblich ist. Eingriffe in den Schutzbereich von Grundrechten sind nicht von vornherein unzulässig, bedürfen aber stets einer Rechtfertigung. Für ein gedeihliches Zusammenleben ist die Begrenzung einzelner Freiheiten und ihre Zusammenordnung erforderlich. Entsprechend bestehen *Schranken* der Grundrechte. Erste Schranken enthalten schon die Schutzbereiche selbst: unfriedliche Versammlungen sind nicht geschützt. Dies sind sogenannte grundrechtsimmanente Schranken. Dazu bestimmen einzelne Grundrechte einen besonderen Gesetzesvorbehalt: So sagt Art. 8 Abs. 2 GG zur Versammlungsfreiheit: »Für Versammlungen unter freiem Himmel kann dieses Recht durch Gesetz oder aufgrund eines Gesetzes beschränkt werden«. Der Gesetzgeber kann dann jedes von ihm für legitim erachtete, verfassungsgemäße Interesse zur Schranke des Grundrechts machen. Bei einzelnen Grundrechten ist dies auch durch untergesetzliches Recht möglich. In manchen Fällen enthalten die besonderen Gesetzesvorbehalte nähere eingrenzende Maßgaben (etwa bei dem Schutz der Freizügigkeit, Art. 11 GG, oder beim Schutz der Wohnung, Art. 13 GG).

122 Auch Grundrechte, denen kein besonderer Gesetzesvorbehalt beigefügt ist, gelten nicht schrankenlos. Ihre Begrenzung ist allerdings nur weniger weitgehend möglich. Hier bestehen die sogenannten verfassungsimmanenten Schranken. Diese Grundrechte dür-

II. Verfassungsrecht

fen nur zur Wahrung eines Interesses begrenzt werden, das durch das Grundgesetz selbst anerkannt ist. Hierzu legitimiert die Idee der Einheit der Verfassung. Grundsätzlich sind alle Normen des Grundgesetzes von gleichem Rang und gleicher Dignität. Kollidieren deshalb zwei Rechtsgüter, so begrenzen sie einander und müssen zu einem möglichst schonenden Ausgleich gebracht werden. Als Beispiel: Die Glaubensfreiheit (Art. 4 Abs. 1 und 2 GG) schützt auch das Recht, sich seinem Glauben entsprechend zu verhalten. Einen Gesetzesvorbehalt kennt die Norm nicht. Zum Gottesdienst dürfen entsprechend den Glaubensregeln etwa die Glocken geläutet werden. Soweit jedoch andere dadurch in ihrem Ruhebedürfnis (Art. 2 Abs. 1 GG) oder ihrer Gesundheit (Art. 2 Abs. 2 S. 1 GG) beeinträchtigt sind, muss ein Ausgleich gefunden werden; meist geschieht dies durch Begrenzung der Lautstärke des Läutens und durch zeitliche Beschränkung.

Wegen der besonderen Bedeutung des Grundrechtsschutzes müssen auch die zulässigen Schrankenbestimmungen ihrerseits stets im Licht der grundrechtlichen Schutzziele ausgelegt werden. Das führt zu einer Beschränkung der Reichweite von Schranken. Man spricht hier oft, freilich etwas verallgemeinernd und notwendige Differenzierungen verdeckend, von *Schranken-Schranken*. Die Prüfung von Grundrechtsbestimmungen folgt dann dem Schema: Schutzbereich, Eingriff, Schranken, Schranken-Schranken. 123

Zu den wichtigsten solcher »Schranken-Schranken« gehört der Verhältnismäßigkeitsgrundsatz. Er gibt der Idee Ausdruck, dass alles Recht angemessen sein muss. Der *Verhältnismäßigkeitsgrundsatz* durchwirkt die gesamte Rechtsordnung; er gehört zu den zentralen Grundsätzen des deutschen Rechts. Seine Struktur erscheint herkömmlich in drei nacheinander zu prüfenden Schritten: Geeignetheit, Erforderlichkeit und Angemessenheit. 124

Diese Prüfungsfolge nimmt die Eigenart des Verhältnismäßigkeitsgrundsatzes als *Zweck-Mittel-Relation* auf: Maßnahmen müssen ein verhältnismäßiges Mittel zur Erreichung eines verfassungsgemäßen Zieles sein. Hierbei bedeutet der Maßstab der Geeignetheit, dass das Mittel zur Erreichung des Zweckes tauglich sein muss. Erforderlichkeit verlangt, dass von mehreren gleich geeigneten Mitteln dasjenige gewählt werden muss, das den Betroffenen am wenigsten belastet. Die Angemessenheit betrifft eine komplexere Fragestellung. Sie wird oft auch als Verhältnismäßigkeit im engeren Sinne bezeichnet, auch als Zumutbarkeit oder Proportionalität. Dies bedeutet, dass die Nachteile, die der Betroffene durch die Maßnahme erleidet, in einem angemessenen, also zumutbaren Verhältnis zu den Vorteilen stehen, die der Allgemeinheit aus der Maßnahme erwachsen. Es müssen also Vorteile und Nachteile gegeneinander abgewogen werden. Soweit möglich sind dabei alle auf dem Spiel stehenden Rechtsgüter zu einem angemessenen Ausgleich zu bringen, in ihrem Bestand also möglichst zu wahren. 125

Ein anderer wichtiger Grundsatz, der den Grundrechtsschranken seinerseits wieder Grenzen zieht, ist das *Bestimmtheitsgebot*: Rechtsnormen, die Grundrechte beschränken, müssen hinreichend bestimmt sein, so dass die Betroffenen sich angemessen orientieren und auf die Rechtslage einstellen können. Grundrechte dürfen darüber hinaus durch Schrankenbestimmungen in ihrem Wesensgehalt nicht angetastet werden (Art. 19 Abs. 2 GG). Einschränkende Gesetze müssen zudem das eingeschränkte Grundrecht regelmäßig benennen (Art. 19 Abs. 1 S. 2 GG). 126

Das Grundgesetz enthält einzelne Bestimmungen, die einem *Missbrauch der Grundrechte* wehren sollen: Art. 18 GG sieht vor, dass bestimmte Grundrechte wie die Mei- 127 nungs-, Versammlungs- und Vereinigungsfreiheit verwirken kann, wer sie zum Kampf gegen die freiheitliche demokratische Grundordnung missbraucht. Diese Regelung weist zurück auf die Erfahrungen der Weimarer Zeit und des Nationalsozialismus, als Freiheitsrechte dazu missbraucht wurden, die Freiheit zu zerstören. Die Entscheidung über die Verwirkung ist ausschließlich dem Bundesverfassungsgericht vorbehalten. Besondere konkrete Bedeutung hat diese Bestimmung bisher nicht erlangt.

b) Einzelne Grundrechte

128 Die Gewährleistung der *Menschenwürde* in Art. 1 GG hat sich zum zentralen Grundrecht im deutschen Recht entwickelt. Sie bildet das Fundament und den Kern aller anderen Grundrechte. Art. 1 Abs. 1 GG lautet: „Die Würde des Menschen ist unantastbar. Sie zu achten und zu schützen ist Verpflichtung aller staatlichen Gewalt." In Aufnahme zahlreicher durchaus unterschiedlicher weltlicher und religiöser Traditionen meint diese Gewährleistung vor allem, dass kein Mensch ausschließlich als Mittel zu einem außer ihm selbst liegenden Zweck angesehen werden darf, dass also jeder Mensch um seiner selbst willen geachtet werden muss. Dabei kommt es nicht auf seine Eigenschaften, Verdienste oder Fähigkeiten an; Menschenwürde kommt vielmehr jedem Menschen unabhängig davon zu. Weil die Menschenwürde unantastbar ist, kann sie nicht verloren gehen oder verwirkt werden; lediglich der Achtungsanspruch, der sich aus der Menschenwürde ergibt, kann verletzt werden. Der Staat darf diesen Achtungsanspruch nicht selbst verletzen, und er muss die Menschenwürde vor Angriffen aktiv schützen.

129 Das Bundesverfassungsgericht hat es für unvereinbar mit der Menschenwürde der Insassen eines entführten Flugzeuges gehalten, dieses Flugzeug abzuschießen, selbst wenn dies unmittelbar vor seinem Aufprall in ein Hochhaus geschieht, um die dort befindlichen Menschen zu retten. Weil die Menschenwürde *unantastbar* ist, kann sie nach Auffassung des Bundesverfassungsgerichts auch nicht mit anderen Schutzgütern abgewogen werden.

130 Das *allgemeine Freiheitsrecht* enthält Art. 2 Abs. 1 GG: »Jeder hat das Recht auf die freie Entfaltung seiner Persönlichkeit, soweit er nicht die Rechte anderer verletzt und nicht gegen die verfassungsmäßige Ordnung oder das Sittengesetz verstößt«. Diese Norm gewährleistet zwei Hauptgrundrechte. Einerseits schützt sie die allgemeine Handlungsfreiheit in dem klassischen, bereits in der französischen Menschenrechtserklärung von 1789 formulierten Sinn: Jeder kann tun und lassen, was er will. Andererseits schützt dieses Grundrecht auch eine innere Sphäre des Menschen, sein allgemeines Persönlichkeitsrecht. Meist wird hierzu noch eine Verbindung zum Schutz der Menschenwürde in Art. 1 Abs. 1 GG hergestellt: Intime, höchstpersönliche Tagebuchaufzeichnungen sollen nicht gegen den Willen des Autors öffentlich gemacht werden können; oder: Jeder hat ein Recht auf informationelle Selbstbestimmung: Er soll grundsätzlich selbst darüber bestimmen können, wer, was, wann über ihn weiß. Hierin liegt verfassungskräftig ein Recht auf Datenschutz begründet. Dieses Recht auf freie Entfaltung der Persönlichkeit wird von der ganz herrschenden Meinung sehr weit gefasst. Ergänzend zu den einzelnen Freiheitsrechten wie beispielsweise der Glaubens-, Meinungs- oder Versammlungsfreiheit schützt es die gesamte Freiheitssphäre des Einzelnen.

131 Entsprechend weitgehend ist die Schrankenbestimmung des Art. 2 Abs. 1 GG. Die Rechte anderer, die verfassungsmäßige Ordnung und das Sittengesetz bilden die soge-

II. Verfassungsrecht

nannte Schrankentrias. Praktische Bedeutung besitzt nur die Schranke der verfassungsmäßigen Ordnung. Sie umfasst die Rechte anderer, die ja nicht außerhalb der verfassungsmäßigen Ordnung bestehen können. Sie umfasst auch das Sittengesetz, das im Interesse allgemeiner, rechtlich strukturierter Freiheit nur bedeutsam wird, soweit das Grundgesetz Gehalte des Sittengesetzes rechtlich verbindlich umsetzt. Die Schranke der verfassungsmäßigen Ordnung wird sehr weit gezogen: Sie meint alle Normen, die formell und materiell mit der Verfassung übereinstimmen. Die freie Entfaltung der Persönlichkeit kann also durch alle verfassungsgemäßen Normen begrenzt werden.

Der *allgemeine Gleichheitssatz* ist in Art. 3 Abs. 1 GG enthalten: »Alle Menschen sind vor dem Gesetz gleich«. Die Gleichbehandlungsproblematik wird besonders bei der Bindung des Gesetzgebers deutlich. Ältere Formeln interpretieren den Gleichheitssatz als Willkürverbot: bis zur Grenze willkürlichen Handelns besitzt der Gesetzgeber politisches Ermessen. Zugrunde liegt die Verpflichtung, Gleiches gleich und Ungleiches seiner Eigenart entsprechend ungleich zu behandeln. Für eine Abweichung müssen sachlich einleuchtende Gründe gegeben sein. Heute interpretiert das Bundesverfassungsgericht den allgemeinen Gleichheitssatz häufig enger: Grundsätzlich ist es zwar Sache des Gesetzgebers, darüber zu entscheiden, was als gleich und was als ungleich anzusehen ist. Der Gesetzgeber überschreitet aber dann die verfassungsrechtlichen Grenzen seiner Gestaltungsfreiheit, wenn er eine Gruppe von Normadressaten im Vergleich zu anderen Normadressaten anders behandelt, obgleich zwischen den beiden Gruppen keine Unterschiede von solcher Art und solchem Gewicht bestehen, dass sie die ungleiche Behandlung rechtfertigen könnten. Damit ist die Anwendung des allgemeinen Gleichheitssatzes an die Idee der Verhältnismäßigkeit geknüpft und gegenüber dem bloßen Willkürverbot eine erheblich weitergehende Überprüfungskompetenz des Bundesverfassungsgerichts gegeben.

Der allgemeine Gleichheitssatz wird in der Verfassung durch zahlreiche *besondere Gleichheitssätze* für einzelne Bereiche strukturiert und modifiziert. So normiert Art. 3 Abs. 2 GG: »Männer und Frauen sind gleichberechtigt«. Dies bedeutet, dass der Gesetzgeber die Unterschiede zwischen Männern und Frauen grundsätzlich nicht zum Grund von Differenzierungen machen darf. Allerdings sind Unterscheidungen möglich, wenn sie an objektive funktionale und biologische Unterschiede anknüpfen, die das zu ordnende Lebensverhältnis so entscheidend prägen, dass etwa vergleichbare Elemente daneben vollkommen zurücktreten. Auch die Kompensation erlittener Nachteile ist zulässig. Positive Maßnahmen zur Gleichstellung von Frauen und zur Überwindung bestehender faktischer Ungleichheiten, bereits früher vom Bundesverfassungsgericht ebenfalls für verfassungsgemäß erklärt, sind durch Art. 3 Abs. 2 S. 2 GG ausdrücklich gefordert.

Insgesamt sind die Grundrechtsgewährleistungen überaus umfassend und detailliert. Die Bestimmungen des Grundrechtskatalogs (Art. 1–19 GG) und der übrigen im Grundgesetz verstreuten grundrechtsgleichen Gewährleistungen (Art. 20 Abs. 4, 28, 33, 38, 101–104 GG) folgen der klassischen, von liberalem Denken geprägten Menschenrechtstradition. Bestrebungen, zusätzliche, zumeist *soziale Grundrechte* aufzunehmen, sind im Parlamentarischen Rat und auch in der bis heute anhaltenden Diskussion nicht durchgedrungen. Diese Bemühungen betreffen besonders ein Recht auf Arbeit, auch ein Recht auf Wohnung. Die wichtigsten Bedürfnisse auf diesen Gebieten sind durch den Grundsatz der Sozialstaatlichkeit der Bundesrepublik Deutschland (Art. 20 Abs. 1 GG) und durch die Funktion der Grundrechte als Leistungsrechte aufgefangen worden. Allerdings ist die Erweiterung des Grundrechtskataloges um das Gebot der aktiven, faktischen Gleichstellung von Frauen und Männern sowie um das Verbot der Benachteiligung von Menschen mit Behinderungen ein Schritt in Richtung sozialer Grundrechte.

135 Betrachtet man einzelne weitere spezielle Grundrechtsgewährleistungen, so zeigt sich ihre aktuelle Bedeutung für zentrale Fragen des Zusammenlebens in Deutschland. Das Recht des Schwangerschaftsabbruchs, den das Strafgesetzbuch in § 218 grundsätzlich verbietet und mit Strafe bedroht, war bisher zweimal Gegenstand wichtiger Entscheidungen des Bundesverfassungsgerichts. Hauptanknüpfungspunkt ist das *Recht auf Leben*, das Art. 2 Abs. 2 S. 1 GG gewährleistet. Dieses Recht kommt auch Ungeborenen zu. Der Staat ist verpflichtet, ihr Leben zu schützen. Die Funktion der Grundrechte als Schutzpflichten des Staates kommt gerade hier für die besonders Schutzbedürftigen zum Tragen. Deshalb hat das Gericht stets anerkannt, dass eine Abtreibung nur in besonderen Konfliktfällen erlaubt sein dürfe. Dies ist etwa bei Schwangerschaften nach einer Vergewaltigung, bei lebensbedrohlicher Gesundheitsgefährdung der Mutter, aber auch bei schwerer körperlicher oder geistiger Behinderung des nasciturus, also des ungeborenen Kindes, der Fall. Eine bloß soziale Konfliktlage, etwa bei gestörter Lebensplanung der Mutter, reicht dagegen grundsätzlich nicht aus. Die ungebundene Entscheidungsfreiheit der Mutter zur Abtreibung innerhalb einer bestimmten Frist, eine Fristenlösung, ist verfassungswidrig.

136 Allerdings hat das Bundesverfassungsgericht auch anerkannt, dass die Verfassung nicht stets dazu zwinge, unzulässige Abtreibungen mit Strafe zu bedrohen. Vielmehr kann zumal in der ersten Zeit der Schwangerschaft der Schutz des Ungeborenen regelmäßig nur zusammen mit der Mutter, nicht gegen sie verwirklicht werden. Deshalb ist eine sogenannte Beratungsregelung zulässig. Schwangerschaftsunterbrechungen in den ersten zwölf Wochen nach der Empfängnis bleiben zwar grundsätzlich rechtswidrig, müssen aber nicht mit Strafe bedroht werden, soweit eine intensive, detailliert geregelte Beratung der Schwangeren mit dem Ziel vorangegangen ist, das Leben des Ungeborenen zu schützen.

137 Wichtige Bedeutung hat immer wieder Art. 5 Abs. 1 GG erlangt. Er schützt die *Meinungs-, Informations-, Presse- und Rundfunkfreiheit*. Jedermann hat das Recht, seine Meinung in Wort, Schrift und Bild frei zu äußern. Besonders in der politischen Auseinandersetzung ist so immer wieder die Freiheit auch zu scharfer Kritik geschützt worden. In einer bis heute grundlegenden Entscheidung hat das Bundesverfassungsgericht einen Boykottaufruf gegen den Film eines nationalsozialistischen Regisseurs für zulässig erklärt.

138 Mehrfach hatte das Bundesverfassungsgericht Gelegenheit, die Garantie der Pressefreiheit zu entfalten. Die Rechtsordnung muss hier im Sinne einer Institutsgarantie dafür Sorge tragen, dass ein freies Pressewesen existiert. Deshalb sind Zeugnisverweigerungsrechte von Journalisten verfassungsrechtlich geboten, und es besteht ein grundsätzliches Durchsuchungsverbot von Presseräumen durch die Polizei. Andererseits muss der Staat Machtkonzentrationen im Bereich der Meinungsbildung verhindern und auch die Stellung von Journalisten und Redaktionen innerhalb von Presseunternehmen angemessen sichern.

139 Objektivrechtliche Bedeutung hat Art. 5 Abs. 1 GG auch im Blick auf die Rundfunkfreiheit gefunden. In zahlreichen Entscheidungen hat das Bundesverfassungsgericht Grundzüge und Einzelmaßgaben einer allgemeinen Medienrechtsordnung aus diesem

Recht hergeleitet. So besteht angesichts vielfältiger technischer Sendemöglichkeiten ein Recht, Rundfunk und Fernsehunternehmen in privatwirtschaftlicher Weise zu führen. Daneben müssen aber öffentlich-rechtliche Medienanstalten die Vielfalt der Meinungen und eine Grundversorgung der Bevölkerung mit Informationen gewährleisten. Insgesamt muss die Rechtsordnung dafür sorgen, dass alle relevanten gesellschaftlichen Gruppen und Meinungen repräsentiert sind.

Immer wieder hat auch die Schrankenbestimmung des Art. 5 Abs. 2 GG Bedeutung erlangt, sowohl für die praktische Gestaltung der Rechtsordnung als auch für ihre grundrechtsdogmatische Durchdringung. Meinungs- und Informations-, Presse- und Rundfunkfreiheit finden nach dieser Norm »ihre Schranken in den Vorschriften der allgemeinen Gesetze«. Weil bereits Art. 19 Abs. 1 GG nur solche Gesetze als Schranke von Grundrechten zulässt, die allgemein sind und nicht nur für den Einzelfall gelten, muss der Begriff der allgemeinen Gesetze in Art. 5 Abs. 2 GG etwas anderes meinen. Allgemeine Gesetze sind danach solche Bestimmungen, die sich nicht gegen die Äußerung einer Meinung als solche richten, die vielmehr dem Schutz eines schlechthin, ohne Rücksicht auf eine bestimmte Meinung zu schützenden Rechtsgutes dienen, eines Gemeinschaftswerts, der gegenüber der Betätigung der Meinungsfreiheit den Vorrang genießt. Solche Gesetze sind ihrerseits aus der Erkenntnis der Bedeutung der in Art. 5 Abs. 1 GG geschützten Rechte im freiheitlichen demokratischen Staat auszulegen und so in ihrer diese Grundrechte beschränkenden Wirkung selbst wieder einzuschränken.

140

Neben den Rechten aus Art. 5 GG und den Wahlrechten gemäß Art. 38 und Art. 28 GG hat besonders die *Versammlungsfreiheit* der demokratischen Entwicklung in Deutschland Struktur gegeben, die in Art. 8 GG gewährleistet ist und durch die Versammlungsgesetze der Länder und, soweit diese von ihrer Gesetzgebungskompetenz noch keinen Gebrauch gemacht haben, das Versammlungsgesetz des Bundes ausgestaltet wird. Gerade auch die politische Demonstration wird hier geschützt. Versammlungen bedürfen keinerlei Erlaubnis durch die Behörden; nur innerhalb eines engen Kreises um Gebäude der Verfassungsorgane wie Bundestag, Bundesrat und Bundesverfassungsgericht gilt im Interesse ungestörter Ausübung ihrer Funktionen besonders nach dem Gesetz über befriedete Bezirke (BefBezG) etwas anderes. Versammlungen unter freiem Himmel müssen lediglich 48 Stunden vorher bei der Behörde angemeldet werden, sonst können sie aufgelöst werden. Bei sogenannten Spontandemonstrationen, zu denen sich die Teilnehmer spontan, unvorbereitet zusammenfinden, ist eine Anmeldung aber nicht erforderlich. Eildemonstrationen, die so kurzfristig stattfinden, dass die Anmeldefrist von 48 Stunden nicht eingehalten werden kann, müssen lediglich so schnell wie möglich angemeldet werden. Allerdings hat die politische Auseinandersetzung dazu geführt, dass entsprechend dem sogenannten Vermummungsverbot Teilnehmer von Versammlungen sich nicht in einer Weise anziehen dürfen, die die Feststellung ihrer Identität verhindern kann und soll, also etwa durch über das Gesicht gezogene Mützen; eine wenig praktikable und eher kleinmütige Regelung (§ 17 a VersG).

141

Intensive Auseinandersetzungen hat es angesichts der umfangreichen Zuwanderung in die Bundesrepublik Deutschland um das *Asylrecht* gegeben. Es ist in Art. 16 a Abs. 1 GG gewährleistet: »Politisch Verfolgte genießen Asylrecht«. Das Asylrecht ist von Verfassungs wegen (Art. 16 a Abs. 2–5 GG) dergestalt eingeschränkt, dass sich Personen nicht auf dieses Recht berufen können, die aus einem Mitgliedstaat der Europäischen Union oder sonst aus einem gesetzlich festgelegten sicheren Drittstaat einreisen.

142

B. Öffentliches Recht

Gesetzlich benannt sind auch Staaten, in denen politische Verfolgung nicht stattfindet. Wer behauptet, dort dennoch politisch verfolgt zu sein, muss dies besonders nachweisen; andernfalls kann er sogleich abgeschoben werden. Für die europäische Koordinierung des Asylrechts ist die Europäische Kommission zuständig. Insbesondere ist eine Grundlage geschaffen, Asylentscheidungen anderer europäischer Staaten als verbindlich anzuerkennen.

3. Verfassungsstrukturprinzipien

143 Die Verfassungsordnung der Bundesrepublik Deutschland ist herkömmlich besonders durch fünf Verfassungsstrukturprinzipien gekennzeichnet: Demokratie, Rechtsstaatlichkeit, Bundesstaatlichkeit, Sozialstaatlichkeit sowie die Staatsform der Republik. Art. 20 Abs. 1 GG lautet: »Die Bundesrepublik Deutschland ist ein demokratischer und sozialer Bundesstaat«. Das Grundgesetz verpflichtet in Art. 28 auch die Länder auf diese Grundsätze: »Die verfassungsmäßige Ordnung in den Ländern muss den Grundsätzen des republikanischen, demokratischen und sozialen Rechtsstaates im Sinne dieses Grundgesetzes entsprechen«. Weitere Strukturentscheidungen sind in der Verfassung vielfältig zumeist implizit enthalten wie die Verpflichtung zur Kulturstaatlichkeit oder zur weltanschaulichen Neutralität. Der Umweltschutz und der Tierschutz sind ausdrücklich in der Verfassung genannt (Art. 20 a GG). Überragende Bedeutung besitzt die Offenheit der Verfassung für die europäische Integration.

a) Demokratie

144 Deutschland gehört nicht zu den Staaten, die die Entwicklung der Demokratie in der Neuzeit besonders vorangetrieben haben. Erst die Weimarer Reichsverfassung von 1919 hat für ganz Deutschland ein demokratisches System errichtet, das bereits nach knapp 14 Jahren von den Nationalsozialisten zerstört wurde. An diese erste deutsche Demokratie knüpft das Grundgesetz an. Freilich reichen demokratische Wurzeln in Deutschland tiefer und weiter zurück. Genossenschaftliches Denken mit der prinzipiell gleichen Entscheidungsteilhabe aller Rechtsgenossen ist in der gesamten Entwicklung stets gegenwärtig gewesen. Die Stadtverfassungen des Mittelalters bieten Wurzeln demokratischer Herrschaftsidee. Auch die ständische Organisation, die im Übrigen weithin geherrscht hat und Entscheidungsteilhabe der nach Bevölkerungsschichten geordneten Stände vermittelte, trägt Ansätze demokratischer Ordnung. Allerdings ist weder in der ständischen noch der städtischen Verfassung die allgemeine Gleichheit aller als Grundvoraussetzung neuzeitlicher Demokratie gedacht. Diese Idee vielmehr ist angelegt und durchgeformt in Grundvorstellungen der Reformation seit 1517 mit ihrer theologisch begründeten Gleichheitsidee und der synodalen Organisation der Kirche, die Keime des Parlamentarismus enthält; sie reicht weiter zurück in die religiöse Überzeugung von der Gottebenbildlichkeit aller Menschen.

145 Das Grundgesetz hat sich für die *repräsentative Demokratie* entschieden; Art. 20 Abs. 2 GG formuliert den Grundsatz: »Alle Staatsgewalt geht vom Volke aus. Sie wird vom Volke in Wahlen und Abstimmungen und durch besondere Organe der Gesetzgebung, der vollziehenden Gewalt und der Rechtsprechung ausgeübt«. Alle Staatsgewalt muss deshalb auf gewählte Volksvertreter und damit auf das Volk als Souverän zurückgeführt werden können. Dem dient der hierarchische Aufbau der Verwaltung mit der letztlich parlamentarischen Verantwortlichkeit der Regierung. Die Rechtsprechung urteilt »im Namen des Volkes«. Die Gesetzgebung erfolgt im Kern

II. Verfassungsrecht

B.

durch das gewählte Parlament. Soweit Regierung und Verwaltung die Kompetenz zum Erlass von Rechtsverordnungen besitzen, muss hierzu eine gesetzliche Ermächtigung bestehen, in der Inhalt, Zweck und Ausmaß der Verordnungsermächtigung bestimmt sind (Art. 80 Abs. 1 GG).

Das zentrale Instrument demokratischer Teilhabe an der Staatsgewalt sind die Wahlen zu den gesetzgebenden Körperschaften des Bundes und der Länder. Das sind der Deutsche Bundestag für den Bund und die Landtage für die Bundesländer. Demokratische Partizipation vermitteln auch die Wahlen zu den kommunalen Organen: zum Kreistag für Kreise und zu den Gemeinde- und Stadträten in den Gemeinden und Städten. Auch der Bürgermeister in den Gemeinden wird in vielen Bundesländern unmittelbar von den Gemeindebürgern gewählt. Weil der Bürgermeister oft auch Ortspolizeibehörde ist, findet insoweit also sogar eine unmittelbare Wahl von Polizeiorganen statt, was allerdings zumeist wenig bewusst ist. Andere herausgehobene Staatsorgane wie die Ministerpräsidenten in den Ländern, der Bundeskanzler oder der Bundespräsident werden nicht unmittelbar vom Volk, wohl aber stets von demokratisch legitimierten Wahlorganen gewählt. *Plebiszitäre Elemente* sind im Grundgesetz dagegen nur äußerst zurückhaltend ausgebildet. Dies ist ein ständiger Gegenstand der verfassungsrechtlichen Auseinandersetzung in Deutschland. Lediglich für die wenig praktische Neugliederung des Bundesgebietes gemäß Art. 29 GG sind ausdrücklich Volksbegehren und Volksentscheide vorgesehen. Volksbegehren sind Abstimmungen der wahlberechtigten Bevölkerung vor allem darüber, ob ein Volksentscheid durchgeführt werden soll. Im Volksentscheid entscheidet dann das Wahlvolk über die zur Abstimmung gestellte Sachfrage selbst.

146

Auf Bundesebene sind auch Volksbefragungen unzulässig, wenn sie in der Form von Wahlen oder Volksentscheiden durchgeführt werden, weil sie die Entscheidung der zuständigen Staatsorgane und ihre Eigenverantwortung zu behindern in der Lage sind. Plebiszitäre Elemente sind dagegen in den meisten Verfassungen der Bundesländer und in den Gemeinden stärker entwickelt.

147

Umstritten, aber zu bejahen ist, ob bei einer Verfassungsneugebung im Wege des Art. 146 GG eine Volksabstimmung möglich ist; inzwischen scheint die herrschende Meinung anzunehmen, dass eine Volksabstimmung in diesem Fall sogar erforderlich sei. Dieses Thema hatte durch den Beitritt der DDR zur Bundesrepublik Deutschland eine Zeit lang einige Relevanz erlangt. Die Revision des Grundgesetzes nach der Vereinigung Deutschlands ist aber weniger einschneidend ausgefallen als von manchen erwartet. Dadurch fehlte einer Volksabstimmung die Grundlage.

148

b) Rechtsstaat

Zu den zentralen Identitätsstrukturen der Bundesrepublik Deutschland gehört das Rechtsstaatsprinzip. Gegenüber der vollständigen Perversion des Rechts im Nationalsozialismus kommt hierin zusammen mit dem umfassenden Grundrechtsschutz und mehr noch als im Demokratieprinzip das ideale Selbstverständnis der Bundesrepublik Deutschland zum Ausdruck. Das Rechtsstaatsprinzip ist in der Praxis besonders des Bundesverfassungsgerichts mit zahlreichen Einzelgehalten und Unterprinzipien ausgefüllt worden. Insgesamt soll es *Gerechtigkeit* einerseits und *Rechtssicherheit* andererseits gewährleisten; die Garantie von Menschenrechten ist Gehalt des Rechtsstaatsprinzips selbst. Einige der zentralen Einzelgehalte seien hier genannt.

149

B. Öffentliches Recht

150 Der *Vorrang des Gesetzes* verlangt, dass alle Rechtsprechung und vollziehende Gewalt an die gesetzlichen Bestimmungen gebunden ist. Der *Vorbehalt des Gesetzes* bedeutet, dass Eingriffe in die Rechtssphäre des Einzelnen und alle wesentlichen staatsleitenden Entscheidungen nur auf der Grundlage eines Gesetzes zulässig sind. Beide Grundsätze sind zugleich Ausdruck des Demokratieprinzips, weil in ihnen der Primat des gewählten Parlaments betont wird.

151 Das Rechtsstaatsprinzip garantiert ferner einen *allgemeinen Rechtsschutzanspruch*. Während das Grundrecht aus Art. 19 Abs. 4 GG Rechtsschutz vor Eingriffen der öffentlichen Gewalt gewährleistet, geht der allgemeine rechtsstaatliche Rechtsschutzanspruch weiter und verbürgt das Recht, gegen jedes rechtswidrige Verhalten gerade auch anderer Privatpersonen Rechtsschutz vor staatlichen, unabhängigen Gerichten zu erhalten.

152 Mit dem Rechtsstaatsprinzip ist weiterhin die Idee der *Gewaltenteilung* verbunden worden: Zur Sicherung der Freiheit darf die Staatsgewalt nicht in der Hand eines Organs konzentriert, sondern muss auf unterschiedliche, grundsätzlich voneinander unabhängige Funktionsträger verteilt sein.

153 Dem Rechtsstaatsprinzip zugeordnet ist auch der *Bestimmtheitsgrundsatz*: Alles staatliche Handeln muss hinreichend bestimmt sein, um vorhersehbar zu bleiben. Das schließt Generalklauseln und unbestimmte Rechtsbegriffe wie die Verweisung auf Treu und Glauben oder auf die guten Sitten nicht aus, soweit sie mit den Mitteln der juristischen Auslegung hinreichend präzisiert werden können. Auch das Ermessen der Verwaltung ist damit nicht ausgeschlossen.

154 Dazu kommt das *Vertrauensschutzprinzip*: Wenn die öffentliche Gewalt einen Tatbestand setzt, auf den der Betroffene berechtigterweise vertraut und daraufhin bestimmte Dispositionen trifft, muss er regelmäßig auf den Fortbestand des Tatbestandes vertrauen dürfen. Dieser Idee zugeordnet ist die Problematik rückwirkender Gesetze. Art. 103 Abs. 2 GG schließt eine Rückwirkung von Strafgesetzen vollständig aus. Im Übrigen ist die Rückwirkung nicht gänzlich unzulässig, muss aber durch besonders gewichtige, zwingende Gründe des Gemeinwohls begründet sein, wenn an abgeschlossene Tatbestände rückwirkend belastende Rechtsfolgen geknüpft werden. Insofern spricht man von echter Rückwirkung. Dagegen ist der Eingriff in andauernde Geschehensabläufe, die unechte Rückwirkung, leichter möglich; ein Beispiel bildet die Änderung des Rechts der Ehescheidung und ihrer Folgen mit Wirkung auch für bestehende, vor der Änderung geschlossene Ehen. Dem absoluten strafrechtlichen Rückwirkungsverbot steht eine diesen Grundsätzen entsprechende rückwirkende Verlängerung von Verjährungszeiten nicht entgegen: Die strafrechtlichen Bestimmungen über die Verjährung begründen nach der Rechtsprechung des Bundesverfassungsgerichts nicht die Strafbarkeit als solche, sondern lediglich die Möglichkeit der Durchsetzung von Sanktionen. Mit dieser Begründung konnte mehrmals die Verjährung von nationalsozialistischen Verbrechen verlängert, letztlich für die Tatbestände des Völkermordes und des Mordes ganz aufgehoben werden.

155 Endlich ist auch der *Verhältnismäßigkeitsgrundsatz* mit seinen oben beschriebenen Bestandteilen der Geeignetheit, Erforderlichkeit und Angemessenheit aus dem Rechtsstaatsprinzip entwickelt worden.

156 Es ist deutlich, dass die meisten dieser Rechtsgrundsätze auch aus Einzelbestimmungen des Grundgesetzes, besonders der Grundrechte, folgen. Dort sind sie in der Regel

II. Verfassungsrecht

auch konkreter fassbar und vor allem verfassungsrechtlich klarer ausgeformt. Die daneben weiterhin mögliche Verankerung der einzelnen Grundsätze im Rechtsstaatsprinzip besitzt demgegenüber aber den Vorzug, die Verfassung insgesamt als Einheit zu strukturieren und der Zersplitterung der Argumentation in Einzelzusammenhängen entgegenzuwirken.

c) Sozialstaat

Dogmatisch weniger ausgefeilt, durchaus aber auch wirkkräftig ist das Sozialstaatsgebot. Die Verfassung bezeichnet die Bundesrepublik Deutschland als sozialen Bundesstaat und als sozialen Rechtsstaat (Art. 20 Abs. 1, Art. 28 Abs. 1 GG). Zusammen mit dem Gebot, die Menschenwürde zu achten und zu schützen, verpflichtet das Sozialstaatsprinzip alle staatlichen Stellen, für menschenwürdige soziale Verhältnisse zu sorgen. Sozial meint dabei besonders die Fürsorge für Schwache, etwa die Gewährleistung eines materiellen Lebensminimums. Deshalb ist das Sozialstaatsgebot auch immer wieder herangezogen worden, um die Leistungsfunktion der Grundrechte zu begründen. Darüber hinaus wird das Sozialstaatsgebot aber auch als allgemeine Gemeinwohlverpflichtung des Staates verstanden; es ist dann geeignet, Einschränkungen von Einzelinteressen argumentatorisch abzusichern.

157

d) Republik

Die Bundesrepublik Deutschland ist der Staatsform nach Republik. Dies wird gemeinhin als Gegenbegriff zur Monarchie verstanden, die mit der Revolution von 1918 abgeschafft wurde. Eine weitere und heute wichtigere Dimension des Begriffes erschließt sich in seinem Verständnis als Verpflichtung der staatlich verfassten Gemeinschaft auf das Gemeinwohl, auf das gute Recht, und knüpft damit an ein älteres Verständnis von Republik als Inbegriff der res publica an.

158

e) Bundesstaat

Zentrale verfassungsstrukturelle und praktisch-politische Bedeutung besitzt der Aufbau Deutschlands als Bundesstaat. Seine historischen Wurzeln reichen zurück bis in die Anfänge des Reiches seit dem 9. Jahrhundert. Stets hat es ein Nebeneinander, Miteinander und Gegeneinander zentraler Reichsgewalt und territorialer Eigenständigkeit gegeben. Föderalismus ist eine durchgängige Existenzweise politischer Organisation dieses mitteleuropäischen Raumes überhaupt. Heute bestehen sechzehn Bundesländer: Baden-Württemberg, Bayern, Berlin, Brandenburg, Bremen, Hamburg, Hessen, Mecklenburg-Vorpommern, Niedersachsen, Nordrhein-Westfalen, Rheinland-Pfalz, Saarland, Sachsen, Sachsen-Anhalt, Schleswig-Holstein und Thüringen.

159

Die Länder der Bundesrepublik Deutschland besitzen Eigenstaatlichkeit wie der Bund selbst auch. Ihre verfassungsrechtliche Stellung ist recht stark, wenngleich der Bund bisher politisch ungleich stärkeres Gewicht besitzt. Die Ausübung der staatlichen Befugnisse und die Erfüllung der staatlichen Aufgaben ist Sache der Länder, soweit das Grundgesetz keine andere Regelung trifft oder zulässt (Art. 30 GG). Letzteres ist freilich in weitem Umfang der Fall.

160

Die *Gesetzgebung* obliegt in erster Linie den Ländern (Art. 70 GG). Zahlreiche und besonders wichtige Materien sind aber der Kompetenz des Bundes überwiesen (Art. 71 ff. GG). Für manche Fragen besitzt der Bund die ausschließliche Zuständigkeit, etwa

161

für die auswärtigen Angelegenheiten, die Verteidigung, die Staatsangehörigkeit im Bund und die Währung. Die Länder können hier gesetzgeberisch nicht tätig werden. Daneben besteht eine konkurrierende Gesetzgebungszuständigkeit des Bundes für zahlreiche Sachgebiete (Art. 74 GG): u. a. das bürgerliche Recht, das Strafrecht, die Gerichtsverfassung und das Gerichtsverfahren, das Ausländerrecht, das Wirtschafts- und Arbeitsrecht, das Atomrecht, das Wettbewerbs- und Kartellrecht. Hier können die Länder zwar Gesetze erlassen. Macht aber der Bund von seiner Gesetzgebungskompetenz Gebrauch, was zumeist geschehen ist, endet insoweit die Befugnis der Länder. Die Länder können bei bestimmten Regelungsmaterien (Art. 72 Abs. 3 GG) und von bestimmten Bundesgesetzen abweichende Regelungen vorsehen (Art. 84 GG). In einzelnen Materien des oft noch Staatskirchenrecht genannten Religionsrechts, des Finanzverfassungsrechts und gemeinsamer Aufgaben von Bund und Ländern gibt es die Kompetenz des Bundes zur Grundsatzgesetzgebung, um Einheit im Prinzipiellen zu wahren. Für manche Fragen greifen ungeschriebene Sonderkompetenzen: eine sogenannte Annexkompetenz und eine Kompetenz kraft Sachzusammenhanges, wenn eine Frage, die eigentlich in Landeskompetenz liegt, sinnvoll nur zusammen mit einer in der Regelungskompetenz des Bundes stehenden Materie geregelt werden kann, wie das für die rechtliche Regelung der Universitäten der Bundeswehr als Annex der Verteidigungskompetenz des Bundes der Fall ist. Sodann besteht eine Kompetenz kraft Natur der Sache etwa für die Bestimmung der Nationalhymne.

162 Entsprechend der grundsätzlichen Aufgabenverteilung zwischen Bund und Ländern ist auch die *Verwaltung* in erster Linie Sache der Länder (Art. 30, 83 GG). Allerdings weist das Grundgesetz wiederum Verwaltungszuständigkeiten in erheblichem Umfang dem Bund zu wie die Bundeswehrverwaltung, die Verwaltung des Auswärtigen Dienstes sowie zahlreicher anderer Bereiche. Von großer praktischer Bedeutung ist aber, dass andererseits die Länder sonst die Bundesgesetze als eigene Angelegenheiten ausführen, also die Verwaltung bundesgesetzlich geregelter Materien vornehmen. Auch in Bundesangelegenheiten trifft deshalb der Bürger in der Regel auf die Verwaltung der Länder. Landesgesetzlich geregelte Materien verwalten die Länder ohnehin durch ihre eigenen Behörden.

163 Für die meisten bundesrechtlichen Materien, die die Länder verwalten, besitzt der Bund lediglich die Kompetenz, allgemeine Verwaltungsvorschriften zu erlassen. Einer Aufsicht des Bundes im Einzelfall unterstehen die Länder gemeinhin nur hinsichtlich der Rechtmäßigkeit des Verwaltungshandelns, die Entscheidung über die Zweckmäßigkeit der Maßnahmen verbleibt bei den Landesbehörden. Einzelweisungen etwa an untergeordnete Behörden darf der Bund in aller Regel nicht erteilen. Vielmehr muss er den Bundesrat anrufen, wenn er Mängel in der Rechtmäßigkeit der Verwaltung durch ein Land feststellt und das Land nicht bereit ist, diese Mängel abzustellen (Art. 84 GG).

164 In besonders bestimmten Fällen führen die Länder Verwaltungsangelegenheiten als Auftragsverwaltung durch. Sie werden dann im Auftrag des Bundes tätig. Der Bund kann in diesen Fällen der zuständigen obersten Landesbehörde, in Eilfällen auch untergeordneten Landesbehörden Einzelweisungen für die rechtmäßige und sachgerechte Verwaltung erteilen. Das ist etwa der Fall für die Verwaltung der Bundesstraßen, besonders der Bundesautobahnen (Art. 85, 90 GG).

165 Die Eigenstaatlichkeit der Länder erhält endlich auch Gewicht in der Regelung *auswärtiger Angelegenheiten*. Die auswärtigen Beziehungen sind freilich als klassische

Bundesmaterie Sache des Bundes (Art. 32 GG). Soweit aber die Länder für die Gesetzgebung zuständig sind, können sie selbst – mit Zustimmung der Bundesregierung – Verträge mit auswärtigen Staaten abschließen. Sie besitzen also völkerrechtliche Teilsubjektivität (Art. 32 Abs. 3 GG). Gemäß Art. 28 Abs. 1 a GG können sie darüber hinaus für grenznachbarschaftliche Zusammenarbeit zwischenstaatliche Einrichtungen schaffen und ihnen Hoheitsrechte übertragen.

Das Gewicht der Länder ist im *politischen Alltag* erheblich. Sie üben ihren beträchtlichen Einfluss auf Angelegenheiten des Bundes über die Zustimmungskompetenzen des Bundesrates aus. Auch die großen politischen Parteien sind föderal strukturiert. Die Landespolitik ist personelles wie sachliches Reservoir und Bewährungsfeld gerade auch für die Bundespolitik. Die immer wieder deutlichen Reibungsverluste im Verhältnis von Bund und Ländern und zwischen den Ländern selbst, wie sie etwa beim Umzug einer Familie von einem Bundesland in ein anderes durch den Wechsel des Schulsystems für den Bürger ganz persönlich unmittelbare, oft nachteilige Wirkung besitzen, müssen und können hingenommen werden. Es überwiegen die Vorteile für die Wahrung kultureller Identität einzelner Regionen, die Möglichkeiten des politischen Experiments und die Vielfalt in kleineren Räumen. Die Stabilität der politischen Verhältnisse wird durch mögliche Teilhabe an staatlicher Macht erhöht, die auf der Ebene der Länder auch für politische Kräfte und Parteien eröffnet sein kann, die sich auf Bundesebene in der Opposition befinden. Endlich legitimiert die Idee der Gewaltenteilung den Föderalismus, weil die Verteilung von Kompetenzen, Aufgaben und Machtbefugnissen zwischen Bund und Ländern, im Übrigen auch die Selbstverwaltung der Kommunen allzu große Machtkonzentrationen verhindern helfen kann. Nicht immer auch führt die Zuständigkeit der Länder zu Rechtszersplitterung oder auch nur zu erhöhter Vielfalt. Vielmehr ist eine seit langem anhaltende Tendenz zur Unitarisierung, zu einer gewissen Vereinheitlichung der Länder deutlich. Zahlreiche Gesetze der Länder werden nach Musterentwürfen weitgehend übereinstimmend gestaltet, die von den Ländern und dem Bund rechtlich unverbindlich gemeinsam erarbeitet werden. So unterscheiden sich die Polizeigesetze von Bund und Ländern in den wesentlichen Fragen kaum; Schulgesetze und Gemeindeordnungen stimmen regelmäßig in vielem überein. Die meisten Verwaltungsverfahrensgesetze besitzen sogar weitgehend denselben Wortlaut.

f) Europäische Integration

Als weiteres Verfassungsstrukturprinzip tritt mit herausragender Bedeutung die Offenheit des Grundgesetzes für die europäische Integration hervor. Daran ändert nichts, dass die herkömmliche Verfassungsrechtsdogmatik dies noch nicht hinreichend deutlich zur Kenntnis nimmt. Bereits die Präambel des Grundgesetzes enthält eine Grundentscheidung für ein vereintes Europa. Art. 23 GG konkretisiert diese Grundentscheidung. Danach besteht eine verfassungsrechtliche *Verpflichtung zur europäischen Integration*: Zur Verwirklichung eines vereinten Europas wirkt die Bundesrepublik Deutschland bei der Entwicklung der Europäischen Union mit. Die Union ist dabei demokratischen, rechtsstaatlichen, sozialen und föderativen Grundsätzen sowie dem Grundsatz der Subsidiarität verpflichtet und muss einen Grundrechtsschutz gewährleisten, der dem des Grundgesetzes im Wesentlichen vergleichbar ist. Die Bundesrepublik Deutschland kann zum Zweck solcher Integration Hoheitsrechte auf die europäischen Einrichtungen übertragen. Dabei darf sie allerdings ihre eigene Staatlichkeit nicht aufgeben, Hoheitsrechte von substanziellem Gewicht müssen ihr verbleiben.

4. Verfassungsorgane

168 Die wichtigsten Verfassungsorgane der Bundesrepublik Deutschland sind der Bundespräsident als Staatsoberhaupt, der Bundestag als Parlament mit zentralen Gesetzgebungs-, Kontroll- und Wahlkompetenzen, der Bundesrat als Mitwirkungsorgan für die Bundesländer, durch den sie besonders bei der Gesetzgebung und der Verwaltung des Bundes mitwirken, die Bundesregierung mit dem Bundeskanzler als Regierungschef und politischer Zentralfigur des Systems sowie den Bundesministern als Leiter einzelner Ressorts, endlich das Bundesverfassungsgericht mit erheblichen gerichtlichen Entscheidungskompetenzen auch im politischen Prozess.

a) Der Bundespräsident

169 Das Staatsoberhaupt der Bundesrepublik Deutschland ist der Bundespräsident. Er verkündet die von Bundestag und Bundesrat beschlossenen Gesetze (Art. 82 Abs. 1 S. 1 GG). Er ernennt und entlässt den vom Bundestag gewählten oder abgewählten Bundeskanzler sowie die vom Bundeskanzler vorgeschlagenen Bundesminister. Er ernennt und entlässt die Bundesrichter, die Bundesbeamten, die Offiziere und Unteroffiziere (Art. 60 Abs. 1 GG). Bisweilen nur ist anderes bestimmt – so übt die Ernennungsbefugnis bei den Beamten des Bundestages der Bundestagspräsident, bei den Beamten des Bundesverfassungsgerichts dessen Präsident aus. Dem Bundespräsidenten steht für den Bund das Begnadigungsrecht zu (Art. 60 Abs. 2 GG). Der Bundespräsident vertritt den Bund völkerrechtlich, er schließt im Namen des Bundes die Verträge mit auswärtigen Staaten, und er beglaubigt und empfängt die Gesandten (Art. 59 Abs. 1 GG).

170 Das Amt des Bundespräsidenten dauert fünf Jahre, es findet also ein anderer Rhythmus statt als bei den Legislaturperioden des Bundestages und den davon abhängigen Amtszeiten der Bundesregierung. Der Bundespräsident kann nur einmal wiedergewählt werden. Eine unmittelbare Volkswahl findet anders als in der Weimarer Republik für den Reichspräsidenten nicht statt. Vielmehr obliegt die Wahl des Bundespräsidenten der Bundesversammlung (Art. 54 GG). Sie tritt nur zu diesem Zweck zusammen. Die Bundesversammlung besteht zur Hälfte aus allen Abgeordneten des Bundestages und zur anderen Hälfte aus Mitgliedern, die von den Volksvertretungen der Länder nach den Grundsätzen der Verhältniswahl gewählt werden. Diese Mitglieder müssen deshalb nicht notwendig einem Parlament angehören.

171 Der Bundespräsident darf weder der Regierung noch einer gesetzgebenden Körperschaft des Bundes oder eines Landes angehören noch ein anderes besoldetes Amt, ein Gewerbe oder einen Beruf ausüben oder Mitglied des Aufsichtsrates eines Wirtschaftsunternehmens sein (Art. 55 GG).

172 Gemeinhin wird die *politische Stellung* des Bundespräsidenten als insgesamt relativ schwach beschrieben; in der Tat besitzt sein Amt vorwiegend repräsentative Funktionen. Seine Wirkung bezieht es in erster Linie aus der persönlichen Ausstrahlung des Amtsinhabers. Die Einschränkung der Machtbefugnisse zeigt sich auch darin, dass die meisten Anordnungen und Verfügungen des Bundespräsidenten der Gegenzeichnung durch den Bundeskanzler oder durch den zuständigen Bundesminister bedürfen (Art. 58 GG). Es ist aber wohl auch gerade diese relative Entkleidung von Machtbe-

fugnissen, die den Amtsinhabern in der bisherigen Geschichte der Bundesrepublik Deutschland die Möglichkeit gegeben hat, tendenziell alle Deutschen zu repräsentieren, integrierende Wirkung zu entfalten. Die rechtliche Struktur des Amtes vermeidet Konfrontation und Spaltung, weil es nicht auf die Durchsetzung einzelner politischer Interessen angelegt ist.

Der Bundespräsident ist auch nicht Oberbefehlshaber der Streitkräfte, anders als es der deutschen staatsrechtlichen Tradition entsprechen würde. Dies ist vielmehr der Bundesminister für Verteidigung (Art. 65 a GG) im Friedensfall. Im Verteidigungsfall geht die Befehls- und Kommandogewalt über die Streitkräfte auf den Bundeskanzler über (Art. 115 b GG). 173

Eine gewisse *Schlüsselstellung* kann dem Bundespräsidenten bei der Gesetzgebung zukommen. Da er die Bundesgesetze ausfertigt und verkündet, soweit sie nach den Vorschriften des Grundgesetzes zustande gekommen sind, besitzt er ein Prüfungsrecht über die Gesetze. Nach der herrschenden Meinung kann er die formelle Verfassungsmäßigkeit prüfen, also das verfahrensrechtlich korrekte Zustandekommen. Er besitzt zudem ein materielles Prüfungsrecht dergestalt, dass er die Verfassungsmäßigkeit auch des Inhaltes der Gesetze zu überprüfen befugt ist. Verneint er sie, kann er die Ausfertigung und Verkündung des bereits beschlossenen Gesetzes verweigern. Das Gesetz tritt dann nicht in Kraft. Dies ist in der Geschichte der Bundesrepublik Deutschland mehrfach geschehen. 174

b) Der Deutsche Bundestag

Der Deutsche Bundestag (Art. 38 ff. GG) ist das zentrale politische Vertretungsorgan des Volkes auf Bundesebene. Als gesetzgebende Körperschaft wirkt er mit mehreren anderen Verfassungsorganen zusammen. Der Bundestag wählt den Bundeskanzler, er kontrolliert Regierung und Verwaltung. 175

Der Bundestag besteht nach dem Bundeswahlgesetz aus 598 Abgeordneten, wobei aufgrund des bisweilen komplizierten Wahlrechts Abweichungen für die Dauer einer Legislaturperiode entstehen können. Seine Amtsdauer, die Legislaturperiode, beträgt vier Jahre, wenn er nicht vorzeitig aufgelöst wird. Sie endet jedoch nicht vor dem Zusammentritt des neu gewählten Bundestages (Art. 39 Abs. 1 GG). Die Abgeordneten werden in allgemeiner, unmittelbarer, freier, gleicher und geheimer Wahl gewählt (Art. 38 Abs. 1 GG). Wahlberechtigt sind Deutsche, die das achtzehnte Lebensjahr vollendet haben, sowohl aktiv, dass sie wählen dürfen, als auch passiv, dass sie gewählt werden können (Art. 38 Abs. 2 GG). Nur in engen Grenzen kann das Wahlrecht ausgeschlossen sein, etwa aufgrund strafgerichtlicher Verurteilung. 176

Allgemeine Wahl bedeutet, dass grundsätzlich das gesamte Volk das Wahlrecht besitzt. Die *Unmittelbarkeit* der Wahl verbietet das Zwischenschieben von sogenannten Wahlmännern oder sonstigen Instanzen, die erst ihrerseits über die Zusammensetzung des Parlaments entscheiden würden. Die *Freiheit* der Wahl verlangt, dass keinerlei Druck oder Zwang für die Stimmabgabe in bestimmter Richtung ausgeübt wird. Eine Wahlpflicht besteht nicht. Die *Gleichheit* der Wahl verpflichtet zum gleichen Zähl- und Erfolgswert jeder Stimme; jeder Wähler muss danach gleich viele Stimmen besitzen, die im Ergebnis genauso viel Gewicht haben müssen, wie die Stimmen jedes anderen Wählers. Der Wahlakt selbst muss *geheim* sein, offene Wahl ist in jedem Fall unzulässig. 177

B. Öffentliches Recht

178 Die Hälfte der gesetzlichen Zahl der Abgeordnete des Bundestages also 299, werden nach näherer Maßgabe des Bundeswahlgesetzes (BWG) und der Bundeswahlordnung (BWO) nach dem Prinzip der Mehrheitswahl, die übrigen nach dem Prinzip der Verhältniswahl gewählt. Jeder Wahlberechtigte hat danach zwei Stimmen.

179 Die gesamte Bundesrepublik ist in Wahlkreise eingeteilt, die jeweils eine ungefähr gleich große Zahl von Wahlberechtigten umfassen. In jedem Wahlkreis stellen sich Bewerber zur Wahl. Gewählt ist, wer die meisten Stimmen im Wahlbezirk erhält. Dies ist das nach dem *Mehrheitswahlrecht* mit der ersten Stimme vergebene Direktmandat.

180 Die übrigen Abgeordneten werden mit der zweiten Stimme über Landeslisten nach dem *Verhältniswahlrecht* gewählt. Landeslisten enthalten in fester Reihenfolge Namen von Kandidaten. Solche Listen können nur von politischen Parteien eingereicht werden. Die Listenkandidaten werden in parteiinternen Wahlverfahren bestimmt. Die Zweitstimme gilt jeweils einer der Landeslisten. In jedem Bundesland werden die für die jeweiligen Listen abgegebenen Stimmen zusammengezählt. Das Verhältnis der Stimmenzahl für die einzelnen Listen bestimmt darüber, wie viele der Bewerber auf den jeweiligen Listen gewählt sind.

181 Für die Landeslisten gilt der Grundsatz der sogenannten *Fünf-Prozent-Klausel*. Erhält danach eine Partei für ihre Landeslisten im gesamten Bundesgebiet weniger als fünf Prozent aller abgegebenen Zweitstimmen, so bleiben diese Stimmen insgesamt unberücksichtigt. Abgesehen von Ausnahmen, die etwa für nationale Minderheiten vorgesehen sind, muss eine Partei also mindestens fünf Prozent aller Zweitstimmen erhalten, wenn für sie Abgeordnete über Landeslisten in den Bundestag gelangen sollen. Damit will das Gesetz vermeiden, dass Splitterparteien im Bundestag die Arbeit erschweren und im Falle knapper Mehrheitsverhältnisse bei Koalitionsbildungen unangemessen großes Gewicht erlangen.

182 Die *Abgeordneten* im Bundestag sind an Weisungen ihrer Partei oder ihrer Fraktion rechtlich nicht gebunden. Sie sind Vertreter des ganzen Volkes und nur ihrem Gewissen unterworfen. Die vielfältigen faktischen Abhängigkeiten zu Partei und Fraktion lassen sich rechtlich kaum bändigen. Tätigkeiten für Gruppen und Verbände und ihre finanziellen Zuwendungen müssen die Abgeordneten dem Präsidenten des Bundestages offenlegen. Zu den wichtigen, Unabhängigkeit sichernden Rechten des Abgeordneten gehört die *Indemnität*. Sie schützt ihn davor, wegen Abstimmungen oder Äußerungen im Parlament gerichtlich oder in sonstiger Weise zur Verantwortung gezogen zu werden. Nur für verleumderische Beleidigungen gilt anderes (Art. 46 Abs. 1 GG). Die davon zu unterscheidende *Immunität* sichert den Abgeordneten in seiner persönlichen Freiheit. Er darf nur mit Genehmigung des Bundestages strafrechtlich zur Verantwortung gezogen, verhaftet oder in seiner persönlichen Freiheit beschränkt werden, es sei denn, er wird bei Begehung der Tat oder im Laufe des folgenden Tages festgenommen (Art. 46 Abs. 2 GG).

183 In der Geschäftsordnung, die sich der Bundestag gibt, finden sich die Regelungen über Bildung und Befugnisse der Fraktionen. *Fraktionen* sind danach Vereinigungen von mindestens fünf vom Hundert der Mitglieder des Bundestages (§ 10 GOBT). Grundsätzlich können nur solche Abgeordneten eine Fraktion bilden, die derselben Partei angehören oder Parteien, die wegen ihrer politischen Ziele in keinem Bundesland miteinander konkurrieren. Diese zweite Regelung gilt der CDU, die nicht in Bayern, und der CSU, die nur in Bayern tätig ist. Beide Parteien bilden im Bundestag eine Fraktion. Die Fraktionen bestimmen grundsätzlich die Mitglieder der Ausschüsse, die der

II. Verfassungsrecht

Bundestag zur fachkundigen Beratung bildet. Sie können Gesetzentwürfe einbringen, und sie spielen insgesamt eine zentrale politische Rolle im parlamentarischen Leben.

Der Bundestag *kontrolliert* Regierung und Verwaltung. Seine Abgeordneten besitzen ein Fragerecht gegenüber der Regierung; jedes Mitglied der Regierung kann vor das Parlament zitiert werden. Ein politisch besonders wirkkräftiges Mittel der Kontrolle sind die Untersuchungsausschüsse (Art. 44 GG). Sie müssen bereits auf Antrag einer parlamentarischen Minderheit eingesetzt werden und haben im Rahmen der Zuständigkeiten des Bundestages weitreichende Untersuchungsbefugnisse. Dabei sind die Bestimmungen des Strafverfahrensrechtes, besonders diejenigen über Vernehmungen, Durchsuchungen, Beschlagnahmen und Eidesleistungen, entsprechend anzuwenden. 184

Eine der Hauptaufgaben des Bundestages ist die *Gesetzgebung*. Sie erfolgt im Zusammenwirken mit verschiedenen anderen Verfassungsorganen (Art. 76 ff. GG). Das Recht, den Antrag zum Erlass eines Gesetzes zu stellen, also das Recht der Gesetzesinitiative, haben die Bundesregierung, Bundestagsabgeordnete in einer Mindestzahl von fünf Prozent der Mitglieder des Bundestages und als Fraktion, sowie der Bundesrat. Beschließt der Bundestag ein Gesetz, wird es dem Bundesrat zugeleitet. Er bildet eine Art zweite Kammer des Parlaments. Bestimmte Gesetze kommen nur zustande, wenn der Bundesrat zustimmt. Solche Zustimmungsgesetze sind im Grundgesetz besonders und abschließend bezeichnet; es sind zumeist solche, die die Länderinteressen in erheblichem Maße berühren. Die anderen Gesetze sind bloße Einspruchsgesetze. Der Bundesrat kann hier Einspruch einlegen, den der Bundestag zurückweisen kann; das Gesetz kommt dann zustande. 185

Eine wichtige Stellung im Verhältnis von Bundestag und Bundesrat besitzt der *Vermittlungsausschuss* (Art. 77 Abs. 2 GG). Er ist ein mit sechzehn Abgeordneten des Bundestages und sechzehn Mitgliedern des Bundesrates besetztes Verfassungsorgan. Der Bundesrat kann den Vermittlungsausschuss gegen einen Gesetzesbeschluss des Bundestages anrufen. Bei Zustimmungsgesetzen haben auch Bundestag und Bundesregierung das entsprechende Recht. Im Vermittlungsausschuss wird dann versucht, einen Vermittlungsvorschlag, zumeist eine veränderte Fassung des Gesetzesbeschlusses, zu erarbeiten. An den Änderungsvorschlag schließt sich dann erneut das Gesetzgebungsverfahren an. 186

Das vom Bundestag und gegebenenfalls vom Bundesrat beschlossene Gesetz bedarf zunächst der Gegenzeichnung durch den Bundeskanzler und den zuständigen Bundesminister und sodann der Ausfertigung und Verkündung durch den Bundespräsidenten (Art. 82 Abs. 1, 58 GG). Ausfertigung bedeutet die Unterzeichnung nach Prüfung des Gesetzestextes. Verkündet wird im Bundesgesetzblatt. Ist in dem Gesetz kein Zeitpunkt des Inkrafttretens genannt, tritt das Gesetz mit dem vierzehnten Tag nach Ablauf des Tages in Kraft, an dem das Bundesgesetzblatt ausgegeben worden ist. 187

Beschlüsse des Bundestages und des Bundesrates bedürfen zumeist lediglich der einfachen Mehrheit der anwesenden Mitglieder, soweit die Mindestzahl der Beschlussfähigkeit erreicht ist. Manche Beschlüsse können nur mit der absoluten Mehrheit gefasst werden, das heißt, sie bedürfen der Zustimmung von mehr als der Hälfte der gesetzlichen Mitgliederzahl. Besonders bedeutsame Beschlüsse bedürfen einer Zweidrittelmehrheit, was vor allem für Änderungen des Grundgesetzes der Fall ist. 188

189 Der Bundestag wählt aus seiner Mitte den Präsidenten des Deutschen Bundestages (Art. 40 Abs. 1 S. 1 GG), der das Hausrecht ausübt und die Sitzungen leitet. Auch er ist ein eigenständiges Verfassungsorgan.

c) Der Bundesrat

190 Durch den Bundesrat wirken die Länder bei der Gesetzgebung und Verwaltung des Bundes mit (Art. 50 ff. GG). Er besteht aus Mitgliedern der Landesregierungen. Jedes Land hat je nach Bevölkerungszahl mindestens drei, höchstens sechs Stimmen. Sie können jeweils nur einheitlich abgegeben werden. Die Mitglieder des Bundesrates werden von den Regierungen der Länder entsandt und abberufen. Sie sind bei ihren Abstimmungen an die Weisungen ihrer Landesregierungen gebunden, Ausnahmen gelten etwa für Abstimmungen im Vermittlungsausschuss. Die Hauptaufgaben des Bundesrates liegen in der Mitwirkung bei der Gesetzgebung des Bundes. Einzelne wichtige, durch das Grundgesetz besonders benannte Rechtsverordnungen der Bundesregierung bedürfen der Zustimmung des Bundesrates. Über Art. 23 GG besitzt der Bundesrat auch bedeutsame Einflussmöglichkeiten auf die Willensbildung des Bundes in Fragen, die die Politik in der Europäischen Union betreffen. In der Vergangenheit haben politische Parteien mehrfach den Bundesrat als bundespolitisches Oppositionsinstrument eingesetzt, wenn sie im Bundestag in der Opposition waren, im Bundesrat jedoch über die meisten Stimmen verfügten.

d) Die Bundesregierung

191 Die Bundesregierung ist die politische Schaltzentrale Deutschlands (Art. 62 ff. GG). Sie besteht aus dem Bundeskanzler und den Bundesministern. Jeder Minister leitet seinen Geschäftsbereich selbstständig und unter eigener Verantwortung, man spricht hier von *Ressortprinzip*. Dem Bundeskanzler kommt aber die *Richtlinienkompetenz* in der Regierung zu: Er entscheidet für alle Minister verbindlich die grundlegenden und richtungsweisenden Fragen, die auch Einzelfälle von besonderer Bedeutung betreffen können. Gibt es außerhalb dieser Richtlinienkompetenz Meinungsverschiedenheiten zwischen den Ministern, so entscheidet die Bundesregierung als ganze (Art. 65 GG). Solche Kollegialentscheidungen sieht das Grundgesetz auch für wichtigere Einzelfragen vor, etwa für den Erlass bedeutsamer Rechtsverordnungen.

192 Beim Zuschnitt der Ressorts ist die Bundesregierung grundsätzlich frei, sie besitzt hierfür die *Organisationskompetenz*. Einzelne Ministerien sind aber vom Grundgesetz besonders vorgesehen und bisweilen mit einzelnen Kompetenzen verbindlich versehen: der Bundesminister der Finanzen, dessen Zustimmung für überplanmäßige und außerplanmäßige Ausgaben erforderlich ist, oder der Bundesminister für Verteidigung als Inhaber der Befehls- und Kommandogewalt über die Streitkräfte im Frieden.

193 Die *politischen Parteien* haben rechtlich keine Bestimmungsbefugnis gegenüber der Bundesregierung. Wohl aber ist ihr politisch faktischer Einfluss erheblich. Wenn, wie zumeist, die Regierung von verschiedenen Fraktionen in einer Koalition getragen wird, kommt es regelmäßig zu schriftlich fixierten Koalitionsvereinbarungen zwischen den fraktionsbildenden Parteien als Grundlage der Regierungsarbeit. Diese Koalitionsverträge besitzen faktische, nach richtiger Auffassung aber keine rechtliche Verbindlichkeit.

II. Verfassungsrecht

B.

Die Bundesminister werden auf Vorschlag des Bundeskanzlers vom Bundespräsidenten ernannt und entlassen (Art. 64 Abs. 1 GG). Der Bundeskanzler selbst wird vom Bundestag auf Vorschlag des Bundespräsidenten gewählt (Art. 63 GG). Der Bundespräsident schlägt regelmäßig den führenden Politiker der im Bundestag stärksten Partei vor, muss dies aber nicht tun. Wird der Vorgeschlagene nicht gewählt, kann der Bundestag in eigener Initiative einen Bundeskanzler wählen. Ist ein Bundeskanzler mit der Mehrheit der Mitglieder des Bundestages, also mit absoluter Mehrheit gewählt, muss der Bundespräsident ihn ernennen. Bei bloß einfacher Mehrheit obliegt es der politischen Entscheidung des Bundespräsidenten, die Ernennung vorzunehmen oder aber den Bundestag aufzulösen. Ein solcher Fall ist bisher jedoch nicht vorgekommen. Diese Regelungen sollen dazu dienen, möglichst stabile Mehrheitsverhältnisse für die Regierungsarbeit zu schaffen. Hier handelt das Grundgesetz aus den Erfahrungen der Weimarer Republik mit ihren schwierigen und instabilen Mehrheitsverhältnissen.

194

Demselben Ziel dienen auch die Bestimmungen über die Abwahl des Bundeskanzlers. Es besteht die Möglichkeit des *konstruktiven Misstrauensvotums*: Der Bundestag kann dem Bundeskanzler das Misstrauen nur dadurch aussprechen, dass er mit der Mehrheit seiner Mitglieder einen neuen Bundeskanzler wählt und den Bundespräsidenten ersucht, den bisherigen Bundeskanzler zu entlassen. Der Bundespräsident muss dem Folge leisten und den neu Gewählten ernennen (Art. 67 Abs. 1 GG).

195

Der Bundeskanzler kann auch von sich aus die *Vertrauensfrage* stellen. Findet ein solcher Antrag im Bundestag nicht die absolute Mehrheit, kann der Bundespräsident auf Vorschlag des Bundeskanzlers den Bundestag auflösen. Er muss dies allerdings nicht tun. Der Bundestag kann jedoch die Auflösung verhindern, indem er mit absoluter Mehrheit einen neuen Bundeskanzler wählt (Art. 68 Abs. 1 GG).

196

Die *Amtszeit* des Bundeskanzlers und der Bundesminister ist an die Legislaturperiode des Bundestages gebunden. Jeder Bundestag muss einen Bundeskanzler neu wählen. Das Amt jedes Bundesministers endet außer durch Entlassung mit dem Amt des Bundeskanzlers. Ein Misstrauensvotum des Bundestages gegen einen einzelnen Bundesminister gibt es nicht.

197

Die verfassungsrechtlichen Befugnisse des *Bundeskanzlers* haben wesentlich dazu beigetragen, dass die deutsche Politik regelmäßig im Kanzler ihre beherrschende Figur besessen hat. Sie hat sich zumeist als Kanzlerdemokratie dargestellt. Die politische Basis in der Parlamentsmehrheit, die starke Stellung des einmal Gewählten gegenüber dem Parlament durch dessen Beschränkung auf das konstruktive Misstrauensvotum, die Geschlossenheit der Bundesregierung durch die Richtlinienkompetenz, durch den Verzicht auf ein Misstrauensvotum gegen einzelne Minister und endlich durch das Recht des Kanzlers, die Regierungsmitglieder zu benennen: All dies bietet eine tragfähige rechtliche Basis für starke Kanzlerpersönlichkeiten. Auf der anderen Seite steht eine relative Einflusslosigkeit des Parlaments als solchem, dessen Stellung durch die dominante Position der politischen Parteien zusätzlich beschränkt wird.

198

e) Das Bundesverfassungsgericht

Verfassungsorgan ist auch das Bundesverfassungsgericht als höchstes deutsches Gericht. Es entscheidet ausschließlich in Verfassungsstreitigkeiten (vgl. besonders Art. 93 und 100 GG), nähere Maßgaben enthält das Bundesverfassungsgerichtsgesetz (BVerfGG). Das Gericht mit Sitz in Karlsruhe besteht aus zwei Senaten mit jeweils acht Richtern. Manche besonders bezeichneten Gegenstände kann das Gericht durch

199

Kammern in der Besetzung von drei Richtern entscheiden. Die *Richter* des Bundesverfassungsgerichts werden zur einen Hälfte vom Bundesrat, zur anderen Hälfte vom Bundestag gewählt. Dem politischen Herkommen entsprechend schlagen die großen politischen Parteien die Kandidaten für die einzelnen Richterposten vor. Da die Richter mit jeweils Zweidrittelmehrheit gewählt werden müssen, ist faktisch ein vorher erzielter Konsens über die Kandidaten erforderlich.

200 Die *Bedeutung* des Gerichts ergibt sich daraus, dass die Verfassung alle Staatsgewalt bindet und dass die Entscheidungen des Bundesverfassungsgerichts über den einzelnen Fall hinaus für alle Staatsgewalt verbindlich sind. Es kann Gesetze des Parlaments für verfassungswidrig und nichtig erklären. Regelmäßig hat das Bundesverfassungsgericht es vermocht, auch tiefgehenden politischen Streit mit seinen Entscheidungen zu befrieden. In der öffentlichen Meinung gehört es zu den angesehensten Institutionen überhaupt.

201 Die praktisch wichtigsten Verfahrensarten vor dem Bundesverfassungsgericht sind die Verfassungsbeschwerde, das Organstreitverfahren, die abstrakte Normenkontrolle und die konkrete Normenkontrolle (Art. 93, 100 GG).

202 *Verfassungsbeschwerde* kann jedermann mit der Behauptung erheben, durch die öffentliche Gewalt in seinen Grundrechten oder grundrechtsgleichen Rechten verletzt zu sein (Art. 93 Abs. 1 Nr. 4a GG). In aller Regel muss vor der Anrufung des Bundesverfassungsgerichts der Rechtsweg vor den Instanzgerichten erschöpft sein. Verfassungsbeschwerden bilden den bei weitem größten Teil der Verfahren vor dem Bundesverfassungsgericht.

203 Im *Organstreitverfahren* (Art. 93 Abs. 1 Nr. 1 GG) entscheidet das Bundesverfassungsgericht über Streitigkeiten zwischen Verfassungsorganen, soweit behauptet wird, ein Verfassungsorgan habe die Rechte oder Pflichten des antragstellenden Organs verletzt. Es können so Verfahren beispielsweise zwischen einzelnen Abgeordneten und Bundestag, zwischen Bundestag und Bundespräsident oder zwischen Bundesregierung und Bundesrat entschieden werden. Aber auch politische Parteien können aufgrund ihrer verfassungsorganähnlichen Stellung (Art. 21 GG) Organstreitverfahren wegen eines Eingriffes in diese Stellung gegen Verfassungsorgane austragen.

204 Bei der *abstrakten Normenkontrolle* (Art. 93 Abs. 1 Nr. 2 GG) haben die Bundesregierung, einzelne Landesregierungen und ein Viertel der Mitglieder des Deutschen Bundestages die Befugnis, Zweifel über die Verfassungsmäßigkeit eines Gesetzes durch das Bundesverfassungsgericht klären zu lassen.

205 Die *konkrete Normenkontrolle* (Art. 100 Abs. 1 GG) befindet ebenfalls unmittelbar über die Verfassungsmäßigkeit eines Gesetzes. Wenn ein Gericht in einem konkreten Prozess zu der Überzeugung gelangt, dass ein entscheidungserhebliches Gesetz verfassungswidrig ist, muss es dieses Gesetz regelmäßig dem Bundesverfassungsgericht vorlegen. Das Bundesverfassungsgericht entscheidet dann verbindlich über die Verfassungsmäßigkeit des Gesetzes.

5. Politische Parteien

206 Die politischen Parteien bilden eine Grundstruktur des öffentlichen Lebens in der Bundesrepublik Deutschland. Das *Grundgesetz* anerkennt ihre Rolle in Art. 21 und schreibt zugleich bestimmte Organisationsmerkmale vor. Die Parteien wirken bei der politischen Willensbildung des Volkes mit. Ihre innere Struktur muss demokratischen

Grundsätzen entsprechen. Als gesellschaftliche Gruppen müssen sie sich primär selbst durch Mitgliedsbeiträge und Spenden finanzieren; eine zusätzliche Finanzierung aus staatlichen Mitteln ist nach immer wieder in Frage gestellten Grundsätzen und komplizierten Regelungen in einigem Umfange zulässig.

Das *Parteiengesetz* (PartG), das insgesamt nähere Maßgaben dieses Rechtsbereiches enthält, definiert in § 2 Abs. 1 PartG einigermaßen kompliziert auch den Begriff der politischen Partei, der von vornherein auf Stetigkeit und Stabilität der politischen Verhältnisse zielt: Parteien sind Vereinigungen von Bürgern, die dauernd oder für längere Zeit für den Bereich des Bundes oder eines Landes auf die politische Willensbildung Einfluss nehmen und an der Vertretung des Volkes im Deutschen Bundestag oder einem Landtag mitwirken wollen, wenn sie nach dem Gesamtbild der tatsächlichen Verhältnisse, insbesondere nach Umfang und Festigkeit ihrer Organisation, nach der Zahl ihrer Mitglieder und nach ihrem Hervortreten in der Öffentlichkeit eine ausreichende Gewähr für die Ernsthaftigkeit dieser Zielsetzung bieten.

207

Die Sozialdemokratische Partei Deutschlands (SPD), die eher konservative Christlich-Demokratische Union (CDU) mit ihrer bayerischen Schwesterpartei Christlich-Soziale Union (CSU) und die bürgerlich liberale Freie Demokratische Partei (FDP) haben sich seit den Anfängen der Bundesrepublik Deutschland politisch durchzusetzen vermocht. Die ökologisch ausgerichtete Partei Bündnis 90/Die Grünen ist seit Mitte der 1980er Jahre hinzugetreten. Nach der Vereinigung Deutschlands kam die Partei des Demokratischen Sozialismus (PDS) als Nachfolgeorganisation der Sozialistischen Einheitspartei Deutschlands (SED), die die führende Rolle in der DDR innehatte, hinzu; nach der Vereinigung mit einigen kleineren Gruppierungen nennt sie sich heute Die Linke. Immer wieder hat es auch verschiedene nationalistisch ausgerichtete Gruppierungen gegeben; in neuerer Zeit hat sich die sogenannte Alternative für Deutschland zu etablieren vermocht.

208

Parteien, die nach ihren Zielen oder nach dem Verhalten ihrer Angehörigen darauf ausgehen, die freiheitliche demokratische Grundordnung zu beeinträchtigen oder zu beseitigen oder den Bestand der Bundesrepublik Deutschland zu gefährden, sind *verfassungswidrig*. Über die Verfassungswidrigkeit entscheidet aber allein das Bundesverfassungsgericht, damit ein Verbot politischer Parteien nicht aus parteipolitischer Opportunität durch die jeweilige Regierung erfolgt. Dies ist das sogenannte Parteienprivileg (Art. 21 Abs. 2 GG). In der Geschichte der Bundesrepublik Deutschland sind in einer recht frühen Phase zwei politische Parteien verboten worden: die Sozialistische Reichspartei, eine nationalsozialistische Partei, und die Kommunistische Partei Deutschlands.

209

Das öffentliche Leben in Deutschland ist von den politischen Parteien weithin geprägt; häufig wird dies beklagt. Nicht nur das Parlament, auch die Besetzung höherer Stellen in Richterschaft und Beamtentum, kulturelle Einrichtungen und manche Medien unterliegen ihrem weitreichenden Einfluss. Angesichts noch hinreichender Sicherungen und Gegengewichte dürfen dabei aber auch nicht die positiven Aspekte für Stabilität einerseits und Wettbewerb andererseits übersehen werden, die gerade große Volksparteien zu gewährleisten imstande sind.

210

6. Finanzverfassung

Das Finanzverfassungsrecht Deutschlands (Art. 104 a ff. GG) ist insgesamt recht verschachtelt. Als Grundsatz gilt, dass der Bund und die Länder die Ausgaben *je für*

211

sich tragen, die aus der Wahrnehmung ihrer Aufgaben folgen. Die Länder tragen die Kosten der Verwaltung deshalb auch dann, wenn sie Aufgaben nach Bundesgesetzen verwalten, weil und soweit sie dies als eigene Angelegenheit tun (Art. 104 a, 83 GG). Für die Bundesauftragsverwaltung durch die Länder trägt allerdings der Bund die Kosten. Für besonders bedeutsame Investitionen kann der Bund den Ländern Finanzhilfen gewähren.

212 Der Trennung der Ausgabenlast geht die *Aufkommenshoheit* parallel. Bestimmte Erträge und Steuern stehen dem Bund zu, wie die Zölle oder die Steuer auf Versicherungen (Art. 106 Abs. 1 GG), andere dagegen den Ländern, wie die Erbschaftsteuer (Art. 106 Abs. 2 GG). Wiederum andere wie die Lohn- und Einkommensteuer sowie die Umsatzsteuer, das ist die Mehrwertsteuer, stehen Bund und Ländern zu verschiedenen Teilen gemeinsam zu, auch die Gemeinden sind hier teilweise beteiligt (Art. 106 Abs. 3 ff. GG). Dabei erhält grundsätzlich jedes Land seinen Anteil aus den Steuern, die in seinem Gebiet vereinnahmt werden. Zum Ausgleich unterschiedlicher Steuerkraft der Länder findet ein *Länderfinanzausgleich* statt: Die ärmeren Länder erhalten Ausgleichsanteile vom Steueraufkommen reicherer Länder, auch der Bund gibt ergänzende Zuweisungen (Art. 107 GG).

213 Die *Steuern* werden von der Finanzverwaltung des Bundes einerseits, den Finanzbehörden der Länder andererseits verwaltet, die in ihrer Organisation und ihren Zuständigkeiten teilweise miteinander verbunden sind. Über die Steuern vermag die öffentliche Hand nicht nur Einnahmen zu erzielen. Vielmehr wird zulässigerweise mit der Steuerpolitik auch Wirtschafts- und Sozialpolitik betrieben.

214 Alle Einnahmen und Ausgaben des Bundes müssen in dem Haushaltsplan für jedes Jahr verzeichnet sein. Der Haushaltsplan wird durch das Haushaltsgesetz vom Parlament festgestellt. Entsprechendes gilt für die Länder. Die Budgethoheit liegt deshalb beim Parlament. Finanzwirksame Gesetze, die zu Mehrausgaben oder Mindereinnahmen führen, bedürfen aber der Zustimmung durch die Bundesregierung, das gilt auch für Änderungen durch das Haushaltsgesetz (Art. 110, 113 GG). Näheres über Haushalt und Haushaltsprüfung ist in verschiedenen Gesetzen des Bundes und der Länder bestimmt; die wichtigsten sind das Haushaltsgrundsätzegesetz (HGrG) und die Bundeshaushaltsordnung (BHO).

215 Zur Prüfung der Wirtschaftlichkeit und Ordnungsmäßigkeit der Haushalts- und Wirtschaftsführung der öffentlichen Stellen besteht der *Bundesrechnungshof*, in den Ländern die Landesrechnungshöfe. Seine Mitglieder besitzen richterliche Unabhängigkeit und berichten regelmäßig dem Bundestag (Art. 114 GG).

216 Eine wichtige Stellung für die Gesamtwirtschaft nimmt die *Deutsche Bundesbank* ein (Art. 88 GG). Sie ist von der Bundesregierung unabhängig. Die Bundesbank ist Teil des Europäischen Systems der Zentralbanken (ESZB), das sich aus der *Europäischen Zentralbank* (EZB) und den Zentralbanken der Mitgliedstaaten der Europäischen Union zusammensetzt und für die Geldpolitik innerhalb des Euro-Währungsraumes verantwortlich ist.

7. Militärische Verteidigung

217 Die militärische Verteidigung ist *Sache des Bundes*. Er stellt Streitkräfte, das ist die Bundeswehr, zur Verteidigung auf (Art. 87 a Abs. 1 GG). Außer zur Verteidigung dürfen die Streitkräfte nur in besonderen, von der Verfassung ausdrücklich genannten

II. Verfassungsrecht **B.**

Fällen eingesetzt werden, etwa im Falle einer Naturkatastrophe oder bei einem schweren Unglücksfall. Die Verwendung ohne Waffeneinsatz, wie sie zur Hilfe bei der Ernte oder zur Versorgung Hungernder bei der Entwicklungshilfe vorkommt, wird nicht als Einsatz verstanden und ist deshalb unproblematisch zulässig.

Die Bundeswehr ist über die Mitgliedschaft der Bundesrepublik Deutschland in den Nordatlantischen Verteidigungspakt, die *NATO*, integriert. Zunehmend werden auch europäisch ausgerichtete, gemischt-nationale Verbände aufgestellt. Die Bundesrepublik Deutschland hat sich völkerrechtlich verpflichtet, keine Atomwaffen, chemische oder biologische Waffen herzustellen. Der Vertrag über die deutsche Einigung mit den Siegermächten (Zwei-plus-Vier-Vertrag) sieht eine Stärke der Bundeswehr von höchstens 370.000 Soldaten vor. 218

Zulässig ist der Einsatz der Bundeswehr im Rahmen der UNO, sei es bei friedenserhaltenden Maßnahmen der »Blauhelme«, sei es bei Kampfeinsätzen zur Wiederherstellung des Friedens. Die verfassungsrechtlich normierten Voraussetzungen eines solchen Einsatzes enthält Art. 24 Abs. 2 GG. Danach ist die Integration in Systeme gegenseitiger, kollektiver Sicherheit zulässig. Wegen der Bedeutung der Einsätze ist aber jedenfalls ein Beschluss des Bundestages erforderlich. Der Auftrag der Bundeswehr und seine verfassungsrechtlichen Vorgaben sind bis heute strikt auf Verteidigung ausgerichtet und darauf, bewaffnete Konflikte möglichst zu verhindern. 219

Das Grundgesetz sieht in Art. 12 a vor, dass Männer über achtzehn Jahren zum Wehrdienst verpflichtet werden können. Bis zum 31.6.2011 hatte der Gesetzgeber von dieser Möglichkeit Gebrauch gemacht. Seither ist die allgemeine Wehrpflicht ausgesetzt und besteht daher nicht. Die Verfassung sieht auch die Möglichkeit vor, aus Gewissensgründen den Kriegsdienst mit der Waffe zu verweigern (Art. 4 Abs. 3, 12 a Abs. 2 GG). Wehrdienstverweigerer können zu einem Zivildienst verpflichtet werden. Das Grundgesetz regelt sehr detailliert den *Verteidigungsfall* (Art. 115 a – 115 l GG). Er tritt ein, wenn die Bundesrepublik Deutschland mit Waffengewalt angegriffen wird. Kennzeichnend hierbei ist, dass es ein Kriegsrecht im klassischen Sinne nicht gibt. Es erlangt im Verteidigungsfall eine Reihe von Gesetzen zur Sicherstellung der Verteidigungsfähigkeit Wirksamkeit, die für den Verteidigungsfall beschlossen worden sind. Die Zuständigkeiten der zivilen Behörden bleiben grundsätzlich gewahrt, eine wesentliche Kompetenzerweiterung für die Streitkräfte tritt nicht ein. Auch die Grundrechte können nicht eingeschränkt werden. Lediglich für das Recht auf Eigentum gelten einige kleinere Besonderheiten, für Freiheitsentziehungen ohne richterliche Entscheidung verlängert sich die Frist auf höchstens vier Tage. Die Regelungen des Grundgesetzes für den Verteidigungsfall betreffen in erster Linie die Verteilung der Kompetenzen zwischen den Verfassungsorganen. 220

Der Streit um die *Wiederbewaffnung* nach dem Zweiten Weltkrieg in den frühen fünfziger Jahren des 20. Jahrhunderts und die politischen Kämpfe um die Notstandsgesetze um 1968, zu denen die Regelung des Verteidigungsfalles gehört, zählen zu den intensivsten innenpolitischen Auseinandersetzungen in der Bundesrepublik Deutschland. Dabei stand stets die Erfahrung zweier Weltkriege im Hintergrund, die von Deutschland ausgegangen sind. Nicht zuletzt deshalb sind die hierfür geschaffenen Normen in ihrer sachlichen Reichweite zurückhaltend, einerseits technisch strikt und kompliziert, andererseits in manchen wichtigen Fragen undeutlich. Im Ganzen sagen sie mehr über den inneren Zustand Deutschlands im Normalfall aus als über die rechtliche Bewältigung eines Kriegsfalles selbst. 221

B. Öffentliches Recht

8. Innerer Notstand

222 Eher versteckt und sehr verstreut enthält das Grundgesetz Regeln für den Fall eines inneren Notstandes. Diese Normen betreffen insbesondere Kompetenzen der Exekutive; in keinem Fall werden Grundrechte außer Kraft gesetzt. Gemäß Art. 35 Abs. 2 und 3 GG besteht die Möglichkeit der Kooperation von Bund und Ländern und auch der Übernahme von Weisungsbefugnissen durch den Bund im Fall einer Naturkatastrophe oder bei einem besonders schweren Unglücksfall.

223 Zur Abwehr einer drohenden Gefahr für den Bestand oder die freiheitliche demokratische Grundordnung des Bundes oder eines Landes kann ein Land Polizeikräfte anderer Länder sowie Kräfte und Einrichtungen anderer Verwaltungen und des Bundesgrenzschutzes anfordern. Ist das Land, in dem die Gefahr droht, nicht selbst zur Bekämpfung der Gefahr bereit oder in der Lage, kann die Bundesregierung die Polizei in diesem Lande und die Polizeikräfte anderer Länder ihren Weisungen unterstellen sowie Einheiten des Bundesgrenzschutzes einsetzen und erforderlichenfalls den Landesregierungen Weisungen erteilen (Art. 91 GG). Wenn erforderlich, kann der Bund auch Streitkräfte zur Unterstützung der Polizei und des Bundesgrenzschutzes beim Schutze von zivilen Objekten und bei der Bekämpfung organisierter und militärisch bewaffneter Aufständischer einsetzen (Art. 87a Abs. 4 GG).

9. Religionsgemeinschaften

224 Die *Glaubensfreiheit*, die Art. 4 GG gewährleistet, berechtigt auch die Religionsgemeinschaften. Dazu anerkennt das Grundgesetz ihre besondere Stellung, indem es in Art. 140 GG religionsrechtliche, oft noch staatskirchenrechtlich genannte Bestimmungen in den Text des Grundgesetzes aufnimmt, die in der Weimarer Reichsverfassung von 1919 (WRV) gegolten hatten. Viele Materien des Verhältnisses von Staat und Kirchen sind in Konkordaten und Staatskirchenverträgen geregelt, die der Staat mit den Religionsgemeinschaften abgeschlossen hat. Es gibt in Deutschland zwei große Konfessionen, die katholische Kirche einerseits und die evangelischen Kirchen andererseits. Letztere bestehen auf regionaler Ebene als Landeskirchen, sie haben sich in der Evangelischen Kirche in Deutschland (EKD) zusammengeschlossen. Beide großen Kirchen haben mit zusammen etwa 41 Millionen annähernd gleich viele Mitglieder. Daneben gibt es zahlreiche kleinere Religionsgemeinschaften. Der Islam besitzt etwa 4 Millionen Anhänger. Viele Deutsche gehören keiner Glaubensgemeinschaft an.

225 Es besteht *keine Staatskirche* (Art. 137 Abs. 1 WRV, Art. 140 GG). Der Staat wahrt gegenüber den Religionsgemeinschaften strikte Neutralität; Weltanschauungsgemeinschaften sind den Religionsgemeinschaften gleichgestellt. Die großen Kirchen und eine Reihe kleinerer Religionsgemeinschaften sind Körperschaften des öffentlichen Rechts. Dies bedeutet hier aber keine Einbeziehung in den Staatsaufbau, sondern gibt lediglich der Bedeutung der Religionsgemeinschaften als Faktor des öffentlichen Lebens Ausdruck. Dazu sind einige konkrete Befugnisse an diesen Status geknüpft.

226 Trotz der grundsätzlichen Trennung von Staat und Kirche bestehen zahlreiche Felder der *Kooperation*. So sind öffentlich-rechtlich korporierte Religionsgemeinschaften befugt, Kirchensteuer zu erheben. Dabei handelt es sich um Beiträge ausschließlich der Mitglieder der jeweiligen Religionsgemeinschaft, die zumeist als Zuschlag von 8 bis 9 Prozent der Steuerschuld zur Lohn- und Einkommensteuer erhoben und von den staatlichen Steuerbehörden gegen eine Entschädigung eingezogen werden können. Dieser

Kirchensteuerpflicht kann sich jeder durch Austritt aus der Kirche entziehen. Ein anderer Bereich der Kooperation ist der Religionsunterricht an öffentlichen Schulen, der ordentliches Lehrfach ist und nach den Grundsätzen der jeweiligen Religionsgemeinschaft erteilt wird (Art. 7 Abs. 3 GG). Dazu gibt es die Einrichtung der Militärseelsorge.

Von zentraler Bedeutung ist das *Selbstbestimmungsrecht* der Religionsgemeinschaften. Sie ordnen und verwalten ihre Angelegenheiten selbstständig innerhalb der Schranken des für alle geltenden Gesetzes (Art. 137 Abs. 3 WRV, Art. 140 GG). Das gilt auch für kirchliche Institutionen, die mit der amtlichen Kirche rechtlich nur locker verbunden sind, wie kirchliche Krankenhäuser, Altenheime oder Kindergärten. Solche Einrichtungen der Diakonie oder der Caritas besitzen erhebliche soziale Relevanz. Das Selbstbestimmungsrecht gibt den Religionsgemeinschaften grundsätzlich unabhängig von ihrem rechtlichen Status bedeutenden rechtlichen Freiraum, den die großen Kirchen nach ihren eigenen Maßstäben ausfüllen: selbstverständlich für die Glaubensinhalte, darüber hinaus aber auch für ihre davon geprägten weiteren Lebensbereiche; sie haben zumeist ein eigenes Mitarbeitervertretungsrecht, ein eigenes Datenschutzrecht, eine eigene Gerichtsbarkeit, und sie besitzen im Arbeitsrecht die Befugnis, in weiten Grenzen darüber zu bestimmen, welche Loyalitätspflichten ihren Mitarbeitern obliegen.

Schrifttum:
Peter Badura, Staatsrecht, 7. Aufl. 2018
Bonner Kommentar, 17 Bde., Loseblatt, ab 1952
Christoph Degenhart, Staatsrecht I. Staatszielbestimmungen, Staatsorgane, Staatsfunktionen, 37. Aufl. 2021
Horst Dreier (Hrsg.), Grundgesetz. Kommentar, 3 Bde. 3. Aufl. 2013 – 2018
Volker Epping, Grundrechte, 9. Aufl. 2021
Volker Epping/Christian Hillgruber (Hrsg.), Grundgesetz. Kommentar, 3. Aufl. 2020
Christoph Gröpl, Staatsrecht I. Staatsgrundlagen, Staatsorganisation, 14. Aufl. 2022
Peter Michael Huber/Andreas Voßkuhle, Grundgesetz, 3 Bde., 8. Aufl. 2023
Friedhelm Hufen, Staatsrecht II. Grundrechte, 9. Aufl. 2021
Jörn Ipsen/Ann-Katrin Kaufhold/Thomas Wischmeyer, Staatsrecht I. Staatsorganisationsrecht, 34. Aufl. 2022
Jörn Ipsen, Staatsrecht II. Grundrechte, 24. Aufl. 2021
Josef Isensee/Paul Kirchhof (Hrsg.), Handbuch des Staatsrechts der Bundesrepublik Deutschland, 13 Bde., 3. Aufl. 2003 – 2013
Hans D. Jarass/Bodo Pieroth, Grundgesetz. Kommentar, 17. Aufl. 2022
Gerrit Manssen, Staatsrecht II. Grundrechte, 19. Aufl. 2022
Theodor Maunz/Günter Dürig (Hrsg.), Grundgesetz. Kommentar, 7 Bde., Loseblatt, ab 1958
Hartmut Maurer, Staatsrecht I, 6. Aufl. 2016
Lothar Michael/Martin Morlok, Grundrechte, 8. Aufl. 2022
Ingo von Münch/Philip Kunig (Hrsg.), Grundgesetz. Kommentar, 2 Bde., 7. Aufl. 2021
Thorsten Kingreen/Ralf Poscher, Staatsrecht II. Die Grundrechte, 38. Aufl. 2022
Michael Sachs (Hrsg.), Grundgesetz. Kommentar, 9. Aufl. 2021
Klaus Schlaich/Stefan Korioth, Das Bundesverfassungsgericht, 12. Aufl. 2021
Bruno Schmidt-Bleibtreu/Franz Klein (Hrsg.), Grundgesetz. Kommentar, 62. Aufl. 2023
Michael Schweitzer/Hans-Georg Dederer, Staatsrecht III. Staatsrecht, Völkerrecht, Europarecht, 12. Aufl. 2020
Klaus Stern/Helge Sodann/Markus Möstl (Hrsg.), Das Staatsrecht der Bundesrepublik Deutschland im europäischen Staatenverbund, 4 Bände, 2. Aufl. 2022

B. Öffentliches Recht

III. Verwaltungsrecht

1. Allgemeines Verwaltungsrecht

a) Aufgaben und Organisation der Verwaltung

228 Die Verwaltung erfüllt staatliche *Aufgaben* im Einzelnen und Besonderen, mit eigener Initiativkraft und in der Bindung an rechtlich normierte Maßstäbe. Längst ist sie nicht mehr in erster Linie als bloßer Garant der Sicherheit der Bürger zu verstehen, auch etwa bestehende Befürchtungen der Bedrückung besitzen heute kaum eine Grundlage. Das Bild der Verwaltung ist gegenwärtig vielmehr geprägt von umfassenden Versorgungsaufgaben für die Bevölkerung. Der Staat betreibt Daseinsvorsorge, er ist in erheblichem Umfang zum Dienstleistungsbetrieb geworden; erst allmählich passen sich die verwaltungsrechtlichen Begriffe und Kategorien dem an. Mit der umfangreichen *Privatisierung* von Staatsaufgaben wandelt sich aber auch die Struktur des Verwaltungsrechts. War früher die angemessene Wahrnehmung der Aufgabe selbst durch den Staat Gegenstand des Verwaltungsrechts, tritt jetzt die Steuerung der Aufgabenwahrnehmung durch private Versorgungsträger deutlicher hinzu.

229 Die *Organisation* der Verwaltung ist zunächst durch die bundesstaatliche Struktur Deutschlands gekennzeichnet, dazu auch durch die Autonomie der Kommunen. Der Verwaltungsaufbau folgt dem Staatsaufbau. Der Bund besitzt eine eigene Verwaltung ebenso wie die Länder, die Kreise und die Gemeinden; sie sind jeweils eigene Verwaltungsträger. Als institutionelle Einheiten der Verwaltung spricht man von Behörden, das ist jede Stelle, die Aufgaben der öffentlichen Verwaltung wahrnimmt, also etwa das Amt für öffentliche Ordnung, das Landesamt für Denkmalpflege oder das Bundesministerium für Arbeit und Soziales.

230 Der typische Aufbau der unmittelbaren Staatsverwaltung zeigt sich am deutlichsten an der Verwaltungsstruktur der größeren Bundesländer. Grundsätzlich besteht eine dreistufige Gliederung: *Oberste Landesbehörden* sind unter anderem die Landesregierung, der Ministerpräsident und die Ministerien des Landes. Sie sind für das gesamte Land im Rahmen ihrer Aufgaben zuständig. *Mittlere Verwaltungsbehörden* sind die Regierungspräsidien, in manchen Ländern Bezirksregierungen, Regierungspräsidenten oder Regierungen genannt, die in etwa einem Drittel der Bundesländer bestehen. Dabei werden die Aufgaben und Zuständigkeiten der verschiedenen obersten Landesbehörden für den jeweiligen Bezirk in diesen Regierungspräsidien gebündelt. Sie sind also zum Beispiel mittlere Verwaltungsbehörde sowohl für das Landwirtschaftsministerium als auch für das Innenministerium und das Sozialministerium. Leiter dieser Mittelbehörde ist der Regierungspräsident, der von der Landesregierung ernannt wird. Andere Bundesländer besitzen einen nur zweistufigen Verwaltungsaufbau oder organisieren ihre Verwaltung in leicht abgewandelter Form.

231 *Untere Verwaltungsbehörden* sind in der Regel die Kreise. Jeder Regierungsbezirk ist in mehrere Kreise unterteilt. Die Kreise selbst werden durch mehrere Gemeinden gebildet. Größere Städte besitzen zumeist selbst die Stellung von Kreisen, deren Funktionen sie dann wahrnehmen. Man nennt sie kreisfreie Städte, die dann auch untere Verwaltungsbehörden sind. Mittelgroßen, kreisangehörigen Städten kann die Stellung einer »Großen Kreisstadt« zuerkannt werden. Sie übernehmen dann einzelne – nicht alle – Aufgaben der unteren Verwaltungsbehörden.

232 Aus diesem typischen Schema sind aus historischen oder sachlichen Gründen sogenannte *Sonderverwaltungen* ausgegliedert. Sie bestehen mit eigenen Mittel- und Unter-

III. Verwaltungsrecht

behörden, wie etwa die Finanzverwaltung oder die Forstverwaltung, deren räumliche Zuständigkeiten den Bezirks- und Kreisgrenzen aus sachlichen Gründen nicht gut folgen können.

Nicht selten werden sogenannte *Landesoberbehörden* eingerichtet. Sie sind organisatorisch aus einem Ministerium ausgegliedert, bleiben aber dem zuständigen Minister verantwortlich. Ihr Zuständigkeitsbereich betrifft das gesamte Land. Beispiele sind die Statistischen Landesämter oder die Landeskriminalämter. 233

Größere Selbstständigkeit besitzt die *mittelbare Staatsverwaltung*. Sie wird durch Körperschaften, Anstalten und Stiftungen des öffentlichen Rechts ausgeübt, also durch Organe, die gegenüber dem Staat rechtlich selbstständig sind. *Körperschaften* sind Einrichtungen, die durch Mitglieder gekennzeichnet sind. Sie sind typisch für die berufsständische Selbstverwaltung. So müssen etwa alle in Deutschland niedergelassenen Rechtsanwälte einer Rechtsanwaltskammer angehören; ähnliche Einrichtungen sind die Industrie- und Handelskammern für Wirtschaftsbetriebe. Diese Kammern führen eine Aufsicht über ihre Mitglieder, die dabei ihrerseits Wahl- und Mitspracherechte besitzen. Nähe zu den Betroffenen, demokratische Mitwirkung und Nutzung des Sachverstandes sollen so gefördert werden. 234

Anstalten sind Einheiten von Sach- und Personalmitteln zur Erfüllung einer bestimmten Aufgabe. Die – vom Staat weitestgehend unabhängigen – öffentlich-rechtlichen Rundfunkanstalten bilden Beispiele. 235

Endlich bieten öffentlich-rechtliche *Stiftungen* als zweckbestimmte, gesonderte Vermögen ein Mittel längerfristiger Verwaltung einzelner Aufgaben. Die Stiftung Preußischer Kulturbesitz zur Verwaltung der Kunstschätze des aufgelösten früheren Landes Preußen ist ein Beispiel hierfür. 236

Vor einiger Zeit war eine starke Tendenz vorhanden, Verwaltungstätigkeiten ganz aus dem öffentlich-rechtlichen Bereich herauszunehmen und in privatrechtlicher Form zu erledigen. Hierfür wurden umfangreiche *Privatisierungen* vorgenommen, ohne dass die Anteile dieser in privatrechtlicher Unternehmensform betriebenen Einrichtungen notwendig verkauft werden müssten. Beispiele sind etwa die Umstrukturierung der früheren Bundespost und Bundesbahn. 237

Die höheren Verwaltungsbehörden sind den nachgeordneten Behörden gegenüber weisungsberechtigt. Man unterscheidet dabei die Rechtsaufsicht und die Fachaufsicht. Die *Rechtsaufsicht* beschränkt die Aufsichtsbefugnisse und entsprechend die Weisungsberechtigung auf die bloße Rechtmäßigkeit des Verwaltungshandelns. Die *Fachaufsicht* geht weiter: Sie umfasst die Aufsicht über die Rechtmäßigkeit und erstreckt sie zugleich auf die Zweckmäßigkeit der Maßnahmen, ist also umfassend. Die Beschränkung der Aufsicht auf die Rechtsaufsicht begegnet besonders dort, wo Verwaltungseinheiten ein Recht der Selbstverwaltung besitzen: Kommunen, Universitäten, berufsständische Kammern. 238

Auch der *innere Aufbau* der Behörden folgt dem Hierarchieprinzip. An der Spitze der Behörden steht ein Behördenleiter, der den Mitarbeitern gegenüber weisungsberechtigt ist. Ganz selten finden sich Überreste des alten preußischen Kollegialprinzips, in dem Kollegien von mehreren Personen in gemeinsamer Verantwortung Entscheidungen fällen. Deutlich ausgeprägt ist dieses Prinzip freilich bei den Kollegialentscheidungen der Regierung im Kabinett. 239

B. Öffentliches Recht

240 In den letzten Jahrzehnten hat sich nach skandinavischem Vorbild das *Bürgerbeauftragtenwesen* als Schutzinstitution für Bürgerbelange fest etabliert. So gibt es den Wehrbeauftragten als Institution zum Schutz von Interessen der Soldaten, die Datenschutzbeauftragten sorgen für den Schutz persönlicher Daten vor unzulässiger Verarbeitung und die Gleichstellungsbeauftragten treten für die Gleichberechtigung und Gleichstellung von Frauen und Männern ein. Sie sind Beschwerdestelle für Bürger und haben zum Teil weitreichende Kontrollkompetenzen und Beanstandungsbefugnisse, freilich regelmäßig keine unmittelbaren Weisungsrechte. Sie üben aber oft erheblichen Einfluss durch ihre öffentlichen Berichte aus.

b) Rechtliche Handlungsformen der Verwaltung

241 Die Verwaltung handelt in vielfältiger, sehr unterschiedlicher Weise: Sie bestimmt zum Beispiel in einem förmlichen Bescheid die Höhe der Sozialhilfe für einen Bedürftigen, sie erlässt eine generelle Anordnung über Einzelheiten des Baugenehmigungsverfahrens, die Müllabfuhr holt den Hausmüll von den Haushalten ab, die Stadtverwaltung vermietet die Stadthalle für eine Tanzveranstaltung. Entsprechend haben sich rechtliche Strukturen der unterschiedlichen Handlungsformen herausgebildet.

242 Das klassische Instrument des Verwaltungshandelns ist der *Verwaltungsakt*. Er findet seine rechtliche Definition in § 35 S. 1 des Verwaltungsverfahrensgesetzes des Bundes (VwVfG): Verwaltungsakt ist jede Verfügung, Entscheidung oder andere hoheitliche Maßnahme, die eine Behörde zur Regelung eines Einzelfalles auf dem Gebiet des öffentlichen Rechts trifft und die auf unmittelbare Rechtswirkung nach außen gerichtet ist. Der Begriff des Hoheitlichen entstammt in diesem Zusammenhang noch dem 19. Jahrhundert, er meint heute generell öffentlich-rechtliches Handeln mit all seinen besonderen Befugnissen und Bindungen. Der Verwaltungsakt regelt also mit unmittelbarer Wirkung für den einzelnen betroffenen Bürger die Rechtslage. So wird festgestellt, welchen Anspruch auf Sozialhilfe der Bedürftige nach dem Gesetz hat. Die Anweisung des Verkehrspolizisten ist Verwaltungsakt ebenso wie die Baugenehmigung, die Ernennung eines Beamten oder die Versetzung eines Schülers in die nächsthöhere Klasse einer öffentlichen Schule. Auch das Verkehrszeichen im Straßenverkehr, etwa das Halteverbot oder das Signal einer Verkehrsampel, ist ein Verwaltungsakt; weil es sich an unbestimmt viele Verkehrsteilnehmer richtet, spricht man hier von einer *Allgemeinverfügung* (§ 35 S. 2 VwVfG).

243 Die Figur des Verwaltungsaktes besaß früher deshalb besondere Bedeutung, weil der Rechtsschutz des Betroffenen vor den Verwaltungsgerichten hiervon abhing. Heute hat jeder gegen rechtswidrige Maßnahmen der öffentlichen Gewalt wegen Art. 19 Abs. 4 GG Anspruch auf Rechtsschutz, soweit sie ihn selbst betreffen. Die Bedeutung des Verwaltungsaktes liegt heute vielmehr darin, dass sich die Verwaltung mit ihm die Grundlage dafür verschaffen kann, ihre Entscheidung gegen den Betroffenen unmittelbar durchsetzen, vollstrecken zu können. Sie braucht anders als der Privatmann, der einen Anspruch stets erst gerichtlich einklagen muss, bei Widerstreben des Verpflichteten nicht erst den Rechtsweg zu beschreiten. Der Verwaltungsakt ist *eigenständiger Vollstreckungstitel*. Das gilt selbst dann, wenn der Verwaltungsakt rechtswidrig ist, aber mangels Anfechtung durch den Betroffenen Bestandskraft erlangt hat. Lediglich nichtige Verwaltungsakte erzeugen überhaupt keine Rechtswirkung (§ 43 Abs. 2, 3 VwVfG). Nichtig ist ein Verwaltungsakt, wenn er an einem besonders schwerwiegen-

III. Verwaltungsrecht

den Fehler leidet und dies bei verständiger Würdigung aller in Betracht kommenden Umstände offenkundig ist (§ 44 VwVfG).

Statt einen Verwaltungsakt zu erlassen, kann die Behörde oft auch einen *verwaltungsrechtlichen Vertrag* mit dem Betroffenen abschließen (§§ 54 ff. VwVfG). Besonders in Fällen, in denen gegenseitige Pflichten und Rechte begründet werden sollen, bietet sich dies an: Ein Großunternehmer etwa will ein ganzes Wohngebiet mit Straßen und öffentlichen Einrichtungen errichten; hier werden einzelne Planungen, Zusagen von Genehmigungen und Leistungen des Unternehmers oft in der Form des Vertrages geregelt.

244

Die Verwaltung kann aufgrund von Gesetzen *allgemeine Normen* setzen, sogenannte Rechtsverordnungen (vgl. Art. 80 GG). Die eigenen Angelegenheiten von Selbstverwaltungskörperschaften werden durch Satzungen geregelt. In beiden Fällen handelt es sich um Gesetze im materiellen Sinne. Verwaltungsintern geben Behörden allgemeine Anweisungen für den Dienstbetrieb durch Verwaltungsvorschriften, für einzelne Fälle durch Anweisungen und Erlasse. Bedeutung besitzt auch der *Plan* als Instrument des Verwaltungshandelns. In vielfältiger Weise und unterschiedlicher Rechtsform werden Pläne erstellt, die verbindlich oder faktisch Einfluss auf die zukünftige Entwicklung und das Verhalten der Bürger nehmen.

245

Jenseits der auf Rechtswirkungen gerichteten Tätigkeiten steht die Verwaltung, wo sie einfach handelt: der städtische Gärtner, der im Stadtpark den Rasen mäht, oder der Wachmann, der mit dem Hund Streife läuft. Hier spricht man von *schlichtem Verwaltungshandeln* oder auch von *Realakten* der Verwaltung.

246

Behörden können, wenn nicht gesetzlich anderes bestimmt ist, auch in den Formen des *Privatrechts* tätig werden. Der Kauf von Büromaterial oder die Vermietung einer Stadthalle an einen Sportverein wird regelmäßig durch privatrechtlichen Vertrag erfolgen. Dabei kann die Behörde in aller Regel frei wählen, in welcher Form sie eine Einrichtung betreibt. Sie darf sich dabei aber nicht den grundrechtlichen Bindungen entziehen, denen sie stets unterworfen ist. Zumindest gilt das allgemeine Willkürverbot. Die Entwicklung geht derzeit deutlich hin zu einer weitgehenden Privatisierung von Verwaltungseinrichtungen. Damit soll größerer Freiraum zu unternehmerischem Handeln gewonnen werden, besonders die durch das Beamtenrecht bestehenden Bindungen in der Personalführung könnten so gelockert werden.

247

Die gegenwärtige Entwicklung geht aber über diese Privatisierungstendenzen noch hinaus zu einer Entrechtlichung des Handelns insgesamt. *Neue Instrumente* des Umganges werden für die Verwaltung entdeckt oder treten in den Vordergrund. Sogenannte Gentlemen's Agreements ersetzen Verwaltungsakte, Verträge oder Rechtsverordnungen. Solche Verabredungen zwischen Bürger und Verwaltung über ein bestimmtes Verhalten sind ausdrücklich nicht auf Rechtswirkungen gerichtet, etwa das Versprechen des Verbandes der Getränkeindustrie, ihre Produkte in wiederverwertbaren Materialien zu vertreiben, woraufhin das Ministerium es unterlässt, durch eine entsprechende Rechtsverordnung Zwang auszuüben. Die Verabredung soll gerade nicht vor Gericht eingeklagt werden können. Wer sie nicht einhält, muss lediglich mit faktischen Gegenmaßnahmen des Partners rechnen. Zu einem Instrument des Verwaltungshandelns hat sich auch die Duldung entwickelt: Die Behörde weiß von einem bestimmten rechtswidrigen Verhalten, schreitet aber aus übergeordneten Erwägungen nicht ein und gibt dies den Betroffenen zu erkennen. Aus solchem Verhalten der Behörde kann sich aber kein Vertrauenstatbestand entwickeln, der die Qualität einer förmlichen Genehmigung

248

annehmen würde. Die Problematik, bisweilen aber auch das unzulässige Motiv für solches *informale Verwaltungshandeln* liegt besonders auch darin, dass hierdurch Informations- und Beteiligungsrechte der Öffentlichkeit umgangen werden können und die Geltung des Gesetzes insgesamt untergraben wird.

c) Öffentliche Sachen

249 Öffentliche Sachen sind Sachen, die *besonderer öffentlicher Nutzung* unterliegen. Dies betrifft so unterschiedliche Dinge wie Straßen und Parks, Büromöbel der Verwaltung, ihre Gebäude, Ausstellungsstücke in öffentlichen Museen, Dienstwaffen der Polizei und der Streitkräfte. Solche Dinge stehen regelmäßig im Eigentum des zuständigen Verwaltungsträgers, des Bundes, des Landes, eines Kreises oder einer Gemeinde. Sie können aber durchaus auch im Eigentum eines Privaten stehen, wenn etwa das Grundstück, über das eine öffentliche Straße führt, einem Privatmann gehört. Wesentlich ist aber die Eigenschaft als öffentliche Sache. Sie erhält diese Eigenschaft heute primär durch *Widmung*. Die Widmung ist ein Verwaltungsakt. Die dadurch erzeugten Wirkungen gehen den Berechtigungen aus dem privaten Eigentum vor. So wird eine Straße dem öffentlichen Verkehr gewidmet oder ein Buch den Beständen der städtischen Leihbücherei. Die Widmung bestimmt auch über die näheren Umstände der öffentlichen Nutzung: das Patrouillenboot für die Wasserschutzpolizei, der Rathausplatz für den Fußgängerverkehr.

250 Man unterscheidet dabei *Gemeingebrauch* und *Sondernutzung*. Praktisch wird dies besonders für Straßen und Wasserflächen. Ist eine Sache dem Gemeingebrauch gewidmet, kann sie jedermann in dem durch die Widmung näher bezeichneten Umfang nutzen. Einer besonderen weiteren Zulassung oder Genehmigung bedarf es dann nicht mehr. Die Sondernutzung geht über den Gemeingebrauch hinaus und dient besonderen, partikularen Zwecken. Sie muss besonders erlaubt werden und ist regelmäßig gebührenpflichtig. Die dem öffentlichen Fußgängerverkehr gewidmete Einkaufsstraße beispielsweise darf von jedermann als Fußgänger benutzt werden. Will das an der Straße liegende Café auf einem Teil der Straße Tische und Stühle für Kunden aufstellen, bedarf es dafür einer Sondernutzungserlaubnis und muss regelmäßig eine Gebühr für diese Nutzung entrichten.

d) Verwaltungsverfahren

251 Wichtige Maßgaben des Verfahrens in Verwaltungsangelegenheiten sind im *Verwaltungsverfahrensgesetz* des Bundes (VwVfG) für die Bundesverwaltung geregelt. Die Bundesländer haben für die Landesverwaltung im Wesentlichen gleichlautende Gesetze erlassen oder die Bestimmungen des VwVfG des Bundes für anwendbar erklärt. Daneben sind in zahlreichen Gesetzen über Spezialmaterien besondere Verfahrensvorschriften enthalten, die den allgemeinen Verwaltungsverfahrensgesetzen vorgehen. So enthält das Atomgesetz (AtG) besondere Regelungen über das Genehmigungsverfahren von Anlagen zur Entsorgung von radioaktiven Abfällen.

252 Vor Erlass eines Verwaltungsaktes muss der Betroffene grundsätzlich Gelegenheit zur Äußerung erhalten (§ 28 VwVfG). Beamte, die in der Sache befangen sein könnten, etwa wegen Verwandtschaft mit einem Antragsteller, sind von der Bearbeitung der Angelegenheit ausgeschlossen (§§ 20, 21 VwVfG). Ein Verwaltungsakt wird grundsätzlich erst wirksam, wenn er dem Betroffenen zugestellt oder in anderer Form bekanntgemacht worden ist (§§ 41, 43 VwVfG). Wichtig sind auch die Bestimmungen über die

III. Verwaltungsrecht

Aufhebung einmal ergangener Verwaltungsakte (§§ 48–50 VwVfG). Rechtmäßige begünstigende Verwaltungsakte dürfen nur unter sehr eingeschränkten Voraussetzungen widerrufen werden, zumeist nur gegen Entschädigung. Hier greift der Grundsatz des Vertrauensschutzes besonders intensiv. Leichter zurücknehmbar ist ein begünstigender Verwaltungsakt, wenn er rechtswidrig ist; aber auch hier besteht Vertrauensschutz. Weniger streng sind die Voraussetzungen für Rücknahme und Widerruf nicht begünstigender Verwaltungsakte, seien sie rechtmäßig oder rechtswidrig. Hier ist das Bedürfnis des Betroffenen nach Schutz seines Vertrauens nicht so stark.

Besonders geregelt ist auch die Entscheidungstätigkeit selbst. Oft ist die Behörde in ihrer Entscheidungsfindung gebunden: Bei Vorliegen bestimmter Voraussetzungen muss sie eine bestimmte Entscheidung fällen. Oft aber ist ihr ein *Ermessen* eingeräumt. Liegen dann bestimmte Voraussetzungen vor, kann sie die ihr angemessen erscheinende Entscheidung fällen. Man spricht von Entschließungsermessen, wenn es darum geht, ob die Behörde überhaupt tätig werden soll, von Auswahlermessen, wenn nur hinsichtlich der Art und Weise des notwendigen Tätigwerdens ein Ermessensraum gegeben ist. Zumeist geht es darum, die in der konkreten Situation zweckmäßigste Entscheidung zu finden, die der Gesetzgeber generell nicht hat voraussehen können. Das Ermessen muss immer nach dem Zweck des Gesetzes ausgeübt werden, das das Ermessen einräumt (§ 40 VwVfG). Ein Ermessen ist regelmäßig dann eröffnet, wenn das Gesetz die Begriffe »kann« oder »darf« bei der Setzung einer Rechtsfolge benutzt. So kann eine öffentliche Versammlung unter freiem Himmel gem. § 15 Abs. 1 Versammlungsgesetz des Bundes (VersG) bei Gefährdung der öffentlichen Sicherheit oder Ordnung verboten werden. Stärker eingeschränkt ist das Ermessen, wenn das Gesetz den Begriff »soll« gebraucht. In solchen Fällen, in denen die Verwaltung etwas tun soll, ist sie für den Regelfall auf die Setzung dieser bestimmten Rechtsfolge verpflichtet. In besonders begründeten Ausnahmefällen kann sie aber von dieser Regel abweichen. So soll ein Ehegatte oder Lebenspartner eines Deutschen die deutsche Staatsangehörigkeit erhalten, wenn bestimmte Voraussetzungen gegeben sind (§ 9 Abs. 1 StAG).

Auch sonst ist das Ermessen kein Freibrief zur Willkür, sondern stets als pflichtgemäßes gebunden. Einige der sehr ausgefeilt bestehenden *Grenzen* des Ermessens sind: Ermessensnichtgebrauch – die Behörde muss überhaupt bewusst Ermessen ausüben –; Ermessensunterschreitung – sie muss den Rahmen ausnutzen, der ihr eingeräumt ist –; Ermessensüberschreitung – die Behörde darf diesen Rahmen nicht überschreiten –; Ermessensfehlgebrauch – sie darf insbesondere nicht aufgrund unsachgemäßer Erwägungen entscheiden; sie darf keine Grundrechte verletzen.

In seltenen Fällen kann es vorkommen, dass trotz grundsätzlich bestehender Ermessensfreiheit wegen der besonderen Umstände nur eine bestimmte Entscheidung rechtmäßig ist. Man spricht dann von einer *Ermessensreduzierung auf null*. Das wäre etwa der Fall, wenn die Berufsfeuerwehr angesichts ihrer begrenzten Kapazitäten entweder nur einen überfluteten Vorratskeller auspumpen oder aber nur den zur selben Zeit ausbrechenden Großbrand einer Chemiefabrik löschen kann; sie muss dann den Brand bekämpfen.

Für das Ermessen ist nach herrschender Lehre kennzeichnend, dass es stets nur hinsichtlich der zu ziehenden Folgen aus einem feststehenden Tatbestand besteht, es ist sogenanntes Rechtsfolgermessen. Geht die Frage dahin, ob die Voraussetzungen für eine bestimmte Entscheidung selbst gegeben sind, hat die Behörde regelmäßig keinen Freiraum, weil angenommen wird, dass dies faktischer, verallgemeinerbarer und objek-

B. Öffentliches Recht

tiver Erkenntnis zugänglich ist und anders als die Folgeentscheidung keiner subjektiven Wertung bedarf.

257 Oft verwendet das Gesetz allerdings auch offene Begriffe, die der näheren Auslegung bedürfen, so etwa wenn eine Geschwindigkeitsbegrenzung für Kraftfahrzeuge „bei Nässe" gilt. Hier spricht man von einem *unbestimmten Rechtsbegriff*. Seine Auslegung kann vom Gericht grundsätzlich vollständig überprüft werden.

258 Bisweilen gibt es aber auch auf der Tatbestandsseite, also bei den Entscheidungsvoraussetzungen, Unsicherheiten, in denen die Behörde eigenverantwortlich entscheiden muss. Dies ist etwa der Fall bei Prüfungen und dienstlichen Beurteilungen von Untergebenen. Ob ein Prüfling im Abitur den Deutschaufsatz entsprechend den Anforderungen geschrieben hat, ist zu großen Teilen der Beurteilung des konkreten Prüfers überantwortet. Hier gibt es den sogenannten *Beurteilungsspielraum*.

259 Bedeutsam ist auch die Prognose in die Zukunft: ob zum Beispiel die Sicherheitsvorkehrungen bei einer Produktionsanlage der chemischen Industrie ausreichend sind und eine Gefahr von ihr nicht ausgehen wird. Der Gesetzgeber kann hier nicht alle relevanten Faktoren angemessen voraussehen; eben sowenig kann oft im Nachhinein das Verwaltungsgericht die Situation vollständig rekonstruieren, etwa die Prüfungssituation im Examen mit ihren Stimmungen und Eindrücken.

260 Auch der Beurteilungsraum der Verwaltung unterliegt Grenzen und Strukturierungen, die denen der Ermessensausübung weitgehend entsprechen. Je höher das betroffene Rechtsgut zu bewerten ist oder je größer der ihm drohende Schaden sein kann, desto intensiver wird die gerichtliche Nachprüfung des Entscheidungsverhaltens der Verwaltung sein.

e) Amtshaftungs- und Entschädigungsrecht

261 Das Recht der Ersatzleistungen des Staates für Eingriffe in die Rechtssphäre von Privaten ist auf den ersten Blick einigermaßen unübersichtlich. Es bestehen zahlreiche einzelne geschriebene und ungeschriebene Anspruchsgrundlagen für Ersatzleistungen gegenüber dem Staat. Ihre Komplexität ist nur noch aus historischen Gründen zu erklären, der Versuch einer einheitlichen Regelung ist aber bisher aus Kompetenzgründen gescheitert. Heute ist die Staatshaftung gemäß Art. 74 Abs. 1 Nr. 25 GG Gegenstand der konkurrierenden Gesetzgebung des Bundes. Bisher hat der Bund hiervon jedoch noch nicht umfassend Gebrauch gemacht.

262 Eine der wichtigsten Anspruchsgrundlagen ist der *Amtshaftungsanspruch* aus § 839 BGB. Die Regel lautet: Verletzt ein Beamter vorsätzlich oder fahrlässig die ihm einem Dritten gegenüber obliegende Amtspflicht, so hat er dem Dritten den daraus entstehenden Schaden zu ersetzen. Dabei sind nicht lediglich Beamte im beamtenrechtlichen Sinne gemeint, sondern jeder, der in Ausübung eines öffentlichen Amtes handelt. Nach dem Wortlaut dieser Norm haftet der handelnde Amtsträger persönlich mit seinem eigenen Vermögen. Diese älteren Vorstellungen verbundene Regelung ist aber weder dem handelnden Amtsträger zuzumuten, der dann das ganze Risiko der Amtsausübung für den Staat tragen würde, noch ist sie für den Geschädigten zumutbar, weil der Beamte in der Regel über wenig Vermögen verfügen wird und gar nicht in der Lage ist, für größere Schäden angemessen Ersatz zu leisten. Deshalb leitet Art. 34 GG die Haftung des Beamten auf die öffentliche Stelle über, für die der Beamte tätig wird. Verletzt jemand in Ausübung eines ihm anvertrauten öffentlichen Amtes die ihm einem Dritten

III. Verwaltungsrecht

gegenüber obliegende Amtspflicht, so trifft die Verantwortlichkeit grundsätzlich den Staat oder die Körperschaft, in deren Dienst er steht. Der Betroffene hat also einen Anspruch auf vollen Ersatz seines Schadens gegen die öffentliche Hand. Voraussetzung ist aber unter anderem stets rechtswidriges und schuldhaftes Handeln des Amtsträgers.

In manchen Fällen kann ein Eingriff in das Eigentum aber durchaus mit der Rechtsordnung in Einklang stehen und dennoch ein Ersatz für den Betroffenen erforderlich erscheinen. Von dieser Überlegung geht die Entschädigungsregel bei *Enteignungen* aus, die einen Kerngehalt der grundgesetzlichen Eigentumsgarantie ausmacht. Eine Enteignung ist nur zum Wohle der Allgemeinheit zulässig. Sie darf nur durch Gesetz oder aufgrund eines Gesetzes erfolgen, das Art und Ausmaß der Entschädigung regelt. Die Entschädigung ist unter gerechter Abwägung der Interessen der Allgemeinheit und der Beteiligten zu bestimmen. Wegen der Höhe der Entschädigung steht im Streitfalle der Rechtsweg vor den ordentlichen Gerichten offen (Art. 14 Abs. 3 GG).

263

Die Eigentumsgarantie kann also in eine Eigentumswertgarantie übergehen, wenn aus Gründen des öffentlichen Interesses ein bestimmter Eigentumsgegenstand benötigt wird, etwa wenn für den Bau einer Straße ein bestimmtes Grundstück gebraucht wird und der Eigentümer nicht verkaufen will. Die Entschädigung muss gerecht sein. In der Regel wird heute der Verkehrswert zugrunde gelegt, jedoch bleibt eine geringere Entschädigung möglich.

264

Das Recht der Entschädigung hat eine lange Tradition, die sich in Deutschland um die Idee der Aufopferung kristallisiert. Schon 1794 hieß es im Gesetzbuch für Preußen, dem Preußischen Allgemeinen Landrecht: »Der Staat ist denjenigen, welcher seine besonderen Rechte und Vortheile dem Wohle des gemeinen Wesens aufzuopfern genoethigt wird, zu entschaedigen gehalten«. Auf diesem Gedanken beruhen auch heute noch weitere Entschädigungsansprüche, die von der förmlichen Enteignung gemäß Art. 14 GG nicht erfasst werden. So kann auch sonst rechtmäßiges hoheitliches Handeln eine besondere Belastung Einzelner zur Folge haben; man spricht insoweit von einem Sonderopfer. Beispiele sind die Behinderung des Geschäftsverkehrs durch lange Bauarbeiten oder starker Verkehrslärm durch eine Straße. Hier spricht man von einem *enteignenden Eingriff*, der nach ständiger Rechtsprechung einen Anspruch auf angemessene Entschädigung begründet.

265

Eine Ergänzung bildet der Anspruch aus dem sogenannten *enteignungsgleichen Eingriff*. Er ist in der Regel gegeben, wenn der Staat durch rechtswidriges, aber nicht notwendig schuldhaftes Handeln vermögenswerte Güter verletzt, zum Beispiel durch die rechtswidrige Einweisung eines Obdachlosen in eine Wohnung, wodurch dem Wohnungseigentümer ein Vermögensschaden entsteht.

266

Enteignender und enteignungsgleicher Eingriff kommen nur bei Verletzung vermögenswerter Güter zum Tragen. Bei Eingriffen in nichtvermögenswerte Güter, wie Gesundheit oder Ehre, wird die dadurch bestehende Lücke durch den Anspruch aus *Aufopferung* geschlossen. Er besteht bei nicht schuldhaftem Handeln von Amtsträgern. Der Polizist schießt auf den flüchtenden Verbrecher, trifft aber, ohne selbst fahrlässig oder gar vorsätzlich zu handeln, einen unbeteiligten Passanten ins Bein. Hier kann der Passant Ersatz der Heilungskosten aus Aufopferung vom Staat erlangen. Diese Anspruchsgrundlage ist erforderlich, weil ein sonst möglicher Anspruch aus Amtshaftung gemäß § 839 BGB, Art. 34 GG schuldhaftes Verhalten des Amtsträgers voraussetzt.

267

268 Oft ist ein Ersatz oder eine Entschädigung in Geld allerdings nicht adäquat. Der Geschädigte wird vielmehr eine andere Art der Wiedergutmachung verlangen. So sitzt der rechtswidrig eingewiesene Mieter weiterhin in der Wohnung des Eigentümers. Hier hilft der ebenfalls richterrechtlich entwickelte *Anspruch auf Folgenbeseitigung*. Der Folgenbeseitigungsanspruch geht auf die Beseitigung der Folgen rechtswidrigen Verwaltungshandelns. Er wird als notwendige Folgerung aus den jeweils einschlägigen Grundrechten angesehen oder auch auf eine Analogie entsprechender zivilrechtlicher Anspruchsgrundlagen (§§ 1004, 906, 853 BGB) gestützt.

269 Als Sonderform des Folgenbeseitigungsanspruches kann der *Herstellungsanspruch* angesehen werden. Er ist besonders durch die Eigentümlichkeiten des Sozialrechts entstanden. Hier sind häufig Leistungen der Verwaltung von rechtzeitigen Anträgen, fristgerechten Beitragszahlungen oder der richtigen Entscheidung zwischen möglichen alternativen Leistungsformen abhängig. Die Bestimmungen sind hier in der Regel sehr kompliziert, weswegen die Verwaltung besondere Betreuungs- und Aufklärungspflichten gegenüber dem Betroffenen hat. Werden sie verletzt, reichen einfache Ersatzzahlungen oft nicht aus, passen jedenfalls nicht in das System. Hier hilft der verschuldensunabhängige Herstellungsanspruch. Er gibt dem Bürger, der durch einen Betreuungsfehler einen Nachteil erlitten hat, einen Anspruch auf Herstellung des Zustandes, der bestehen würde, wenn sich der Sozialleistungsträger rechtmäßig verhalten hätte.

Schrifttum:
Hans Peter Bull/Veith Mehde, Allgemeines Verwaltungsrecht, 10. Aufl. 2022
Wilfried Erbguth/Annette Guckelberger, Allgemeines Verwaltungsrecht mit Verwaltungsprozess- und Staatshaftungsrecht, 10. Aufl., 2020
Jörn Ipsen, Allgemeines Verwaltungsrecht, 11. Aufl. 2019
Hartmut Maurer/Christian Waldhoff, Allgemeines Verwaltungsrecht, 20. Aufl. 2020
Franz-Joseph Peine/Thorsten Siegel, Allgemeines Verwaltungsrecht, 12. Aufl. 2018

2. Besonderes Verwaltungsrecht

270 Das Besondere Verwaltungsrecht umfasst eine Vielzahl einzelner Rechtsgebiete, die man nach Lebens- und Sachzusammenhängen unterscheidet, wie das Recht der Ausländer, der Umwelt, der Beamten oder der Steuerpflicht, soweit sie als Gegenstand staatlicher Verwaltungstätigkeit erscheinen. Die Aufteilungen und Zuordnungen sind ständigem Wandel unterworfen, ihr Gesamtbestand gibt einen Eindruck von der Vielfalt staatlicher Verwaltungsaufgaben, die ihrerseits steter Dynamik unterliegen. Besonders wichtige dieser Sachbereiche werden im Folgenden dargestellt.

Schrifttum:
Dirk Ehlers/Michael Fehling/Hermann Pünder (Hrsg.), Besonderes Verwaltungsrecht, 3 Bände, 4. Aufl. 2019-2021
Wilfried Erbguth/Thomas Mann/Mathias Schubert, Besonderes Verwaltungsrecht, 13. Aufl. 2019
Friedrich Schoch, Besonderes Verwaltungsrecht, 2018

a) Polizeirecht

271 Das gesamte Verwaltungsrecht befindet sich im Gefolge der Veränderung der Staatsaufgaben, ja des Staatsbegriffes selbst, in schneller Entwicklung. Als klassische Materie des besonderen Verwaltungsrechts mag am ehesten noch das Polizeirecht in Betracht kommen. Aber auch hier ist vieles im Fluss. Schon der Polizeibegriff selbst ist streitig.

III. Verwaltungsrecht

B.

Während früher noch fast der gesamte Bereich der regelnden und potenziell eingreifenden Verwaltung Polizei genannt wurde – daher die veralteten Ausdrücke Baupolizei oder Ausländerpolizei oder auch Gewerbepolizei –, geht man heute eher von einem formellen Polizeibegriff aus. Polizei sind danach all jene Behörden, die in den einschlägigen Gesetzen als solche ausgewiesen sind.

Polizei ist grundsätzlich *Ländersache*; jedes Bundesland verfügt über eine eigene Polizei. Als interne Organisationsbereiche unterscheidet man dann gemeinhin verschiedene Polizeibereiche. Die Vollzugspolizei oder Schutzpolizei umfasst uniformierte Polizeikräfte, die für die allgemeine Sicherheit und Ordnung zuständig sind, soweit keine anderen Behörden tätig werden können. Die Verkehrspolizei ist zur Regelung und Überwachung des Straßenverkehrs zuständig. Die Wasserschutzpolizei leistet Entsprechendes auf Wasserstraßen. Die Kriminalpolizei dient der Aufklärung von Straftaten. Im Übrigen bestehen die allgemeinen Polizeibehörden, denen die einzelnen Bereiche zugeordnet sind, und die allgemein für die öffentliche Sicherheit und Ordnung Sorge zu tragen haben. Unter Bereitschaftspolizei ist die kasernierte und uniformierte Polizei zu verstehen, die für besondere Einsätze zur Verfügung steht. Hierbei handelt es sich in der Regel um junge Polizeikräfte, die sich regelmäßig noch in der Ausbildung befinden. 272

Der *Bund* selbst besitzt ebenfalls Polizeien: Die Bundespolizei ist als eigene Polizei des Bundes ausgewiesen. Aufgrund des Bundespolizeigesetzes (BPolG) ist sie für die Sicherung der Landesgrenzen außerhalb militärischer Aufgaben zuständig, für den Schutz von Bahnanlagen, Flughäfen sowie der Sicherheit des Luftverkehrs und zusammen mit dem Bundeskriminalamt für den Personen- und Objektschutz von Bundesorganen. Auch das Bundeskriminalamt ist eine Polizei des Bundes. Es dient vor allem der Bekämpfung schwerer Kriminalität, koordiniert die Arbeit der Kriminalpolizeien der Länder und ist die deutsche Zentralstelle für die internationale polizeiliche Zusammenarbeit über Interpol. 273

Auf europäischer Ebene arbeitet Europol, das Europäische Polizeiamt. Europol ist eine von den Mitgliedstaaten der Europäischen Union errichtete Behörde, deren Ziel die Verbesserung der Leistungsfähigkeit und der Zusammenarbeit der Nationalen Polizeibehörden ist. Zu diesem Ziel sammelt, verwertet und leitet Europol Informationen und Spezialkenntnisse unter den Mitgliedstaaten weiter. 274

Nicht als Polizei sind die *Geheimdienste* zu verstehen. Um keine unkontrollierbare Machtkonzentration entstehen zu lassen, gibt es verschiedene Geheimdienste. Der Bundesnachrichtendienst dient der Sammlung von Informationen im Ausland. Der militärische Abschirmdienst wird zur Abwehr von Spionage und Sabotage in den Streitkräften eingesetzt. Das Bundesamt für Verfassungsschutz hat vor allem zur Aufgabe, Informationen zu sammeln und auszuwerten über Bestrebungen gegen die freiheitliche demokratische Grundordnung, gegen den Bestand oder die Sicherheit der Bundesrepublik Deutschland sowie über geheimdienstliche oder sicherheitsgefährdende Tätigkeit auswärtiger Mächte im Bundesgebiet. Auch die Bundesländer unterhalten eigene Verfassungsschutzämter. Einrichtung und Befugnisse sind im Bundesverfassungsschutzgesetz (BVerfSchG) und in den Verfassungsschutzgesetzen der Länder geregelt. Der Verfassungsschutz dient also insgesamt vorwiegend der Spionageabwehr und der Verfassungssicherung. Dafür werden auch als verfassungsfeindlich eingestufte politische Kräfte im Inland beobachtet. Polizeiliche Befugnisse wie Verhaftung oder Beschlagnahme besitzen die Geheimdienste nicht. Sie müssen erforderlichenfalls die Polizei einschalten. Es werden allerdings immer wieder politische Schritte unternom- 275 men, um diese strikte Trennung im Interesse effektiverer Bekämpfung besonders der organisierten Kriminalität und des Terrorismus zu durchbrechen. So haben Bund und Länder das Gemeinsame Terrorismusabwehrzentrum (GTAZ) sowie das Gemeinsame Extremismus- und Terrorismusabwehrzentrum (GETZ) zur effektiveren Koordinierung der Terrorismusbekämpfung eingerichtet, in denen verschiedene Behörden auf der Grundlage der bereits bestehenden Gesetze kooperieren.

276 Obwohl die Länder und der Bund in ihrer Zuständigkeit jeweils eigene Polizeigesetze erlassen haben, hat in der Sache eine erhebliche *Vereinheitlichung* des Polizeirechts stattgefunden, so dass man im Grundsätzlichen von einem gemeindeutschen Polizeirecht sprechen kann.

277 Die Polizeibehörden erfüllen eine *Doppelrolle*. Einerseits sind sie zur Abwehr von Gefahren für Rechtsgüter zuständig. Es soll hier gar nicht erst zu einem Rechtsbruch kommen. Dies ist die *präventivpolizeiliche* Aufgabenstellung, die durch die Polizeigesetze von Bund und Ländern geregelt wird. Daneben gibt es auch die *repressive Funktion der Polizei*. Sie wird dann als Strafverfolgungsbehörde tätig. Ihre Aufgaben und Funktionen sind insofern in der Strafprozessordnung (StPO) normiert. Primär wird hierfür die Kriminalpolizei eingesetzt.

278 Schlüssel für das Verständnis des Polizeirechts in seiner präventiven Aufgabenstellung ist die *Generalklausel* der Polizeigesetze (z. B. § 9 POG Rh-Pf, § 8 PolG NRW, § 10 BbgPolG). Die Polizei hat die Aufgabe, Gefahren für die öffentliche Sicherheit oder Ordnung abzuwehren. Die Polizei kann die notwendigen Maßnahmen treffen, um eine im einzelnen Fall bestehende Gefahr für die öffentliche Sicherheit oder Ordnung abzuwehren. Darüber hinaus kann sie zur Abwehr allgemeiner Gefahren Rechtsverordnungen erlassen.

279 Allgemein versteht man unter *öffentlicher Sicherheit* die Unverletzlichkeit der Rechtsordnung, der subjektiven Rechte und Rechtsgüter des einzelnen sowie der Einrichtungen und Veranstaltungen des Staates oder sonstiger Träger der Hoheitsgewalt (z. B. § 2 Nr. 2 BremPolG). Die öffentliche Sicherheit hat also eine individual- und eine gemeinschaftsbezogene Schutzrichtung. Richtigerweise gehen alle Schutzgüter der öffentlichen Sicherheit im Merkmal der Unverletzlichkeit der Rechtsordnung auf. Allerdings ist die Polizei zum Schutz privater Rechte, wie etwa Mietforderungen oder Unterhaltsansprüchen, nur befugt, wenn gerichtlicher Schutz nicht rechtzeitig zu erlangen ist und wenn ohne polizeiliche Hilfe die Verwirklichung des Rechts vereitelt oder wesentlich erschwert werden würde.

280 Fast vollständig an Bedeutung verloren hat die *öffentliche Ordnung* als polizeiliches Schutzgut. Als Gesamtheit der meist ungeschriebenen Regeln, deren Befolgung nach den jeweils herrschenden sozialen und ethischen Anschauungen als unerlässliche Voraussetzung für ein gedeihliches Zusammenleben innerhalb eines bestimmten Gebiets angesehen wird, ist sie im pluralistischen Gemeinwesen schwer zu fassen und spielt in der Praxis so gut wie keine Rolle.

281 Die Polizei darf aufgrund der Generalklausel in Rechte Einzelner durch Einzelmaßnahmen nur eingreifen, wenn dem Schutzgut eine *konkrete Gefahr* droht. Es darf also nicht nur allgemein betroffen sein. Auch eine abstrakte Gefahr reicht für solche Einzelmaßnahmen nicht aus, also eine noch nicht konkretisierte, für das Schutzgut aber in der Situation typischerweise bestehende Gefahr. Erst recht reicht nicht aus, dass bloß Vorsorge getroffen werden soll, um das Eintreten einer zukünftig möglichen Gefahr

III. Verwaltungsrecht **B.**

zu verhindern, die Polizei hat dabei aber auch die Aufgabe, Vorbereitungen zu treffen, um künftige Gefahren abwehren zu können. Deshalb gehört der Gefahrbegriff zu den zentralen Begriffen des Polizeirechts. Die polizeirechtliche Gefahr ist eine Sachlage, die bei ungehindertem Ablauf des Geschehens mit hinreichender Wahrscheinlichkeit zu einem Schaden an dem Rechtsgut führen wird. Erforderlich ist also eine Prognose über den zukünftigen Geschehensablauf.

Liegen die Voraussetzungen der Generalklausel vor, kann die Polizei einschreiten. Sie muss dies regelmäßig aber nicht tun. Vielmehr steht es in ihrem pflichtgemäßen *Ermessen*, ob und wie sie einschreitet (zB § 3 PolG NRW, § 4 BbgPolG, § 3 POG Rh-Pf). In Einzelfällen, bei der Gefährdung erheblicher Rechtsgüter, kann dieses Ermessen aber auf null schrumpfen. In solchen Fällen kann auch ein Anspruch des Bürgers darauf bestehen, dass die Polizei zu seinem Schutz tätig wird, wenn seine eigenen Rechtsgüter gefährdet sind. Stets müssen die Maßnahmen der Polizei verhältnismäßig sein (zB § 2 PolG NRW, § 3 BbgPolG, § 2 POG Rh-Pf). 282

Oft kann eine Gefahr nur beseitigt werden, indem gegen jemanden vorgegangen wird: Das verkehrsgefährdend geparkte Auto muss zum Beispiel entfernt werden oder die Polizei muss einen randalierenden Betrunkenen zur Ausnüchterung in Gewahrsam nehmen. Auf die Frage, gegen wen im konkreten Fall vorgegangen werden kann, geben die Bestimmungen über die *polizeiliche Verantwortlichkeit* Auskunft. Der Verantwortliche, also der Polizeipflichtige – oft auch „Störer" genannt –, muss das Einschreiten der Polizei dulden und in der Regel die Kosten dafür tragen. 283

Zunächst besteht eine *Verhaltensverantwortlichkeit*. Wird die öffentliche Sicherheit oder Ordnung durch das Verhalten von Personen gefährdet, so sind die polizeilichen Maßnahmen gegen diese Personen zu richten (zB § 4 PolG NRW, § 5 BbgPolG, § 4 POG Rh-Pf). Dabei gilt die Lehre von der unmittelbaren Verursachung. Dies verlangt eine wertende Betrachtung: Regelmäßig ist derjenige verantwortlich, der die zeitlich letzte, auf der selbstständigen Willensbetätigung eines Beteiligten beruhende Ursache gesetzt hat. 284

In besonderen Fällen kann nach der Theorie der unmittelbaren Verursachung auch derjenige polizeirechtlich verantwortlich sein, der nur eine mittelbare, zunächst neutrale Bedingung gesetzt hat, die aber Dritte bewusst dazu veranlasst, sich in einer bestimmten, gefährlichen Art und Weise zu verhalten (sog Zweckveranlasser). Voraussetzung ist hier besonders eine wertende Betrachtungsweise über den sozialen Schwerpunkt eines Geschehens. Der Geschäftsmann, der in seinem Schaufenster eine besonders faszinierende Werbung betreibt, wird als verantwortlich angesehen, wenn deshalb sich eine Menschenmenge vor seinem Schaufenster bildet und den Verkehr behindert, obwohl die zeitlich letzte Ursache von den Menschen in der Menge ausgeht. 285

Neben der Verhaltensverantwortlichkeit kennt das Polizeirecht auch die *Zustandsverantwortlichkeit* (zB § 5 PolG NRW, § 6 BbgPolG, § 5 POG Rh-Pf). Geht von einer Sache eine Gefahr aus, so sind die Maßnahmen gegen den Inhaber der tatsächlichen Gewalt über diese Sache zu richten. Zumeist kann auch gegen den Eigentümer oder einen anderen Berechtigten, etwa den Mieter, vorgegangen werden: Drohen in starkem Sturm Blumentöpfe vom Balkon auf die Straße zu fallen und Passanten zu verletzen, so kann die Polizei den Wohnungsinhaber zur Beseitigung der Gefahr verpflichten. 286

Werden die verantwortlichen Personen nicht rechtzeitig oder nicht hinreichend tätig, kann die Polizei die erforderlichen Maßnahmen auf Kosten der Verantwortlichen auch 287 selbst vornehmen. In außergewöhnlichen Fällen, wenn keine andere Abhilfe gegen eine erhebliche Gefahr möglich ist, kann auch eine für die Gefahr nicht verantwortliche Person in Anspruch genommen werden (zB § 6 PolG NRW, § 7 BbgPolG, § 7 POG Rh-Pf).

288 Neben der Generalklausel kennt das Polizeirecht für besonders oft vorkommende oder besonders gravierende Maßnahmen die sogenannten *Standardmaßnahmen*, spezielle Regelungen, die teilweise sehr strikte Voraussetzungen normieren (zB §§ 9a ff. POG Rh-Pf, §§ 9 ff. PolG NRW, §§ 11 ff. BbgPolG). Dies sind zum Beispiel die Festnahme von Personen, das Betreten und Durchsuchen von Räumen, die Identitätsfeststellung oder die Anweisung, einen bestimmten Platz zu verlassen (Platzverweisung). Besonders intensiv ist in den letzten Jahren im Zuge der Datenschutzdiskussion die Informationserhebung durch die Polizei geregelt worden.

Schrifttum:
Volkmar Götz/Max-Emanuel Geis, Allgemeines Polizei- und Ordnungsrecht, 17. Aufl. 2022
Christoph Gusy, Polizei- und Ordnungsrecht, 10. Aufl. 2017
Matthias Bäcker/Erhard Denninger/Kurt Graulich/Hans Lisken (Hrsg.), Handbuch des Polizeirechts, 7. Aufl. 2021
Thorsten Kingreen/Ralf Poscher, Polizei- und Ordnungsrecht, 12. Aufl. 2022
Wolf-Rüdiger Schenke, Polizei- und Ordnungsrecht, 11. Aufl. 2022

b) Umweltrecht

289 Angesichts der Bedrohung der Natur und der Gefährdung der menschlichen Lebensgrundlagen gerade auch durch den technischen Fortschritt hat sich das Umweltrecht zu einem in der Sache *bedeutsamen und intensiv ausgefeilten Rechtsgebiet* entwickelt. Es umfasst diejenigen oft sehr verstreuten Rechtsnormen, die darauf abzielen, dass bei der Nutzung, Produktion und Entsorgung die Grenzen der Belastbarkeit der menschlichen Gesundheit und der natürlichen Umwelt nicht überschritten werden. Das Grundgesetz enthält den Umweltschutz als ausdrücklichen Verfassungsgrundsatz (Art. 20 a GG); er bildet ein Zentrum des öffentlichen Interesses und ein Strukturmerkmal der politischen Landschaft insgesamt. Entsprechend sind in den letzten Jahren Entwicklungen der Rechtsordnung oft gerade von Bedürfnissen des Umweltschutzes veranlasst gewesen.

290 Das Umweltrecht hat zu einem Kerngehalt die Idee der *Vorsorge*, wonach bereits die Vermeidung von Gefahren Ziel der Regelungen ist, die zu Schäden an den Schutzgütern des Umweltrechts führen könnten. Es geht damit über den Zweck des klassischen Polizeirechts hinaus, das grundsätzlich der bloßen Gefahrenabwehr dient. Das Bundesverfassungsgericht hat weitreichende Verpflichtungen des Gesetzgebers aus Art. 20 a GG gefolgert. Danach darf nicht einer Generation zugestanden werden, unter vergleichsweise milder Reduktionslast große Teile des CO_2-Budgets zu verbrauchen, wenn damit zugleich den nachfolgenden Generationen eine radikale Reduktionslast überlassen und deren Leben umfassenden Freiheitseinbußen ausgesetzt würde. Es kann davon ausgegangen werden, dass dies nicht nur die CO_2-Vermeidung, sondern auch andere Bereiche der Umweltbelastung betrifft.

291 Eine besondere Stellung kommt im Umweltrecht dem *Bundesimmissionsschutzgesetz* (BImSchG) und den dazu ergangenen zahlreichen Verordnungen zu. Wichtige Vorsorge- und Schutzstandards sind in Verwaltungsvorschriften wie der TA-Luft und der TA-Lärm enthalten: genaue Festlegungen etwa dazu, wie groß die erlaubte Emission, das heißt der Ausstoß gesundheitsschädlicher Stoffe sein darf. Das erforderliche Maß

III. Verwaltungsrecht   B.

an Abluftreinigung bei Großkraftwerken ist durch Rechtsverordnung vorgeschrieben. Nach dem BImSchG sind die wichtigsten emittierenden Anlagen der Produktion genehmigungsbedürftig; auch für nicht genehmigungsbedürftige Anlagen sind umfangreiche Pflichten zum Umweltschutz bestimmt.

In erster Linie betreffen die Regelungen des BImSchG *Luftreinhaltung und Lärmschutz*. Aber auch andere umweltrelevante Prüfungen finden im Genehmigungsverfahren statt. Die Genehmigung hat nach § 13 BImSchG eine gewisse Konzentrationswirkung, die eine Reihe anderer Genehmigungsverfahren erübrigt. Ihr kommt durch § 14 BImSchG auch privatrechtsgestaltende Wirkung zu, indem sie zahlreiche privatrechtliche Ansprüche gegen emittierende Anlagen begrenzt. 292

Der *Gewässerschutz* wird im Wesentlichen durch das Wasserhaushaltsgesetz (WHG) gewährleistet mit Schutzbestimmungen und Vorsorgestandards zum Schutz von Oberflächenwasser und Grundwasser. Über die Abwasserverordnung werden Mindestanforderungen an Abwässer der Industrie und der Kommunen aufgestellt, die in die Gewässer eingeleitet werden sollen. Eine Abwasserabgabe soll zur Abwasservermeidung beitragen. Das WHG wird durch die Wassergesetze der Länder ergänzt. 293

Der allgemeinen *Erhaltung der natürlichen Lebensgrundlagen* der Menschen dienen die vielfältigen, bisweilen divergierenden Schutzziele, die das Bundesnaturschutzgesetz (BNatSchG) und die Naturschutz- und Landespflegegesetze der Länder formulieren. Die Leistungsfähigkeit des Naturhaushaltes, die Nutzungsfähigkeit der Naturgüter, die Pflanzen- und Tierwelt, endlich die Vielfalt, Eigenart und Schönheit von Natur und Landschaft sollen erhalten werden. Dazu dienen Instrumente der Landschaftsplanung; Flächen, die zum Naturschutzgebiet, Landschaftsschutzgebiet, Nationalpark, Biosphärenreservat oder Naturpark erklärt werden, dürfen nur eingeschränkt genutzt werden. Besonders geschützte Tier- und Pflanzenarten dürfen grundsätzlich nicht beeinträchtigt werden. Dazu kennt das Naturschutzrecht Ausgleichsregelungen, nach denen bei Eingriffen in den Naturhaushalt durch Ausgleichs- oder Ersatzmaßnahmen sichergestellt sein muss, dass die Funktionsfähigkeit der Naturhaushalte im Ganzen möglichst wenig beeinträchtigt wird. 294

In weiterem Sinne kann man auch das *Tierschutzgesetz* (TierSchG) zum Umweltrecht zählen, dessen Zweck nach § 1 TierSchG es ist, aus der Verantwortung des Menschen für das Tier als Mitgeschöpf dessen Leben und Wohlbefinden zu schützen. Diese Stellung des Tieres hat dazu geführt, dass Tiere auch nach dem Bürgerlichen Gesetzbuch nicht mehr wie früher als bloße Sachen angesehen werden; allerdings sind gemäß § 90 a BGB die für Sachen geltenden Bestimmungen auf Tiere anzuwenden, wenn nichts anderes bestimmt ist. Niemand darf einem Tier ohne vernünftigen Grund Schmerzen, Leiden oder Schäden zufügen; detaillierte Vorschriften regeln die artgerechte Haltung und die möglichst schmerzlose Tötung beim Schlachten. Tierversuche besonders in der medizinischen Forschung dürfen nur zu bestimmten Zwecken und nur dann durchgeführt werden, wenn sie unerlässlich sind. 295

Das *Atom- und Strahlenschutzrecht* hat sein normatives Zentrum im Atomgesetz (AtG) mit sehr strengen Maßgaben für die Genehmigung und den Betrieb von Kernenergieanlagen. Durch ionisierende Strahlen verursachte Schäden sollen vermieden, gegebenenfalls ausgeglichen werden. Strahlenemissionen müssen so gering wie möglich gehalten werden; maßgeblich ist der Stand von Wissenschaft und Technik. Im Jahr 2011 ist der Ausstieg aus der Atomkraft beschlossen worden. Dementsprechend schreibt 296

B. Öffentliches Recht

§ 7 Abs. 1 e AtG nun das Ende der Laufzeiten der existierenden Kernkraftwerke vor; danach endet die Laufzeit der letzten Kraftwerke am 15. April 2023.

297 Nach dem Chemikaliengesetz (ChemG) unterliegen neue *Chemikalien* einer Überprüfung ihrer umwelt- und gesundheitsbelastenden Wirkung. Das *Abfallrecht* ist im Kreislaufwirtschaftsgesetz (KrWG) geregelt. Durch Bestimmungen zur Vermeidung, Verwertung und Beseitigung von Abfällen zielt es auf die Förderung der Kreislaufwirtschaft zur Schonung der natürlichen Ressourcen und auf die Sicherung der umweltverträglichen Beseitigung von Abfällen.

298 Durch das Bundes-Bodenschutzgesetz (BBodSchG) sollen die Funktionen des *Bodens* gesichert werden, besonders durch Abwehr von schädlichen Bodenveränderungen und durch die Sanierung von Boden und Altlasten.

299 Eine wichtige Ergänzung erfährt das Umweltrecht als Materie des besonderen Verwaltungsrechts durch Bestimmungen des Strafrechts, die erhebliche Verstöße unter Strafe stellen.

Schrifttum:
Sabine Schlacke, Umweltrecht, 8. Aufl. 2021
Hans Joachim Koch/Ekkehard Hofmann/Moritz Reese (Hrsg.), Handbuch Umweltrecht, 5. Aufl. 2018
Heinz-Joachim Peters/Thorsten Hesselbarth/Frederike Peters, Umweltrecht, 5. Aufl. 2015
Reiner Schmidt/Wolfgang Kahl/Klaus Ferdinand Gärditz, Umweltrecht, 10. Aufl. 2017

c) Ausländerrecht

300 Das Grundgesetz ist *ausländeroffen* und *ausländerfreundlich.* Die meisten Grundrechte und Verfahrensgarantien gelten uneingeschränkt auch für Ausländer. International übliche Beschränkungen bestehen vor allem hinsichtlich der Berufsausübung und der politischen Mitsprache. Für Angehörige der Mitgliedstaaten der Europäischen Union ist verfassungsrechtlich nach Maßgabe Europäischen Unionsrechts ein kommunales Ausländerwahlrecht vorgesehen (Art. 28 Abs. 1 S. 3 GG).

301 Die besonderen Regelungen für den rechtlichen Status von Ausländern enthält vor allem das Aufenthaltsgesetz (AufenthG). Ausländer ist danach jeder, der nicht Deutscher im Sinne des Art. 116 GG ist, also auch Staatenlose (§ 2 Abs. 1 AufenthG). Das Aufenthaltsgesetz gilt allerdings nicht für verschiedene Gruppen von Ausländern mit Sonderstatus: etwa solche, die nach völkerrechtlichen Bestimmungen diplomatische oder konsularische Immunität genießen. Für Angehörige der Mitgliedstaaten der Europäischen Union haben die Unionsbürgerschaft, das Freizügigkeitsrecht und andere Freiheiten des Unionsrechts einen eigenen Regelungskreis geschaffen, der sie Inländern weitgehend gleichstellt (§ 1 Abs. 2 AufenthG). Für sie und ihre Familienangehörigen gelten die besonderen Regelungen des Freizügigkeitsgesetzes/EU.

302 Im Übrigen gilt, dass Ausländer für die Einreise und den Aufenthalt im Bundesgebiet einen *Aufenthaltstitel* brauchen (§ 4 AufenthG). Er muss grundsätzlich vor der Einreise in Form eines Visums eingeholt werden. Allerdings kann hiervon befreit werden, was etwa für Angehörige bestimmter Staaten in erheblichem Umfang geschehen ist. Ähnliches gilt für die grundsätzlich bestehende Passpflicht.

303 Der Aufenthaltstitel wird je nach Art des erlaubten Aufenthaltes in *verschiedenen Formen* erteilt: als Visum, Aufenthaltserlaubnis, Blaue Karte EU, ICT-Karte, Mobiler ICT-Karte, Niederlassungserlaubnis oder als Erlaubnis zum Daueraufenthalt-EU (§ 4 Abs. 1

III. Verwaltungsrecht **B.**

AufenthG). Für Ausländer, die im Bundesgebiet eine unselbstständige Erwerbstätigkeit ausüben wollen, kann ein Aufenthaltstitel erteilt werden. Regelmäßig ist hierfür die Zustimmung der Bundesagentur für Arbeit erforderlich (§ 18 Abs. 2 AufenthG). Für bestimmte Fälle regelt die Beschäftigungsverordnung, dass es einer solchen Zustimmung nicht bedarf. Der Aufenthalt zur Ausübung einer selbstständigen Tätigkeit ist in § 21 AufenthG geregelt. Er setzt in der Regel voraus, dass ein wirtschaftliches Interesse oder ein regionales Bedürfnis besteht, die Tätigkeit positive Auswirkungen auf die Wirtschaft erwarten lässt und die Finanzierung gesichert ist (§ 21 Abs. 1 S. 1 AufenthG).

Das Visum (§ 6 AufenthG) berechtigt als europäisch vereinheitlichtes Schengen-Visum zur Einreise und kurzfristigen Aufenthalten von regelmäßig bis zu 90 Tagen. Für längerfristige Aufenthalte kann auch ein nationales Visum erteilt werden (§ 6 Abs. 1 S. 1 Nr. 1 und Abs. 3 AufenthG). 304

Die Aufenthaltserlaubnis (§ 7 AufenthG) ist ein befristeter Aufenthaltstitel, der zu verschiedenen, gesetzlich bestimmten Zwecken erteilt werden kann. Sie berechtigt – je nach Aufenthaltszweck – nicht immer zur Ausübung einer Erwerbstätigkeit. Die Niederlassungserlaubnis (§ 9 AufenthG) ist weitergehend. Sie berechtigt zur Ausübung einer Erwerbstätigkeit, ist zeitlich und räumlich unbeschränkt und darf nur in den gesetzlich ausdrücklich vorgesehenen Fällen mit Nebenbestimmungen versehen werden. Dies gilt im Wesentlichen auch für die Erlaubnis zum Daueraufenthalt-EU, die der Niederlassungserlaubnis weitgehend gleichgestellt ist (§ 9 a Abs. 1 AufenthG). Die Blaue Karte EU erlaubt Einreise und Aufenthalt von ausländischen Fachkräften aus Drittstaaten (zB §§ 18, 18 b Abs. 2 AufenthG). Die ICT-Karte erlaubt den vorübergehenden Transfer eines Ausländers innerhalb eines grenzüberschreitenden Unternehmens für mehr als 90 Tage; besitzt der Ausländer einen entsprechenden Aufenthaltstitel eines anderen Mitgliedstaates, genügt die Mobiler-ICT-Karte (§§ 19 – 19 b AufenthG). 305

Je nach der Art des Aufenthaltstitels unterschiedlich geregelt ist der *Nachzug von Familienangehörigen* der Ausländer. Dabei muss stets der grundrechtlich gebotene Schutz von Ehe und Familie berücksichtigt werden (Art. 6 Abs. 1 GG, § 27 Abs. 1 AufenthG). In aller Regel ist Voraussetzung, dass jedenfalls eine angemessene Wohnung vorhanden und die ökonomische Existenz gesichert ist (§ 27 Abs. 3, 29 Abs. 1 AufenthG). 306

Zur Förderung der Integration von rechtmäßig auf Dauer im Bundesgebiet lebenden Ausländern in das wirtschaftliche, kulturelle und gesellschaftliche Leben in der Bundesrepublik Deutschland haben Ausländer die Gelegenheit, zum Teil das Recht, zum Teil aber auch die Pflicht, an gesetzlich vorgesehenen sogenannten Integrationskursen teilzunehmen. Primäres Ziel ist die Erlangung ausreichender Sprachkenntnisse und die Vermittlung von Kenntnissen der Rechtsordnung, der Kultur und der Geschichte in Deutschland (§§ 43 ff. AufenthG). 307

Das Visum und die Aufenthaltserlaubnis können zumeist mit *Bedingungen und Auflagen* versehen werden (§ 12 AufenthG). Häufig sind räumliche Begrenzungen, bisweilen gibt es auch Auflagen wegen des politischen Verhaltens. Zwar besitzen Ausländer grundsätzlich die Befugnis, sich politisch zu betätigen. Dieses Recht kann aber aus näher bestimmten Gründen des Gemeinwohls eingeschränkt und auch gänzlich versagt werden. 308

Wenn der Ausländer keinen gültigen Aufenthaltstitel oder ein sonstiges Aufenthaltsrecht besitzt, ist er zur *Ausreise* verpflichtet (§ 50 AufenthG). Beeinträchtigt der Auf- 309 enthalt des Ausländers die öffentliche Sicherheit und Ordnung oder sonstige erhebliche Interessen der Bundesrepublik Deutschland, kann er ausgewiesen werden. Durch die Ausweisung erlischt die Aufenthaltsgenehmigung, und es wird die Pflicht zur Ausreise begründet. Das Mittel zur zwangsweisen Durchsetzung der Ausreisepflicht ist die Abschiebung. Sie soll schriftlich und unter Bestimmung einer Ausreisefrist angedroht werden (§§ 58 ff. AufenthG).

310 Ein Ausländer *darf nicht* in einen Staat *abgeschoben werden*, in dem sein Leben oder seine Freiheit wegen seiner Rasse, Religion, Nationalität, seiner Zugehörigkeit zu einer bestimmten sozialen Gruppe oder wegen seiner politischen Überzeugung bedroht ist. Er darf auch nicht in einen Staat abgeschoben werden, in dem für ihn die konkrete Gefahr ernsthafter Schäden besteht, insbesondere der Folter oder der Todesstrafe unterworfen zu werden (§ 60 AufenthG). Die gleichen Grundsätze gelten für die Auslieferung von Ausländern, die im Ausland wegen einer Straftat gesucht werden. Die Auslieferung von Deutschen ins Ausland ist im Übrigen durch Art. 16 Abs. 2 GG weitgehend ausgeschlossen, lediglich für die Auslieferung in einen Mitgliedstaat der Europäischen Union besteht hiervon eine Ausnahme und für die Auslieferung an einen internationalen Gerichtshof. Besonders aus humanitären Gründen kann die Abschiebung von Ausländern aus bestimmten Staaten oder als Angehöriger sonstiger Gruppen ausgesetzt werden; das sind vor allem Fälle von Kriegs-, Bürgerkriegs oder Katastrophenflüchtlingen.

311 Wer nicht abgeschoben werden soll oder kann, obwohl er seiner Pflicht zur *Ausreise* nicht nachkommt, erhält eine Duldung (§ 60 a AufenthG). Sie ist befristet und berührt die grundsätzliche Ausreisepflicht nicht. Nach Erlöschen der Duldung kann die Abschiebung ohne Weiteres vollzogen werden, wenn die Duldung nicht erneuert wird.

312 Zur Vorbereitung der Abschiebung kann der Ausländer auf richterliche Anordnung und grundsätzlich nicht länger als sechs Wochen in *Abschiebungshaft* (§ 62 AufenthG) genommen werden. Zuständig für die aufenthaltsrechtlichen und passrechtlichen Maßnahmen sind die Ausländerbehörden.

313 Nicht im Ausländergesetz, sondern im Asylgesetz (AsylG) ist das Aufenthaltsrecht von *Asylbewerbern* geregelt. Sie erhalten eine Aufenthaltsgestattung, soweit das für ihr Anerkennungsverfahren als Asylberechtigte erforderlich ist. Während des Verfahrens wohnen sie gewöhnlich in Gemeinschaftsunterkünften, ihr Aufenthaltsrecht ist räumlich streng begrenzt. Das Asylrecht für politisch Verfolgte ist in Art. 16 a GG verfassungskräftig gewährleistet. Dort sind auch einige oben im Zusammenhang der Grundrechte beschriebene Beschränkungen des Asylrechts normiert. Politisch verfolgt ist, wer wegen seiner Rasse, Religion, Nationalität, Zugehörigkeit zu einer sozialen Gruppe oder wegen seiner politischen Überzeugung Verfolgungsmaßnahmen mit Gefahr für Leib und Leben oder Beschränkungen seiner persönlichen Freiheit ausgesetzt ist. Es reicht, wenn der Betroffene solche Verfolgungsmaßnahmen begründet befürchtet. Dabei muss die Verfolgung stets politisch motiviert und von einiger Intensität sein. Wenn sie nicht vom Heimatstaat selbst ausgeht, besteht das Asylrecht nur, wenn er den Verfolgten nicht hinreichend schützt. Das Asylrecht entfällt, wenn der Verfolgte anderweitig Schutz erlangen konnte, besonders etwa in anderen Teilen seines Heimatlandes. Es ist aber nicht davon abhängig, dass er Auffassungen vertritt, die den Wertvorstellungen des Grundgesetzes entsprechen (§ 3 AsylG iVm § 60 Abs. 1 AufenthG).

III. Verwaltungsrecht B.

Schrifttum:
Rainer M. Hofmann (Hrsg.), Ausländerrecht. Kommentar, 3. Aufl. 2023
Jan Bergmann/Klaus Dienelt, Ausländerrecht. Kommentar, 14. Aufl. 2022
Reinhard Marx, Ausländer- und Asylrecht, 4. Aufl. 2020

d) Sozialrecht

Als Teil des besonderen Verwaltungsrechts umfasst das Sozialrecht das Recht der *staatlichen Sozialleistungen.* Dieser engere Bereich wird aber sachlich ergänzt durch weitere Systeme der sozialen Sicherung wie die privaten Versicherungen, die betrieblichen Altersversorgungen als Teil des Arbeitsrechts oder die beamtenrechtlichen Versorgungsleistungen. Das Sozialrecht im engeren Sinne ist im Sozialgesetzbuch (SGB) zusammengefasst, das sich aus mehreren Büchern zusammensetzt. So umfassend die vorhandenen Systeme die Bevölkerung absichern, so undurchschaubar bleiben für viele die verschiedenen Möglichkeiten und Rechte mit der Folge, dass oft Ansprüche aus Unkenntnis nicht geltend gemacht werden, während andere Nutzen ziehen, obwohl sie nicht wirklich bedürftig sind. 314

Im Sozialrecht konkretisiert sich die verfassungsrechtliche Verpflichtung auf den *Sozialstaat*. Wenn dieser Grundsatz in der engeren verfassungsrechtsdogmatischen Diskussion auch eher eine Rolle am Rande spielt, ist das Alltagsleben Deutschlands von diesen Vorstellungen weithin intensiv geprägt. Kaum ein Rechtsbereich besitzt so unmittelbare Bedeutung für so große Teile der Bevölkerung wie das Sozialrecht. Es steht in ständiger Diskussion um Ausgestaltung, Finanzierung und Rückwirkung auf das Wirtschaftsleben. 315

Die Mindestsicherung der bedürftigen Bevölkerung wird durch die Sozialhilfe gewährleistet. Nähere Bestimmungen enthält das Zwölfte Buch des Sozialgesetzbuches (SGB XII). Jedem, der nicht selbst dazu in der Lage ist, soll damit die Führung eines Lebens ermöglicht werden, das in der materiellen Absicherung der Würde des Menschen entspricht (§ 1 S. 1 SGB XII). Auf den Grund der Bedürftigkeit kommt es nicht an. Auf die Leistungen der Sozialhilfe besteht ein Rechtsanspruch; über die Art und die Höhe wird von den Behörden aufgrund gesetzlicher Vorgaben nach pflichtgemäßem Ermessen entschieden. 316

Im Rahmen der Sozialhilfe gibt es *Hilfe zum Lebensunterhalt* (§ 27 Abs. 1 SGB XII). Sie sichert den notwendigen Lebensunterhalt einschließlich eines Mindestmaßes soziokultureller Bedürfnisse wie Kinobesuch und Radioempfänger (§ 27 a SGB XII). Wer absichtlich seine Hilfsbedürftigkeit herbeiführt, erhält weniger; in diesem Fall soll die Geldleistung für den Lebensunterhalt eingeschränkt werden. Neben diesen Leistungen zum Lebensunterhalt gibt es Hilfen in besonderen Lebenslagen, die auf die Bewältigung besonderer Notlagen etwa bei Krankheit oder Alter zielen. 317

Der notwendige Lebensunterhalt wird nach *Regelsätzen* bestimmt, die die Landesbehörden nach dem Wert eines bestimmten definierten Warenkorbes festlegen. Er liegt für einen Einpersonenhaushalt zurzeit bei durchschnittlich 449 € Euro (§ 5 Abs. 2 Regelbedarfs-Ermittlungsgesetz – RBEG). Auf dieser Grundlage erhalten Alleinerziehende oder erwachsene alleinstehende Personen seit Beginn des Jahres 2023 monatlich höchstens 502 Euro; Haushaltsangehörige erhalten etwas weniger. Mehrbedarfszuschläge und bei besonderer Notwendigkeit einmalige Leistungen gibt es nur in wenigen Ausnahmefällen (§§ 30 ff. SGB XII). Zusammen mit weiteren Leistungen wie dem Wohngeld ist damit ein Lebensminimum gedeckt. 318

B. Öffentliches Recht

319 Der Anspruch auf Sozialhilfe ist *subsidiär* (§ 2 SGB XII). Bedürftige müssen zunächst eigenes Einkommen einsetzen und eigenes Vermögen aufbrauchen; auch Forderungen, etwa auf Unterhalt, müssen soweit möglich realisiert werden. Allerdings bleibt bestimmtes Schonvermögen unangetastet, wie etwa ein kleines Einfamilienhaus, das dem Bedürftigen gehört (§ 90 SGB XII). Hilfeempfänger müssen zur Arbeit bereit sein, dabei ist grundsätzlich jede erlaubte Tätigkeit zumutbar ohne Rücksicht auf den früheren sozialen Status (§ 10 SGB II). Werden sie als erwerbsfähig im Sinne des SGB II eingestuft, entfällt grundsätzlich der Anspruch auf Lebensunterhalt als Teil der Sozialhilfe (§ 21 SGB XII).

320 Auch *Ausländer* sind grundsätzlich anspruchsberechtigt, wenn sie nicht nur wegen der Sozialhilfe nach Deutschland gekommen sind. Allerdings kann regelmäßig ausgewiesen werden, wer als Ausländer auf Sozialhilfe angewiesen ist. Die Hilfe für Asylbewerber richtet sich im Wesentlichen nach dem Asylbewerberleistungsgesetz.

321 Unabhängig von der Sozialhilfe gibt es zahlreiche *sonstige staatliche Hilfen*. Besonders bedeutsame und geldwerte sind das Kindergeld für Kinder bis zu 18 Jahren, bei besonderen Gründen wie Berufsausbildung bis zu 25 Jahren (§ 2 Abs. 2 Bundeskindergeldgesetz – BKGG). Ein Elterngeld wird einem Elternteil für das Aufziehen von Kindern ausbezahlt (§ 1 Bundeselterngeld- und Elternzeitgesetz – BEEG). Wer die Lasten für eine angemessene Wohnung nicht tragen kann, erhält Wohngeld. Die Ausbildung wird nach dem Bundesausbildungsförderungsgesetz (BAföG) bei Bedarf in der Regel durch einen Zuschuss, bei Studenten zum Beispiel hingegen grundsätzlich zur Hälfte als Darlehen, zur Hälfte als Zuschuss gefördert (§ 17 BaföG).

322 Während diese Leistungen aus dem allgemeinen Steueraufkommen gedeckt werden, kommen die Mittel der *Arbeitsförderung* (geregelt im SGB III) weitgehend aus Versicherungsbeiträgen der Arbeitslosenversicherung. Beitragspflichtig sind grundsätzlich Arbeitnehmer. Daneben tragen der Bund und durch Umlagen die Arbeitgeber zu den Lasten bei. Die Arbeitsförderung obliegt vor allem der Bundesagentur für Arbeit mit Sitz in Nürnberg. Sie ist eine bundesunmittelbare Körperschaft des öffentlichen Rechts mit einem eigenen Verwaltungsunterbau in Regionaldirektionen und Agenturen für Arbeit.

323 Die *Bundesagentur für Arbeit* ist für die Arbeitserlaubnis für Ausländer zuständig. Sie vermittelt Informationen zur Berufswahl, fördert mit erheblichen Summen die Schaffung neuer Arbeitsplätze und finanziert Ausbildungs-, Fortbildungs- und Umschulungsmaßnahmen. Eine bedeutsame Aufgabe besteht in der Arbeitsvermittlung. Die Bundesagentur für Arbeit leistet Kurzarbeitergeld bei vorübergehendem, nicht branchenüblichem Arbeitsausfall aus wirtschaftlichen Gründen, um Arbeitsplätze bei kurzfristigen Schwierigkeiten des Unternehmens zu sichern.

324 Arbeitslose haben nach einer gewissen Anwartschaftszeit aus der Arbeitslosenversicherung Anspruch auf *Arbeitslosengeld* (§§ 136 ff. SGB III). Es beträgt für Arbeitslose mit mindestens einem Kind 67 %, für alle anderen 60 % des regelmäßig erzielten Arbeitsentgeltes nach Abzug bestimmter Lasten wie Steuern und Sozialabgaben, die bei Arbeitslosigkeit nicht anfallen (§ 149 SGB III). Der Anspruchsberechtigte muss bereit sein, zumutbare Arbeit zu übernehmen, wobei sich die Zumutbarkeit nach der Dauer der Arbeitslosigkeit und vielfältigen weiteren Faktoren bestimmt (§ 140 SGB III). Auf eine Bedürftigkeit kommt es nicht an. Das Arbeitslosengeld wird für höchstens ein Jahr, bei langfristig beitragspflichtigen älteren Arbeitslosen für bis zu 24 Monate gezahlt (§ 147 SGB III).

III. Verwaltungsrecht

Danach besteht für Arbeitsuchende und einige weitere Personengruppen bei Bedürftigkeit und subsidiär zu anderen Leistungen Anspruch auf Bürgergeld (§§ 19 ff. SGB II). Berechtigte erhalten als Alleinstehende Leistungen, die in etwa der Höhe der Sozialhilfe entsprechen und für die Dauer der Arbeitslosigkeit gezahlt werden. 325

Wird wegen Konkurses des Arbeitgebers das Arbeitsentgelt nicht mehr ausgezahlt, besteht gegenüber dem Arbeitsamt Anspruch auf Insolvenzgeld (§§ 165 ff. SGB III), das den Nettolohn für höchstens drei Monate ersetzt. 326

Bei *typischen Risiken* wie Krankheit, Schwangerschaft, Arbeitsunfällen, Alter, Tod und Minderung der Erwerbsfähigkeit bietet das System der Sozialversicherung mit vielfältigen Einzelsystemen eine gewisse Sicherung. Sie variieren für verschiedene Bevölkerungsgruppen wie Angestellte und Arbeiter, Rentner und Studierenden. 327

Das Recht der *Krankenversicherung* ist im SGB V geregelt. Arbeitnehmer mit einem Einkommen bis zu 66.600.- Euro (Stand 1.1.2023) sind krankenversicherungspflichtig. Wer ein höheres Einkommen erzielt, kann sich freiwillig versichern. Von der Pflicht ausgenommen sind unter anderen auch geringfügig Beschäftigte. Nicht selbst versicherungspflichtige Ehegatten und Kinder sind automatisch mitversichert (§ 10 SGB V). Die Krankenkassen rechnen grundsätzlich unmittelbar mit den Ärzten, Krankenhäusern und Apotheken ab und decken den notwendigen Heilbedarf fast vollständig. 328

Die *Rentenversicherung*, geregelt im SGB VI, umfasst als Pflichtversicherung Arbeiter und Angestellte mit Einkommen bis zu einer Bemessungsgrenze von 7.300.- Euro im Monat in den alten Bundesländern (Stand: 1.1.2023), in den neuen Bundesländern von 7.100.- Euro im Monat (Stand: 1.1.2023). Sie leistet bei Arbeitsunfähigkeit und nach Erreichen der Altersgrenze Rentenzahlungen. Die Regelaltersgrenze liegt nach Ablauf einer zurzeit anhaltenden Übergangsphase bei 67 Jahren (§ 35 SGB VI). Regelmäßig müssen für einen Anspruch bestimmte Zeiten der Versicherung bestanden haben. Dazu gibt es Hinterbliebenenrenten und Leistungen zur Rehabilitation bei Berufsunfähigkeit. 329

Wer von einem Arbeitsunfall oder einer Berufskrankheit betroffen ist, erhält nach Maßgabe des SGB VII Leistungen der *Unfallversicherung*, deren Träger in der Hauptsache die Berufsgenossenschaften sind. Mitglieder dieser Berufsgenossenschaften sind die Unternehmer; sie allein zahlen die Beiträge für die Versicherung. 330

Die *Pflegeversicherung* ist im SGB XI geregelt und gewährleistet den Versicherten bei Pflegebedarf Anspruch auf ambulante und stationäre Pflege. Versicherungspflicht besteht grundsätzlich auch für ansonsten von der Versicherungspflicht gesetzlich Freigestellte. 331

Die *Kinder- und Jugendhilfe* hat zum Ziel, junge Menschen zu fördern und zu schützen sowie Eltern und andere Erziehungsberechtigte bei der Erziehung zu beraten und zu unterstützen. Sie ist im SGB VIII geregelt. 332

Einen eigenen Regelungsbereich bietet das *Entschädigungsrecht* als Teil des Sozialrechts. Hier bestehen Entschädigungsansprüche unter anderem für Kriegsopfer (Bundesversorgungsgesetz - BVG), Wehr- und Zivildienstbeschädigte (Soldatenversorgungsgesetz – SVG, Zivildienstgesetz – ZDG), Impfgeschädigte bei Impfpflicht (Infektionsschutzgesetz – IfSG), aber auch für Verbrechensopfer – nach dem Opferentschädigungsgesetz (OEG) – und besonders für Verfolgte des nationalsozialistischen Regimes (Bundesentschädigungsgesetz – BEG). 333

B. Öffentliches Recht

Schrifttum:
Eberhard Eichenhofer, Sozialrecht, 12. Aufl. 2021
Ralf Kreikebohm/Wolfgang Spellbrink/Raimund Waltermann, Kommentar zum Sozialrecht, 7. Aufl. 2021
Raimund Waltermann, Benjamin Schmidt, Katja Chandna-Hoppe, Sozialrecht, 15. Aufl. 2022

e) Kommunalrecht

334 Das Kommunalrecht findet seine verfassungsrechtliche Grundlegung in Art. 28 GG. *Kommunen* sind zunächst die politischen Gemeinden. Sie werden, wenn sie größer sind, Städte genannt. Kommunen sind auch die Kreise; sie fassen regelmäßig mehrere Gemeinden zusammen. Die Länder haben zur näheren Ausgestaltung des Kommunalrechts Gemeindeordnungen und Kreisordnungen erlassen, daneben zahlreiche Gesetze zur Regelung von Einzelfragen.

335 Den Gemeinden und in etwas geringerer Intensität den Kreisen und anderen Gemeindeverbänden steht das *Recht der kommunalen Selbstverwaltung* zu (Art. 28 Abs. 2 GG). Dies bedeutet nach einer vom Bundesverfassungsgericht entwickelten Faustformel, dass sie die örtlichen Angelegenheiten in eigener Verantwortung regeln können. Als örtlich gelten solche Angelegenheiten, die in der örtlichen Gemeinschaft wurzeln oder die auf die örtliche Gemeinschaft einen spezifischen Bezug haben und von dieser örtlichen Gemeinschaft eigenverantwortlich und selbstständig bewältigt werden können. Das Recht der kommunalen Selbstverwaltung gibt den Kommunen auch einen Anspruch darauf, an überörtlichen Planungen beteiligt zu werden, die ihr Gebiet oder ihre Entwicklung wesentlich betreffen.

336 Das Recht der kommunalen Selbstverwaltung ist im Laufe des 19. Jahrhunderts entwickelt worden, um die Bürger mit ihrem Sachverstand und ihrer inneren Anteilnahme stärker an das Staatsganze zu binden. Es ist heute Ausdruck dezentraler Organisation, bietet Raum für örtliche und regionale Vielfalt und trägt nicht zuletzt ein Stück staatlicher Gewaltenteilung und bürgerlicher Freiheitsvorsorge. Andererseits ist die kommunale Selbstverwaltung von Auszehrung bedroht durch vielfältige Aufgaben und finanzielle Lasten, die der Staat besonders im Sozialrecht den Kommunen zunehmend aufbürdet. Sie müssen zum Beispiel die Kosten der Sozialhilfe für arme Bevölkerungsteile selbst tragen. Finanzielle Zuwendungen der Länder wirken oft als »goldene Zügel«, weil und soweit sie nur für konkrete Vorhaben bewilligt werden.

337 Die Kommunen sind befugt, in der Bindung an die Gesetze die Kompetenzen, den Aufbau und die Wirkungsweise ihrer Organe, Einrichtungen und Betriebe zu regeln. Dies ist die sogenannte *Organisationshoheit*. Hinzu kommt die *Personalhoheit*, wonach die Kommunen selbst ihr Personal auswählen und führen können; sie sind selbst Dienstherr. Sie besitzen die *Planungshoheit* zur Planung gemeindlicher Angelegenheiten, besonders der Bodennutzung. Wichtig ist endlich auch die *Finanzhoheit* zur eigenverantwortlichen Gestaltung der Einnahmen und Ausgaben. Zur Regelung ihrer Angelegenheiten besitzen sie die *Satzungsautonomie*, das ist die Kompetenz, durch Satzung allgemeine Normen zu erlassen. Soweit die kommunale Selbstverwaltung reicht, besitzen die den Kommunen übergeordneten Behörden Aufsichtsbefugnisse nur über die Rechtmäßigkeit des kommunalen Handelns (Rechtsaufsicht), nicht aber über dessen Zweckmäßigkeit.

338 *Allgemeine Fragen*, die den Bereich der örtlichen Angelegenheiten überschreiten, sind der kommunalen Zuständigkeit entzogen. Immer wieder haben Gemeinden versucht,

auf die allgemeine Verteidigungspolitik Einfluss zu nehmen, indem sie sich etwa zur atomwaffenfreien Zone erklärt haben. Die herrschende Meinung betrachtet dies als unzulässig.

Zu den Selbstverwaltungsangelegenheiten gehören Aufgaben, die die Kommunen *freiwillig* übernehmen, zum Beispiel ein Schwimmbad zu bauen oder ein Museum zu unterhalten, dazu aber auch gesetzlich bestimmte *Pflichtaufgaben*, die sie erfüllen müssen, wie etwa die Trägerschaft von Schulen, Bau und Unterhaltung öffentlicher Straßen oder die Bauleitplanung. Daneben bestehen *Auftragsangelegenheiten* der Gemeinden, für die eine umfassende Weisungsbefugnis der übergeordneten Behörden besteht. Zumeist sind das Materien, für die einzelne Kommunen als untere Verwaltungsbehörde des jeweiligen Landes tätig sind. 339

Die *Gemeindeordnungen der Länder* folgen für die Ausgestaltung der inneren Gemeindeverfassung verschiedenen Modellen, die in unterschiedlichen historischen Vorbildern wurzeln. Insgesamt besteht aber auch hier eine Tendenz zur Vereinheitlichung. Hauptorgan der Gemeinde ist der *Gemeinderat*. Soweit die Gemeinde wegen ihrer Größe das Recht hat, sich Stadt zu nennen, heißt er *Stadtrat*. In ihm sitzen die von den wahlberechtigten Bürgern der Gemeinde auf Zeit, meist für vier oder fünf Jahre gewählten Gemeinderäte und in einigen Ländern der Bürgermeister der Gemeinde. Der Gemeinderat entscheidet über alle grundsätzlichen Fragen im Rahmen der Selbstverwaltungsangelegenheiten. Er besitzt deshalb Züge einer örtlichen Volksvertretung. Gleichwohl ist er nicht Parlament, dazu sind seine Funktionen zu eingeschränkt; auch ist die Rechtsstellung der Gemeinderäte mit denen von Abgeordneten nicht vergleichbar. Überhaupt sind die Aufgaben der Gemeinde und damit des Gemeinderates eher solche der Verwaltung als der Rechtsetzung. Insgesamt besitzt deshalb gerade die Verwaltung durch diese Form der Bürgerbeteiligung auf örtlicher Ebene einen entschieden demokratischen Zug. 340

An der Spitze der Gemeindeverwaltung steht der *Bürgermeister*, in manchen Bundesländern (Hessen, Baden-Württemberg, Rheinland-Pfalz, Niedersachsen, Nordrhein-Westfalen, Brandenburg) auch ein Kollektivorgan aus Bürgermeister und Beigeordneten (zB § 65 HGO, § 50 GO Rh-Pf, §§ 68, 70 ff. GO NRW, §§ 69 ff. BbgGO, §§ 59 ff. BbgKVerf.). Der Bürgermeister wird in allen Flächen-Bundesländern unmittelbar von den Bürgern der Gemeinde gewählt. Er ist Beamter auf Zeit, seine Wahlzeit beträgt zwischen sechs und zwölf Jahren. In größeren Städten heißt der Bürgermeister Oberbürgermeister, die Beigeordneten – das sind die Leiter von Untergliederungen der Gemeindeverwaltung – Bürgermeister. In kleineren Gemeinden gibt es ehrenamtliche Bürgermeister. 341

Der Bürgermeister ist Leiter der Verwaltung und vertritt die Gemeinde nach außen. Er erledigt die *Geschäfte der laufenden Verwaltung*, also diejenigen Angelegenheiten, die mehr oder weniger regelmäßig vorkommen und nach dem Umfang der Verwaltungstätigkeit und der Finanzkraft der jeweils konkreten Gemeinde eine verhältnismäßig geringe Bedeutung haben. Der Bürgermeister bereitet die Sitzungen des Gemeinderates vor, grundsätzlich leitet er deren Sitzungen, und er führt die Beschlüsse des Gemeinderates aus. Rechtswidrige Beschlüsse des Gemeinderates muss er rügen und gegebenenfalls die Kommunalaufsichtsbehörde, also die übergeordnete Behörde, anrufen. Endlich erfüllt der Bürgermeister auch staatliche Aufgaben der unteren Verwaltungsbehörde. 342

B. Öffentliches Recht

343 In ähnlicher Weise sind die *Kreise* aufgebaut. Sie sind Selbstverwaltungskörperschaften, gleichzeitig aber auch untere Verwaltungsbezirke der Landesverwaltung. Organe des Landkreises sind der Kreistag als Bürgervertretung und der Landrat als Hauptverwaltungsbeamter. Er wird unmittelbar vom Volk, in Baden-Württemberg (§ 39 LKrO BW) vom Kreistag gewählt. Als kollegiales Verwaltungsorgan besteht der Kreisausschuss. Das Verhältnis der Organe zueinander folgt nach Ländern unterschiedlich den Grundtypen der Gemeindeverfassung mit vielfachen Variationen.

Schrifttum:
Martin Burgi, Kommunalrecht, 6. Aufl. 2019
Thorsten I. Schmidt, Kommunalrecht, 2. Aufl. 2014

f) Baurecht

344 Als Materie des besonderen Verwaltungsrechts ist das *öffentliche Baurecht* vom privaten Baurecht als Teil des Zivilrechts zu unterscheiden. Während das private Baurecht vor allem die Beziehungen zwischen Bauherrn, Architekten und Bauunternehmer, endlich auch zivilrechtliche Beziehungen zu den Nachbarn des Bauherrn normiert, regelt das öffentliche Baurecht im Wesentlichen das Verhältnis zwischen Bauherrn und Baubehörde sowie die Zulässigkeit des Bauens insgesamt. Dabei unterscheidet man das Bauplanungsrecht und das Bauordnungsrecht. Das *Bauplanungsrecht* betrifft die Ordnung des Bodens, besonders die Zulässigkeit bestimmter Arten der Bebauung eines Gebietes. Es ist durch den Bund insbesondere im Baugesetzbuch (BauGB) ausgestaltet. Das *Bauordnungsrecht* regelt die Zulässigkeit des konkreten, einzelnen Bauvorhabens und die Kompetenzen der Baubehörden. Dafür sind durch die Bundesländer die Landesbauordnungen ergangen.

345 Der Bauherr braucht zum Bauen regelmäßig eine *Baugenehmigung* der staatlichen Bauordnungsbehörde; kleinere Bauvorhaben wie etwa kleine Garagen sind oft von dem Erfordernis einer Baugenehmigung freigestellt, um das Verwaltungsverfahren zu vereinfachen. Weil das Bauen meistens auch die Nachbarn des Bauherrn faktisch betrifft, hat die Figur des Verwaltungsakts mit Drittwirkung im Baurecht besondere praktische Bedeutung. Wenn baurechtliche Vorschriften des öffentlichen Rechts dem Nachbarn eine gesicherte Rechtsstellung zur Wahrung seiner Interessen einräumen, kann der Nachbar gegen die Verwaltung gerichtlich vorgehen, falls sie unter Verletzung seiner Rechtsposition die Baugenehmigung erteilt hat. Der Nachbar kann dann die Baugenehmigung aufheben lassen.

346 Das Bauplanungsrecht ist Bestandteil der überörtlichen *Raumordnung und Landesplanung* mit vielfältigen Planungen und Festsetzungen von Gebietsentwicklungen: die Bestimmung von Industriegebieten, Ballungszentren, zentralen Orten, landwirtschaftlichen Flächen, Erholungsgebieten, Naturschutz- und Landschaftsschutzgebieten, die Führung von Verkehrswegen aller Art. Hier fügt sich die *Bauleitplanung* mit zwei Hauptinstrumenten ein. Jede Gemeinde stellt als Selbstverwaltungsangelegenheit grundsätzlich einen *Flächennutzungsplan* auf, der die Aufteilung des gesamten Gemeindegebietes nach verschiedenen Nutzungen wie Wohngebieten, Grünflächen oder Gewerbegebieten bestimmt. Aus diesem Flächennutzungsplan werden für einzelne, genau abgegrenzte Gebiete *Bebauungspläne* entwickelt. Der Bebauungsplan ergeht als Satzung. In ihm ist für jedes einzelne Grundstück die zulässige Nutzung genau bestimmt. Die Raumordnung durch den Bund und die Länder, die die großflächige Gesamtplanung betrifft, ist im Raumordnungsgesetz des Bundes (ROG) geregelt.

In der Festlegung der einzelnen Bestimmungen ist die Gemeinde an die Baunutzungsverordnung (BauNVO) gebunden, die die abstrakt zulässigen Nutzungsarten bundeseinheitlich regelt und unter anderem reine Wohngebiete, Industriegebiete, Gewerbegebiete, Dorfgebiete und Mischgebiete unterscheidet. Auch in Gebieten, für die kein Bebauungsplan erlassen ist, können bestimmte Bauvorhaben zulässig sein. Das Baugesetzbuch enthält dazu nähere Bestimmungen und unterscheidet drei Arten von Gebieten mit unterschiedlichen Nutzungsmöglichkeiten: den Außenbereich, in dem nur sehr eingeschränkt gebaut werden darf und in dem nur besonders privilegierte Vorhaben zulässig sind, wie Bauernhöfe oder Abfalldeponien, die ihrer Art nach nicht gut in Nachbarschaft zu anderer Bebauung belegen sein können (§ 35 BauGB). Dazu den Geltungsbereich von Bebauungsplänen, in dem nach Maßgabe des jeweiligen Bebauungsplanes gebaut werden darf (§§ 30 ff. BauGB). Endlich kennt das Baugesetzbuch den im Zusammenhang bebauten Ortsteil. Hier gilt kein Bebauungsplan, dafür muss sich die weitere Bebauung nach der bereits bestehenden Nutzung richten (§ 34 BauGB).

Insgesamt erscheint das Baurecht in Deutschland verhältnismäßig strikt und rigide. Das legitime Interesse an Sicherheit der Bebauung und Gemeinwohlverträglichkeit der Gestaltung sollte jedoch möglichst nicht zu eintöniger Bebauung führen.

Schrifttum:
Ulrich Battis, Öffentliches Baurecht und Raumordnungsrecht, 8. Aufl. 2022
Klaus Finkelnburg/Karsten M. Ortloff/Martin Kment, Öffentliches Baurecht, Bd. I: Bauplanungsrecht, 7. Aufl. 2017
Christian-W. Otto, Öffentliches Baurecht, Bd. II: Bauordnungsrecht, Nachbarschutz, Rechtsschutz, 8. Aufl. 2022
Frank Stollmann/Guy Beaucamp, Öffentliches Baurecht, 13. Aufl. 2022

g) Melde- und Passrecht

Im Ausland wird das deutsche Melde- und Passrecht oft skeptisch betrachtet, es erscheint manchen als Ausdruck von Unfreiheit und staatlicher Überwachung. Das ist kaum gerechtfertigt, vielmehr dienen die hier getroffenen Regelungen, mit vielfältigen Sicherungen versehen, lediglich einer möglichst effizienten Verwaltung. Nach dem Bundesmeldegesetz (BMG) werden die Einwohner von den Meldebehörden registriert, wobei bestimmte Daten wie Name, Staatsangehörigkeit und Familienstand gespeichert werden. Jeder, der im Inland eine Wohnung bezieht, ist verpflichtet, sich innerhalb von zwei Wochen bei der Meldebehörde anzumelden.

Alle Deutschen über sechzehn Jahren müssen grundsätzlich einen Personalausweis oder Reisepass besitzen. Sie müssen ihn auf Verlangen der dafür zuständigen Behörden, wie etwa der Polizei, auch vorzeigen. Niemand ist jedoch verpflichtet, den Ausweis ständig bei sich zu führen.

h) Datenschutzrecht

Das Datenschutzrecht betrifft weite Bereiche des Lebens. Ausgehend insbesondere von der Datenschutz-Grundverordnung (DS-GVO) der Europäischen Union und vom *Persönlichkeitsrecht* aus Art. 2 Abs. 1 und Art. 1 Abs. 1 GG regeln das Bundesdatenschutzgesetz (BDSG) und die Landesdatenschutzgesetze den Umgang mit personenbezogenen Daten. Dabei ergänzen und präzisieren sie die DS-GVO in Bereichen, die

B. Öffentliches Recht

nationalen Regelungen der Mitgliedstaaten überlassen bleiben. Dazu gehören etwa Bestimmungen über die zuständigen Aufsichtsbehörden oder die Videoüberwachung. Viele Spezialgesetze wie die Polizeigesetze, das Bundesmeldegesetz oder etwa das Aufenthaltsgesetz enthalten besondere Bestimmungen für ihren Bereich. Das BDSG gilt auch für die Datenverarbeitung privater Stellen.

352 Die Datenschutz-Grundverordnung enthält die grundlegenden Regeln zur Verarbeitung personenbezogener Daten durch sowohl private als auch öffentliche Stellen. Sie vereinheitlicht das Datenschutzrecht in der gesamten Europäischen Union. Die Regelungen des DSGVO gelten grundsätzlich ohne Unterschied für die Verarbeitung personenbezogener Daten durch öffentliche und private Stellen. Die Verarbeitung umfasst das Erheben, das Erfassen, die Organisation, das Ordnen, die Speicherung, die Anpassung oder Veränderung, das Auslesen, das Abfragen, die Verwendung, die Offenlegung durch Übermittlung, Verbreitung oder eine andere Form der Bereitstellung, den Abgleich oder die Verknüpfung sowie die Einschränkung, das Löschen oder die Vernichtung personenbezogener Daten. Die DS-GVO gilt allerdings nicht für Fragen des Schutzes von Grundrechten und Grundfreiheiten und des freien Verkehrs personenbezogener Daten im Zusammenhang mit Tätigkeiten, die nicht in den Anwendungsbereich des Unionsrechts fallen, wie etwa die nationale Sicherheit betreffende Tätigkeiten. Sie gilt auch nicht für die Verarbeitung von personenbezogenen Daten, die von einer natürlichen Person zur Ausübung ausschließlich persönlicher oder familiärer Tätigkeiten und somit ohne Bezug zu einer beruflichen oder wirtschaftlichen Tätigkeit vorgenommen wird.

353 Die Verarbeitung personenbezogener Daten ist nur aufgrund eines Erlaubnistatbestands zulässig. Dies ist der Fall, wenn die betroffene Person ihre Einwilligung gegeben hat, wenn die Verarbeitung für die Erfüllung eines Vertrags oder zur Durchführung vorvertraglicher Maßnahmen erforderlich ist oder wenn die Verarbeitung zur Erfüllung einer rechtlichen Verpflichtung erforderlich ist. Darüber hinaus ist die Verarbeitung personenbezogener Daten zulässig, wenn sie erforderlich ist, um lebenswichtige Interessen zu schützen, wenn sie für die Wahrnehmung einer Aufgabe erforderlich ist, die im öffentlichen Interesse liegt oder wenn sie zur Wahrung der berechtigten Interessen des Verantwortlichen oder eines Dritten erforderlich ist.

354 Jede Person besitzt ein weitreichendes Auskunftsrecht gegenüber der datenverarbeitenden Stelle über die personenbezogenen Daten, die Gegenstand der Verarbeitung sind (Art. 15 DS-GVO). Zudem gibt es ein Recht auf Vergessenwerden. Danach hat eine betroffene Person etwa das Recht, das Löschen aller sie betreffenden Daten zu fordern, wenn die Gründe für die Datenspeicherung entfallen sind (Art. 17 DS-GVO).

355 Öffentliche Stellen dürfen nach dem BDSG personenbezogene Daten nur verarbeiten, wenn dies zur Erfüllung der in der Zuständigkeit des Verantwortlichen liegenden Aufgabe oder in Ausübung öffentlicher Gewalt, die dem Verantwortlichen übertragen wurde, erforderlich ist (§ 3 BDSG). Ein zentraler Grundsatz des Datenschutzrechts im staatlichen Bereich ist, dass jede einzelne Behörde jeweils nur die für ihre Aufgabenerfüllung erforderlichen Daten soll verarbeiten dürfen. Die einzelnen staatlichen Stellen müssen also, was die personenbezogenen Daten der Einwohner betrifft, voneinander abgeschottet sein; man spricht von einer datenschutzrechtlichen Gewaltenteilung innerhalb der Verwaltung. Dadurch soll verhindert werden, dass gerade angesichts der kommunikationstechnischen Möglichkeiten eine staatliche Stelle sämtliches Wissen über die Bevölkerung zur unmittelbaren Verfügung hat und damit Missbrauch treiben

könnte. Über die Einhaltung der recht strengen datenschutzrechtlichen Bestimmungen wachen die Datenschutzbeauftragten des Bundes und der Länder, unbeschadet der Verpflichtung aller Behörden, ihrerseits rechtmäßig zu handeln. *Schrifttum:*
Peter Gola/Dirk Heckmann, Datenschutz-Grundverordnung, Bundesdatenschutzgesetz. Kommentar, 3. Aufl. 2022
Marie-Theres Tinnefeld/Benedikt Buchner/Thomas Petri, Einführung in das Datenschutzrecht, 7. Aufl. 2019

i) Recht des öffentlichen Dienstes

356 Der öffentliche Dienst wird noch immer von der Einrichtung des *Berufsbeamtentums* geprägt, auch wenn zahlenmäßig nichtbeamtete Beschäftigte überwiegen. Hoheitliche Aufgaben sollen in der Regel Beamten übertragen werden (Art. 33 Abs. 4 GG). Sie stehen in einem besonderen öffentlichen Dienst- und Treueverhältnis. Es ist von hergebrachten Grundsätzen des Berufsbeamtentums strukturiert, die verfassungsrechtlich verbindlichen Charakter besitzen (Art. 33 Abs. 5 GG). Ihre Verankerung mindestens in der Zeit der Weimarer Republik gibt dem Berufsbeamtentum traditionale Verwurzelung und Kontinuität, gleichzeitig nährt sie aber auch eine Gefahr der Verkrustung. Im Einzelnen ist das Beamtenrecht in zahlreichen Gesetzen und Verordnungen des Bundes und der Länder geregelt. Für den Status der Landesbeamten gilt das Beamtenstatusgesetz (BeamtStG) des Bundes.

357 Zu den *hergebrachten Grundsätzen des Berufsbeamtentums* gehört die Pflicht zu strikter parteipolitischer und sachlicher Neutralität. Das schließt nicht aus, dass Beamte Mitglieder einer politischen Partei sind. Sie müssen aber die freiheitliche demokratische Grundordnung des Grundgesetzes aktiv bejahen. Das besondere Engagement für eine radikale Partei kann Zweifel an ihrer Eignung begründen. Das Beamtenrecht kennt unbeschadet dieser Pflicht zu *Neutralität und Sachlichkeit* die Institution des politischen Beamten für einzelne, in den Beamtengesetzen des Bundes und der Länder aufgezählte Spitzenämter wie Staatssekretäre, Ministerialdirektoren, für den Generalbundesanwalt und andere. Diese Beamten, die das besondere politische Vertrauen der jeweiligen Regierung genießen sollen, können jederzeit ohne Angabe von Gründen in den einstweiligen Ruhestand versetzt werden.

358 Zu den hergebrachten Grundsätzen des Berufsbeamtentums zählt auch der *Alimentationsgrundsatz*: Der Dienstherr ist zu amtsangemessener Besoldung, nach der Pensionierung der Beamten durch Versetzung in den Ruhestand zu entsprechender Versorgung verpflichtet. Nach Leistung, Eignung und Befähigung muss über Einstellung und Beförderung entschieden werden. Es gilt ferner das *Lebenszeitprinzip*. Grundsätzlich ist das Beamtenverhältnis auf Lebenszeit angelegt. In Ausnahmefällen sind jedoch auch Beamtenverhältnisse auf Zeit vorgesehen, besonders bei den Wahlbeamten in kommunalen Ämtern, die eher in das Politische hineinreichen. Daneben gibt es sachlich begründete sonstige Formen wie Beamtenverhältnisse auf Probe und solche auf Widerruf. Mit Erreichen der Altersgrenze werden Beamte in den Ruhestand versetzt und erhalten eine Altersversorgung. Sie brauchen also keine Leistungen in eine Rentenversicherung zu erbringen, ebenso wenig wie in die Arbeitslosenversicherung.

359 Wegen des Lebenszeitprinzips können Beamte nur in außergewöhnlichen Fällen entlassen werden, was besonders bei schweren Verfehlungen der Fall ist oder wenn sie selbst darum ersuchen. Mit der Entlassung ist der Verlust aller Rechte aus dem Beamtenverhältnis verbunden, besonders das Recht auf Altersversorgung. Das Lebenszeitprinzip

B. Öffentliches Recht

soll die sachliche Unabhängigkeit der Beamten gegenüber parteipolitischen Pressionen gewährleisten.

360 Diese sachliche Unabhängigkeit des Berufsbeamtentums gilt unbeschadet des *Hierarchieprinzips*, nach dem die Beamten gegenüber ihren Vorgesetzten weisungsgebunden sind. Für die Rechtmäßigkeit seiner dienstlichen Handlungen trägt der Beamte aber die volle persönliche Verantwortung. Bedenken gegen die Rechtmäßigkeit einer dienstlichen Anordnung muss er bei einem höheren Vorgesetzten unverzüglich geltend machen. Das ist die sogenannte Remonstration. Bestätigt der Vorgesetzte die Anordnung, muss der Beamte sie ausführen, ist aber von der Verantwortung frei. Er bleibt aber verantwortlich und darf die Weisung nicht ausführen, wenn das ihm aufgetragene Verhalten strafbar oder ordnungswidrig ist und er dies erkennen kann oder wenn das Verhalten die Würde des Menschen verletzt.

361 Weitere Dienstpflichten folgen aus der *Treuepflicht* der Beamten: etwa die Amtsverschwiegenheit, die Genehmigungsbedürftigkeit von Nebentätigkeiten, die Zurückhaltung bei politischer Betätigung. Andererseits ist der Dienstherr dem Beamten zur Fürsorge verpflichtet, etwa im Krankheitsfall. Beamte haben deshalb das Recht auf Beihilfe zu ihren Krankheitskosten, sie brauchen sich deshalb nur zu einem Teil selbst zu versichern.

362 Das *Laufbahnprinzip* staffelt die Beamtenverhältnisse grundsätzlich nach der erforderlichen Vorbildung und den Anforderungsprofilen an die Beamten in vier verschiedene Laufbahnen. In ihnen kann der Beamte im Laufe seines Berufslebens aufsteigen; der Aufstieg in eine höhere Laufbahn ist möglich, aber nicht einfach und eher selten. Zu unterscheiden sind der einfache Dienst etwa für Amtsboten, der mittlere Dienst, der gehobene Dienst und der höhere Dienst. Der letztere sieht grundsätzlich einen Hochschulabschluss als Eingangsvoraussetzung vor.

363 Das Recht der *Angestellten* und der *Arbeiter im öffentlichen Dienst* hat sich allmählich immer mehr dem Beamtenverhältnis angenähert. Grundsätzliche Unterschiede bestehen besonders noch darin, dass Angestellte und Arbeiter leichter entlassen und eventuell für weniger bedeutsame Arbeiten eingesetzt werden können als es ihrem Status entsprechen würde, obwohl auch hier Kündigungsfristen im Interesse der betroffenen Beschäftigten bestehen, die die Flexibilität verringern. Angestellte und Arbeiter im öffentlichen Dienst besitzen aber anders als die Beamten das Recht zu streiken.

364 Vom Status der Beamten zu unterscheiden ist auch die jeweilige Rechtsstellung der Soldaten, der Richter und der Minister. Sie sind nicht Beamte, auch wenn in mancherlei Hinsicht die für sie geltenden Gesetze auf die Beamtengesetze verweisen und ihr Status manche Ähnlichkeiten, allerdings auch tiefgreifende Unterschiede, zu dem der Beamten ausweist. Für die Soldaten gilt das Soldatengesetz, für die Richter gilt das Deutsche Richtergesetz und für Minister der Bundesregierung gilt das Bundesministergesetz, für die Landesminister die Ministergesetze der jeweiligen Länder.

Schrifttum:
Sabine Leppek, Beamtenrecht, 14. Aufl. 2023

j) Kulturverwaltungsrecht

365 Im Zentrum des Kulturverwaltungsrechts stehen die Schulen und Universitäten. Dazu gehören aber auch Materien wie die rechtliche Stellung der zumeist staatlichen oder

III. Verwaltungsrecht **B.**

kommunalen Theater und Opernhäuser, der Volkshochschulen, der Goethe-Institute oder der öffentlichen Bibliotheken. Gemeinsam ist allen der materielle Kern *öffentlicher Organisation kultureller Interessen*. Dabei sind private Aktivitäten keineswegs ausgeschlossen, private Theater oder Schulen spielen eine nicht unerhebliche Rolle. Hier geht es zumeist um Fragen öffentlicher Förderung, bisweilen um Aufsicht und Genehmigung. Der Staat erweist sich gerade in diesem Rechtsgebiet als Kulturstaat. In erster Linie sind die Länder für das Kulturverwaltungsrecht zuständig (Art. 70, 73 Abs. 1 Nr. 5 a, 74 Abs. 1 Nr. 33 GG).

Das *Schulwesen* in der Bundesrepublik Deutschland ist vorwiegend staatlich. Schulträger sind in der Regel die Kommunen, die Lehrer sind zumeist Beamte im Landesdienst. Der Schulträger sorgt für die Räume und die sonstige sachliche Ausstattung, das Land als Dienstherr stellt das Lehrpersonal und ist für die Lehrinhalte und Lehrpläne zuständig. In nicht ganz unerheblichem Maße bestehen private Schulen, oft in der Trägerschaft von Religionsgemeinschaften, weltanschaulich geprägten Vereinigungen oder auch in kommerzieller oder besonderer pädagogischer Absicht. Alle Schulen stehen unter der Aufsicht des Staates (Art. 7 Abs. 1 GG). Private Schulen können als Ersatzschulen anerkannt werden, wenn sie eine im Prinzip gleichartige staatliche Schule ersetzen; sie treten dann an die Stelle einer solchen öffentlichen Schule (Art. 7 Abs. 4 GG). Insgesamt ist das Schulwesen organisatorisch wie inhaltlich überaus stark staatlich geprägt. Da die Bundesländer für das Schulwesen zuständig sind, bestehen hier im Einzelnen zwischen den Ländern durchaus signifikante Unterschiede.

366

Es besteht *allgemeine Schulpflicht*. Grundsätzlich alle Kinder nach Vollendung des sechsten Lebensjahres, näher geknüpft an den Beginn des Schuljahres, unterliegen dieser Pflicht. Sie endet mit Vollendung des 18. Lebensjahres. Bis zu zehn Jahren besteht Vollzeitschulpflicht, drei Jahre Teilzeit- oder Berufsschulpflicht; hier bestehen landesrechtliche Unterschiede. Der Besuch der öffentlichen Schulen ist kostenlos. Eine Vorschulpflicht besteht nicht. Der Elementarbereich bis zum Beginn der Schulpflicht ist weniger staatlich geprägt. Hier gibt es vor allem Kindergärten in meist kommunaler oder kirchlicher Trägerschaft.

367

Die *Schulformen und -stufen* sind vielfältig und oft nicht leicht zu durchschauen. Einer Grundstufe, die vier bis sechs Jahre dauert, folgt eine Sekundarstufe I für Schüler im Alter von etwa zehn bis sechzehn Jahren. Daran schließt sich die Sekundarstufe II an. Sie umfasst allgemeinbildende und berufsbildende Schulen.

368

Bei den Schulformen ist grundsätzlich auszugehen von der Grundschule mit regelmäßig vier Jahrgangsklassen. Es schließt sich in einigen Bundesländern die Hauptschule an bis zur Klasse 9, in Ländern mit zehn Jahren Vollzeitschulpflicht bis zur Klasse 10. Sie führt zum Hauptschulabschluss. Statt der Hauptschule kann die Realschule oder Gesamtschule besucht werden, die nach dem zehnten Schuljahr einen mittleren Abschluss als Übergang zu qualifizierteren beruflichen Bildungsgängen bietet. In vielen Bundesländern ist die Hauptschule als eigenständiger Schultypus nicht mehr vorgesehen; hier wird der Hauptschulabschluss im Rahmen eines anderen Schultypus angeboten. Das Gymnasium beginnt in der Regel mit dem fünften Schuljahr nach Besuch der Grundschule und führt zum Abitur, das je nach Bundesland nach zwölf oder nach dreizehn Schuljahren erworben wird. Es vermittelt die allgemeine Hochschulreife. Manche Bundesländer favorisieren die Gesamtschule, die die unterschiedlichen Schulformen im Sinne einer Einheitsschule übergreifen soll.

369

B. Öffentliches Recht

370 Die *Universitäten* stehen in der Regel in staatlicher Trägerschaft. Nur wenige Hochschulen sind privat, dann aber meist erheblich staatlich subventioniert. Die staatlichen Universitäten sind in aller Regel von den jeweiligen Bundesländern getragen, eine Ausnahme bilden die zwei Universitäten der Bundeswehr und die Hochschule für Verwaltungswissenschaften in Speyer.

371 Den Universitäten – anders als den Schulen – steht das *Grundrecht auf Freiheit von Wissenschaft und Kunst, Forschung und Lehre* (Art. 5 Abs. 3 S. 1 GG) zu. Dadurch besitzen sie trotz staatlicher Trägerschaft einen erheblichen sachlichen Freiraum, sie sind Selbstverwaltungskörperschaften.

372 Ihre *innere Struktur* ist durch die Fachbereiche geprägt, mancherorts auch Fakultäten genannt. An ihrer Spitze steht mit Koordinierungs- und Eilentscheidungskompetenzen der Dekan, der aus der Gruppe der Professoren vom Fachbereichsrat auf Zeit – regelmäßig zwei Jahre – gewählt wird. Der Fachbereichsrat als rechtliches Hauptentscheidungsgremium des Fachbereichs wiederum wird durch Gruppenwahl von Studierenden, wissenschaftlichen Mitarbeitern, Professoren und nichtwissenschaftlichem Personal gewählt. Bei bestimmten Entscheidungen kommt der Gruppe der Professoren ein Letztentscheidungsrecht zu.

373 Entscheidungen, die die gesamte Universität betreffen, werden vom Senat, bisweilen von einer besonderen Versammlung getroffen, die in ähnlicher Weise wie die Fachbereichsräte gewählt werden. Die Universität nach außen vertritt der Rektor oder Präsident, der ebenfalls durch ein zentrales Universitätsgremium gewählt und vom zuständigen Minister ernannt wird. Seine Amtszeit ist nach Landesrecht unterschiedlich und beträgt meist zwischen vier und sechs Jahren.

374 Die *Professoren* sind in aller Regel Beamte auf Lebenszeit. Sie werden in der Regel von der Universitätsleitung, teilweise aber auch vom zuständigen Minister berufen. Hierfür erstellt der betreffende Fachbereich aus der Reihe der Bewerber eine Liste mit grundsätzlich drei Namen, die über die Universität dem Minister zugeleitet wird. Dieser beruft in der Regel den auf der Liste zuerst Platzierten. Die Professoren sind verpflichtet, ihr Fach in Forschung und Lehre angemessen zu vertreten. Dabei und im Übrigen besitzen sie aber grundrechtlich gesicherte volle Lehr-, Forschungs-, Wissenschafts- und Kunstfreiheit.

375 Im allgemeinen Bildungswesen haben die *Fachhochschulen* in den letzten Jahren erheblich an Bedeutung gewonnen. Sie bieten in regelmäßig etwas kürzeren Studiengängen betont praktisch orientierte Ausbildung. Hier gibt es auch eine nicht unerhebliche Zahl privater Fachhochschulen, getragen besonders von den großen Religionsgemeinschaften.

Schrifttum:
Michael Hartmer/Hubert Detmer, Hochschulrecht: Ein Handbuch für die Praxis, 3. Aufl. 2016
Hermann Avenarius/Felix Hanschmann, Schulrecht: Ein Handbuch für Praxis, Rechtsprechung und Wissenschaft, 9. Aufl. 2019
Arne Pautsch/Anja Dillenburger, Kompendium zum Hochschul- und Wissenschaftsrecht, 2. Aufl. 2016

k) Medienrecht

376 Ausgangspunkt des Medienrechts in der Bundesrepublik Deutschland ist Art. 5 Abs. 1 GG: Die Pressefreiheit und die Freiheit der Berichterstattung durch Rundfunk und

III. Verwaltungsrecht

Film werden gewährleistet. Das Recht der Druckmedien, also besonders der Zeitungen und Zeitschriften, ist überwiegend in den Landespressegesetzen geregelt. Für die elektronischen Medien Fernsehen und Rundfunk sind von den Ländern Mediengesetze und Rundfunkgesetze erlassen und untereinander Staatsverträge geschlossen worden. Letztere regeln auch, zusammen mit dem Telemediengesetz, die Telemedien, also elektronische Informations- und Kommunikationsdienste, die über das Internet zugänglich sind. Dieser Bereich ist bis auf wenige Sondermaterien *Sache der Länder*, wobei auch hier die Tendenz zur Vereinheitlichung deutlich ist.

Die *Pressetätigkeit*, die Gründung und der Betrieb von Presseunternehmen ist frei, die öffentliche Aufgabe der Presse als Mitwirkung an der Meinungsbildung ist anerkannt. Hierzu besitzen Vertreter der Presse – wie die anderer Medien – Auskunftsrechte gegenüber den Behörden (zB § 5 Medienstaatsvertrag, Pressegesetze der Länder). Auskünfte dürfen nur verweigert werden, soweit die sachgemäße Durchführung eines schwebenden Verfahrens beeinträchtigt werden könnte, besondere Geheimhaltungsvorschriften dies verlangen, ein überwiegendes öffentliches oder schutzwürdiges privates Interesse verletzt würde oder auch, wenn der Aufwand für die Auskunft unzumutbar wäre. Dafür ist die Presse zu besonderer Sorgfalt für Wahrheit, Inhalt und Herkunft der Informationen verpflichtet. 377

Eine *Zensur* findet nicht statt. Diese für die Presse- und Rundfunkfreiheit zentrale Bestimmung des Art. 5 Abs. 1 S. 3 GG betrifft die Vorzensur: Eine Genehmigungspflicht vor der Veröffentlichung besteht in keinem Fall. Allerdings befreit dies nicht von der Verantwortung für den Inhalt der Veröffentlichung. Strafbare oder sonst rechtswidrige Inhalte wie Beleidigungen anderer Personen, Verleumdungen oder Geheimnisverrat sind unzulässig und unterliegen den allgemein vorgesehenen Sanktionen. Die Beschlagnahme von Druckwerken kann allerdings nur unter sehr engen Voraussetzungen erfolgen; sie kann nur vom Richter angeordnet werden. Die Beschlagnahme allein durch die Polizei zur Abwehr einer Gefahr etwa für die Landesverteidigung nach allgemeinem Polizeirecht ist deshalb nicht möglich, wenn nicht ein zuständiger Richter zugestimmt hat. 378

Die Funktion der Presse im demokratischen Prozess wird durch umfangreiche *Zeugnisverweigerungsrechte* gesichert (zB § 53 Abs. 1 Nr. 4 StPO). Journalisten sind nicht verpflichtet, ihre Informationsquellen offenzulegen, auch wenn ihre Informanten sich strafbar gemacht haben. 379

Wer von Behauptungen der Presse betroffen ist, besitzt unabhängig von der Richtigkeit der Behauptung ein Recht auf Veröffentlichung einer *Gegendarstellung* in angemessenem Umfang. 380

Ein immer wieder diskutiertes Problem ist die Reichweite der sogenannten *inneren Pressefreiheit*. Es betrifft das Verhältnis zwischen dem einzelnen Journalisten einerseits und dem Verleger als Eigentümer des Presseunternehmens andererseits. Die damit aufgeworfenen Fragen sind nach den Grundsätzen zu lösen, die die Lehre von der mittelbaren Drittwirkung der Grundrechte bereithält. Herrschend ist eine Art Stufentheorie. Der einzelne Journalist ist auch gegenüber dem Verleger oder der Verlagsleitung grundsätzlich frei in der Darstellung von Einzelheiten in seinen Beiträgen. Über die generelle, besonders die politische Ausrichtung des Druckwerkes insgesamt aber bestimmt der Verleger verbindlich, mit ihr darf sich der Journalist nicht in Widerspruch setzen. 381

B. Öffentliches Recht

382 Eine Reihe von Bestimmungen wie diejenigen über die öffentliche Aufgabe der Presse, Auskunftsrechte, Gegendarstellungsansprüche und Zeugnisverweigerungsrechte gelten nach Landesrecht in unterschiedlicher Form auch für die *elektronischen Medien*. Deutlicher noch als das Presserecht ist die Rechtslage hier gekennzeichnet durch das grundrechtlich vorgegebene Bestreben, eine vielfältige, ausgewogene Medienlandschaft zu sichern, in der alle relevanten gesellschaftlichen Kräfte angemessen zur Geltung kommen können.

383 Als früher aus technischen Gründen nur wenige Sendekanäle zur Verfügung standen, war deshalb aller Rundfunk in *staatlicher Trägerschaft*, allerdings frei von Regierungsweisungen. Für einen Teil der Sender ist dies heute noch der Fall. Das Zweite Deutsche Fernsehen (ZDF) ist durch einen Staatsvertrag der Bundesländer konstituiert. Die Arbeitsgemeinschaft der öffentlich-rechtlichen Rundfunkanstalten der Bundesrepublik Deutschland (ARD) ist ein Zusammenschluss der von den Bundesländern getragenen einzelnen Sendeanstalten, also etwa dem Westdeutschen Rundfunk (WDR), dem Bayerischen Rundfunk (BR) oder dem Norddeutschen Rundfunk (NDR). Sie werden aufgrund des Rundfunkbeitragsstaatsvertrages durch öffentlich-rechtliche Gebühren finanziert, die jeder bezahlen muss, der ein Empfangsgerät besitzt. Andererseits ist ihnen die Ausstrahlung von Werbesendungen nur eingeschränkt erlaubt. Gleichzeitig ist dafür Sorge getragen, dass der Rundfunk nicht zum verlängerten Arm der jeweiligen Regierung wird, weil er in der Form selbstständiger Anstalten des öffentlichen Rechts organisiert ist. Diese Anstalten sind Träger der Rundfunkfreiheit aus Art. 5 Abs. 1 GG. Sie sind zu objektiver Berichterstattung verpflichtet.

384 Trotz Unterschieden im Einzelnen sind sie ähnlich organisiert. In ihrer *inneren Struktur* verfügen sie über drei Organe. Hauptorgan ist der Rundfunkrat oder Fernsehrat, der sich aus Vertretern der gesellschaftlich relevanten Gruppen zusammensetzt. Dazu gehören Vertreter von politischen Parteien, Religionsgemeinschaften, Gewerkschaften, Arbeitgeber- und Berufsverbänden, Presse- und Journalistenverbänden, Verbänden der freien Wohlfahrtspflege. Dieser Rat stellt allgemeine Richtlinien für die Sendungen auf, überwacht ihre Einhaltung und die rechtlich vorgesehenen Programmgrundsätze. Der daneben bestehende kleinere und ebenfalls gesellschaftlich paritätisch, aber auch mit Regierungsvertretern besetzte Verwaltungsrat ist im Wesentlichen für ökonomische Fragen und wichtige Personalentscheidungen zuständig. Dem vom Verwaltungsrat auf Zeit gewählten Intendanten obliegt die Geschäftsführung im Einzelnen und die Vertretung der Anstalt nach außen.

385 Die Landesmediengesetze haben, nachdem die technische Entwicklung eine Vielzahl von Rundfunk- und Fernsehprogrammen möglich gemacht hat, den Markt auch für *private Anbieter* geöffnet. Nunmehr kann der Markt die grundgesetzlich verbindliche und angestrebte Vielfalt der Meinungen, die Repräsentation möglichst aller relevanten gesellschaftlichen Gruppen und Vorstellungen gewährleisten. Die privaten Medien finanzieren sich ausschließlich privatwirtschaftlich, vornehmlich durch die Ausstrahlung von Werbesendungen. Auch hier muss freilich die grundgesetzliche Verpflichtung auf eine freie, vielfältige Presse- und Medienordnung gesichert werden, etwa gegen unzulässige Monopole. Dies geschieht durch die zwei alternativen Grundsätze des *Außenpluralismus* einerseits und des *Binnenpluralismus* andererseits. Solange ein pluralistisches System durch genügend einzelne, voneinander unabhängige Anbieter gesichert ist, bleibt ihre innere Struktur und ihre Programmgestaltung ihnen im Wesentlichen selbst überlassen. Wäre dies nicht mehr der Fall, wären sie auf die Verwirklichung

III. Verwaltungsrecht

eines Binnenpluralismus verpflichtet: In ihrer inneren Struktur müssten dann die gesellschaftlichen Kräfte ähnlich wie bei den öffentlich-rechtlichen Anstalten repräsentiert sein.

Private Anbieter bedürfen einer Genehmigung, die von einer *Landesmedienanstalt* erteilt wird. Die Landesmedienanstalten besitzen das Recht der Selbstverwaltung, sind also in der Sache keiner Regierungsweisung unterworfen. Organe der Medienanstalten sind in der Regel eine Versammlung und ein Direktor. Die Versammlung besteht aus Vertretern der gesellschaftlich relevanten Gruppen, auch der Landesregierung. Die Versammlung überwacht unter anderem die Ausgewogenheit der Programme in ihrer Gesamtheit, entscheidet über die Rangfolge für die Verbreitung von Programmen über Kabelanlagen und stimmt gegebenenfalls der Zuweisung von Übertragungskapazitäten an bestimmte Anbieter zu. Der Direktor wird von der Versammlung bestellt. Er vertritt die Medienanstalt und führt die Geschäfte.

Schrifttum:
Frank Fechner, Medienrecht. 21. Aufl. 2021
Marian Paschke/Wolfgang Berlit/Claus Meyer, Hamburger Kommentar. Gesamtes Medienrecht, 4. Aufl. 2021

l) Straßenverkehrsrecht

Der moderne Massenverkehr hat das Straßenverkehrsrecht zu einem detailliert ausgearbeiteten Rechtsgebiet werden lassen. Die Grundregelungen enthält das Straßenverkehrsgesetz (StVG). Die Straßenverkehrsordnung (StVO) mit ihren Bestimmungen über Verhaltenspflichten und Verkehrszeichen, die Straßenverkehrszulassungsordnung (StVZO) mit Maßgaben zur Betriebserlaubnis der Kraftfahrzeuge und endlich die Fahrerlaubnis-Verordnung (FeV) zur Regelung der Fahrerlaubnis treten hinzu. Wer ein Kraftfahrzeug führen will, braucht einen Führerschein als *Fahrerlaubnis* (§ 2 Abs. 1 StVG). Normale Personenkraftwagen dürfen im Allgemeinen erst mit Vollendung des 18. Lebensjahres selbstständig geführt werden, nachdem die erforderliche Prüfung abgelegt worden ist. Fahrerlaubnisse sind in unterschiedliche Klassen eingeteilt.

Jedes Kraftfahrzeug, das am öffentlichen Verkehr teilnimmt, muss bei der Kraftfahrzeugzulassungsstelle *angemeldet und haftpflichtversichert* sein, damit bei einem Unfall gegebenenfalls Schadensersatz erlangt werden kann. Wer in erheblicher Weise gegen Straßenverkehrsvorschriften verstößt, kann von der Behörde oder dem Gericht mit einem Fahrverbot bis zu drei Monaten belegt werden (§ 25 StVG); wenn er sich als ungeeignet zum Führen von Kraftfahrzeugen erweist, muss ihm von der Verwaltungsbehörde die Fahrerlaubnis gänzlich entzogen werden (§ 3 Abs. 1 StVG). Wer ohne die erforderliche Fahrerlaubnis dennoch ein Kraftfahrzeug im öffentlichen Verkehr führt, macht sich strafbar (§ 21 StVG).

Für *Schäden* aus dem Betrieb eines Kraftfahrzeuges ist neben dessen Führer regelmäßig auch dessen Halter verantwortlich (§ 7 StVG). Halter ist derjenige, der das Fahrzeug für eigene Rechnung in Gebrauch hat und die dafür erforderliche Verfügungsgewalt besitzt; meist wird das derjenige sein, auf den das Fahrzeug zugelassen ist.

Im Straßenverkehr hat sich jeder Verkehrsteilnehmer so zu *verhalten*, dass kein anderer geschädigt, gefährdet oder mehr als nach den Umständen unvermeidbar behindert oder belästigt wird (§ 1 Abs. 2 StVO). Wer einen Blutalkoholgehalt von 0,5 Promille oder mehr im Körper hat, darf im Straßenverkehr kein Kraftfahrzeug führen, andernfalls handelt er jedenfalls ordnungswidrig (§ 24 a Abs. 1 StVG).

Schrifttum:
Peter Hentschel/Peter König/Peter Dauer, Straßenverkehrsrecht. Kommentar, 47. Aufl. 2023

m) Wirtschaftsverwaltungsrecht

391 Das Grundgesetz hat nach heute ganz herrschender Auffassung *kein bestimmtes Wirtschaftssystem* errichtet. Weder ist die soziale Marktwirtschaft, wie die gegenwärtig bestehende Wirtschaftsordnung zumeist benannt wird, verfassungskräftig verankert, noch lässt sich eine Verpflichtung auf strikten Wettbewerb aus dem Grundgesetz folgern. Vielmehr öffnet die Verfassung diesen Bereich weitgehend freier Gestaltung durch den Gesetzgeber. Gleichzeitig normiert sie jedoch einzelne *verbindliche Strukturen*, Institutionen und Regeln. Besonders die Grundrechte bilden hier wichtige Fixpunkte: Jede Wirtschaftsordnung unter dem Grundgesetz muss die Garantie des Eigentums wahren, die Berufsfreiheit achten, Koalitions- und Vereinigungsfreiheit, Gleichbehandlung und freie Entfaltung der Persönlichkeit auch in wirtschaftlicher Hinsicht gewährleisten. Andererseits ermöglicht Art. 15 GG durchaus die Vergesellschaftung wichtiger Produktionsmittel gegen gerechte Entschädigung. Überragende Bedeutung gerade im Wirtschaftsverwaltungsrecht hat inzwischen das Recht der Europäischen Union erlangt.

392 Unter Wirtschaftsverwaltungsrecht versteht man deshalb nicht die verwaltungsmäßige Lenkung des Wirtschaftssystems, sondern die rechtliche Ordnung der vielfältigen und unterschiedlichen *Interventionen des Staates* in die Wirtschaft hinein, sei es durch Eingriffe oder durch Leistungen, um des Florierens der Wirtschaft willen, aber besonders auch zum Schutz von Verbrauchern und Allgemeinheit.

393 Auch dieser gesamte Bereich ist den *Grundsätzen* verpflichtet, die das Stabilitäts- und Wachstumsgesetz (StWG) für die Wirtschaftspolitik aufrichtet. Bund und Länder haben bei ihrer Wirtschafts- und Finanzpolitik die Erfordernisse des gesamtwirtschaftlichen Gleichgewichts zu beachten. Sie müssen eine Politik betreiben, die im Rahmen der marktwirtschaftlichen Ordnung gleichzeitig zur Stabilität des Preisniveaus, zu einem hohen Beschäftigungsstand und zu außenwirtschaftlichem Gleichgewicht bei stetigem und angemessenem Wirtschaftswachstum beiträgt.

394 Die *berufliche Betätigung* ist frei (Art. 12 Abs. 1 GG). Lediglich im legitimen öffentlichen Interesse können besondere Voraussetzungen der Wahl und Ausübung einer Tätigkeit bei strikter Wahrung des Verhältnismäßigkeitsgrundsatzes aufgestellt werden. Die meisten wirtschaftlichen Betätigungen müssen der zuständigen Behörde entweder angezeigt werden oder bedürfen einer Genehmigung. Anzeigepflichtige Tätigkeiten können bei Verstoß gegen gesetzliche Bestimmungen verboten werden.

395 Das Wirtschaftsverwaltungsrecht ist insgesamt in *zahlreichen Gesetzen* verstreut. Die klassischen Materien sind besonders in der Gewerbeordnung (GewO) geregelt. Sie gilt für den Betrieb eines Gewerbes, wobei der Begriff des Gewerbes gesetzlich aber nur negativ bestimmt ist (§ 6 GewO). Kein Gewerbe ist die Ausübung der sogenannten freien Berufe des Arztes, Rechtsanwalts, Wirtschaftsprüfers oder Notars, auch nicht die Urproduktion wie die Land- und Forstwirtschaft, die Fischerei oder der Bergbau. Positiv lässt sich Gewerbe als die industrielle und handwerkliche Produktion und Verarbeitung, der Groß-, Einzel- und Kleinhandel und die wirtschaftlichen Dienstleistungen

definieren. Die GewO enthält Bestimmungen über die Anzeige- oder Genehmigungspflicht von gewerblichen Tätigkeiten. Die Detailregelungen über die Ausübung des Gewerbes, den Schutz von Arbeitnehmern und die Ausgestaltung von Betriebsräumen, etwa die Sauberkeit von Restaurantküchen oder das Offenhalten von Fluchtwegen sind inzwischen in gewerberechtlichen Spezialgesetzen geregelt (vgl. zum Beispiel das Arbeitsschutzgesetz). Die Überwachung der Einhaltung dieser Vorschriften richtet sich, sofern keine Spezialregelung besteht, hingegen weiterhin nach der Gewerbeordnung (vgl. zum Beispiel das Informationsrecht nach § 11 GewO oder die Möglichkeit der Verhängung eines Bußgeldes nach §§ 144 ff. GewO).

Zum Schutz von Verbrauchern und Geschäftspartnern ist eine der bisweilen vielfältigen Voraussetzungen rechtmäßiger beruflicher Tätigkeit regelmäßig die Zuverlässigkeit des Betreibers. So kann die Erlaubnis zum Betrieb einer Gaststätte nach dem Gaststättengesetz des Bundes (GastG) versagt werden, wenn der Antragsteller nicht die erforderliche Zuverlässigkeit besitzt, weil er befürchten lässt, dass er die Vorschriften des Gesundheits- und Lebensmittelrechts nicht einhalten wird (§ 4 Abs. 1 GastG). Die Genehmigung kann zum Beispiel zurückgenommen werden, wenn der Wirt illegalen Rauschmittelhandel in seiner Gaststätte duldet. Was im Einzelnen Voraussetzung der Zuverlässigkeit ist, lässt sich nicht nach allgemeinen Kriterien, sondern nur im Blick auf die besonderen Erfordernisse der konkreten Tätigkeit bestimmen.

396

Wichtige Aufgaben nimmt der Bund in der Wirtschaftsverwaltung häufig durch bundesweit zuständige *Bundesoberbehörden* wahr wie das Bundeskartellamt zur Wahrung des Wettbewerbs oder das Bundesamt für Güterverkehr. Bisweilen sind auch *bundesunmittelbare Körperschaften und Anstalten des öffentlichen Rechts* tätig, etwa die Bundesanstalt für Finanzdienstleistungsaufsicht zur Aufsicht über Kreditinstitute oder die Bundesanstalt für Landwirtschaft und Ernährung. Wichtige Funktionen erfüllt auch das Bundesamt für Wirtschaft und Ausfuhrkontrolle. Die Herstellung und Ausfuhr von Kriegswaffen bedarf nach dem Kriegswaffenkontrollgesetz (KWKG) und dem Außenwirtschaftsgesetz (AWG) der Genehmigung und unterliegt der Überwachung. In Spannungsgebiete dürfen Kriegswaffen und kriegstaugliches Gerät aus Deutschland im Interesse des internationalen Friedens grundsätzlich nicht geliefert werden, zu dem seinen Beitrag zu leisten Deutschland nach der Präambel und Art. 1 Abs. 2 GG verpflichtet ist.

397

Nicht unerhebliche Bedeutung besitzt die *Selbstverwaltung der Wirtschaft* in Form von Körperschaften des öffentlichen Rechts zur Vertretung der Interessen ihrer Mitglieder. Regelmäßig besteht hierbei Zwangsmitgliedschaft der Betroffenen. Der demokratisch geprägten Grundidee entsprechend sollen durch diese Körperschaften die Betroffenen ihre Angelegenheiten selbst verwalten; aber auch ihr Sachverstand und ihr Engagement sollen im Interesse des Gemeinwohls nutzbar gemacht werden. Die Industrie- und Handelskammern nehmen nach dem Industrie- und Handelskammergesetz (IHKG) die Gesamtinteressen der in ihnen korporierten Gewerbetreibenden wahr. Sie unterstützen die Behörden durch ihre Sachkunde, wirken für die Wahrung von Anstand und Sitte des ehrbaren Kaufmannes und fördern die Berufsausbildung. Ähnliche Aufgaben erfüllen die Handwerkskammern aufgrund der Handwerksordnung (HandwO) für das Handwerk, in manchen Bundesländern bestehen Landwirtschaftskammern. Die Handwerksinnungen sind freiwillige Zusammenschlüsse der selbstständigen Handwerker desselben Handwerks oder verwandter Handwerke zur gemeinsamen Interessenvertretung (§§ 52 ff. HandwO).

398

B. Öffentliches Recht

399 Als besonderer Bereich der berufsständischen Selbstverwaltung gelten die *Kammern* der freien Berufe wie die Ärztekammern, Rechtsanwaltskammern oder Wirtschaftsprüferkammern, bei denen für die jeweiligen Berufsangehörigen regelmäßig ebenfalls eine Zwangsmitgliedschaft besteht. Sie achten auf die Einhaltung der berufsständischen Regeln wie das Sachlichkeitsgebot und die Werbeverbote für Rechtsanwälte. Für Rechtsanwälte gibt es daneben eine besondere Berufsgerichtsbarkeit, die Ehrengerichtsbarkeit, die bei Pflichtverletzungen des Rechtsanwalts Maßnahmen von der Warnung bis zur Ausschließung aus der Rechtsanwaltschaft verhängen kann.

400 Zu einem Hauptinstrument der Wirtschaftspolitik ist die *Subvention* geworden. Dies sind in sehr verschiedener Form erbrachte Finanzhilfen des Staates zur Wirtschaftsförderung. In großem Umfang wird Gesellschafts- und Wirtschaftspolitik mit ihnen betrieben. Nur in sehr seltenen Fällen beruhen Subventionen in ihrer konkreten Gestalt auf einem Gesetz. Vielmehr werden sie regelmäßig nur aufgrund eines Ansatzes im Haushaltsgesetz nach Maßgabe von Richtlinien der Exekutive vergeben. Solche Subventionsleistungen besitzen oft belastende Wirkungen für Konkurrenten des Begünstigten, weil sie die Marktlage zu ihren Lasten verändern. Soweit sie die Chancengleichheit im Wettbewerb oder die Wettbewerbsfreiheit überhaupt (Art. 3 Abs. 1, 2 Abs. 1 GG) verletzen kann, ist die Subventionsvergabe ein Verwaltungsakt mit Drittwirkung; der betroffene Konkurrent kann gegen rechtswidriges Verhalten der Behörde gerichtlich vorgehen. Abgesehen davon können staatliche Subventionen gegen das *europäische Beihilfeverbot* (Art. 107 Abs. 1 AEUV) verstoßen und deshalb unzulässig sein. Hintergrund dieses Verbotes ist, dass staatliche Subventionen in den Wettbewerb innerhalb der Europäischen Union eingreifen und ihn verfälschen können. Unter staatlichen Beihilfen an Unternehmen oder bestimmte Wirtschaftszweige sind dabei alle staatlichen Begünstigungen zu verstehen, denen keine marktgerechte Gegenleistung gegenübersteht. Staatliche Beihilfen, die sozialen Zwecken oder zum Beispiel der Förderung wirtschaftlich schwacher Regionen dienen, können jedoch ausnahmsweise zulässig sein (Art. 107 Abs. 2, 3 AEUV).

Schrifttum:
Werner Frotscher/Urs Kramer, Wirtschaftsverfassungs- und Wirtschaftsverwaltungsrecht, 7. Aufl. 2019
Winfried Kluth, Öffentliches Wirtschaftsrecht, 2019
Rolf Stober/Stefan Korte, Öffentliches Wirtschaftsrecht – Allgemeiner Teil, 19. Aufl. 2018
Rolf Stober/Sven Eisenmenger, Besonderes Wirtschaftsverwaltungsrecht, 17. Aufl. 2019
Jan Ziekow, Öffentliches Wirtschaftsrecht, 5. Aufl. 2020

n) Steuerrecht

401 Das geltende Steuerrecht ist überaus *unübersichtlich* und *zersplittert*, Versuche der Vereinfachung sind immer wieder gescheitert. Es gibt rund fünfzig verschiedene Steuerarten und mehr als einhundert Steuergesetze allein des Bundes. Er ist für die Steuergesetzgebung in der Regel zuständig; die Länder besitzen praktisch bedeutsame Rechtsetzungsbefugnisse vor allem für die örtlichen Verbrauch- und Aufwandsteuern wie etwa die Hundesteuer oder die Vergnügungsteuer, die Realsteuern, das sind Grundsteuer und Gewerbesteuer, und die Kirchensteuer (Art. 105, 106 GG, Art. 140 GG iVm Art. 137 Abs. 6 WRV).

402 Die Steuer ist das bedeutsamste Mittel zur Deckung des staatlichen Finanzbedarfs. Allgemeine Regeln und Verfahren für die wichtigsten Steuern sind in der Abgabenordnung (AO) geregelt. Sie bestimmt den *Begriff der Steuer* als Geldleistungen, die nicht eine Gegenleistung für eine besondere Leistung des Staates darstellen und von einem öffentlich-rechtlichen Gemeinwesen zur Erzielung von Einnahmen dem auferlegt werden, bei dem der Tatbestand zutrifft, an den das Gesetz die Leistungspflicht knüpft (§ 3 Abs. 1 Hs. 1 AO). Dabei kann die Erzielung von Einnahmen durchaus bloßer Nebenzweck sein; vielfältig werden Steuern zur sozialpolitischen und wirtschaftspolitischen Steuerung eingesetzt. Prägendes Merkmal der Steuer ist die Unabhängigkeit der Steuerpflicht von einer konkreten Gegenleistung des Staates. Der Steuerpflichtige kann auch nicht über die konkrete Verwendung seiner Leistung bestimmen, indem er zum Beispiel keinen Beitrag zu den Militärlasten leisten will und den entsprechenden Bruchteil seiner Steuerschuld auf ein Sperrkonto zahlt. Über die Verwendung der Steuern entscheidet verbindlich durch das Haushaltsgesetz allein das demokratisch gewählte Parlament; der einzelne Steuerpflichtige ist auf die Teilnahme am politischen Prozess verwiesen, um Einfluss hierauf zu nehmen.

Neben der Steuer gibt es auch *andere Geldleistungspflichten*, die zu Einnahmen des Staates führen, und für die teilweise andere Bestimmungen gelten als für die Steuer. Wichtig sind dabei die *Gebühren*, die für eine konkrete staatliche Leistung entrichtet werden müssen, etwa für die Zulassung eines Kraftfahrzeugs oder für die Erteilung einer Baugenehmigung. Sie unterliegen dem Äquivalenzprinzip und dem Kostendeckungsprinzip. Dies heißt, dass die Höhe der Gebühr den Wert der staatlichen Leistung nicht überschreiten und auch die Gesamtkosten der Leistungserbringung nicht übersteigen darf. 403

Diese Grundsätze gelten auch für die *Beiträge*, mit denen der Schuldner zum Bestand einer Einrichtung beiträgt, an der er ein individuelles Interesse hat. Wichtig sind etwa die Erschließungsbeiträge im Baurecht, durch die der Eigentümer an den Kosten der Erschließung seines Grundstückes durch Straßen, Strom- und Wasserleitungen beteiligt wird. 404

Sonderabgaben werden diejenigen Abgaben genannt, die weder Steuern noch Gebühren oder Beiträge sind. Sie sind nur als Ausnahme zulässig, um eine homogene Gruppe zur gemeinnützigen Finanzierung einer in der finanzwirtschaftlichen Verantwortlichkeit dieser Gruppe stehenden Aufgabe zu belasten. 405

Die *Einkommensteuer* ist im Einkommensteuergesetz (EStG) geregelt und wird als direkte Steuer auf die Einkünfte natürlicher Personen erhoben. Die steuerpflichtigen Einkünfte sind näher benannt; neben anderen sind dies solche aus selbstständiger und nichtselbstständiger Arbeit, aus Gewerbebetrieb, aus Vermietung und Verpachtung und aus Kapitalvermögen. Bei den Einkünften aus nichtselbstständiger Tätigkeit wird die Einkommensteuer als Lohnsteuer unmittelbar vom Arbeitgeber einbehalten und an das Finanzamt von ihm abgeführt. 406

Bei der Ermittlung des zu *versteuernden Einkommens* werden unter anderem Sonderausgaben, außergewöhnliche Belastungen und Freibeträge abgezogen. Von den Einkünften werden Betriebsausgaben und Werbungskosten abgezogen; dies sind Ausgaben, die der Einkunftserzielung dienen. Sie mindern das zu versteuernde Einkommen. Weil beim Lohnsteuerabzug viele individuelle Besonderheiten nicht berücksichtigt werden können, werden dem Steuerpflichtigen nachteilige Belastungsfehler nach Ende des Steuerjahres im Wege einer freiwilligen Veranlagung ausgeglichen, die den früher erfolgenden Lohnsteuerjahresausgleich ersetzt hat. Im Übrigen wird die Einkommensteuer 407 veranlagt, indem der Steuerpflichtige sein Einkommen beim Finanzamt jedes Jahr innerhalb bestimmter Fristen angibt.

408 Je nach den persönlichen Verhältnissen gibt es *verschiedene Steuerklassen*, die unterschiedlich hohe Belastungen zur Folge haben. Einkommen von Ehegatten werden in der Regel einem Splittingtarif unterworfen, wobei das von beiden erzielte Einkommen zusammengezählt und dann steuerlich so aufgeteilt wird, dass jedem Ehegatten die Hälfte des Gesamteinkommens zugerechnet wird. Dabei entstehen für die Steuerpflichtigen zum Teil erhebliche Ersparnisse.

409 Wer als Alleinstehender Erwerbseinkünfte von nicht mehr als 10.908 Euro (Stand: 1.1.2023) im Jahr erzielt, ist von jeglicher Einkommensteuer befreit. Danach wird in unterschiedlichen Progressionszonen das Gesamteinkommen anhand progressiver Tarife besteuert. Der jeweilige *Steuertarif* steigt darin an. Dabei liegt der Eingangssteuersatz bei 14 % (Stand: 01.01. 2023) und der Höchststeuersatz bei 45 % (Stand: 1.1.2023), der für Alleinstehende bei einem zu versteuernden Einkommen von 277.826 Euro (Stand: 1.1.2023) erreicht ist.

410 Die wichtigste Verbrauchsteuer ist die im Umsatzsteuergesetz (UStG) geregelte indirekte Umsatzsteuer in Form der *Mehrwertsteuer*. Ihr unterliegen alle Lieferungen und Leistungen, die ein Unternehmer im Rahmen seines Unternehmens ausführt sowie sein Eigenverbrauch. Der Steuersatz beträgt 19 Prozent (§ 12 Abs. 1 UStG), für bestimmte begünstigte Leistungen wie den Verkauf von Büchern, aber zum Beispiel auch Hotelübernachtungen 7 Prozent (§ 12 Abs. 2 UStG), den letztlich der Endverbraucher trägt und der regelmäßig im Endverkaufspreis der Ware oder Dienstleistung eingerechnet ist.

411 Der Erwerb von Todes wegen und Schenkungen werden nach dem *Erbschaft- und Schenkungsteuergesetz* (ErbStG) besteuert. Bei natürlichen Personen bestehen Freibeträge, die nach Verwandtschaftsgrad gestaffelt sind. Darüber hinausgehende Beträge werden nach einem nach Höhe der Zuwendung und dem Verwandtschaftsgrad gestaffelten Tarif besteuert.

412 Die *Körperschaftsteuer* ersetzt bei juristischen Personen, bestimmten Vermögensmassen und nichtrechtsfähigen Personenvereinigungen die Einkommensteuer nach dem Körperschaftsteuergesetz (KStG).

413 Alle Gewerbebetriebe unterliegen der *Gewerbesteuer*, die nach Maßgabe des Gewerbesteuergesetzes (GewStG) auf der Grundlage von Gewerbeertrag und Gewerbekapital des Betriebes erhoben wird. Ihr Aufkommen steht den Gemeinden zu, die einen sogenannten Hebesatz bestimmen können, der über die konkrete Höhe der Steuerschuld entscheidet (Art. 106 Abs. 6 GG).

414 Nach dem Grunderwerbsteuergesetz (GrEStG) unterliegt aller *Grundbesitz* einschließlich der grundstücksgleichen Rechte, wie etwa das Erbbaurecht, der Grunderwerbsteuer.

Schrifttum:
Dieter Birk/Marc Desens/Henning Tappe, Steuerrecht, 25. Aufl. 2022
Thomas Fetzer, Einführung in das Steuerrecht, 5. Aufl. 2019
Klaus Tipke/Joachim Lang, Steuerrecht, 24. Aufl. 2021

3. Verwaltungsprozessrecht

Für verwaltungsrechtliche Streitigkeiten steht grundsätzlich der Rechtsweg zu den allgemeinen Verwaltungsgerichten offen. Das Verfahren ist in der Verwaltungsgerichtsordnung (VwGO) geregelt. 415

Die Verwaltungsgerichtsordnung eröffnet den *Rechtsweg* in Ausführung der Rechtsschutzgarantie des Art. 19 Abs. 4 GG in allen öffentlich-rechtlichen Streitigkeiten, soweit sie nicht verfassungsrechtlicher Art sind oder durch besondere Vorschriften anderen Gerichten zugewiesen wurden (§ 40 Abs. 1 S. 1 VwGO). Die Ausnahme der verfassungsrechtlichen Streitigkeit betrifft vor allem Prozesse zwischen Verfassungsorganen, für die die Verfassungsgerichte zuständig sind. Sonderzuweisungen gelten neben anderen für besondere Verwaltungsbereiche: Sozialrechtliche Auseinandersetzungen sind den Sozialgerichten, steuerrechtliche den Finanzgerichten zugewiesen. Sie haben eigene Prozessgesetze; weisen diese Lücken auf, kommt aber die VwGO zum Zuge, hilfsweise gilt stets die Zivilprozessordnung (ZPO). Eine wichtige Sonderzuweisung enthält Art. 14 Abs. 3 GG. Für Streitigkeiten über die Höhe der Entschädigung bei einer Enteignung ist der ordentliche Rechtsweg, also die Zivilgerichtsbarkeit, zuständig. Dasselbe gilt für die Deliktshaftung des Staates (Art. 34 GG). 416

Im Verfahren der Verwaltungsgerichtsbarkeit gilt die *Inquisitionsmaxime*, auch Amtsermittlungsgrundsatz genannt. Danach hat das Gericht im Rahmen des Klagebegehrens den Sachverhalt von Amts wegen zu erforschen. Auf die Behauptung einer Tatsache durch eine Prozesspartei oder einen förmlichen Beweisantrag kommt es nicht an. Weil es um öffentliches Recht geht und deshalb stets das öffentliche Interesse mitschwingt, soll eine möglichst objektive Wahrheit festgestellt werden. 417

Rechtsschutz nach der VwGO ist aber in erster Linie *Schutz individueller, subjektiver Rechte*. Die Sorge um die Unversehrtheit der allgemeinen, objektiven Rechtsordnung als solcher kommt grundsätzlich nur als Folge dieses subjektiven Rechtsschutzes in Betracht. Deshalb reicht eine allgemeine Rechtsverletzung nicht aus, um die Befugnis zur Klage als wesentliche Zulässigkeitsvoraussetzung zu begründen. Die Prozessordnungen insgesamt vermeiden die sogenannte Popularklage, die im Falle irgendeiner Rechtsverletzung jedermann erheben könnte. Die Klagebefugnis setzt vielmehr voraus, dass der Kläger begründet behauptet, durch staatliches Handeln in seinen eigenen Rechten verletzt zu sein. Dabei muss eine solche Verletzung auch möglich sein. Ein solches subjektives Recht setzt voraus, dass die einschlägige Rechtsnorm gerade auch dem Schutz der Interessen des Betroffenen dienen soll. Ausnahmsweise ist auch eine *Verbandsklage* zulässig, wenn dies gesetzlich vorgesehen ist (vgl. § 42 Abs. 2 VwGO). So können zum Beispiel Verbände die Verletzung der Bundes- und Landesgesetze gegen die Benachteiligung von Menschen mit Behinderungen gerichtlich geltend machen, sofern sie über eine entsprechende Anerkennung verfügen (vgl. zB § 15 Abs. 1, 3 Gesetz zur Gleichstellung von Menschen mit Behinderungen – BGG). Ähnliche Regelungen finden sich auch für den Bereich des Umweltschutzes (vgl. § 64 Bundesnaturschutzgesetz, § 2, 3 Umwelt-Rechtsbehelfsgesetz – UmwRG) für anerkannte Naturschutzvereinigungen. Diese Tendenz zur Interessenklage, insbesondere für Umweltverbände, wird durch den Einfluss des Unionsrechts weiter verstärkt. 418

Die VwGO stellt *verschiedene Klagearten* zur Verfügung. Eine allgemeine, für alle Streitfragen gleichermaßen einschlägige Klageart gibt es nicht. Die einzelnen Klagearten unterscheiden sich allerdings nur wenig voneinander, besonders hinsichtlich der Fristen, innerhalb derer sie erhoben werden müssen, vor allem aber auch wegen des 419

B. Öffentliches Recht

Vorverfahrens, das bei einigen dieser Klagearten Zulässigkeitsbedingung ist. Gegen einen Verwaltungsakt wird mittels der *Anfechtungsklage* vorgegangen; soll der Erlass eines Verwaltungsaktes erreicht werden, ist die *Verpflichtungsklage* zu erheben (§ 42 VwGO). Beiden muss grundsätzlich ein sogenanntes *Widerspruchsverfahren* vorausgehen (§§ 68 ff. VwGO). Es dient dazu, der Verwaltung selbst die Möglichkeit zu geben, Fehler zu korrigieren. Gegen die dem Betroffenen ungünstige Entscheidung der Behörde muss er deshalb zunächst bei der Behörde selbst binnen Monatsfrist Widerspruch einlegen. Die Behörde muss dann die Entscheidung überdenken. Bleibt sie bei ihrer Auffassung, legt sie den Widerspruch der Widerspruchsbehörde vor, das ist in der Regel die nächsthöhere Behörde. Diese entscheidet endgültig und erlässt einen Widerspruchsbescheid. Erst danach kann der Kläger wiederum binnen Monatsfrist nach dem Widerspruchsbescheid die Sache vor das Verwaltungsgericht bringen.

420 Bei den übrigen Klagearten ist ein Widerspruchsverfahren nicht erforderlich, auch gibt es keine Klagefristen. Man unterscheidet hauptsächlich die *Feststellungsklage* (§ 43 VwGO), die Feststellungen über ein Rechtsverhältnis trifft, etwa über das Bestehen der deutschen Staatsangehörigkeit, und die *allgemeine Leistungsklage*, die sich auf ein tatsächliches Verhalten der Verwaltung richtet, zum Beispiel das Verlangen, eine ehrenrührige Behauptung zu widerrufen.

421 Als besondere Verfahrensart sieht § 47 VwGO die *Normenkontrolle* vor. Satzungen und bestimmte Rechtsverordnungen nach dem Baugesetzbuch, besonders Bebauungspläne, unterliegen der abstrakten Kontrolle der Oberverwaltungsgerichte auf Antrag von Personen, die durch die angegriffene Norm eine Rechtsverletzung erlitten haben. Auch Behörden können den Antrag stellen. Dasselbe gilt für die Überprüfung von Normen, die im Rang unter den Landesgesetzen stehen, soweit das jeweilige Landesrecht dies bestimmt, also etwa für Rechtsverordnungen des Landes oder Satzungen von Gemeinden. Die Länder haben die entsprechenden Regelungen in Ausführungsgesetzen zur Verwaltungsgerichtsordnung getroffen.

422 Da das verwaltungsgerichtliche Verfahren sehr langwierig sein kann, Rechtsschutz oft aber schnell kommen muss, um effektiv zu sein, bedarf es eines abgekürzten, vorläufigen Verfahrens. Hierzu stehen dem Betroffenen zwei Wege offen. Einerseits bestimmt § 80 VwGO, dass der Widerspruch gegen einen Verwaltungsakt und die Anfechtungsklage selbst *aufschiebende Wirkung* haben (§ 80 Abs. 1 VwGO). Legt der Betroffene also Widerspruch gegen den Verwaltungsakt ein oder erhebt er Klage, kann der Verwaltungsakt bis zur Rechtskraft der Entscheidung grundsätzlich nicht vollzogen werden. Der Betroffene ist hier also vorläufig geschützt. Die aufschiebende Wirkung kann allerdings durch die Anordnung der sofortigen Vollziehung wegen des öffentlichen oder wegen eines sonstigen überwiegenden Interesses verhindert werden. Bei bestimmten bezeichneten Verwaltungsakten, deren Vollziehung dringlich ist, wie bei unaufschiebbaren Maßnahmen von Polizeivollzugsbeamten, aber auch bei der Anforderung öffentlicher Abgaben und Kosten, entfällt die aufschiebende Wirkung von vornherein (§ 80 Abs. 2 VwGO). Stets kann aber auf Antrag die aufschiebende Wirkung vom Gericht oder von der Behörde wiederhergestellt oder erstmals angeordnet werden (§ 80 Abs. 4, 5 VwGO).

423 In anderen Verfahren kann das Gericht auf Antrag eine *einstweilige Anordnung* gemäß § 123 VwGO erlassen, um schnell zu helfen. Für das Normenkontrollverfahren folgt Entsprechendes aus § 47 Abs. 6 VwGO. Mit der einstweiligen Anordnung kann die Rechtslage vorläufig festgestellt oder geregelt werden, bis eine Entscheidung im Haupt-

sacheverfahren ergangen ist. Dies kann – und muss – oft innerhalb sehr kurzer Zeit geschehen. Deshalb sind die Anforderungen an das Verfahren weniger streng als im Hauptsacheverfahren. Das Gericht kann ohne mündliche Verhandlung, selbst ohne den Gegner zu hören, aufgrund einer bloß oberflächlichen Beurteilung der Rechtslage entscheiden. Allerdings wird meist sehr sorgfältig geprüft. Die Entscheidung darf grundsätzlich bloß vorläufige Wirkung haben, also die Entscheidung in der Hauptsache nicht vorwegnehmen. Nicht selten wird aber gar kein Hauptsacheverfahren betrieben oder fortgeführt, weil sich die Beteiligten mit dem Beschluss im einstweiligen Rechtsschutzverfahren zufriedengeben.

Schrifttum:
Friedhelm Hufen, Verwaltungsprozessrecht, 12. Aufl. 2021
Ferdinand Kopp/Wolf-Rüdiger Schenke, Verwaltungsgerichtsordnung. Kommentar, 28. Aufl. 2022
Konrad Redeker/Hans Joachim von Oertzen, Verwaltungsgerichtsordnung. Kommentar, 17. Aufl. 2021
Wolf-Rüdiger Schenke, Verwaltungsprozessrecht, 17. Aufl. 2021
Thomas Würtenberger/Dieter Heckmann, Verwaltungsprozessrecht. Ein Studienbuch, 4. Aufl. 2018

C. Strafrecht

I. Geschichte und System

1. Geschichte

424 Gemeinhin führt man die Geschichte des deutschen Strafrechts zurück bis in die *germanische Zeit*, die bis zum Ende der Völkerwanderung im 6. Jahrhundert reicht. Es ist im Wesentlichen eine europäische Strafrechtsgeschichte. Die aus heutiger Sicht strafrechtliche Reaktion auf Rechtsbrüche war im germanischen wie wohl in allen archaischen Rechten gekennzeichnet durch Bußleistungen des Täters an den Verletzten oder seine Sippe und durch die Sippenfehde als private Sühnung der Tat. Möglicherweise hat es bei schweren Verletzungen von Gemeinschaftspflichten wie Kriegsverrat oder Kultverbrechen schon öffentliche Strafen gegeben. Grundsätzlich bestimmte der Erfolg der Handlung die Schwere der Tat; es wurde allerdings schon früh zwischen gewollten Taten und solchen, die aus Versehen geschahen, unterschieden.

425 Die *fränkische Zeit* seit der Gründung des Merowingerreiches bis zur Reichsteilung (Ende des 5. bis Mitte des 9. Jahrhunderts) brachte eine Stärkung der zentralen Strafgewalt und die Verankerung des Strafrechts in schriftlichen Rechtsquellen. Die fortwirkende Kraft des römischen Rechts und der Einfluss des Christentums begünstigten die Entwicklung der öffentlichen Strafe und das Zurückdrängen der Privatfehde. Einzelne Stammesrechte wurden, wie die Lex Salica um 500, lateinisch aufgezeichnet.

426 Das *Mittelalter* bis etwa 1500 ist gekennzeichnet durch das Erstarken der Territorien gegenüber der Zentralgewalt des Reiches. Die Strafgewalt ging auf die Territorien, Städte und kleinen Hoheitsträger über. Dadurch wurde die Entwicklung zur öffentlichen Strafe begünstigt, gleichzeitig aber auch die Zersplitterung des Strafrechts und seine zunehmende Härte, ja Grausamkeit mit Leibesstrafen und Folter. In der Ritterschaft blühte das Fehdewesen, außerhalb befestigter Orte war die Sicherheit ständig bedroht. Besonders die Städte mit ihren Handelsinteressen reagierten mit entschiedener Härte, Folter und summarischen Verfahren.

427 Private Aufzeichnungen des regionalen Gewohnheitsrechts wie der Sachsenspiegel um 1230 durch *Eike von Repgow* und der Schwabenspiegel von 1275 gaben auch der Strafrechtspflege eine Grundlage. Das Reich und die Kirche versuchten durch die Landfriedensbewegung und durch die Gottesfrieden das Fehdewesen einzudämmen und befriedete Zeiten und Räume zu schaffen, was aber erst zu Ende des Mittelalters mit dem Ewigen Landfrieden von 1495 einigermaßen gelang.

428 Für die Entwicklung des öffentlichen Strafrechts war wie für andere Rechtsbereiche die *Rezeption des römischen Rechts* seit dem 12. Jahrhundert von zentraler Bedeutung. Das durchgeformte römische Recht begünstigte die Bildung eines weltlichen Juristenstandes und wurde in der kirchlichen Rechtspflege seit dem 13. Jahrhundert in Deutschland praktiziert. Es entsprach der Legitimation des Reiches als Heiliges Römisches Reich in der Nachfolge des antiken Rom und diente andererseits der Konstituierung und Verwaltung der Territorialherrschaften.

429 Die Bemühungen um ein *reichseinheitliches Strafrecht* kulminierten in der Constitutio Criminalis Carolina Kaiser *Karls V.* von 1532, dem ersten gemeindeutschen Strafgesetzbuch überhaupt. Sie umfasste die wesentlichsten Vorschriften über Verbrechen und Strafen und war vornehmlich eine Prozessordnung. Schuldprinzip, Rechtfertigungsgründe, Versuch und Teilnahme, die Formulierung einzelner Deliktstatbestände er-

I. Geschichte und System

C.

scheinen bereits als Ausdruck der Idee der Gesetzmäßigkeit. Prozessrechtlich wurde die Folter an gesetzliche Voraussetzungen gebunden und der Inquisitionsprozess, also die vollständige Erforschung des Sachverhaltes durch das Gericht, geordnet. Zur weiteren Durchbildung des Verfahrensrechts traten die Reichspolizeiordnungen von 1530, 1548 und 1577 hinzu. Die in deutscher Sprache verfasste Constitutio Criminalis Carolina, auch Peinliche Halsgerichtsordnung genannt, beruhte im Wesentlichen auf der von *Johann von Schwarzenberg* (1465–1528) verfassten Constitutio Criminalis Bambergensis. In einzelnen deutschen Territorien galt sie jedenfalls als subsidiäre Rechtsquelle bis zum Inkrafttreten des Strafgesetzbuches des Norddeutschen Bundes von 1870.

Bedeutenden Einfluss zur Bildung eines gemeindeutschen Strafrechts erlangte seit dem 17. Jahrhundert die *Strafrechtswissenschaft*, die besonders von italienischen und spanischen Juristen und durch das kanonische Recht befruchtet wurde. *Benedict Carpzov* (1595–1666), *Johann Samuel Friedrich Böhmer* (1704–1772) und *Christian Thomasius* (1655–1728) können als die wohl bedeutendsten Namen genannt werden. *Thomasius* steht besonders für die Bekämpfung der Hexenverfolgung und verkörpert den Beginn der Aufklärung in Deutschland zusammen mit *Samuel Pufendorf* (1632–1694) und *Christian Wolff* (1679–1754).

430

Die Strafrechtswissenschaft beginnt in dieser Zeit nach dem *Zweck der Strafe* zu fragen und fasst das Strafrecht nach Gründen der Vernunft. Damit findet es seine Grundlagen in Gemeinwohl, Gesetzlichkeit und dem Recht der einzelnen Person. Wie alles staatliche Recht wird auch das Strafrecht in dieser Zeit in starkem Maße säkularisiert, verliert also seine religiösen und theologischen Bindungen weitgehend. Freiheitsstrafen treten in den Vordergrund des Sanktionensystems. *Jeremy Bentham* und *Cesare Beccaria* erlangen in Deutschland wesentlichen Einfluss. *Friedrich II.* schafft bei seinem Regierungsantritt in Preußen 1740 die Folter ab. System und Gesetz, Allgemeinheit und Öffentlichkeit, vor allem aber auch Humanität und Gerechtigkeit bilden Schlüsselideen der Aufklärung, die in der Kodifikationsbewegung des 18. Jahrhunderts auch für das Strafrecht wirksam werden: das Preußische Allgemeine Landrecht von 1794, die Constitutio Criminalis Theresiana für Österreich aus dem Jahre 1768, der Codex Juris Criminalis Bavarici für Bayern von 1751.

431

Der französische code pénal von 1810 und das bayrische Strafgesetzbuch von 1813, letzteres geschaffen von *Paul Johann Anselm von Feuerbach* (1755–1833), begründen vor diesem Hintergrund das *Strafrecht des 19. Jahrhunderts* in Deutschland. Seine Entwicklung ist durch die Kodifizierung in zahlreichen deutschen Staaten gekennzeichnet, gleichzeitig hielt die Strafrechtswissenschaft das Bewusstsein eines gemeinen deutschen Strafrechts aufrecht. Das preußische Strafgesetzbuch von 1851 bildete die Grundlage für das Strafgesetzbuch des Norddeutschen Bundes von 1870, dessen Geltung, jetzt als Reichsstrafgesetzbuch von 1871, auf das ganze neugegründete Deutsche Reich erstreckt wurde. Das Reichsstrafgesetzbuch gilt noch heute nach zahlreichen Änderungen und der vollständigen Neustrukturierung des Allgemeinen Teils von 1975 in der Neubekanntmachung von 1998. Noch untergeordnete, aber wachsende Bedeutung besitzt der Einfluss des Rechts der Europäischen Union auf das Strafrecht.

432

Die *Weimarer Republik* hat zahlreiche Reformvorhaben ins Werk gesetzt. Die Strafvollzugsreform und die Einführung eines besonderen Jugendstrafrechts ragen hier heraus. Der Nationalsozialismus hat auch das Strafrecht pervertiert; das Regime führte die Zulässigkeit der Analogie im Strafrecht ein, die die Alliierten nach dem Ende des Zweiten Weltkrieges ebenso wieder beseitigten wie die Möglichkeit, Sittlichkeitsverbre-

433

C. Strafrecht

cher zu entmannen. Nicht von nationalsozialistischen Vorstellungen geprägt erscheinen dagegen die Konzeption des Jugendkriminalrechts von 1943, die Maßregeln zur Sicherung und Besserung und die fakultative Strafmilderung bei verminderter Zurechnungsfähigkeit von 1933, die in das heute geltende Strafrecht eingeflossen sind.

2. System

434 Das deutsche Strafrecht ist zunächst im *Strafgesetzbuch* (StGB) enthalten. In seinem Allgemeinen Teil normiert es die für das gesamte Strafrecht geltenden Strukturprinzipien wie die Bestimmungen über den Geltungsbereich, die Begehungsformen wie Versuch und Vollendung, Vorsatz und Fahrlässigkeit, Täterschaft und Teilnahme, Begehungs- und Unterlassungsdelikte und das Sanktionensystem. Der Besondere Teil enthält die einzelnen Straftatbestände, wie etwa Straftaten gegen das Leben (Totschlag und Mord), Körperverletzung, Diebstahl und Unterschlagung, Betrug, Raub und Erpressung, Staatsschutzdelikte und Straftaten gegen die Umwelt.

435 Viele wichtige Straftatbestände finden sich darüber hinaus in *anderen Gesetzen*, sachlich verbunden mit der allgemeinen Regelung bestimmter Lebensbereiche. Beispiele sind Straftaten hinsichtlich des illegalen Aufenthalts von Ausländern im Bundesgebiet im Aufenthaltsgesetz (§§ 95–97 AufenthG) und die Drogendelikte im Betäubungsmittelgesetz (§§ 29–31 a BtMG). Der Allgemeine Teil des Strafgesetzbuches gilt auch für solche Delikte. Dem Strafrecht sachlich zugeordnet, aber von der Strafrechtswissenschaft als Lehre der normativen Zusammenhänge des Strafrechts zu unterscheiden, ist die *Kriminologie*. Sie erforscht als empirische Wissenschaft die Ursachen und Erscheinungsformen von Straftaten und die Wirkungen strafrechtlicher Sanktion. Die *Kriminalistik* dagegen ist die Wissenschaft von der Technik der Aufklärung von Straftaten.

436 Vom Strafrecht ist auch das *Ordnungswidrigkeitenrecht* als eigene Materie zu unterscheiden. Ordnungswidrigkeiten sind Handlungen, die nach dem Gesetz mit einer Geldbuße geahndet werden, nicht mit Geldstrafe oder Freiheitsstrafe aufgrund des Strafrechts. Bei geringfügigen Taten kann auch lediglich eine Verwarnung ausgesprochen und ein Verwarnungsgeld erhoben werden, das zwischen 5 und 55 Euro betragen kann (§ 56 Abs. 1 S. 1 OWiG). Das Ordnungswidrigkeitenrecht wurzelt im Verwaltungsstrafrecht des 19. Jahrhunderts. Seine Regelungen sind im Gesetz über die Ordnungswidrigkeiten (OWiG) enthalten. Daneben gibt es Ordnungswidrigkeitengesetze der Länder. Viele Tatbestände des Ordnungswidrigkeitenrechts sind in den jeweils einschlägigen Sachgesetzen normiert; dort sind oft auch höhere Geldbußen angedroht, über die sonst nach § 17 Abs. 1 OWiG geltende Höchstgrenze von 1.000 Euro hinaus. Die Geldbuße soll den wirtschaftlichen Vorteil, den der Täter aus der Ordnungswidrigkeit gezogen hat, übersteigen; reicht das gesetzliche Höchstmaß dazu nicht aus, kann es überschritten werden. Die Mindesthöhe ist stets 5 Euro (§ 17 Abs. 1 OWiG). Anders als im Strafrecht können auch juristische Personen belangt werden. Der ursprünglichen Idee nach sollte durch das Ordnungswidrigkeitenrecht bloßer, ethisch neutraler Verwaltungsungehorsam entkriminalisiert werden. Entsprechend sind die meisten Verkehrsverstöße als Ordnungswidrigkeiten eingestuft; allerdings werden heute auch erhebliche Verfehlungen vor allem im Wirtschaftsrecht als Ordnungswidrigkeiten geahndet. Besonders das Verfahren ist gegenüber dem Strafverfahren vereinfacht. Die in der Sache zuständige Verwaltungsbehörde erlässt den Bußgeldbescheid, gegen den der Betroffene die Gerichte anrufen kann. Sie entscheiden dann in einem vereinfachten Verfahren.

I. Geschichte und System

C.

Geldbußen werden wie auch einschlägige Straftaten in bestimmten Sachbereichen in Register wie das Verkehrszentralregister für Verstöße im Straßenverkehr eingetragen. Bei mehrfacher Eintragung drohen dann weitere Maßnahmen, wie bei Straßenverkehrsverstößen ein Fahrverbot. Davon zu unterscheiden ist das Bundeszentralregister, in das neben anderen Entscheidungen wie Ausweisungen von Ausländern oder Gnadenerweisen strafgerichtliche Verurteilungen eingetragen werden. Gerichte und Behörden erhalten zur Erfüllung ihrer Aufgaben Auskunft aus dem Bundeszentralregister. Die Registerbehörde erteilt auch Führungszeugnisse auf Antrag des Betroffenen, die gesetzlich genau bestimmte Angaben über Verurteilungen enthalten. — 437

Neben der Geldbuße und der Verwarnung des Ordnungswidrigkeitenrechts gibt es noch eine Reihe anderer *nichtstrafrechtlicher Sanktionen*, die ein bestimmtes Verhalten erzwingen sollen. Auch sie müssen vom Strafrecht streng unterschieden werden, auch wenn bisweilen der Begriff Strafe verwendet wird. So finden sich Zwangsgeld und Zwangshaft zur Erzwingung bestimmter zivilrechtlicher Verpflichtungen (§§ 888, 889 ZPO) oder Ordnungsgeld und Ordnungshaft als Reaktion auf Zuwiderhandlung gegen eine solche Verpflichtung (§ 890 ZPO). Es gibt Ordnungsstrafen des Gerichts als sitzungspolizeiliche Maßnahmen wegen Ungebühr, Ordnungsstrafen zur Erzwingung von Aussagen im Verfahren und die Zuchtmittel des Jugendstrafrechts. Endlich dienen die Disziplinarmaßnahmen gegen Beamte und Soldaten der internen Aufrechterhaltung der Dienstordnung, und es gibt Schulstrafen, um die Ordnung in der Schule zu wahren. Auch das Privatrecht kennt Strafen zur Durchsetzung von privaten Rechten, die mit der Kriminalstrafe nur den Namen, bisweilen aber auch die Wirkung auf den Betroffenen gemein haben. Dazu zählt etwa die Vertragsstrafe (§§ 336 ff. BGB). Große soziale Bedeutung haben die Vereinsstrafen besonders im Sport. Unsicher ist die Rechtsgrundlage der Betriebsstrafen, die oft Bagatellkriminalität im Betrieb intern ahnden, ohne den Staat einzuschalten. Beide Arten von Sanktionen sind rein privatrechtlich begründet. Im kirchlichen Bereich gibt es Kirchenstrafen, die das Gemeindeleben ordnen, aber auch die religiöse Integrität des Betroffenen wahren sollen. In keiner dieser Sanktionen wird das sozialethische Unwerturteil der staatlich verfassten Gemeinschaft über den Täter ausgesprochen, das allein dem Strafrecht eigentümlich ist. — 438

Schrifttum:
Thomas Fischer, Strafgesetzbuch und Nebengesetze, 70. Aufl. 2023
Urs Kindhäuser/Ulfrid Neumann/Hans-Ullrich Paeffgen (Hrsg.), Strafgesetzbuch, 5. Aufl. 2017
Karl Lackner/Kristian Kühl, Strafgesetzbuch mit Erläuterungen, 29. Aufl. 2018
Leipziger Kommentar zum Strafgesetzbuch, bearb. v. *Heinrich Wilhelm Laufhütte, Ruth Rissing-van Saan, Klaus Tiedemann u. a.*, 13 Bde., 12. Aufl. ab 2006
Hinrich Rüping/Günter Jerouschek, Grundriss der Strafrechtsgeschichte, 6. Aufl. 2011
Eberhard Schmidt, Einführung in die Geschichte der deutschen Strafrechtspflege, 3. Aufl. 1983 (Nachdruck 1995)
Adolf Schönke/Horst Schröder, Strafgesetzbuch. Kommentar, 30. Aufl. 2019
Systematischer Kommentar zum Strafgesetzbuch, hrsg. v. *Jürgen Wolter*, 9. Aufl. 2017

C. Strafrecht

II. Allgemeiner Teil

1. Grundsätze

439 Die Aufgabe des Strafrechts liegt nach der herrschenden Auffassung im Rechtsgüterschutz, daneben aber auch in der Einwirkung auf den Handlungswillen der Rechtsgenossen. Es ist beschränkt auf den Schutz der Grundwerte der Sozialordnung.

440 Eine Tat kann nur bestraft werden, wenn die *Strafbarkeit gesetzlich bestimmt* war, bevor die Tat begangen wurde. Man spricht hier vom Gesetzlichkeitsprinzip (nullum crimen, nulla poena sine lege = kein Verbrechen, keine Strafe ohne Gesetz). Dieser in Art. 103 Abs. 2 GG und in § 1 StGB niedergelegte fundamentale Rechtssatz beschränkt die Geltung des Strafrechts in mehrfacher Hinsicht. Er normiert zunächst das strafrechtliche *Rückwirkungsverbot*. Danach darf eine Handlung, die zur Zeit ihrer Begehung straffrei war, nicht nachträglich für strafbar erklärt werden; auch eine nachträgliche Strafverschärfung ist unzulässig (§ 2 StGB). Die Bestimmung enthält darüber hinaus die Verpflichtung, *Strafnormen hinreichend bestimmt* zu fassen. Dadurch soll jedermann vorhersehen können, ob und wie sein Verhalten strafbar ist. In engem Zusammenhang dazu steht das *Analogieverbot*, nach dem keine Tat bestraft werden darf, die nicht ausdrücklich als Straftat normiert ist. Endlich muss jede Strafnorm in einem formellen, also vom Parlament erlassenen *Gesetz* enthalten sein. Deshalb ist eine Strafbarkeit aus Gewohnheitsrecht ebenso strikt ausgeschlossen wie die Begründung von Strafnormen durch Rechtsverordnungen, Satzungen oder sonstigem untergesetzlichen Recht. Möglich sind dagegen Blankettstrafnormen, die im formellen Gesetz eine Strafdrohung aufstellen für die Zuwiderhandlung gegen andere Gesetze, Rechtsverordnungen und selbst Verwaltungsakte, wenn sie hinreichend bestimmt sind.

441 In *räumlicher Hinsicht* erfasst das Strafrecht grundsätzlich alle Straftaten, die im Inland begangen werden. Es gilt also das *Territorialitätsprinzip*. Ergänzt wird es durch das *Schutzprinzip*. Danach sind bestimmte Taten nach deutschem Recht strafbar, die im Ausland begangen werden und die inländische Rechtsgüter verletzen. Delikte wie Völkermord, Menschenhandel und Drogenhandel werden in Deutschland nach dem *Weltrechtsprinzip* bestraft, wonach unabhängig vom Recht des Tatortes und unabhängig von der Staatsangehörigkeit des Täters das inländische Strafrecht Anwendung findet bei Taten gegen einige bestimmte, von allen Kulturstaaten anerkannte Rechtsgüter. Taten von Deutschen oder gegen Deutsche im Ausland sind zum Teil ebenfalls nach deutschem Recht strafbar (§§ 3–7 und 9 StGB).

442 Ein *Täter kann nur bestraft werden*, wenn er eine Straftat begangen hat. Dafür müssen nach dem herkömmlichen Aufbau der Straftat drei Merkmale erfüllt sein: Der Täter muss erstens einen der *Tatbestände verwirklicht* haben, die in den einzelnen Strafrechtsnormen des Besonderen Teils des Strafgesetzbuchs oder in sonstigen Gesetzen als rechtlich missbilligte Lebenssachverhalte geregelt sind. Diese Tatbestandserfüllung muss zweitens *rechtswidrig* sein, was insbesondere dann ausgeschlossen ist, wenn einzelne Rechtfertigungsgründe wie Notwehr vorliegen. Drittens muss der Täter *schuldhaft* gehandelt haben; dies setzt voraus, dass er den Tatbestand vorwerfbar verwirklicht hat, und ist ausgeschlossen, wenn Entschuldigungsgründe vorliegen, wie Geisteskrankheit, entschuldigende Pflichtenkollision oder ein Verbotsirrtum. Fehlt auch nur eines dieser drei Merkmale, kann die Tat nicht bestraft werden.

2. Tatbestandsverwirklichung

Die Tatbestandsverwirklichung setzt eine *Handlung* voraus. Das ist zumeist ein bestimmtes aktives Handeln des Täters: Er erschießt sein Opfer, oder er nimmt eine Sache weg.

Strafbar macht der Täter sich aber auch, wenn er eine Handlung nicht vornimmt, die er nach der Rechtsordnung hätte vornehmen sollen. Dies sind die *Unterlassungsdelikte*. Die sogenannten »echten Unterlassungsdelikte« sanktionieren die Nichterfüllung ausdrücklich normierter Handlungspflichten. Das ist der Fall etwa bei der unterlassenen Hilfeleistung nach § 323 c StGB. Hiernach wird bestraft, wer bei Unglücksfällen oder gemeiner Gefahr oder Not nicht die erforderliche und den Umständen nach zumutbare Hilfe leistet.

Es gibt aber auch »unechte Unterlassungsdelikte«. Sie liegen dann vor, wenn durch Unterlassen ein Tatbestand verwirklicht wird, dessen allgemeine Fassung aktives Handeln voraussetzt. Nach § 13 StGB macht sich in solchen Fällen nur strafbar, wer einen tatbestandsmäßigen Erfolg nicht abwendet, obwohl er rechtlich dafür einzustehen hat, dass dieser Erfolg nicht eintritt. Es muss den Täter hier also eine sogenannte Garantenpflicht treffen. Die Garantenpflicht kann vielfältig begründet sein. Sie kann sich, um nur einige der häufigsten Anknüpfungspunkte zu nennen, unmittelbar aus dem Gesetz ergeben, was für die elterliche Sorge gegenüber den eigenen Kindern der Fall ist: Die Mutter darf ihr Kind nicht durch Nichtstun verhungern lassen. Die Garantenstellung kann aber auch auf tatsächlicher Gewährsübernahme beruhen. Das ist möglich im Rahmen eines Vertragsverhältnisses, etwa durch die Übernahme der ärztlichen Behandlung. Sie wird oft durch rein faktisches Handeln begründet, wie etwa innerhalb der Mannschaft eines Segelbootes. Häufig ist die Garantenstellung durch »Ingerenz«, das heißt durch vorausgegangenes gefährdendes Tun. So muss etwa der mindestens fahrlässig handelnde Verursacher eines Verkehrsunfalles den dabei Verletzten versorgen. Auch bei einem besonderen Vertrauensverhältnis wie innerhalb der Familie oder einer Hausgemeinschaft kann eine Garantenstellung begründet sein.

Man unterscheidet herkömmlich verschiedene Arten von Delikten auch danach, auf welche Art von Ergebnis die Strafrechtsnorm abstellt. *Erfolgsdelikte* sind solche Straftaten, die den Eintritt eines bestimmten Erfolges voraussetzen, der Totschlag (§ 212 StGB) etwa den Tod eines Menschen. Bei den *Tätigkeitsdelikten* genügt eine bloße verbotene Handlung des Täters, ohne dass für die Strafbarkeit ein besonderes Ergebnis erforderlich wäre. Das ist der Fall etwa bei den Aussagedelikten wie Meineid oder falsche uneidliche Aussage (§§ 154, 153 StGB). Unterschieden wird auch nach der Intensität der Beeinträchtigung. *Verletzungsdelikte* setzen die Schädigung des geschützten Handlungsobjektes voraus. Die *Gefährdungsdelikte* lassen den Eintritt einer konkreten Gefahr genügen, zum Beispiel die Normen zur Gefährdung des Straßenverkehrs (§§ 315 b – 315 d StGB) oder sogar die abstrakte Gefährlichkeit einer Handlung (schwere Brandstiftung, § 306 a StGB). Die Vollendung eines Erfolgsdelikts setzt den ursächlichen Zusammenhang zwischen Handlung und Erfolg voraus. Hier ist vieles streitig. Die Rechtsprechung legt die Bedingungstheorie zugrunde, die auch Äquivalenztheorie genannt wird. Danach ist eine Handlung ursächlich, die conditio sine qua non für den Erfolg ist, mit anderen Worten, sie ist ursächlich wenn sie nicht hinweggedacht werden kann, ohne dass der Erfolg entfiele. Jede Ursache ist danach zunächst gleichwertig: Auch die Mutter des Mörders hat deshalb den Tod des Opfers verursacht, weil sie den Täter geboren hat. Die offenkundig notwendigen Einschränkungen der Strafbarkeit bewirkt die Rechtsprechung über weitere Elemente, besonders über die Idee der Zurechenbarkeit der Tat, aber auch über den Vorsatz und die Fahrlässigkeit.

3. Vorsatz und Fahrlässigkeit

447 Die meisten Straftatbestände setzen voraus, dass der Täter *vorsätzlich* handelt (§ 15 StGB). Dazu muss er wissen, dass sein Verhalten die objektiven Merkmale des Straftatbestandes verwirklicht, und er muss dies wollen. Die meisten Schwierigkeiten bereitet dieses zweite Element des Vorsatzes. Es liegt jedenfalls vor, wenn der Täter auf den Eintritt des strafbaren Erfolges abzielt, wenn er also etwa auf das Opfer eintritt, um es zu töten, oder wenn er den Erfolg jedenfalls ausdrücklich billigt. Sieht der Täter den Erfolg als sicher voraus, spricht man vom direkten Vorsatz. Weitergehend noch setzen manche Delikte voraus, dass der Täter den Erfolg zielgerichtet anstrebt, dies ist die sogenannte Absicht.

448 Der Täter handelt aber auch vorsätzlich, wenn er den Erfolg nur bewusst in Kauf nimmt, um ein weiteres Ziel zu verwirklichen, und selbst dann, wenn er die Verletzung des Rechtsgutes lediglich bedauernd hinnimmt. Man spricht hier davon, dass der Täter den Erfolg billigend in Kauf nimmt. Dies ist der sogenannte bedingte Vorsatz.

449 Viele Tatbestände können nach dem Gesetz auch durch bloße *Fahrlässigkeit* verwirklicht werden (§ 15 StGB). Die Straftaten werden dann regelmäßig milder bestraft. Anknüpfungspunkt der Strafbarkeit ist hier ein pflichtwidriger Mangel an Sorgfalt. Fahrlässig handelt schon, wer pflichtwidrig davon ausgeht, dass er bei seinem Tun eine Straftat vermeiden kann. Dies ist die bewusste Fahrlässigkeit. Unbewusste Fahrlässigkeit liegt vor, wenn der Täter mit dem Eintritt des strafbaren Erfolges nicht rechnet und er sorgfaltspflichtwidrig handelt, obwohl er objektiv aus der Sicht eines neutralen Beobachters und subjektiv aus seiner eigenen Sicht den Erfolg hätte voraussehen und vermeiden können.

4. Täterschaft und Teilnahme

450 Als Täter macht sich strafbar, wer eine Straftat allein begeht. Er ist dann *Alleintäter* (§ 25 Abs. 1, 1. Alt. StGB). Handeln mehrere zusammen, so muss nach dem jeweiligen Tatbeitrag unterschieden werden. Werden mehrere aufgrund eines gemeinsamen Tatentschlusses zusammen tätig, so handeln sie als *Mittäter*, und es ist jeder als Täter strafbar (§ 25 Abs. 2 StGB).

451 Davon muss die *mittelbare Täterschaft* unterschieden werden (§ 25 Abs. 1, 2. Alt. StGB). Die möglichen Konstellationen sind sehr vielgestaltig. Bei der mittelbaren Täterschaft lässt der Täter einen anderen als sein Werkzeug handeln, indem er dessen Willen steuert, er besitzt also selbst die Tatherrschaft. Das kann etwa durch Zwang geschehen. Er bedroht die Familie des Bankangestellten, damit dieser den Tresor öffnet und das Geld aushändigt. Möglich ist auch mittelbare Täterschaft durch Täuschung – wenn zum Beispiel jemand einen Polizeibeamten durch Täuschung dazu bringt, einen Unschuldigen festzunehmen. In diesen Fällen ist nur der mittelbare Täter als Täter der Freiheitsberaubung (§ 239 StGB) strafbar. Sein Werkzeug, der Tatmittler, kann in geeigneten Fällen wegen fahrlässiger Tatbegehung strafbar sein, wenn sie unter Strafe gestellt ist.

II. Allgemeiner Teil

Als *Teilnehmer* unterscheidet man Anstifter (§ 26 StGB) und Gehilfe (§ 27 StGB). Während der Täter die Tat als eigene will, wird der Teilnehmer in der Rechtsprechung nach primär subjektiven Kriterien dadurch gekennzeichnet, dass er die Tat als fremde Tat will. In der Abgrenzung besteht allerdings erheblicher Streit. Der *Anstifter* bestimmt den Täter zu dessen Tat, indem er ihn zum Beispiel überredet oder ihm Vorteile verspricht. Der Anstifter wird bestraft, als wäre er selbst der Täter. Der *Gehilfe* dagegen wird milder bestraft. Sein Tatbeitrag, die Beihilfe, besteht darin, dass er dem Täter Hilfe bei der Ausführung leistet, ohne dass er die Tat wie der Mittäter als eigene will – er besorgt etwa die Waffe für den Raubüberfall. Sowohl bei der Anstiftung als auch bei der Beihilfe ist eine tatbestandsmäßige, vorsätzliche und rechtswidrige Haupttat eines Täters Voraussetzung. Eine fahrlässige Haupttat reicht nicht aus. Auf die Schuld des Haupttäters kommt es nicht an.

452

5. Vollendung und Versuch

Strafbar ist, wer alle Merkmale eines gesetzlichen Tatbestandes vollendet. Für viele Delikte ist bestimmt, dass auch der *Versuch strafbar* ist. Das gilt bei allen Verbrechen. Demgegenüber muss die Strafbarkeit des Versuchs bei Vergehen besonders normiert sein (§ 23 StGB). Hier spielt die Unterscheidung zwischen Verbrechen und Vergehen noch eine Rolle, die früher auch für die möglichen Sanktionen wichtig war. Verbrechen sind solche Straftaten, die mit einer Mindeststrafe von einem Jahr Freiheitsstrafe bedroht sind. Vergehen sind dagegen alle anderen Straftaten, die nicht Verbrechen sind (§ 12 StGB). Der Versuch kann, muss aber nicht milder bestraft werden als das vollendete Delikt. Der Versuch wird bestraft, obwohl ein Schaden an dem konkreten Objekt der Straftat noch nicht eingetreten ist. Der Grund für die Strafbarkeit des Versuchs liegt im rechtsfeindlichen Willen des Täters, soweit er Wirkung auf die Rechtsgemeinschaft ausübt. Das Vertrauen der Allgemeinheit in die Geltung der Rechtsordnung würde erschüttert, wenn derjenige straflos bliebe, der eine erhebliche Straftat begehen will und zur Ausführung der Tat angesetzt hat.

453

Ein *Versuch ist gegeben*, wenn der Täter nach seiner Vorstellung unmittelbar zur Verwirklichung des Tatbestandes ansetzt (§ 22 StGB). Ein außenstehender Beobachter muss erkennen können, dass es dem Täter mit seinem Vorhaben ernst ist und jedenfalls nach der Vorstellung des Täters die Verwirklichung des Tatbestandes unmittelbar bevorsteht. Die bloße Vorbereitungshandlung ist dagegen nicht strafbar: Der Täter kauft etwa die Fahrkarte, um sein Opfer während der Fahrt des Zuges zu bestehlen. Bisweilen sind allerdings Vorbereitungshandlungen selbst als eigene Straftat mit Strafe bedroht, wie etwa die Vorbereitung der Fälschung von Geld oder Wertzeichen (§ 149 StGB).

454

Für die Strafbarkeit des Versuchs kommt es nicht darauf an, ob der Tatplan objektiv überhaupt gelingen konnte. Wenn der Täter etwa vergessen hat, seine Pistole zu laden, und er drückt ab, um sein Opfer zu töten, bleibt er wegen versuchten Totschlags (§§ 212, 22 f., StGB) oder versuchten Mordes (§§ 211, 22 f., StGB) strafbar. Es handelt sich dann um einen – strafbaren – *untauglichen Versuch*. Das Gericht kann aber die Strafe mildern oder ganz von Strafe absehen, wenn der Täter aus grobem Unverstand verkannt hat, dass der Versuch überhaupt nicht gelingen konnte (§ 23 Abs. 3 StGB): Etwa wenn er versucht, sein Opfer mit Apfelsaft zu vergiften, ohne dass eine Allergie oder ähnliches vorliegt.

455

C. Strafrecht

456 Davon oft nicht ganz leicht zu unterscheiden ist das *Wahndelikt*. Hier versucht der Täter nach seiner Vorstellung eine Tat, die überhaupt nicht strafbar ist. Er nimmt also irrig an, sein Tun falle unter eine Verbotsnorm, die es in Wirklichkeit nicht gibt. Beim untauglichen Versuch nimmt der Täter dagegen irrtümlich an, er verwirkliche den Tatbestand einer existierenden Strafnorm. Ein Wahndelikt etwa ist es, wenn der Angeklagte im Strafverfahren seine falsche Aussage für strafbar hält und gleichwohl wahrheitswidrig behauptet, er habe die ihm vorgeworfene Tat nicht begangen – die Falschaussage ist nur für Zeugen und Sachverständige strafbar (§ 153 StGB).

457 Befindet sich eine Tat noch im Stadium des Versuchs, kann der Täter durch *Rücktritt* Straffreiheit erlangen (§ 24 StGB). Er muss dann freiwillig die weitere Ausführung der Tat aufgeben. Hat er nach seiner Vorstellung schon alles getan, um die Tat auszuführen, muss er freiwillig die Vollendung verhindern. Der Täter hat zum Beispiel seinem Opfer Gift verabreicht, das bei ungehindertem Geschehensablauf zum Tode führt; hier muss er für eine erfolgreiche Behandlung sorgen. Wird die Tat ohne sein Zutun nicht vollendet, muss er sich freiwillig und ernsthaft bemühen, die Vollendung zu verhindern.

6. Rechtswidrigkeit und Rechtfertigungsgründe

458 Hat der Täter den Tatbestand einer Strafrechtsnorm verwirklicht, so handelt er *regelmäßig rechtswidrig*. Die Rechtswidrigkeit wird, so sagt man, von der Tatbestandsmäßigkeit einer Handlung oder Unterlassung indiziert. Das liegt nahe, weil der Tatbestand einen Sachverhalt beschreibt, der von der Rechtsordnung missbilligt wird. Rechtswidrigkeit ist Widerspruch gegen das Recht.

459 *Ausnahmsweise* kann die Tat aber durch *Rechtfertigungsgründe* gerechtfertigt sein. Die Rechtsordnung nimmt in diesen besonderen Fällen die Tat hin, weil sie ausnahmsweise im Einklang mit ihren Wertungen steht. Aus der Idee der Einheit der Rechtsordnung folgt nach herrschender Meinung, dass Rechtfertigungsgründe unabhängig von ihrem Ort in der Rechtsordnung stets auch im Strafrecht Geltung besitzen.

460 Besonders wichtig ist die *Notwehr*. Wer eine Tat begeht, die durch Notwehr geboten ist, handelt nicht rechtswidrig (§ 32 Abs. 1 StGB). Notwehr ist die Verteidigung, die erforderlich ist, um einen gegenwärtigen rechtswidrigen Angriff von sich oder einem anderen abzuwenden. Die Rechtsordnung mutet grundsätzlich niemandem zu, einen Angriff auf seine Rechtsgüter zu dulden, den sie selbst als rechtswidrig missbilligt. Der Verteidiger schützt deshalb sein eigenes Rechtsgut, aber auch die Integrität der Rechtsordnung selbst. Handelt der Verteidiger zum Schutz eines anderen, spricht man von *Nothilfe*. Es ist nicht erforderlich, dass der Angreifer schuldhaft handelt, deshalb ist Notwehr auch gegen Angriffe schuldunfähiger Kinder möglich, ebenso wie gegen Betrunkene oder Geisteskranke. Allerdings werden in solchen Fällen allgemein Einschränkungen des Notwehrrechts angenommen. Es sind auch alle Rechtsgüter notwehrfähig. Notwehr setzt den Willen voraus, sich zu verteidigen. Sie ist nur solange möglich, wie der Angriff andauert. Hat der Dieb etwa die Beute bei sich zu Hause in Sicherheit gebracht und erfährt der Bestohlene davon, handelt er nicht in rechtfertigender Notwehr, wenn er seinerseits in die Wohnung des Täters eindringt, um sich sein Eigentum zurückzuholen. Verfolgt er ihn dagegen auf frischer Tat und hat der Täter seine Beute noch nicht gesichert, dauert der rechtswidrige Angriff an und auch die gewaltsame Wegnahme durch den Eigentümer ist durch Notwehr gerechtfertigt.

II. Allgemeiner Teil

Zulässig ist nur die erforderliche Verteidigung. Geht der Verteidiger darüber hinaus, handelt er im *Notwehrexzess*. Er macht sich dann strafbar, es sei denn, er handelt aus Verwirrung, Furcht oder Schrecken (§ 33 StGB). Der verfassungsrechtlich verankerte Verhältnismäßigkeitsgrundsatz hat sich darüber hinaus im Recht der Notwehr inzwischen so weit durchgesetzt, dass auch erforderliche, aber sonst unverhältnismäßige, weil unangemessene Verteidigungshandlungen keine Rechtfertigung zu begründen vermögen. Stehen das zu verteidigende Rechtsgut und das zum Zweck der Verteidigung verletzte Rechtsgut des Täters außer Verhältnis, so muss der Verteidiger die Verletzung eines eigenen Rechtsgutes hinnehmen. Wenn zum Beispiel der fünfzehnjährige Junge im Kirschbaum des Nachbarn sitzt und unerlaubt dessen Kirschen isst, darf auch der gehbehinderte Eigentümer den Jungen dennoch nicht aus dem Baum schießen. Diese Verteidigungshandlung ist dann nicht geboten im Sinne des § 32 Abs. 1 StGB.

461

Ein weiterer wichtiger Rechtfertigungsgrund ist der *rechtfertigende Notstand* nach § 34 StGB. Mit dieser Figur nimmt das Strafrecht Situationen auf, in denen die Verletzung eines Rechtsgutes zulässig sein soll, ohne dass von dem Träger dieses Rechtsgutes ein rechtswidriger Angriff auf den Täter erfolgt. Die Notwehr setzt dagegen einen rechtswidrigen Angriff voraus. Wer in einer gegenwärtigen, nicht anders abwendbaren Gefahr für ein Rechtsgut eine Tat begeht, um die Gefahr von sich oder von einem anderen abzuwenden, handelt nicht rechtswidrig, wenn bei der Abwägung der widerstreitenden Interessen das geschützte Interesse das beeinträchtigte wesentlich überwiegt. So mag etwa der Arzt eine Einbahnstraße in der Gegenrichtung durchfahren, um rechtzeitig zu einem Verletzten zu gelangen.

462

In diese *Abwägung* geht besonders der Rang der betroffenen Rechtsgüter und der Grad der ihnen drohenden Gefahr ein. Die Tat muss dabei stets ein angemessenes Mittel sein, die Gefahr abzuwenden. Alle schutzwürdigen Interessen müssen in die Abwägung einbezogen werden, die auf der Seite des beeinträchtigten und des geschützten Gutes auch nur mittelbar betroffen sind. Dabei spielen besonders die Art und der Ursprung der Gefahr, ihre Intensität und Nähe eine Rolle. Berücksichtigung müssen aber auch die Art und der Umfang der drohenden Werteinbußen finden, das Rang- und Wertverhältnis der kollidierenden Rechtsgüter und die Größe der Rettungschance für das bedrohte überwiegende Rechtsgut. Besondere Verpflichtungen, Gefahren hinzunehmen, wie dies bei Polizeibeamten, Feuerwehrleuten oder Soldaten der Fall ist, müssen ebenso in die Abwägung eingestellt werden, wie spezielle Schutzpflichten aufgrund einer Garantenstellung.

463

Neben Notwehr und rechtfertigendem Notstand kennt das Strafrecht noch eine *Reihe weiterer Rechtfertigungsgründe*. So kann die Einwilligung des Verletzten die Körperverletzung rechtfertigen. Das ist der Fall etwa bei bekanntermaßen gefährlichen Sportarten, bei der solche Verletzungen zur regelmäßigen Erscheinung gehören wie beim Boxkampf oder beim Fußballspiel. Die Einwilligung rechtfertigt allerdings nicht stets. Sie kann einerseits bereits den Tatbestand ausschließen, was der Fall ist, wenn jemand sein altes Möbelstück zu Brennholz zerschlagen lässt; dann scheidet schon der Tatbestand der Sachbeschädigung (§ 303 StGB) aus. Vor allem aber rechtfertigt die Einwilligung eine Tat nicht, wenn der Einwilligende nicht oder nicht in hinreichendem Umfang auf den strafrechtlichen Schutz verzichten kann, weil dieser Schutz nach der Wertung der Rechtsordnung nicht seiner Disposition unterliegt. So rechtfertigt die Einwilligung in die eigene Tötung die Handlung des Tötenden nicht. Vielmehr kennt

464

das Strafgesetzbuch in § 216 StGB einen besonderen Straftatbestand der Tötung auf Verlangen.

465 Weitere Rechtfertigungsgründe können sich aus behördlichen, besonders polizeirechtlichen Eingriffsbefugnissen ergeben, auch aus behördlichen Erlaubnissen Dritten gegenüber. Ein Rechtfertigungsgrund ist auch das Festnahmerecht von jedermann nach § 127 Abs. 1 S. 1 StPO gegenüber dem auf frischer Tat Betroffenen.

7. Schuld und Entschuldigungsgründe

466 Der Täter ist nur strafbar, wenn er die tatbestandsmäßige und rechtswidrige Tat schuldhaft begangen hat. Schuld bedeutet, dass dem Täter die Tat persönlich *vorgeworfen* werden kann, genauer, dass ihm die Willensbildung, die zur Tat geführt hat, zum Vorwurf gemacht wird. Dieser Vorwurf trifft den Täter, also das Subjekt. Er enthält ein Unwerturteil über den Täter. Das setzt voraus, dass der Täter aufgrund seiner Fähigkeiten und Möglichkeiten in der Lage gewesen wäre, sich rechtskonform zu verhalten. Das geltende Strafrecht setzt deshalb die Willensfreiheit des Menschen voraus. Hiergegen argumentieren aber auch Kritiker, die einen konsequenten Determinismus verfechten und deshalb Schuld im herkömmlichen Sinne nicht kennen.

467 Der strafrechtliche Schuldvorwurf setzt nach dem Gesetz *Schuldfähigkeit* voraus. Sie fehlt bei Kindern unter 14 Jahren und bedarf bei Jugendlichen (14 bis 17 Jahre) nach dem Jugendgerichtsgesetz (JGG) besonderer Darlegung (§ 19 StGB, § 3 JGG). Wer bei der Begehung der Tat wegen bestimmter Defekte unfähig ist, das Unrecht der Tat einzusehen oder nach dieser Einsicht zu handeln, ist nicht schuldfähig und kann deshalb nicht bestraft werden (§ 20 StGB). Das ist der Fall bei einer krankhaften seelischen Störung, etwa einer Psychose, aber auch bei einer tiefgreifenden Bewusstseinsstörung, etwa wegen Eifersucht oder Angst. Schuldunfähigkeit kann sich aber auch wegen einer Intelligenzminderung, zum Beispiel bei Debilität ergeben oder aus einer schweren anderen seelischen Störung wie Neurosen oder Triebstörungen. Das Gesetz kennt auch die verminderte Schuldfähigkeit aus den genannten Gründen. Die Strafe kann dann entsprechend gemildert werden (§ 21 StGB). Führt der Täter seine Schuldunfähigkeit vorsätzlich oder fahrlässig herbei, um in diesem Zustand eine Straftat zu begehen, indem er sich etwa betrinkt, kann er regelmäßig wegen »actio libera in causa« gleichwohl bestraft werden.

468 Der Begriff der Schuld wird vom Strafrecht nicht positiv definiert. Es stellt aber eine Reihe von *Entschuldigungsgründen* bereit, die die persönliche Vorwerfbarkeit der Tat ausnahmsweise entfallen lassen.

469 Besonders wichtig ist der *entschuldigende Notstand* gemäß § 35 StGB. Wer in einer gegenwärtigen, nicht anders abwendbaren Gefahr für Leben, Leib oder Freiheit eine rechtswidrige Tat begeht, um die Gefahr von sich, einem Angehörigen oder einer anderen ihm nahestehenden Person abzuwenden, handelt ohne Schuld. Schulbeispiel ist das »Brett des Karneades«: Zwei Schiffbrüchige halten sich an einem Brett fest, das nur einen tragen kann; der eine stößt den anderen ins Meer, so dass dieser ertrinkt.

470 Das vom Täter zu schützende Rechtsgut muss das verletzte Rechtsgut nicht notwendig überwiegen. Dies unterscheidet den entschuldigenden vom rechtfertigenden Notstand. Der Täter muss aber den schonendsten Weg der Rettung wählen. Ein weiteres einschränkendes Merkmal liegt darin, dass der entschuldigende Notstand auf bestimmte erhebliche Rechtsgüter und auf den Täter und ihm nahestehende Personen beschränkt

ist. Wenn der Täter aber nach den Umständen die Gefahr hinzunehmen hat, greift die Entschuldigung wegen Notstandes nicht ein. Hier ist der Grundsatz der Proportionalität wirksam: Ist der Wert des bedrohten Rechtsgutes wesentlich geringer als der Wert des Rechtsgutes, in das der Täter eingreift, so ist auch die Minderung des Unrechts entsprechend geringer. Das gilt besonders, wenn der Täter die Gefahr selbst verursacht hat oder weil er in einem besonderen Rechtsverhältnis stand, wie das der Fall ist, wenn eine Garantenpflicht besteht. Es kann dann jedoch die Strafe gemildert werden, falls er nicht mit Rücksicht auf ein besonderes Rechtsverhältnis die Gefahr hätte hinnehmen müssen, wie etwa Polizisten und Angehörige der See- und Bergrettungsdienste dies in erheblichem Umfang zu tun haben.

Als weiterer Entschuldigungsgrund gilt auch die sogenannte *Notwehrüberschreitung* gemäß § 33 StGB. Wenn der Täter die Grenzen der Notwehr, besonders das Maß der erforderlichen Verteidigung aus Verwirrung, Furcht oder Schrecken überschreitet, bleibt die Tat zwar rechtswidrig. Der Täter verdient aber besondere Nachsicht, sein Verhalten ist deshalb entschuldigt. 471

Amtsträger und Soldaten, die als Untergebene eine unverbindliche *Weisung* ihres Vorgesetzten befolgen, die ein strafrechtswidriges Verhalten zum Gegenstand hat, handeln rechtswidrig, können aber entschuldigt sein (§ 63 Abs. 2 S. 3 BBG, § 5 Abs. 1 WStG). 472

Sehr zurückhaltend wird in besonderen Fällen auch noch zusätzlich ein übergesetzlicher Entschuldigungsgrund anerkannt, wenn der Täter in einer ungewöhnlichen, nahezu unlösbaren *Pflichtenkollision* stand und deshalb die Rechtsordnung keinen Schuldvorwurf zu erheben vermag. Dies kann dann der Fall sein, wenn der Täter seine Entscheidung nach bestem Gewissen trifft und sein vom Rettungszweck bestimmtes Handeln unter den gegebenen Umständen das einzige Mittel ist, noch größeres Unheil für Rechtsgüter von höchstem Wert zu verhindern. Das ist angenommen worden für Ärzte in Heilanstalten für Menschen mit einer geistigen Behinderung, die in der Zeit des Nationalsozialismus sich durch Auswahl einzelner Kranker an der von Hitler befohlenen Euthanasieaktion beteiligten, um die Mehrzahl der Patienten im Ergebnis zu retten, weil sie selbst andernfalls durch willfährige Leute ersetzt worden wären, die niemanden verschont hätten. 473

Überaus problematisch und umstritten ist die Frage des *Gewissenstäters*. Wer aus Überzeugung von der unabweisbaren ethischen Richtigkeit seines Tuns, meist motiviert durch religiöse Vorstellungen, ein Strafgesetz verletzt, wird im Allgemeinen anders zu beurteilen sein als der Verbrecher, der aus Gewinnsucht handelt. Die herrschende Lehre nimmt zwar an, dass auch der Überzeugungstäter weder gerechtfertigt noch entschuldigt ist. Sonst bliebe das Strafrecht bloße Empfehlung. Die besondere Situation des Überzeugungstäters, die auch in der Garantie der Gewissensfreiheit durch Art. 4 Abs. 1, 2 GG zum Ausdruck kommt, wird aber dadurch aufgenommen, dass die Schuld des Täters gemildert wird und in Einzelfällen ganz entfallen kann. Allerdings zeichnet sich angesichts umfangreicher Zuwanderung nach Deutschland eine Tendenz der Rechtsprechung ab, in anderen Kulturtraditionen verwurzelte Handlungsweisen eher strafverschärfend zu berücksichtigen. 474

8. Irrtum im Strafrecht

Zu den bis heute dogmatisch nicht vollständig geklärten Bereichen des Strafrechts gehören die Folgen von Irrtümern des Täters. Jedenfalls gilt der alte Satz: »Unkenntnis schützt vor Strafe nicht« anders als in manchen ausländischen Rechtsordnungen 475

C. Strafrecht

heute im deutschen Recht in seiner Allgemeinheit nicht mehr. Für die Rechtsfolgen des Irrtums kommt es wegen des Schuldprinzips entscheidend darauf an, ob er die Vorwerfbarkeit der Straftat berührt. Das Gesetz unterscheidet im Wesentlichen zwischen Tatbestandsirrtum (§ 16 Abs. 1 StGB) und Verbotsirrtum (§ 17 StGB). Daneben gibt es zahlreiche weitere Formen des Irrtums, die gesetzlich nicht geregelt sind.

476 Ein *Tatbestandsirrtum* liegt vor, wenn jemand bei Begehung der Tat einen Umstand nicht kennt, der zum gesetzlichen Tatbestand gehört. Der Täter weiß nicht, was er in tatbestandlicher Hinsicht tut, es fehlt ihm deshalb das Vorstellungsbild, das für den Tatbestandsvorsatz erforderlich ist: Er nimmt zum Beispiel in der Umkleidekabine einen fremden Tennisschläger mit, den er für seinen eigenen hält. In diesem Fall fehlt ihm die Vorstellung, eine fremde Sache wegzunehmen, und er handelt deshalb ohne Diebstahlsvorsatz im Sinne des § 242 Abs. 1 StGB. Der Tatbestandsirrtum lässt die Strafbarkeit wegen vorsätzlicher Tat entfallen. Möglich bleibt aber in geeigneten Fällen die Strafbarkeit wegen fahrlässigen Handelns, wenn die fahrlässige Begehung der Tat strafbar ist. Recht häufig sind Irrtümer über die Person des Opfers oder das Objekt der Tat. Wenn dabei die vorgestellten mit den tatsächlichen Umständen tatbestandlich gleichwertig sind, bleibt der Täter strafbar. Es liegt dann kein beachtlicher Tatbestandsirrtum vor: Wenn etwa der Täter in der Dunkelheit das Opfer mit dessen Bruder verwechselt und diesen erschießt, bleibt er wegen der Tötung strafbar (error in persona vel in objecto = Irrtum über die Person oder das Objekt).

477 Beim *Verbotsirrtum* irrt der Täter über die Rechtswidrigkeit der Tat. Ihm fehlt bei der Tat die Einsicht, Unrecht zu tun (§ 17 StGB). Oft weiß er dann, was er tut, nimmt aber irrig an, es sei erlaubt. Er handelt dann ohne Schuld und ist nicht strafbar, wenn er diesen Irrtum nicht vermeiden konnte. Konnte der Täter dagegen den Irrtum vermeiden, kann die Strafe gemäß § 49 Abs. 1 StGB gemildert werden.

478 Nimmt der Täter irrig das Vorliegen von Tatumständen an, die die Tat rechtfertigen würden, wird er nach der herrschenden Meinung behandelt, als hätte er sich in einem Tatbestandsirrtum nach § 16 StGB befunden. So etwa bei der sogenannten *Putativnotwehr*: Der Täter fühlt sich irrig angegriffen und verletzt den vermeintlichen Angreifer, um sich zu wehren. Hier kann er allenfalls wegen fahrlässiger Körperverletzung bestraft werden.

479 Verkennt der Täter die rechtlichen Grenzen eines anerkannten Rechtfertigungsgrundes oder nimmt er einen gesetzlich nicht anerkannten Rechtfertigungsgrund als gegeben an, befindet er sich in einem *Erlaubnisirrtum*. Das ist etwa der Fall, wenn der Angegriffene bei der Notwehr über das gebotene Maß der Verteidigung in dem Glauben hinausgeht, er könne jedes beliebige Mittel zur Verteidigung nutzen. Weil hier lediglich die Wertung des Täters eine andere als die der Rechtsordnung ist, wird er wie bei einem Verbotsirrtum gemäß § 17 StGB behandelt: Er handelt nur dann ohne Schuld, wenn er den Irrtum nicht vermeiden konnte; sonst kann die Strafe lediglich gemildert werden.

480 Ein *Irrtum über Verbotsnormen* liegt vor, wenn der Täter sein Verhalten als rechtlich zulässig ansieht, weil er die seine Tat betreffende Verbotsnorm nicht kennt, sie für ungültig hält oder infolge unrichtiger Auslegung zu einer falschen Vorstellung über ihren Geltungsbereich gelangt. Auch dann handelt es sich um einen Verbotsirrtum.

481 Der *Irrtum über Entschuldigungsgründe* ist grundsätzlich bedeutungslos. Besonderes gilt aber, wenn der Täter über die tatsächlichen Voraussetzungen irrt, bei deren Vorlie-

gen ein Entschuldigungsgrund gegeben wäre. Das wäre etwa der Fall, wenn der Täter einen Menschen tötet, weil er irrig annimmt, nur auf diese Weise sein eigenes, fast schon verlorenes Leben retten zu können. War der Irrtum für den Täter unvermeidbar, dann ist er entschuldigt, weil es für seine psychische Situation gleichgültig ist, ob die psychische Zwangslage tatsächlich oder nur in seiner Vorstellung besteht. War dieser Irrtum vermeidbar, so soll nach der herrschenden Meinung die Strafe entsprechend § 35 Abs. 2 StGB nach § 49 Abs. 1 StGB gemildert werden.

9. Sanktionensystem

Warum der Staat straft, ist gewiss eines der wesentlichen Grundlagenprobleme des Strafrechts. Das Sanktionensystem des deutschen Strafrechts vermeidet die Festlegung auf eine bestimmte Straftheorie. Im Vordergrund steht heute die im 19. Jahrhundert entwickelte Zwecklehre, die unterschiedliche *Zwecke der Strafe* betont. Ein wesentlicher Zweck der Strafe ist dabei die *Generalprävention*. Die Drohung mit der Strafe im Allgemeinen, ihre Verhängung und Vollstreckung sollen jedermann die möglichen Folgen der Straftat vor Augen führen und so die Allgemeinheit von Straftaten abhalten. Neben die Generalprävention tritt die *Spezialprävention*. Sie bezeichnet das Ziel, den speziellen Täter von seinem möglichen Tun abzuhalten. Ist er einmal straffällig geworden, soll die Strafe ihn bessern. Resozialisierung und, falls der Täter bisher nicht hinreichend gesellschaftlich integriert war, Sozialisierung stehen hier im Vordergrund. Spezialprävention eröffnet aber auch die Möglichkeit, Täter, die überhaupt nicht besserungsfähig sind, auf Dauer zu isolieren. 482

Diesen sogenannten relativen Theorien stehen die *absoluten Straftheorien* gegenüber. Sie sehen den Sinn von Strafe im Ausgleich des verübten Unrechts und der Schuld des Täters. Einerseits ist hier *Vergeltung* Sinn der Strafe, andererseits aber auch die *Sühne* des Verbrechens. 483

Das geltende Strafrecht *verknüpft diese Ideen*, indem es wohl stärker als im internationalen Vergleich üblich die Schuld des Täters zum Maßstab der Strafe und damit auch zu ihrer Begrenzung nimmt (§ 46 Abs. 1 S. 1 StGB). Denn wenn lediglich Prävention Strafzweck wäre, könnten unbegrenzt hohe Strafen als nützlich und möglich erachtet werden. Vergeltung erscheint deshalb als Maßprinzip und Begrenzung der gerechten Strafe, nicht mehr als Rache. In Deutschland ist heute die Auffassung herrschend, dass die Strafe ihrem Wesen nach ein öffentliches sozialethisches Unwerturteil über den Täter wegen der von ihm schuldhaft begangenen Rechtsverletzung enthalte. Zeitweise verbreitete Kritik an Strafe überhaupt, verbunden mit der Forderung, auf Strafe ganz zu verzichten und sie durch eine bloße Behandlung des Täters zu ersetzen, ist in den letzten Jahren eher in den Hintergrund getreten. 484

Im Einzelfall ist es Aufgabe der Gerichte, die *konkrete Strafe* zu verhängen. Das Gesetz bestimmt die Strafe lediglich nach ihrer Art sowie in der Regel nach Mindest- und Höchstmaß, setzt also einen Strafrahmen fest. Das Gericht füllt diesen Strafrahmen für die konkrete Tat nach der Schuld des Täters, aber auch nach den Wirkungen aus, die von der Strafe für das künftige Leben des Täters in der Gesellschaft zu erwarten sind (§ 46 Abs. 1 StGB). Auch die Verteidigung der Rechtsordnung kann eine Rolle spielen (§§ 47 Abs. 1, 56 Abs. 3 StGB). Es gilt deshalb eine Vereinigungstheorie der Strafzwecke. 485

Bei der *Zumessung der Strafe* muss das Gericht auf der Grundlage der Schuld des Täters vielfältige Aspekte berücksichtigen. Die Beweggründe und Ziele des Täters, 486 seine Gesinnung, die aus der Tat spricht, und der bei der Tat aufgewendete Wille sind wesentliche Gesichtspunkte. Die Strafzumessung stellt aber auch auf das Maß der Pflichtwidrigkeit, die Art der Ausführung und die verschuldeten Auswirkungen der Tat ab. Das Vorleben des Täters, seine persönlichen und wirtschaftlichen Verhältnisse müssen ebenso in die erforderliche Abwägung eingestellt werden wie sein Verhalten nach der Tat, besonders sein Bemühen, den Schaden wiedergutzumachen und sein Bemühen, einen Ausgleich mit dem Verletzten zu erreichen (§ 46 a StGB). Ein sehr häufiger Strafschärfungsgrund ist die wiederholte Straffälligkeit, also die Existenz von Vorstrafen des Täters.

487 Als *Sanktionen* kennt das Strafrecht in erster Linie Freiheitsstrafe und Geldstrafe. Die Todesstrafe ist gemäß Art. 102 GG vollständig abgeschafft und darf auch nicht wieder eingeführt werden. Auch Leibesstrafen wie die Züchtigung oder die Verstümmelung sind gänzlich unzulässig.

488 Die Höchststrafe ist lebenslange Freiheitsstrafe. Sonst ist die *Freiheitsstrafe* zeitig. Ihr Mindestmaß beträgt einen Monat, ihr Höchstmaß fünfzehn Jahre, wenn nicht lebenslange Freiheitsstrafe angedroht ist (§ 38 StGB). Eine Freiheitsstrafe unter sechs Monaten darf nur verhängt werden, wenn besondere Umstände der Tat oder der Persönlichkeit des Täters die Verhängung der kurzzeitigen Freiheitsstrafe zur Einwirkung auf den Täter oder zur Verteidigung der Rechtsordnung unerlässlich machen. Dies beruht auf der Überlegung, dass Freiheitsstrafen wegen der Umstände des Strafvollzugs oft mehr Schaden als Nutzen für Täter und Gesellschaft zur Folge haben. Die Verurteilung zu einer unbestimmten Dauer der Freiheitsstrafe ist unzulässig. Ebenso wenig gibt es Zwangsarbeit.

489 Der *Vollzug der Freiheitsstrafe* und die entsprechende Gesetzgebung sind Sache der Länder; das Ziel der Resozialisierung steht hier im Vordergrund. Die Freiheitsstrafe wird in Strafvollzugsanstalten verbüßt, in denen den Strafgefangenen regelmäßig Berufsausbildungen und bezahlte Arbeit angeboten werden. Soweit es verantwortet werden kann, sind Außenbeschäftigung, Freigang und weitere Lockerungen des Vollzuges bis hin zu Hafturlaub möglich.

490 Die *Geldstrafe* steht heute im Vordergrund des Sanktionensystems, die Freiheitsstrafe gilt dagegen lediglich als ultima ratio. Nach skandinavischem Vorbild wird die Geldstrafe nicht in absoluter Höhe bemessen, sondern in Tagessätzen verhängt. Ihre Zahl beträgt mindestens fünf und höchstens dreihundertsechzig volle Tagessätze, wenn nicht ein Spezialgesetz eine höhere Zahl von Tagessätzen androht. Bei der Bildung von Gesamtstrafen wegen mehrerer Straftaten können bis zu 720 Tagessätze verhängt werden. Die Höhe eines Tagessatzes wird vom Gericht für jeden Einzelfall nach den persönlichen und wirtschaftlichen Verhältnissen des Täters festgesetzt. Regelmäßig wird sie nach dem Nettoeinkommen bemessen, das der Täter an einem Tag durchschnittlich hat oder – falls er arbeitsunwillig ist – haben könnte. Damit soll erreicht werden, dass die gleiche Geldstrafe den reichen Täter jedenfalls nicht weniger hart trifft als den armen Straffälligen. Die Höhe eines Tagessatzes beträgt mindestens einen und höchstens dreißigtausend Euro. In absoluten Zahlen ausgedrückt beträgt danach die Mindestgeldstrafe 5,– Euro, die regelmäßige Höchststrafe 10,8 Mio. Euro, die bei Bildung einer Gesamtstrafe für mehrere Straftaten 21,6 Mio. Euro erreichen kann (§§ 40, 54 StGB).

491 Darüber hinaus kennt das Sanktionensystem des Strafgesetzbuches als *Nebenstrafe* das Fahrverbot, das bei Delikten im Zusammenhang mit dem Straßenverkehr für

die Dauer von einem bis zu drei Monaten verhängt werden kann. Es trifft manchen Straftäter härter als eine Geldstrafe. Seine Verhängung durch das Gericht schließt nicht aus, dass daneben die zuständigen Behörden dem Straftäter die Fahrerlaubnis wegen mangelnder Eignung entziehen (§ 44 StGB, § 3 StVG).

Als *Nebenfolge* der Verurteilung wegen eines Verbrechens zu einer Freiheitsstrafe von mindestens einem Jahr verliert der Verurteilte automatisch für die Dauer von fünf Jahren die Fähigkeit, öffentliche Ämter zu bekleiden und Rechte aus öffentlichen Wahlen zu erlangen oder weiter auszuüben (§§ 45–45 b StGB). Bei manchen anderen Delikten ist die Verhängung dieser Nebenfolge und der Entzug des aktiven Wahlrechts als Möglichkeit vorgesehen; ihre Dauer beträgt dann zwei bis fünf Jahre, je nach dem konkreten Spruch des Gerichts. 492

Die Vollstreckung einer Freiheitsstrafe von nicht mehr als zwei Jahren kann zur *Bewährung* ausgesetzt werden, wenn zu erwarten ist, dass der Verurteilte sich schon die Verurteilung zur Warnung dienen lassen und künftig auch ohne die Einwirkung des Strafvollzuges keine Straftaten mehr begehen wird (§§ 56–58 StGB). Die Bewährungszeit setzt das Gericht zwischen zwei und fünf Jahren fest. Es kann dabei Auflagen machen, etwa dass der Täter den Schaden wiedergutmacht oder gemeinnützige Leistungen erbringt. Das Gericht kann auch Weisungen erteilen. Dabei steht die Unterstellung unter einen Bewährungshelfer im Vordergrund, der den Verurteilten bei einer gesetzeskonformen Lebensführung unterstützen soll. Es gibt aber auch Meldepflichten und Anordnungen über Aufenthalt, Ausbildung, Arbeit, Freizeit oder über die wirtschaftlichen Verhältnisse des Verurteilten. 493

Nach erfolgreichem Ende der Bewährungszeit erlässt das Gericht die Strafe. Wenn der Verurteilte während der Bewährungszeit dagegen erneut eine Straftat begeht und dadurch zeigt, dass die Erwartungen sich nicht erfüllt haben, die der Strafaussetzung zugrunde lagen, widerruft das Gericht die Strafaussetzung. Der Täter muss dann zusätzlich zu der durch die neue Straftat verwirkten Strafe grundsätzlich die gesamte ursprünglich verhängte Freiheitsstrafe verbüßen. Entsprechendes gilt, wenn der Verurteilte gegen Weisungen oder Auflagen beharrlich verstößt. 494

Eine Strafe kann auch für den Rest einer zeitigen Freiheitsstrafe zur Bewährung ausgesetzt werden. Dies geschieht regelmäßig, wenn der Täter zwei Drittel der Strafe, mindestens aber zwei Monate verbüßt hat und verantwortet werden kann zu erproben, ob der Verurteilte außerhalb des Strafvollzugs keine Straftaten mehr begehen wird. Die Aussetzung des Strafrestes zur Bewährung kann nur erfolgen, wenn der Verurteilte einwilligt. Unter strengeren Voraussetzungen kann eine Aussetzung des Strafrestes bereits nach Verbüßung der Hälfte der Strafe erfolgen; bei lebenslanger Freiheitsstrafe kann eine Aussetzung des Strafrestes frühestens nach fünfzehn Jahren erfolgen. Wie bei jeder Strafe bleibt daneben ein Erlass im Gnadenwege möglich. Das Recht zur Gnade haben zumeist die Ministerpräsidenten der Länder, in Berlin der Senat, und der Bundespräsident jeweils in ihrem Zuständigkeitsbereich. 495

Um den Täter nicht unverhältnismäßig hart zu treffen, kann das Gericht in geeigneten Fällen eine *Verwarnung mit Strafvorbehalt* aussprechen (§§ 59–59 c StGB). Das ist möglich, wenn der Täter eine Geldstrafe von nicht mehr als einhundertachtzig Tagessätzen verwirkt hat. Das Gericht kann dann den Täter lediglich schuldig sprechen, die Strafe bestimmen und die Verurteilung zu dieser Strafe vorbehalten. Dabei wird eine Bewährungszeit von höchstens drei Jahren festgelegt. Die Verurteilung erfolgt unter denselben Voraussetzungen wie der Widerruf der Strafaussetzung zur Bewährung. 496

C. Strafrecht

497 Das Gericht kann endlich auch *von Strafe absehen*, wenn die Folgen der Tat den Täter selbst so schwer treffen, dass die Verhängung einer Strafe offensichtlich verfehlt wäre (§ 60 StGB). Es fehlt dann zwar nicht die Strafwürdigkeit der Tat, wohl aber das Strafbedürfnis, weil der Täter sich gewissermaßen durch die Folgen seiner Tat selbst gestraft hat. Dies kann etwa der Fall sein, wenn die Mutter in dem durch sie leicht fahrlässig verschuldeten Verkehrsunfall ihr Kind verloren hat.

498 Neben den Strafen, Nebenstrafen und Nebenfolgen kennt das Strafgesetzbuch *Maßregeln der Besserung und Sicherung* (§§ 61–72 StGB) im Sinne einer Zweispurigkeit des Strafrechts nach ursprünglichem Schweizer Vorbild. Sie sind rein präventiv ausgerichtet. Ihre Verhängung setzt jedoch auch voraus, dass die Maßregel im Einzelfall nicht außer Verhältnis zur Bedeutung der vom Täter begangenen und zu erwartenden Taten sowie zu dem Grad der von ihm ausgehenden Gefahr steht (§ 62 StGB). Es gibt hier die Unterbringung in einem psychiatrischen Krankenhaus für psychisch kranke Täter, die Unterbringung in einer Entziehungsanstalt für Drogenabhängige und die Sicherungsverwahrung als freiheitsentziehende Maßregeln. Dazu sind Führungsaufsicht bei bestimmten Delikten, Entziehung der Fahrerlaubnis für Delikte im Zusammenhang mit dem Führen von Kraftfahrzeugen und das Berufsverbot bei Missbrauch eines Berufs oder Gewerbes möglich. Hier genügt eine geringere Gefährlichkeitsprognose, während bei den freiheitsentziehenden Maßregeln erhebliche rechtswidrige Taten zu erwarten sein müssen. Die Sicherungsverwahrung ist zeitlich unbestimmt, wenn sie bereits einmal verhängt war, und dient dem Schutz der Gesellschaft vor gefährlichen Gewohnheitstätern. Sie wird aber von den Gerichten meist als ungerecht empfunden und nur noch selten verhängt. Insgesamt ist die Bekämpfung des Rückfalls ein ungelöstes Problem.

499 Schließlich sieht das Strafgesetzbuch den *Verfall* von Vorteilen vor, die Täter oder Teilnehmer aus der Tat gezogen haben (§§ 73–73 e StGB). Gegenstände, die zur Begehung oder Vorbereitung einer Straftat gebraucht oder bestimmt oder die durch die Straftat hervorgebracht worden sind, können darüber hinaus *eingezogen* werden (§§ 74–76 a StGB). Das betrifft etwa die gefälschten Banknoten, Schusswaffen, die bei einem Raubüberfall benutzt worden sind, oder das Werkzeug des Einbrechers.

Schrifttum:
Urs Kindhäuser/Till Zimmermann, Strafrecht. Allgemeiner Teil, 10. Aufl. 2021
Volker Krey/Robert Esser, Deutsches Strafrecht. Allgemeiner Teil, 7. Aufl. 2022
Rudolf Rengier, Strafrecht Allgemeiner Teil, 14. Aufl. 2022
Johannes Wessels/Werner Beulke/Helmut Satzger, Strafrecht. Allgemeiner Teil, 52. Aufl. 2022

III. Besonderer Teil

500 Das Grundgesetz verlangt in Art. 103 Abs. 2 möglichst weitgehende Bestimmtheit strafrechtlicher Normen. Entsprechend sind die einzelnen Straftatbestände in großer *Genauigkeit und Differenziertheit* geregelt. Dadurch erscheinen die Formulierungen oft sehr komplex, auf Kosten der Anschaulichkeit, vielleicht auch zulasten der sozialen Wirksamkeit des Strafrechts. Es hat sich aber in der Vergangenheit gezeigt, dass weite, handgreifliche Formulierungen eher die Willkür staatlicher Eingriffe begünstigen. Gerade in der Bindung staatlicher Strafgewalt liegt jedoch der Sinn des heute allgemein anerkannten Wortes von *Franz von Liszt* (1851–1919) über das Strafgesetz als der »Magna Charta des Verbrechers«.

III. Besonderer Teil   **C.**

Der Besondere Teil des Strafrechts ordnet die einzelnen Delikte nach den *geschützten Rechtsgütern*. Auch hierin kommt zum Ausdruck, dass der primäre Sinn des Strafrechts im Rechtsgüterschutz besteht. Der Besondere Teil des Strafgesetzbuches beginnt mit den Tatbeständen des Friedensverrates (§§ 80 f. StGB), des Hochverrates (§§ 81 ff. StGB) und der Gefährdung des demokratischen Rechtsstaates (§§ 84 ff. StGB). Die beiden ersten Deliktstatbestände richten sich gegen die Vorbereitung eines Angriffskrieges und gegen das Aufstacheln zum Angriffskrieg (§§ 80, 80 a StGB). Wenngleich diese Normen in der Praxis so gut wie keine Rolle spielen, weil entsprechende Delikte so gut wie nicht vorkommen, besitzen sie erhebliche rechtsstrukturelle Bedeutung. Sie verwirklichen an systematisch besonders herausgehobener Stelle das Verfassungsgebot des Art. 26 GG, die Vorbereitung des Angriffskrieges unter Strafe zu stellen; die einzige Norm des Grundgesetzes, die ausdrücklich ein Strafgebot zum Inhalt hat. Die Entscheidung zur *Friedlichkeit* steht auch hinter dem Tatbestand des Anwerbens für fremden Wehrdienst (§ 109 h StGB). Überhaupt nehmen viele der eingangs des Besonderen Teils des Strafgesetzbuches aufgeführten Delikte die Erfahrung nationalsozialistischen Unrechts auf. So richtet sich die Strafdrohung für das Verbreiten von Propagandamitteln verfassungswidriger Organisationen (§ 86 StGB) oder für das Verwenden ihrer Kennzeichen (§ 86 a StGB) besonders, wenngleich nicht ausschließlich gegen nationalsozialistische Symbole und Propaganda. Volksverhetzung, Gewaltdarstellung und Aufstacheln zum Rassenhass sind aus eben dieser Erfahrung unter Strafe gestellt (§§ 130, 131 StGB). Sie bilden ein stets notwendiges Instrument gegen anhaltende Herausforderungen.   501

Im Übrigen umfassen die ersten Abschnitte vor allem Delikte, die jeder *Staat um seiner eigenen Existenzsicherung* willen üblicherweise unter Strafe stellt. Dazu gehören Verunglimpfung des Staates und seiner Symbole oder des Bundespräsidenten (§§ 90, 90 a StGB), Landesverrat, Agententätigkeit in vielfältiger Form und Sabotage gegen bestimmte Einrichtungen. Die Strafbarkeit von Delikten wie Wahlfälschung, Nötigung von Verfassungsorganen, Täuschung, Bestechung oder Nötigung von Wählern (§§ 105 ff. StGB) schützt die Integrität des verfassungsrechtlich strukturierten politischen Prozesses. Auch Straftaten gegen ausländische Staaten: Angriff gegen Organe und Vertreter ausländischer Staaten und die Verletzung von Flagge und Hoheitszeichen ausländischer Staaten (§§ 102–104 a StGB) gehören hierher. Wie die Strafbarkeit der Delikte gegen den Frieden zeigt auch dies das Bemühen, Deutschland im friedlichen Zusammenleben der Völker und Staaten in der internationalen Gemeinschaft zu halten.   502

Während früher der Schutz des Staates durchaus besonderen Rang unter den Zielen des Strafrechts besaß, spielt heute der *Schutz vor dem Staat* eine relativ größere Rolle, von der stets zentralen Aufgabenstellung des Strafrechts als Schutz durch den Staat einmal abgesehen. Entsprechend bedeutsam sind die Amtsdelikte am Schluss des Besonderen Teils des Strafgesetzbuches (§§ 331–358 StGB). Hier werden rechtswidrige Handlungen von Amtsträgern im Amt unter Strafe gestellt, um das Vertrauen der Allgemeinheit in die Sauberkeit der Amtsführung zu stärken oder wiederherzustellen, vor allem aber, weil die Opfer durch die Staatsmacht in besonderer Weise verletzbar sind. Bestechlichkeit, Verfolgung Unschuldiger, Rechtsbeugung, Falschbeurkundung im Amt, Verletzung von Dienstgeheimnissen oder des Steuergeheimnisses neben anderen Amtsdelikten werden mit erheblichen Strafen bedroht, die regelmäßig schärfer sind als die für entsprechende Taten von Privatpersonen.   503

C. Strafrecht

504 Mit einer Reihe von Tatbeständen versucht der Gesetzgeber, auf *besondere Herausforderungen der staatlich verfassten Gemeinschaft* zu reagieren. Die Tatbestände des Landfriedensbruchs, besonders aber der Bildung und Unterstützung krimineller und terroristischer Vereinigungen richten sich in erster Linie gegen die Bedrohung demokratischer Verfassungsstaatlichkeit durch gewalttätige Opposition und Terrorismus (§§ 125 ff. StGB). Manche von ihnen erweisen sich aber auch zunehmend als erforderlich gegen neue Formen des international operierenden organisierten Verbrechens. Diesem kriminalpolitischen Anliegen der Bekämpfung organisierter Kriminalität dient auch die Strafbarkeit der Geldwäsche gemäß § 261 StGB. Die Norm trägt dem Übereinkommen der UNO von 1988 gegen den unerlaubten Verkehr von Suchtstoffen Rechnung, das dazu verpflichtet, das Geldwaschen unter Strafe zu stellen. Mit Freiheitsstrafe bis zu fünf Jahren wird danach bestraft, wer einen Gegenstand verbirgt, seine Herkunft verschleiert oder sonst dem Zugriff der Strafverfolgungsbehörden zu entziehen sucht, der unter anderem aus einem Verbrechen oder einem Vergehen des illegalen Drogenverkehrs stammt. Unter Geldwaschen versteht man das Einschleusen von Vermögensgegenständen aus organisierter Kriminalität in den legalen Wirtschaftskreislauf zum Zweck der Tarnung. Der Straftatbestand des § 261 StGB erfasst allerdings insgesamt einen weiteren Bereich von Straftaten.

505 Inzwischen haben auch die *Umweltdelikte* einen festen Platz im Strafgesetzbuch (§§ 324–330 d StGB). Wer bestimmte umweltbedrohende Anlagen wie etwa Atomkraftwerke oder chemische Anlagen ohne die erforderliche Genehmigung betreibt oder unerlaubt mit Kernbrennstoffen umgeht, macht sich strafbar. Gewässer, Boden und Luft, aber auch schutzbedürftige Gebiete sind gegen Verunreinigungen oder sonstige Gefährdungen strafrechtlich besonders geschützt. Strafbar macht sich, wer Gewässer verunreinigt, beim Betrieb einer Anlage unter Verletzung verwaltungsrechtlicher Pflichten die Luft gesundheitsgefährdend verschmutzt oder gesundheitsschädigenden Lärm verursacht. Auch Abfall darf nicht unbefugt beseitigt werden.

506 Gerade diese Art Delikte werfen nicht unerhebliche *gesellschaftspolitische und rechtsdogmatische Probleme* auf. Oft fehlt den Strafverfolgungsbehörden die erforderliche Sachkenntnis in den komplexen technischen und naturwissenschaftlichen Zusammenhängen. Überhaupt wird bezweifelt, ob das individualisierende Strafrecht den Strukturen gerecht wird, in denen Großproduktion, industrielle Massenfertigung und komplexes gesellschaftliches Zusammenwirken heute stattfinden. Strafverfolgung könnte so hauptsächlich die kleinen Täter, die unerhebliche Kleinkriminalität treffen oder aber höchst zufällig Einzelne aus Zusammenhängen der Gesamtverantwortung herauslösen und bestrafen.

507 Ein äußerst schwieriges Problem stellt sich hier, aber auch bei Delikten wie der Steuerhinterziehung (§ 370 AO), bei der *engen Verbindung von behördlichem*, also staatlichem Handeln *und individuellem, strafrechtsrelevanten Verhalten*. Wird eine chemische Anlage rechtswidrig von der Behörde genehmigt, ergibt sich die Frage, ob es sich um eine nicht genehmigte Anlage im Sinne des § 327 StGB handelt. Die Verwaltungsakzessorietät solcher Straftatbestände wirkt sich nach herrschender, aber umstrittener Auffassung dahin aus, dass auch eine rechtswidrige Genehmigung die Strafbarkeit auszuschließen vermag. Das gilt allerdings nicht für nichtige Verwaltungsakte. Die Ausnutzung rechtswidriger Genehmigungen kann auch rechtsmissbräuchlich sein, etwa in Fällen kollusiven, also bewusst rechtswidrigen Zusammenwirkens von Behörde und Täter. Duldet die Behörde wissentlich unerlaubtes Verhalten, könnte

daraus gefolgert werden, das an sich illegale Verhalten werde hierdurch gerechtfertigt. Überwiegend wird hier angenommen, dass das Verhalten des Täters durch die Behörde konkludent erlaubt werde.

Gemeinhin gehören die *Tötungsdelikte* zu den Straftaten mit dem größten Publikumsinteresse. In Deutschland sind 2021 560 vollendete Mord- und Totschlagsdelikte bekannt geworden. Nach dem Gesetz wird der *Mörder* mit lebenslanger Freiheitsstrafe bestraft (§ 211 StGB). Mörder ist, wer aus Mordlust, zur Befriedigung des Geschlechtstriebs, aus Habgier oder sonst aus niedrigen Beweggründen einen Menschen tötet. Mörder ist ferner, wer den Tod eines Menschen heimtückisch, grausam oder mit gemeingefährlichen Mitteln herbeiführt, sowie derjenige, der tötet, um eine andere Straftat zu ermöglichen oder zu verdecken. Mord ist also entweder durch besonders verwerfliche Tatumstände oder aber durch besonders verwerfliche Beweggründe gekennzeichnet. 508

Wer einen Menschen tötet, ohne Mörder zu sein, wird als Totschläger bestraft (§ 212 StGB). Die Mindeststrafe ist hier fünf Jahre Freiheitsentzug. *Totschlag* ist – wie auch der Mord – nur die vorsätzliche Tötung, daneben sind die fahrlässige Tötung (§ 222 StGB) und die Körperverletzung mit Todesfolge (§ 227 StGB) strafbar. 509

Der *Selbstmord* und sein Versuch sind straflos. Die Beteiligung anderer kann aber unter verschiedenen Gesichtspunkten strafbar sein. Im Einzelnen ist hier sehr viel streitig. Möglich ist die mittelbare Täterschaft bei Totschlag oder auch Mord, wenn der andere den schuldunfähigen Selbstmörder zur Tat anstiftet oder durch Drohung oder Täuschung zur Selbsttötung veranlasst. Sehr umstritten ist auch, ob jemand Tötung durch Unterlassen begeht, wenn er gegenüber dem Selbstmörder eine Garantenstellung besitzt und ihn nicht von seinem Tun abhält, wenn also zum Beispiel der Ehemann keinen Arzt ruft, nachdem seine Ehefrau eine Überdosis Schlaftabletten in der Absicht genommen hat, sich das Leben zu nehmen. Die Rechtsprechung hat bisher meist angenommen, dass in dem Zeitpunkt die Verantwortlichkeit auf den Dritten übergeht, in dem der Selbstmörder nicht mehr Herr der Situation ist, also etwa bewusstlos wird. 510

Überaus umstritten bleibt auch die *Sterbehilfe* besonders durch Ärzte. Herkömmlich unterscheidet man die aktive Sterbehilfe von der passiven Sterbehilfe. Aktive Sterbehilfe ist es, wenn etwa der Arzt das Leben eines Patienten verkürzt, indem er etwas tut, also ihm zum Beispiel ein tödliches Mittel verabreicht. Bei der passiven Sterbehilfe dagegen unterlässt der Arzt lebensverlängernde Maßnahmen, obwohl sie technisch möglich wären. Jedenfalls bleibt die aktive Sterbehilfe als Tötung auf Verlangen nach § 216 StGB strafbar. Bei der passiven Sterbehilfe muss der Arzt den freien Willen des todkranken Patienten respektieren, der weitere lebensverlängernde Behandlung ablehnt. Seit 2015 war die geschäftsmäßige Förderung der Selbsttötung nach § 217 StGB strafbar. Das Bundesverfassungsgericht hat diese Bestimmung für verfassungswidrig erklärt: Das allgemeine Persönlichkeitsrecht aus Art. 2 Abs. 1 in Verbindung mit Art. 1 Abs. 1 GG umfasse ein Recht auf selbstbestimmtes Sterben. Dieses Recht schließe die Freiheit ein, sich das Leben zu nehmen und hierbei auf die freiwillige Hilfe Dritter zurückzugreifen. Hieraus folge aber nicht, dass es dem Gesetzgeber von Verfassungs wegen untersagt sei, die Suizidhilfe zu regulieren. Er müsse dabei aber sicherstellen, dass dem Recht des Einzelnen, sein Leben selbstbestimmt zu beenden, hinreichend Raum verbleibt. Eine Neuregelung durch Gesetz steht aus. 511

Ebenfalls umstritten bleibt in der rechtspolitischen Diskussion die Strafbarkeit von *Schwangerschaftsunterbrechungen* (§§ 218 ff. StGB). Das Bundesverfassungsgericht 512

C. Strafrecht

hat hier den Weg gewiesen. Danach braucht der Gesetzgeber die Schwangerschaftsunterbrechung in den ersten drei Monaten der Schwangerschaft dann nicht unter Strafe zu stellen, wenn auf andere Weise für angemessenen Schutz des nasciturus gesorgt ist. Abtreibungen in diesem Zeitraum sind deshalb grundsätzlich straflos, wenn die Schwangere sich zuvor in einem bestimmt geregelten Verfahren hat beraten lassen (§ 218 ff. StGB). Die Abtreibung bleibt rechtswidrig, wird jedoch nicht bestraft. Nach der Vorstellung des Gesetzgebers ist der nasciturus durch solche Beratung der Mutter besser vor Abtreibung geschützt als durch eine weithin ineffektive Strafdrohung. Gerade an dieser Stelle des Strafrechts zeigt sich deutlich, dass seine Normen nicht lediglich mehrheitlich akzeptierte Wertvorstellungen gegen Verletzungen schützen sollen, sondern auch Grenzen markieren, die die Verfassung selbst gegen verbreitete Auffassungen in der Gesellschaft zum Schutz von Minderheiten und Schwachen aufrichtet.

513 Zu den wohl häufigsten Straftaten gehört heute der *Diebstahl*. Er ist besonders in der Form des Ladendiebstahls verbreitet, der Diebstahl von Waren in Selbstbedienungskaufhäusern, der entgegen der gesetzlichen Wertung von manchen Kreisen der Bevölkerung eher als Kavaliersdelikt empfunden wird. § 242 StGB beschreibt den Diebstahl ebenso präzise wie kompliziert: Wer eine fremde bewegliche Sache einem anderen in der Absicht wegnimmt, die Sache sich oder einem Dritten rechtswidrig zuzueignen, wird mit Freiheitsstrafe bis zu fünf Jahren oder mit Geldstrafe bestraft. Geschützte Rechtsgüter sind hier Eigentum und Gewahrsam. Der Gewahrsam ist nicht gleichbedeutend mit dem Besitz im Sinne des bürgerlichen Rechts, wird praktisch aber meist damit zusammenfallen. Es handelt sich um ein tatsächliches, von einem Herrschaftswillen getragenes Herrschaftsverhältnis über die Sache.

514 Die Diebstahlshandlung ist die *Wegnahme*. Das ist der Bruch des fremden Gewahrsams, also dessen Aufhebung ohne Willen des Gewahrsamsinhabers. Dazu muss aber auch neuer Gewahrsam begründet werden. Das kann bei dem Täter selbst geschehen oder durch einen anderen, wenn der Dieb etwa eine Sache durch einen Dritten abholen lässt. Der neue Gewahrsam ist begründet, wenn der Täter oder der Dritte die Herrschaft über die Sache so erlangt hat, dass er sie ungehindert durch den früheren Gewahrsamsinhaber ausüben kann. Gewahrsam hat auch der, der über einen generellen Gewahrsamsbereich herrscht, also der Ladeninhaber über die Waren im Supermarkt. Hier kann der Ladendieb den Gewahrsam schon gebrochen haben, wenn er die Ware im Laden unauffällig in die Tasche steckt. Im Einzelnen gibt es viele unterschiedliche Situationen, die von der Rechtsprechung in vielfältiger Kasuistik erfasst werden.

515 Die für den Tatbestand des Diebstahls erforderliche *Absicht*, sich oder einem Dritten die Sache rechtswidrig zuzueignen, bedeutet vor allem, dass der Täter entgegen der materiellen Eigentumsordnung die Sache unter Ausschluss des Berechtigten dem eigenen Vermögen einverleiben will. Fehlt es an der Zueignungsabsicht, weil der Täter eine Sache lediglich kurzfristig benutzen will, um sie alsbald wieder zurückzubringen, spricht man von furtum usus. Es liegt zwar kein Diebstahl vor, die Tat kann in besonderen Fällen aber gleichwohl strafwürdig sein. So hat der Gesetzgeber in § 248 b StGB den unbefugten Gebrauch von Kraftfahrzeugen und Fahrrädern unter Strafe gestellt.

516 Eine *Sonderregelung* enthält § 248 a StGB für den Diebstahl geringwertiger Sachen. Geringwertig sind solche Dinge, die nicht mehr als etwa 50,- Euro wert sind. Der Diebstahl solcher Sachen wird nur auf Antrag verfolgt, es sei denn, die Staatsanwaltschaft hält ein Einschreiten von Amts wegen für geboten, weil ein besonderes öffentliches Interesse an der Strafverfolgung gegeben ist. Es handelt sich also um ein

Antragsdelikt, wie es auch die Körperverletzung und die fahrlässige Körperverletzung (§§ 223, 229, 230 StGB) sind. In solchen Fällen hängt die Strafverfolgung davon ab, dass der Berechtigte – zumeist der Verletzte selbst – einen Strafantrag stellt, was bei der Staatsanwaltschaft, der Polizei und den Amtsgerichten geschehen kann. Das Institut des Antragsdelikts soll die Strafrechtspflege bei der Verfolgung von Bagatellkriminalität entlasten. Zur Abwehr der Ladendiebstähle stellen die Geschäftsinhaber den Strafantrag regelmäßig auch bei Kleindiebstählen.

Während beim Diebstahl die Vermögensverschiebung gegen oder ohne den Willen des Berechtigten durch Wegnahme erfolgt, nutzt der Täter beim *Betrug* einen Irrtum des Opfers aus: Wer in der Absicht, sich oder einem Dritten einen rechtswidrigen Vermögensvorteil zu verschaffen, das Vermögen eines anderen dadurch beschädigt, dass er durch Vorspiegelung falscher oder durch Entstellung oder Unterdrückung wahrer Tatsachen einen Irrtum erregt oder unterhält, wird mit Freiheitsstrafe bis zu fünf Jahren oder mit Geldstrafe bestraft (§ 263 Abs. 1 StGB). Beim Betrug, vereinfacht gesagt, bewirkt der Täter also einen Irrtum des Opfers, aufgrund dessen es freiwillig eine für es selbst nachteilige Vermögensverfügung trifft. 517

Zu den ebenfalls besonders häufigen Straftaten gehört das *unerlaubte Entfernen vom Unfallort*, die sogenannte Fahrerflucht (§ 142 StGB). Danach wird ein Unfallbeteiligter bestraft, der sich nach einem Unfall im Straßenverkehr vom Unfallort entfernt, bevor er bestimmte Pflichten erfüllt hat. Er muss etwa zugunsten der anderen Unfallbeteiligten und Geschädigten die Feststellung seiner Person, seines Fahrzeugs und der Art seiner Beteiligung ermöglichen, indem er anwesend bleibt und angibt, am Unfall beteiligt gewesen zu sein. Ist niemand bereit, die Feststellungen zu treffen, muss er angemessene Zeit am Unfallort warten, ob doch jemand dies tun will. Typische Fälle sind die Beschädigung parkender Autos bei Nacht oder das Umfahren von Weidezäunen an einsamer Landstraße. Wer sich berechtigt vom Unfallort entfernt, muss nachträglich die Feststellungen unverzüglich ermöglichen. Unverzüglich im Rechtssinne heißt stets ohne schuldhaftes Zögern. Je nach den Umständen muss er also zum nächsten Telefon fahren und den Unfall der Polizei oder dem Geschädigten melden. Bei bestimmten, weniger schwerwiegenden Unfällen kann das Gericht zudem die Strafe mildern oder gänzlich von ihr absehen, wenn der Unfallbeteiligte innerhalb von vierundzwanzig Stunden freiwillig die Feststellungen nachträglich ermöglicht. Die in sich sehr komplexe Norm schützt das private Interesse der Unfallbeteiligten und Geschädigten an möglichst umfassender Klärung des Unfallhergangs, um Schadensersatzansprüche zu sichern oder abzuwehren. 518

Recht erhebliche politische Implikationen hat die *Nötigung* (§ 240 StGB) erhalten. Sie gehört zu einer Gruppe von Delikten wie Freiheitsberaubung, Menschenraub, Geiselnahme oder Kindesentziehung, die alle Straftaten gegen die persönliche Freiheit sind (§§ 234 ff. StGB). Wer einen Menschen rechtswidrig mit Gewalt oder durch Drohung mit einem empfindlichen Übel zu einer Handlung, Duldung oder Unterlassung nötigt, wird wegen Nötigung mit Freiheitsstrafe bis zu drei Jahren oder mit Geldstrafe bestraft. Die Tat ist rechtswidrig, wenn die Anwendung der Gewalt oder die Androhung des Übels zu dem angestrebten Zweck als verwerflich anzusehen ist. Die Strafbarkeit der Nötigung schützt die freie Willensentschließung und Willensbetätigung. Nötigung bedeutet, dem anderen ein von ihm nicht gewolltes Verhalten aufzuzwingen. Gewalt ist grundsätzlich körperliche Gewalt, kann aber auch durch psychischen Zwang begleitet werden. Als Kurzformel der differenzierten Dogmatik kann gelten: Gewalt ist 519 der physisch vermittelte Zwang zur Überwindung eines geleisteten Widerstandes. Die Nötigung spielt im Straßenverkehr eine nicht unerhebliche Rolle. So kann wegen Nötigung strafbar sein, wer auf der Autobahn plötzlich willkürlich abbremst, um seinen Hintermann zu einer Vollbremsung zu zwingen, oder wer besonders dicht auffährt, um den Vordermann zu zwingen, die Fahrbahn freizugeben.

520 Insgesamt ist bei der Nötigung vieles streitig, die Rechtsprechung ist uneinheitlich. Das gilt besonders hinsichtlich der *politischen Seite dieser Norm*. Ein häufig bei politischen Demonstrationen eingesetztes Mittel ist die Straßenblockade. Sie zwingt andere Verkehrsteilnehmer zu Umwegen oder zu oft erheblichen Wartezeiten. In der jüngeren Geschichte Deutschlands gibt es dazu zahlreiche Beispiele. Blockaden von Militäranlagen zur Verhinderung von Raketenstationierungen haben besondere Diskussionen veranlasst, aber auch Straßensperren von aufgebrachten Arbeitnehmern, um die Schließung ihrer Arbeitsstätten zu verhindern. Dabei muss davon ausgegangen werden, dass Verkehrsbehinderungen durch die Grundrechte auf Meinungs- und Versammlungsfreiheit gerechtfertigt sind, wenn sie vorübergehend als Nebenwirkung der Grundrechtsausübung eintreten und aufgrund der verfassungsrechtlich gebotenen Güterabwägung hingenommen werden müssen. Sie sind aber nicht verfassungsrechtlich gedeckt, wenn sie darauf abzielen, gerade durch die mit ihnen verbundenen Zwangswirkungen gesteigertes Aufsehen in der Öffentlichkeit zu erregen. Bis heute ist überaus umstritten, inwieweit die politisch oder sonst motivierten Fernziele des Täters bei der Bewertung der Verwerflichkeit seines Handelns Berücksichtigung finden können.

Schrifttum:
Urs Kindhäuser/Edward Schramm, Strafrecht. Besonderer Teil I, 10. Aufl. 2021
Urs Kindhäuser/Martin Böse, Strafrecht. Besonderer Teil II, 12. Aufl. 2022
Volker Krey/Uwe Hellmann/Manfred Heinrich, Strafrecht. Besonderer Teil, Bd. 1, 17. Aufl. 2021, Bd. 2, 18. Aufl. 2021
Wilfried Küper/Jan Zopfs, Strafrecht. Besonderer Teil, 11. Aufl. 2022
Rudolf Rengier, Strafrecht. Besonderer Teil I, 24. Aufl. 2022
Rudolf Rengier, Strafrecht. Besonderer Teil II, 23. Aufl. 2022
Johannes Wessels/Michael Hettinger/Armin Engländer, Strafrecht. Besonderer Teil, Bd. 1, 46. Aufl. 2022
Johannes Wessels/Thomas Hillenkamp/Jan Schuhr, Strafrecht. Besonderer Teil, Bd. 2, 45. Aufl. 2022

IV. Jugendstrafrecht

521 Für die strafrechtliche Verantwortlichkeit von *Minderjährigen und Heranwachsenden* gelten besondere Regeln. Sie sollen den eigentümlichen Bedingungen gerecht werden, die während des Aufwachsens bestehen, und auf die dabei gegebenen Gefährdungen und Chancen angemessen reagieren. Die wichtigeren Vorschriften finden sich im Jugendgerichtsgesetz (JGG); ergänzend gelten die allgemeinen Vorschriften.

522 *Kinder unter vierzehn Jahren* sind gemäß § 19 StGB schuldunfähig, sie können deshalb nicht bestraft werden. In schweren Fällen, das Recht spricht von Gefährdung des Kindeswohls (§ 1666 BGB), kann der Staat über das Vormundschaftsgericht gegenüber den Eltern eingreifen. Das Jugendwohlfahrtsrecht sieht im Achten Buch des Sozialgesetzbuchs (SGB VIII) dafür vielfältige Hilfs- und Schutzmaßnahmen vor. Die Möglichkeiten reichen hier von der Beratung bis nötigenfalls zur Trennung des Kindes von seinen Eltern.

IV. Jugendstrafrecht

C.

Strafrechtlich verantwortlich ist, wer *mindestens vierzehn Jahre alt* ist. Diese Verantwortlichkeit besteht aber auch dann nur, wenn der Jugendliche zur Zeit der konkreten Tat nach seiner sittlichen und geistigen Entwicklung reif genug ist, das Unrecht der Tat einzusehen und nach dieser Einsicht zu handeln (§ 3 S. 1 JGG). Mit *Vollendung des 18. Lebensjahres* endet grundsätzlich die Anwendbarkeit des Jugendgerichtsgesetzes, es bestimmt sich dann die Strafbarkeit nach dem Strafgesetzbuch. Allerdings bleibt es für Heranwachsende bei der Anwendung wichtiger Normen des Jugendgerichtsgesetzes, wenn ihre Persönlichkeit noch eher jugendlich ist oder wenn die Art, wie sie die Straftat begangen haben, sie einer Jugendverfehlung gleichen lässt. *Heranwachsende* sind nach dem Gesetz achtzehn bis zwanzig Jahre alt (§ 1 Abs. 2 JGG). 523

Die Besonderheiten des Jugendstrafrechts betreffen vor allem das *Sanktionensystem*. Der Erziehungsgedanke tritt in den Vordergrund. Hierzu werden drei Gruppen von Sanktionen unterschieden: die Erziehungsmaßregeln, die Zuchtmittel und die Jugendstrafe. Sie zeigen besonders deutlich, dass das Jugendstrafrecht der Sache nach ein Teilgebiet des umfassenderen Jugendpflegerechts ist. 524

Die möglichen *Erziehungsmaßregeln* sind zunächst vielfältige Weisungen, die der Richter dem Jugendlichen erteilen kann. Beispiele sind Bestimmungen über den Aufenthaltsort oder die Weisung, bestimmte Lokale nicht aufzusuchen, eine Ausbildungs- oder Arbeitsstelle anzunehmen oder spezielle Arbeitsleistungen zu erbringen (§§ 9 ff. JGG). Darüber hinaus kann die Erziehungsmaßregel in der Verpflichtung bestehen, bestimmte Hilfen zur Erziehung in Anspruch zu nehmen (§§ 9, 12 JGG, §§ 30, 34 SGB VIII). Weil die Erziehung hier im Vordergrund steht, hat der Richter einen erheblichen Entscheidungsraum bei konkreter Bestimmung der Erziehungsmaßregel. Er kann sie während ihrer Laufzeit von höchstens zwei Jahren auch erforderlichenfalls ändern. 525

Zuchtmittel sind Verwarnung, Erteilung von Auflagen und Jugendarrest (§§ 13 ff. JGG). Sie sind nach der Konzeption des Gesetzes schärfere Sanktionen. Ihr Zweck ist, dem Jugendlichen eindringlich zu Bewusstsein zu bringen, dass er für das von ihm begangene Unrecht einzustehen hat. Bei der Verwarnung wird dem Jugendlichen das Unrecht der Tat eindringlich vorgehalten (§ 14 JGG). Auflagen sind die Verpflichtung, sich bei dem Verletzten zu entschuldigen, nach Kräften den angerichteten Schaden wiedergutzumachen, Arbeitsleistungen zu erbringen oder eine Geldleistung zugunsten einer gemeinnützigen Einrichtung zu zahlen (§ 15 JGG). Der Jugendarrest greift regelmäßig noch schärfer ein. Als Freizeitarrest ist er auf die Freizeit des Jugendlichen beschränkt. Kurzarrest kann bis zu sechs Tagen, Dauerarrest bis höchstens vier Wochen verhängt werden. Er kann auch verhängt werden, wenn der Täter Weisungen oder Auflagen nicht befolgt (§§ 16 JGG). 526

Die *Jugendstrafe* (§§ 17 f. JGG) ist anders als die übrigen Maßnahmen nach dem Jugendgerichtsgesetz echte Strafe. Sie wird verhängt, wenn andere Mittel zur Erziehung nicht ausreichen oder die Schwere der Tat sie erfordert. Hier tritt also der Sühnegedanke stärker hervor. Jugendstrafe ist Freiheitsentzug von mindestens sechs Monaten. Ihr Höchstmaß beträgt zehn Jahre. Ein siebzehnjähriger Mörder kann also höchstens mit zehn Jahren Jugendstrafe bestraft werden. Die Jugendstrafe wird in besonderen Jugendstrafanstalten, der Jugendarrest in besonders hierfür vorgesehenen Einrichtungen verbüßt (§§ 90 Abs. 2, 92 JGG). 527

Besonderheiten gelten im Jugendstrafrecht auch für das *Verfahren* (§§ 33 ff. JGG). Es sind eigene Jugendgerichte bei den Amts- und Landgerichten zuständig. Sie werden zur Erforschung der Persönlichkeit, der Entwicklung und des Umfeldes der Beschuldigten 528

C. Strafrecht

durch die Jugendgerichtshilfe unterstützt, deren Aufgabe es ist, die erzieherischen, sozialen und fürsorgerischen Gesichtspunkte im Verfahren besonders zur Geltung zu bringen. Die Jugendgerichtshilfe soll während des gesamten Maßnahmen- und Strafvollzuges im Sinne der (Re)Sozialisierung des Jugendlichen tätig sein. Sie wird von den Jugendämtern in Zusammenarbeit mit den Vereinigungen für Jugendhilfe ausgeübt (§ 38 JGG). Das Verfahren vor den Jugendgerichten ist nicht öffentlich (§ 48 JGG). Die Möglichkeit, Rechtsmittel einzulegen, ist im Interesse rascher Wirksamkeit der Erziehungs- und Zuchtmittel gemäß § 55 JGG eingeschränkt. Die Befugnis der Strafverfolgungsorgane, von weiterer Verfolgung abzusehen, ist dagegen erweitert; in einem solchen Fall kann der Richter auf Anregung des Staatsanwaltes Ermahnungen, Weisungen und Auflagen erteilen (§ 45 JGG).

Schrifttum:
Ulrich Eisenberg/Ralf Kölbel, Jugendgerichtsgesetz, 23. Aufl. 2022
Heribert Ostendorf/Kırstin Drenkhahn, Jugendstrafrecht, 11. Aufl. 2022
Friedrich Schaffstein/Werner Beulke/Sabine Swoboda, Jugendstrafrecht, 16. Aufl. 2020
Franz Streng, Jugendstrafrecht, 5. Aufl. 2020

V. Strafprozessrecht

529 Das Strafprozessrecht enthält die Bestimmungen über die *Aufklärung und Verfolgung von Straftaten*. Es ist in erster Linie in der Strafprozessordnung (StPO) geregelt. Vorschriften über die Institutionen der Strafverfolgung, besonders über Gerichte und Staatsanwaltschaft finden sich im Gerichtsverfassungsgesetz (GVG).

530 Nur der Richter kann eine Strafe aussprechen (Art. 92 GG). Als *Strafgerichte* sind die Amtsgerichte als unterste Instanz für kleinere Straftaten, dann – auch als Rechtsmittelgerichte – die Landgerichte, die Oberlandesgerichte und der Bundesgerichtshof zuständig. Schwerere Straftaten wie Tötungsdelikte werden vor den Landgerichten als erster Instanz angeklagt, manche besondere Taten wie bestimmte Staatsschutzdelikte vor den Oberlandesgerichten. Anders als in Staaten des anglo-amerikanischen Rechtsraumes gibt es auch im Strafverfahren keine Jury aus Laien. Das gesamte Strafverfahren einschließlich der Entscheidung über den Schuldspruch und die Strafzumessung liegt vielmehr in der Hand der Richter. Zumeist sind die *Spruchkörper* bei den Gerichten kollegial besetzt. Dazu gehören in den unteren Gerichten auch Laienrichter als Schöffen. So entscheidet beim Amtsgericht, wenn nicht der Einzelrichter in einfacheren Sachen tätig wird, das Schöffengericht in der Besetzung von einem Berufsrichter und zwei Schöffen, beim Landgericht sind weithin Strafkammern mit drei Berufsrichtern und zwei Schöffen tätig. Die Spruchkörper bei Oberlandesgerichten und Bundesgerichtshof werden Senate genannt und sind ausschließlich mit Berufsrichtern besetzt.

531 Die gesamte Ermittlung strafbarer Handlungen bis zur Anklageerhebung und der Vertretung der Anklage vor dem Strafgericht liegt dagegen in den Händen der *Staatsanwaltschaft* (§§ 141 ff. GVG). Der Staatsanwaltschaft obliegt auch die Vollstreckung der strafrichterlichen Entscheidung (§§ 36, 451, 463 StPO). Bei der Ermittlung von Straftaten und Tätern bedient sich die Staatsanwaltschaft der *Polizei*, besonders der Kriminalpolizei. Die Polizei muss aber auch aus ihrer eigenen Aufgabenstellung heraus dem Verdacht strafbarer Handlungen nachgehen. Sie schaltet dann unverzüglich die Staatsanwaltschaft ein (§ 163 StPO). Ihre Kenntnis von möglichen Straftaten bekommen Polizei und Staatsanwaltschaft aus eigener Informationssammlung, durch Straf-

V. Strafprozessrecht

anzeigen Verletzter oder Dritter, aber auch durch Hinweise anderer Behörden oder Gerichte.

Die Staatsanwaltschaft ist *Herrin des Ermittlungsverfahrens* (§§ 152, 160 StPO). Dazu kann sie den Ermittlungspersonen der Staatsanwaltschaft, das sind besonders Polizeibeamte, Weisungen erteilen (§ 152 GVG). Wer Ermittlungsperson der Staatsanwaltschaft ist, bestimmen die Länder in Gesetzen und Verordnungen. Sie besitzen besondere Kompetenzen wie Festnahme- und Durchsuchungsbefugnisse nach der Strafprozessordnung. 532

Die Staatsanwaltschaft ist eine *Behörde der Exekutive*, aber auch ein *selbstständiges Organ der Rechtspflege*. Sie lässt sich deshalb nicht ohne Weiteres der einen oder anderen Staatsgewalt zuordnen. Bei jedem für Strafsachen zuständigen Gericht sind Staatsanwälte bestimmt, die die dort anfallenden Aufgaben der Staatsanwaltschaft erfüllen. Für Gerichte der Länder ist die Staatsanwaltschaft Ländersache, sie sind also Landesbehörden. Beim Bundesgerichtshof und bei erstinstanzlichen Verfahren vor den Oberlandesgerichten (§ 142 a GVG) ist die Staatsanwaltschaft Bundessache, der Generalbundesanwalt ist hier Leiter der Behörde. 533

Die Staatsanwaltschaft ist vom Gericht unabhängig (§ 150 GVG). Als Behörde ist sie dagegen in bestimmtem Umfang gebunden an die Weisungen der ihnen vorgeordneten Justizminister (§§ 146, 147 GVG). Die Staatsanwaltschaft ist jedenfalls zur *Objektivität* verpflichtet, das heißt, sie muss alle zur Aufklärung des Sachverhalts relevanten Tatsachen erforschen und würdigen (§ 160 Abs. 2 StPO). Das gilt auch für diejenigen Umstände, die einen Verdächtigen oder Angeklagten, selbst einen bereits Verurteilten entlasten (§ 160 StPO). Die Staatsanwaltschaft ist im Strafprozess vor Gericht deshalb anders als in manchen anderen Staaten nicht Partei im Strafverfahren, sondern der Rechtslage nach strikt neutrale Institution. Darüber hinaus ist die Staatsanwaltschaft weithin an das *Legalitätsprinzip* (§ 152 Abs. 2 StPO) gebunden: Sie ist zur Strafverfolgung verpflichtet, wenn eine Straftat vorliegt. Es steht grundsätzlich nicht in ihrem Ermessen, ob sie tätig wird. Besonders in diesen Prinzipien der Objektivität und Legalität findet das Weisungsrecht gegenüber den Beamten der Staatsanwaltschaft seine Grenzen. 534

Für eine Reihe von Maßnahmen während des Ermittlungsverfahrens, die mit Zwang gegenüber den Betroffenen verbunden sind, wie Verhaftungen, Durchsuchungen oder die Überwachung des Fernmeldeverkehrs, müssen der Staatsanwalt und die Polizei einen Richter einschalten. Er wird als *Ermittlungsrichter* bezeichnet und versieht seine Tätigkeit von einigen Sonderfällen abgesehen beim Amtsgericht (§§ 162 Abs. 1, 169 StPO). Im Übrigen besitzen Richter im Ermittlungsverfahren bis zur Erhebung der Anklage keine eigenständige Funktion. 535

Zum Zweck der Ermittlung verfügen die Strafverfolgungsbehörden über eine Reihe gesetzlich genau definierter und begrenzter *Befugnisse*. Es gehört zu den zentralen Fragen rechtspolitischer Diskussion, wie das Interesse an der Strafverfolgung mit den Rechtsgütern von Verdächtigen und Unbeteiligten in angemessenen Ausgleich gebracht werden kann. 536

Eines der wesentlichen Mittel der Aufklärung von Straftaten ist die *Vernehmung des Beschuldigten* (§§ 133 ff. StPO). Sie dient der Feststellung des Sachverhalts, der Überführung des Täters, aber auch der Gewährung rechtlichen Gehörs, auf das der Beschuldigte gemäß § 163 a Abs. 1 StPO, Art. 103 Abs. 1 GG, Art. 6 EMRK einen 537

C. Strafrecht

Anspruch hat. Der Beschuldigte ist in keinem Stadium des Verfahrens verpflichtet auszusagen. Er muss zu seiner eigenen Überführung nicht beitragen. Er ist auch nicht verpflichtet, die Wahrheit zu sagen. Der Beschuldigte braucht vor der Polizei nicht zu erscheinen, kann aber von Staatsanwaltschaft und Richter vorgeladen werden und dann auch zwangsweise vorgeführt werden (§ 134 StPO). Bei der ersten Vernehmung durch die Polizei ist dem Beschuldigten zu eröffnen, was ihm zur Last gelegt wird, dass er nicht zur Sache auszusagen braucht, dass er das Recht auf einen Verteidiger hat und dass er einzelne Beweise zu seiner Entlastung beantragen kann (§ 136 StPO).

538 Bestimmte *Vernehmungsmethoden* sind verboten (§ 136 a StPO). Die Freiheit der Willensentschließung und der Willensbetätigung des Beschuldigten darf nicht beeinträchtigt werden durch Misshandlung, Ermüdung, körperlichen Eingriff, Verabreichung von Mitteln, durch Quälerei, Täuschung oder Hypnose, endlich auch nicht durch Beeinträchtigung des Erinnerungsvermögens oder der Einsichtsfähigkeit. Das gilt auch dann, wenn der Beschuldigte einwilligt. Auch der Einsatz eines Lügendetektors ist im Strafverfahren nicht zulässig. Sehr schwierig ist oft, erlaubte kriminalistische List von verbotener Täuschung abzugrenzen; unzulässig ist jedenfalls die unzutreffende Behauptung, ein Mittäter habe schon gestanden, oder das Versprechen einer milderen Strafe, wenn der Beschuldigte sich kooperativ zeige. Intime Tagebuchaufzeichnungen des Beschuldigten dürfen gegen seinen Willen nur bei schwersten Verbrechen in den Prozess eingeführt werden. Amtspersonen dürfen als Zeuge vor Gericht über dienstliche Angelegenheiten nur aussagen, wenn sie eine Aussagegenehmigung von ihrer vorgesetzten Behörde erhalten haben (§ 54 StPO). Blutentnahmen müssen von einem Arzt vorgenommen werden (§ 81 a StPO). Man spricht insofern von Beweiserhebungsverboten.

539 *Beweisverwertungsverbote* bestimmen dagegen darüber, was mit Beweisen im Prozess geschieht, die unzulässigerweise erhoben worden sind. Besonders hier herrscht wenig dogmatische Klarheit. Die Rechtskreistheorie des Bundesgerichtshofs differenziert danach, ob das Verbot zum Schutz des Rechtskreises des Angeklagten besteht. So führt die Unterlassung der erforderlichen Belehrung des Zeugen über sein Zeugnisverweigerungsrecht nicht zur Unverwertbarkeit der Aussage gegen den Angeklagten, weil und soweit dieses Zeugnisverweigerungsrecht nicht zum Schutz des Angeklagten, sondern nur des Zeugen bestimmt ist.

540 Aussagen, die durch verbotene Vernehmungsmethoden erlangt worden sind, dürfen im Prozess nicht verwertet werden. Allerdings besteht nach der sehr umstrittenen Rechtsprechung in der Regel keine Fernwirkung dieses Verwertungsverbotes: Die bei der unzulässigen Beweiserhebung bekannt gewordenen weiteren Beweismittel dürfen grundsätzlich verwertet werden.

541 Ähnliches wie bei Beschuldigten gilt für die *Vernehmung von Zeugen* (§§ 48 ff. StPO). Auch sie kann nur der Staatsanwalt oder das Gericht vorladen und falls erforderlich vorführen lassen. Der Zeuge ist aber zur Aussage verpflichtet, und er muss die Wahrheit sagen. Allerdings bestehen einzelne Zeugnisverweigerungsrechte etwa für nahe Angehörige des Beschuldigten oder für bestimmte Berufsgruppen wie Ärzte, Rechtsanwälte und Geistliche über das ihnen in ihrem Beruf Bekanntgewordene (§§ 52 ff. StPO). Wer zur Aussage verpflichtet ist, kann dazu wie in jedem Gerichtsverfahren notfalls durch Zwangshaft bis zu sechs Monaten angehalten werden, die aber nur der Richter anordnen darf.

V. Strafprozessrecht

C.

Sonstige in der StPO genannte *Ermittlungsmaßnahmen* sind unter anderen die Einholung von Sachverständigengutachten, etwa über die Alkoholkonzentration im Blut des Beschuldigten zur Tatzeit, Leichenschau und Leichenöffnung, Beobachtung und Untersuchung etwa durch einen Psychiater, die Blutentnahme oder die molekulargenetische Untersuchung, die Anfertigung von Lichtbildern und Fingerabdrücken, Beschlagnahme, Sicherstellung und Durchsuchung, endlich die DNA-Identitätsfeststellung (§§ 72 ff. StPO).

542

Von besonderer Intensität ist die *Untersuchungshaft*. Sie ist gemäß §§ 112, 112 a StPO nur zulässig bei dringendem Tatverdacht, wenn bestimmte, einzelne Haftgründe gegeben sind und die Verhältnismäßigkeit gewahrt ist. Dringender Tatverdacht besteht, wenn ein hoher Grad von Wahrscheinlichkeit vorliegt, dass der Beschuldigte die Tat begangen hat. Untersuchungshaft darf angeordnet werden, wenn dies zur Sicherung des Verfahrens erforderlich ist. Das ist der Fall bei Flucht oder Fluchtgefahr und bei Verdunkelungsgefahr, etwa weil der Beschuldigte Beweismittel vernichten oder Zeugen beeinflussen will. Bei besonders schweren Straftaten wie Totschlag und Mord ist Untersuchungshaft schon zulässig, wenn nicht auszuschließen ist, dass Flucht- oder Verdunkelungsgefahr vorliegt. Endlich kann auch die Wiederholungsgefahr bei schweren Straftaten die Untersuchungshaft zulässig machen.

543

Häufig ist die *vorläufige Festnahme* durch die Strafverfolgungsbehörden gemäß § 127 Abs. 2 StPO. Der Betroffene muss dann spätestens am Tag danach dem Richter vorgeführt werden (§ 128 StPO). Nur der Richter kann die Untersuchungshaft anordnen. In regelmäßigen Abständen findet eine Überprüfung der Haft von Amts wegen statt (§§ 117, 121, 122 StPO). Im Übrigen bedarf es auch für einige weitere Ermittlungsmaßnahmen – etwa für die Beschlagnahme (§ 98 Abs. 1 StPO), die Unterbringung zur Beobachtung des Beschuldigten (§ 81 Abs. 2 StPO) oder die Überwachung des Post- und Fernmeldeverkehrs (§§ 100 Abs. 1, 100 b Abs. 1 StPO) – der Entscheidung durch den Richter. Dies gilt in besonders strikter Weise auch für den sogenannten *Lauschangriff* (§§ 100 c ff. StPO), zu dessen Einführung in das Strafverfolgungsverfahren Art. 13 GG geändert worden ist. Die Regelung ermöglicht in engen Grenzen die akustische Überwachung von Verdächtigen in Wohnungen.

544

Zu den heute umstrittensten und schwierigsten Problemen des Strafverfolgungsrechts gehört der Einsatz sogenannter *V-Leute* der Polizei oder auch der Verdeckten Ermittler. V-Leute sind Informanten der Strafverfolgungsbehörden aus dem Milieu, in dem Straftaten verübt werden. Verdeckte Ermittler werden in die kriminelle Szene eingeschleust, um Informationen zur Aufklärung, aber auch zur Verhinderung von Straftaten zu sammeln (§§ 110 a ff. StPO). Abgesehen von der persönlichen Gefahr, in die sie sich begeben, sind ihre Kompetenzen bisher weitgehend ungeklärt, weil sie von vornherein mit den Mitteln der Täuschung arbeiten und oft um ihrer Tarnung willen sogar gezwungen sind, milieubedingte Straftaten selbst zu begehen.

545

Der Staatsanwalt erhebt *Anklage* vor dem zuständigen Gericht, wenn die Ermittlungen genügenden Anlass zur Erhebung der öffentlichen Klage bieten (§ 170 Abs. 1 StPO). Das ist der Fall, wenn hinreichender Tatverdacht besteht, wenn also eine Verurteilung nach dem gegenwärtigen Stand der Dinge mit Wahrscheinlichkeit zu erwarten ist. Nur die Staatsanwaltschaft kann Anklage erheben; dies ist das Offizialprinzip (§ 152 Abs. 1 StPO). Bei manchen weniger schweren Delikten, die das öffentliche Interesse nicht wesentlich berühren, bedarf es allerdings für die Anklageerhebung eines Strafantrages des Verletzten oder sonst berechtigter Personen. Einzelne Delikte wiederum wie Haus-

546

C. Strafrecht

friedensbruch (§ 123 StGB), Beleidigung (§§ 185 bis 189 StGB), Sachbeschädigung (§ 303 StGB) oder Körperverletzung (§§ 223, 229 StGB) sind im Regelfall auf den Weg des sogenannten Privatklageverfahrens verwiesen (vgl. § 374 StPO). Dann können der Verletzte und bestimmte weitere Personen Klage erheben, ohne die Staatsanwaltschaft zuvor anzurufen. Die Staatsanwaltschaft selbst wird nur dann Anklage erheben, wenn dies im öffentlichen Interesse liegt (§ 376 StPO).

547 Besteht kein hinreichender Anlass zur Anklage, stellt die Staatsanwaltschaft das Verfahren regelmäßig ein. Dies geschieht, wenn das Verhalten nicht strafbar ist, wenn die erforderlichen Beweise fehlen, Verfahrenshindernisse bestehen, etwa weil die Tat verjährt ist oder ein erforderlicher Strafantrag nicht gestellt wurde. Darüber hinaus sieht die StPO weitere praktisch sehr wichtige *Einstellungsmöglichkeiten* vor: Die Staatsanwaltschaft kann das Verfahren wegen Geringfügigkeit einstellen, aber auch gegen Erfüllung von Weisungen und Auflagen oder weil die Tat gegenüber einer anderen Straftat desselben Beschuldigten nicht ins Gewicht fällt (§§ 153–154 StPO). Es gilt hier das Opportunitätsprinzip, das heißt die Staatsanwaltschaft handelt nach Gründen der Zweckmäßigkeit. In den meisten Fällen bedarf sie der Zustimmung des für das Hauptverfahren zuständigen Gerichts, bisweilen auch des Beschuldigten selbst. Entsprechende Maßnahmen kann das Gericht selbst nach Anklageerhebung ergreifen (§ 153 a Abs. 2 StPO).

548 Der Anklageerhebung durch die Staatsanwaltschaft schließt sich ein *Zwischenverfahren* an (§§ 199 ff. StPO), in dem das Gericht über die Zulassung der Anklage und über die Eröffnung des Hauptverfahrens entscheidet (§§ 203, 204 StPO). Dem Angeschuldigten wird die Anklageschrift zugestellt, zu der er sich äußern kann. Besteht hinreichender Tatverdacht, lässt das Gericht die Anklage zu und eröffnet das Hauptverfahren. Es kann auch weitere Ermittlungen anordnen (§ 202 ff. StPO). Weil schon die Durchführung des öffentlichen Hauptverfahrens für den Betroffenen erhebliche Belastungen mit sich bringt, selbst wenn am Ende ein Freispruch steht, wird besonders von prominenten Betroffenen häufig versucht, die Nichtzulassung der Anklage zu erreichen.

549 Wird die Anklage zugelassen, folgt das *Hauptverfahren* (§§ 213 ff. StPO). Weil es einen insgesamt nicht unerheblichen Aufwand verursacht, werden viele einfachere Sachen aber auf Antrag der Staatsanwaltschaft auch in einem vereinfachten Verfahren durch sogenannten Strafbefehl erledigt (§§ 407 ff. StPO). Der Angeschuldigte braucht dabei durch das Gericht vorher nicht gehört zu werden; er kann aber gegen den Strafbefehl Einspruch einlegen. Dann wird eine Hauptverhandlung anberaumt.

550 Im Interesse des Angeklagten, der schon wegen der ihm zumeist ungewohnten und bedrohlichen Situation andernfalls oft kaum angemessen reagieren kann, ist das Verfahren insgesamt und auch die Hauptverhandlung *erheblich formalisiert* (§§ 226 ff. StPO). Sie beginnt mit dem Aufruf zur Sache. Nachdem der Vorsitzende die Anwesenheit der Beteiligten festgestellt hat, verlassen die Zeugen den Saal. Erscheint der Angeklagte ohne hinreichende Entschuldigung nicht, wird seine Vorführung angeordnet. Es kann auch ein Haftbefehl ergehen (§ 230 Abs. 2 StPO). Grundsätzlich darf ohne den Angeklagten nicht verhandelt werden. Von einigen weiteren Fällen abgesehen ist das allerdings dann möglich, wenn der Angeklagte seine Verhandlungsunfähigkeit vorsätzlich und schuldhaft herbeigeführt hat und dadurch wissentlich die ordnungsgemäße Durchführung der Hauptverhandlung verhindert oder wenn er die Verhandlung durch ordnungswidriges Benehmen stört (§§ 231 a, 231 b StPO).

Anschließend vernimmt der Vorsitzende des Gerichts den Angeklagten über seine persönlichen Verhältnisse. Dann verliest der Staatsanwalt die Anklage. Nach der Belehrung des Angeklagten über sein Aussageverweigerungsrecht wird er, falls er dazu bereit ist, zur Sache vernommen. Dies geschieht vornehmlich durch den Vorsitzenden. Auch die Beisitzer, Schöffen, Staatsanwalt und Verteidiger können den Angeklagten befragen.

551

Regelmäßig folgt dann eine Beweisaufnahme (§ 244 StPO). Es werden die Zeugen vernommen und die Sachverständigen gehört. Das Gericht kann eine Augenscheineinnahme (§§ 86 ff. StPO) vornehmen, also etwa den Tatort besichtigen oder eine Tatwaffe betrachten. Wichtig ist auch der Urkundenbeweis, in Betrugsfällen wird etwa ein Kaufvertrag verlesen (§ 249 StPO). Das Gericht erhebt die Beweise von Amts wegen, es gilt also die Inquisitionsmaxime. Staatsanwaltschaft, Angeklagter und Verteidiger, aber auch ein eventuell vorhandener Nebenkläger (§§ 395 ff. StPO) – das ist oft das Opfer, das eine Verurteilung des Täters erreichen will –, können weitere Beweisanträge stellen.

552

Nach dem Ende der Beweisaufnahme hält der Staatsanwalt das Plädoyer, den Schlussantrag. Daraufhin spricht der Angeklagte oder sein Verteidiger. Stets hat der Angeklagte das »letzte Wort« (§ 258 StPO), damit seine Darstellung dem Gericht unmittelbar vor der Beratung besonders im Ohr bleibt. Danach erfolgen die Urteilsberatung und die Verkündung des Urteils (§ 260 Abs. 1 StPO).

553

Zu den wesentlichen *allgemeinen Prinzipien* des Strafrechts, die sich besonders im Strafprozessrecht auswirken, gehört der Grundsatz »Im Zweifel für den Angeklagten« *(»in dubio pro reo«)*. Die Verurteilung zur Strafe kann danach nur vorgenommen werden, wenn feststeht, dass alle tatsächlichen Voraussetzungen des Schuld- und Strafausspruches vorliegen (§ 267 Abs. 1 StPO). Bleiben Zweifel, muss der Angeklagte freigesprochen werden.

554

Eine gewisse, kriminalpolitisch motivierte Einschränkung enthält die Figur der *Wahlfeststellung*. Wenn sicher ist, dass der Angeklagte entweder die eine oder aber die andere Tat begangen hat, kann er aus dem milderen Strafgesetz verurteilt werden, auch wenn nicht festgestellt werden kann, welches Strafgesetz von beiden verletzt ist. Beide Tatvorwürfe müssen aber rechtsethisch und psychologisch vergleichbar sein. Bei der sogenannten ungleichartigen Wahlfeststellung wird der Angeklagte wahlweise, zum Beispiel wegen Diebstahls und Hehlerei, verurteilt.

555

Ein weiterer fundamentaler Rechtsgrundsatz lautet, dass niemand wegen derselben Tat zweimal bestraft werden darf *(»ne bis in idem«)*. Diese Regel ist bereits in Art. 103 Abs. 3 GG verfassungsrechtlich besonders gesichert.

556

Der Beschuldigte kann sich in jeder Lage des Verfahrens eines *Verteidigers* bedienen (§ 137 Abs. 1 S. 1 StPO). Ein Verteidiger darf nicht gleichzeitig mehrere derselben Tat Beschuldigte verteidigen und auch nicht in demselben Verfahren mehrere Beschuldigte (§ 146 StPO). Dadurch sollen Interessenkollisionen vermieden werden, wie sie entstehen, wenn ein Beschuldigter die Schuld einem Mitbeschuldigten zuschiebt. In manchen Fällen muss der Beschuldigte durch einen Rechtsanwalt vertreten sein, dies ist die sogenannte *notwendige Verteidigung* (§§ 140 ff. StPO). Sie findet unter anderem statt, wenn dem Beschuldigten ein Verbrechen zur Last gelegt wird. Dasselbe gilt in allen Fällen, in denen wegen der Schwere der Tat oder wegen der Schwierigkeit des Falles die Mitwirkung eines Verteidigers erforderlich erscheint, aber auch schon dann, wenn

557

C. Strafrecht

der Beschuldigte sich nicht selbst verteidigen kann. Die Hilfestellung bei solch erheblichen, dem Betroffenen drohenden Gefahren folgt aus der Fürsorgepflicht des Staates. Auch jemand, der – ja nur möglicherweise – gefehlt hat, darf nicht allein gelassen werden; zumal jeder als unschuldig zu gelten hat, solange er nicht rechtskräftig verurteilt ist (in dubio pro reo). Weigert sich der Beschuldigte in Fällen der notwendigen Verteidigung, einen Verteidiger seines Vertrauens zu beauftragen, wird ihm ein Verteidiger beigeordnet. Das geschieht auch, wenn zu befürchten ist, dass der Wahlverteidiger im Laufe des Verfahrens sein Mandat niederlegt oder sonst aus dem Verfahren ausscheidet (§§ 141, 142 StPO). Man spricht in diesen Fällen von dem Pflichtverteidiger.

558 Notwendige Verteidigung besteht auch dann, wenn der Verteidiger des Beschuldigten vom Verfahren ausgeschlossen ist (§§ 138 a – 138 d StPO). Dies kann unter besonderen Umständen geschehen, etwa wenn der Verteidiger an der Tat beteiligt ist, die den Gegenstand der Untersuchung bildet, oder wenn er den Verkehr mit dem inhaftierten Beschuldigten zu Straftaten missbraucht oder die Sicherheit einer Vollzugsanstalt erheblich gefährdet. Das kann der Fall sein, wenn der Verteidiger zum Beispiel Drogen oder Waffen in die Vollzugsanstalt schmuggelt oder bei Bandenkriminalität als Kurier fungiert. In den ganz seltenen Fällen der sogenannten Kontaktsperre bei besonderer Gefahrenlage können Beschuldigte nach dem Einführungsgesetz zum Gerichtsverfassungsgesetz auch vollständig isoliert werden (§§ 31–38 EGGVG). Die Verteidigung als solche wird davon allerdings nur insofern berührt, als der Kontakt zwischen Betroffenem und Verteidiger unterbrochen wird, ebenso wie zu allen sonstigen Personen, die nicht besonders zugelassen sind.

559 Der Verteidiger, der als Rechtsanwalt ein *unabhängiges Organ der Rechtspflege* ist (§ 1 BRAO), ist sowohl dem Mandanten als auch dem Recht als solchem verpflichtet. Er darf auch zum Schutz seines Mandanten keine Straftaten begehen und nicht unlauter handeln. Weiß er, dass sein Mandant schuldig ist, darf er zwar auf Freispruch etwa mangels Beweises plädieren, aber nicht den Eindruck erwecken, er sei von der Unschuld des Mandanten überzeugt; diese herrschende Meinung dürfte aber eher nur theoretische Bedeutung besitzen.

560 Vom Strafverfahrensrecht wird das *Strafvollstreckungsrecht* unterschieden, das der Durchsetzung der rechtskräftig verhängten Sanktion dient und in zahlreichen Gesetzen und untergesetzlichen Normen verstreut ist. Wichtig sind die §§ 449 ff. StPO als allgemeine Bestimmungen, §§ 82 ff. JGG für Jugendliche und Heranwachsende und die Strafvollstreckungsordnung (StVollstrO). In den Strafvollzugsgesetzen der Länder ist die Vollstreckung der Freiheitsstrafe geregelt; besondere Strafvollstreckungskammern bei den Strafgerichten dienen der rechtsstaatlichen Vollstreckung und entscheiden in Fragen des Strafvollzugs.

Schrifttum:
Karlsruher Kommentar zur Strafprozessordnung, hrsg. von *Rolf Hannich,* 9. Aufl. 2023
Ewald Löwe/Werner Rosenberg, Die Strafprozessordnung und das Gerichtsverfassungsgesetz, 26. Aufl. 2012
Lutz Meyer-Goßner/Bertram Schmitt, Strafprozessordnung, 65. Aufl. 2022
Claus Roxin/Bernd Schünemann, Strafverfahrensrecht, 30. Aufl. 2022
Klaus Volk/Armin Engländer, Grundkurs StPO, 10. Aufl. 2021

D. Privatrecht

I. Geschichte und System

1. Geschichte

Die Geschichte des deutschen Privatrechts ist eingebettet in die *europäische Rechtsgeschichte* insgesamt. Im Mittelalter bestand es noch ungeschieden vom öffentlichen Recht in den Stammesrechten. Mehr noch als die Geschichte der anderen Disziplinen ist die Entwicklung des gemein-deutschen Privatrechts wesentlich verbunden mit der *Rezeption des römischen Rechts* zwischen dem 12. und 16. Jahrhundert. Sie knüpft damit an den Abschluss der antiken Rechtsentwicklung an. Noch heute beruhen wesentliche Rechtsgedanken des Privatrechts unmittelbar auf der Grundlage des römischen Rechts. Der oströmische Kaiser *Justinian* (527–565) hatte das zu seiner Zeit geltende Recht im »*corpus iuris civilis*« zusammenfassen lassen. Es bestand aus vier Teilen: den Institutionen, den Digesten – auch Pandekten genannt –, dem Codex *Justinians* und den Novellen.

561

Der historisch bedeutsamste Teil, die Digesten, enthielt eine Sammlung von Fragmenten aus den Schriften der römischen Juristen, vornehmlich aus dem 1. bis 3. nachchristlichen Jahrhundert. Das corpus iuris civilis wurde 554 im Westen des Römischen Reiches in Kraft gesetzt und erlangte jedenfalls zeitweilig anhaltende Geltung in Italien und Südfrankreich. Seit dem 11. Jahrhundert wurden die Digesten zunächst besonders in den oberitalienischen Universitäten systematisch bearbeitet, wobei die von *Irnerius* (1055–1125) im Jahre 1119 gegründete Rechtsschule von Bologna eine führende Rolle besaß. Hier wurde von *Irnerius* und seinen Schülern die Glosse als Methode der Rechtsdarstellung entwickelt, die fortlaufende, letztlich in Einheits- und Systembildung mündende Erläuterung der einzelnen lateinischen Texte. Seit dem Ende des 13. Jahrhunderts löste die Schule der Kommentatoren, auch Postglossatoren oder wegen ihrer Beratertätigkeit in der Praxis Konsiliatoren genannt, die vordem herrschenden Glossatoren ab. *Bartolus de Saxoferrato* (1314–1357) und sein Schüler *Baldus de Ubaldis* (1327–1400) sind hier die wichtigsten Vertreter. Ihre Methode, das mos italicus, ist durch die auf die Praxis zielende Kommentierung der Rechtstexte gekennzeichnet.

562

Auch für deutsche Studenten wurden die *Rechtsschulen der oberitalienischen Städte* bald ein wichtiges Zentrum der wissenschaftlichen Rechtslehre. Das von Glossatoren und Kommentatoren durchbildete römische Recht, vor allem die wissenschaftliche Methode der Rechtsbearbeitung breitete sich in Deutschland wie in den meisten Teilen des europäischen Kontinents aus. Das römische Recht besaß als das »gemeine Recht« subsidiäre Geltung gegenüber den in den einzelnen Landesteilen und Städten geltenden lokalen Rechten, war also anwendbar, soweit diese keine Regelung trafen.

563

Mit dem Vordringen des von der Aufklärung geprägten *Vernunftrechtes*, das die Gründe des Rechts in der Vernunft suchte, erfuhr das römische Recht eine neue zeitgemäße Interpretation im »usus modernus« und besonders eine neue rationale Durchbildung und Systematisierung. Der sich nunmehr durchsetzende *Kodifikationsgedanke*, verbunden mit dem aufkommenden Nationalstaat, führte in Preußen 1794 zum Erlass des *Allgemeinen Preußischen Landrechts* (ALR). Es umfasste im Grundsatz das gesamte geltende Recht. Im Unterschied zu dem 1804 in Kraft getretenen französischen code civil mit seinem revolutionären Gleichheitspostulat und der Gewährleistung der Eigentumsfreiheit verfestigte das ALR noch die überkommenen Privilegien. Für die Ent-

564

D. Privatrecht

wicklung des deutschen Privatrechts war dabei von nicht unwesentlicher Bedeutung, dass der code civil in den zeitweise französisch gewordenen linksrheinischen Gebieten Deutschlands während des 19. Jahrhunderts in Geltung stand. Das Großherzogtum Baden hat eine leicht modifizierte deutsche Übersetzung des code civil 1809 in Kraft gesetzt.

565 Das vernunftrechtliche Denken der Aufklärung hatte wesentlich von den lokalen und individuellen Besonderheiten der Menschen abstrahiert, es galten ihm als vernünftig erkannte ewige und überall geltende Rechtssätze. Dem trat mit Beginn des 19. Jahrhunderts die *historische Rechtsschule* entgegen, begründet von *Gustav Hugo* (1764–1844) und *Friedrich Carl von Savigny* (1779–1861). Ihr zufolge beruht alles Recht auf den inneren, still wirkenden Kräften des Volkes, gegründet im Volksgeist. Sie lehnte die weitere Kodifizierung des Privatrechts in Deutschland weithin ab und konzentrierte sich auf die erneute Durchdringung des als Gewohnheitsrecht geltenden römischen Rechts. Damit versuchte sie, zu den ursprünglichen Quellen zurückzuführen und mündete im *Pandektismus*, so genannt nach den Titeln ihrer führenden Lehrbücher. Der Pandektismus strebte ein geschlossenes System von Rechtsbegriffen und anerkannten Lehrsätzen an und gründete dabei auf der Idee der Lückenlosigkeit der Rechtsordnung. In der daraus entstandenen Begriffsjurisprudenz herrschte sodann die Überzeugung, Rechtsprobleme mit logischen Rechenoperationen der juristischen Begriffe lösen zu können. Im Ganzen kristallisiert sich hier der juristische Positivismus.

566 Diejenige Rechtslehre, die in der römisch-rechtlichen Tradition ihren Mittelpunkt suchte, bildete die *Romanistik*, die als Frucht der historischen Rechtsschule in einer gewissen Verlegenheit stand, die Geltung des rezipierten römischen Rechts als Hervorbringung des deutschen Volksgeistes zu erklären. Daneben trat die *Germanistik*, besonders mit *Jacob Grimm* (1785–1863), *Carl Friedrich Eichhorn* (1781–1854) und *Otto von Gierke* (1841–1921), als Wissenschaft vom genuin deutschen Privatrecht. Sie betonte Rechtsinstitute wie die Genossenschaft und öffnete das Recht stärker sozialen Ideen.

567 Es war vor allem *Rudolph von Jhering* (1818–1892), der der überkommenen Rechtswissenschaft eine neue Richtung wies, indem er die Zweckgebundenheit des Rechts betonte. Seine Formulierung vom »Kampf ums Recht« hat Epoche gemacht. Schon hierin liegt die Entwicklung des Privatrechts, aber letztlich allen Rechts zur *Interessenjurisprudenz* des frühen 20. Jahrhunderts begründet. Sie denkt das Recht als Ausdruck und Durchsetzung einzelner Interessen. Bis heute wirken diese Lehren nach, freilich erweitert in der sogenannten *Wertungsjurisprudenz*, die dem reinen Kampf der Interessen um rechtliche Gestalt und Durchsetzung die Idee der rechtsförmigen Wertentscheidung hinzufügt, mit ihren Bezugspunkten in Menschenrechten und Gemeinwohl.

568 Durchaus als noch späte Folge des vernunftrechtlichen Kodifikationsdenkens, begünstigt aber auch durch die Systematisierungserfolge besonders der Romanistik wurde nach langjährigen Vorarbeiten das *Bürgerliche Gesetzbuch* (BGB) 1896 verkündet, das am 1.1.1900 in Kraft getreten ist und noch heute gilt. Dieses inzwischen vielfach geänderte Gesetzbuch ist vor allem Frucht der Einigung Deutschlands im Reich von 1870/71. In der Folgezeit ist das BGB besonders durch das Richterrecht weiterentwickelt worden. Spezifische Rechtsinstitute, die im Wortlaut des Gesetzes nicht ausgedrückt sind, wurden von der Rechtsprechung begründet. Die Gesetzgebungsarbeit im 20. Jahrhundert hat neben den Änderungen des BGB selbst *zahlreiche Sondergesetze* hervorgebracht, die das BGB ergänzen und für ihren Bereich oft auch modifizieren.

I. Geschichte und System   D.

2. System

Diese Entwicklung prägt auch die heute bestehende Systematik des Privatrechts. Im Zentrum steht nach wie vor das BGB, eingeteilt in *fünf Bücher*. Vernunftrechtlicher Systematik entsprechend beginnt es mit einem Allgemeinen Teil, der diejenigen Bestimmungen umfasst, die für alle folgenden Bücher grundsätzlich gleichermaßen gelten. Es folgt das Schuldrecht mit Bestimmungen über die rechtlichen Beziehungen zwischen Personen, besonders die Verträge und die unerlaubten Handlungen. Das anschließende Sachenrecht behandelt die rechtlichen Beziehungen von Personen zu Sachen, etwa den Besitz, das Eigentum, die Pfandrechte. Als viertes Buch folgt das Familienrecht mit zentralen Bestimmungen über Verlöbnis, Ehe, Ehescheidung und Kindschaftsrecht. Den Abschluss bildet das Erbrecht als fünftes Buch. Anders als in anderen europäischen Privatrechtsordnungen und anders als in der römischrechtlichen Tradition findet sich das Ehe- und Familienrecht also nicht mehr am Anfang der Einteilung. Lediglich Fragen des Erwerbs der Rechtsfähigkeit sind im Allgemeinen Teil verblieben. 569

Neben die große Kodifikation des Privatrechts im BGB treten zahlreiche Sonderprivatrechte mit *Einzelgesetzen*, die besonderen Problemlagen Rechnung tragen oder auch für Einzelfallfragen die Regelungen des Bürgerlichen Gesetzbuches ergänzen sollen. Bedeutsam sind hier neben vielen anderen das Handelsrecht mit dem Handelsgesetzbuch (HGB), das Gesellschaftsrecht mit dem GmbH-Gesetz (GmbHG) oder dem Aktiengesetz (AktG), das Wirtschaftsrecht unter anderem mit dem Gesetz gegen den unlauteren Wettbewerb (UWG) und das Wertpapierrecht mit dem Wechselgesetz (WG) und dem Scheckgesetz (ScheckG). In seinen Verzweigungen hat sich das Arbeitsrecht mit zahlreichen Einzelgesetzen wie etwa dem Betriebsverfassungsgesetz (BetrVG) und dem Mitbestimmungsgesetz (MitbestG) in starkem Maße verselbstständigt; es muss über weite Strecken aber ganz ohne gesetzliche Regelungen auskommen und beruht auf der Grundlage allgemeiner verfassungsrechtlicher Bestimmungen in diesen Bereichen weitgehend auf Richterrecht. Für einzelne Sachfragen hinzutretende Gesetze sind neben zahlreichen anderen etwa das Gesetz über das Wohnungseigentum (WEG) oder das Produktsicherheitsgesetz (ProdSG) und das Produkthaftungsgesetz (ProdHaftG). 570

Diese Entwicklung hat den *Systemgedanken*, der mit der Kodifikationsidee verbunden war, weitgehend in den Hintergrund gedrängt. Nicht mehr die logische Konstruktion und Durchbildung des als Einheit gedachten Rechts prägt in erster Linie heute das praktische Rechtsgeschehen. Vielmehr werden einzelne, abgegrenzte Lebensbereiche im Blick auf die konkret betroffenen und geltend gemachten Interessen einer Regelung zugeführt. Auch die neueren Darstellungen des Privatrechts lösen sich zunehmend von der Systematik des BGB und folgen eigenen Einteilungen nach Lebensbereichen, typischen Problemlagen und Fallgruppen. Auf der einen Seite wird dadurch das Recht anschaulicher und konkreter, auf der anderen Seite beschleunigt sich der Verlust an innerer Geschlossenheit – ein allgemeines Phänomen heutiger Staatlichkeit. Zum Verständnis des gleichwohl bestehenden inneren Zusammenhangs der Rechtsordnung im Zivilrecht bleibt aber die Systematik des BGB von entscheidender Bedeutung. 571

D. Privatrecht

Schrifttum:
Ulrich Eisenhardt, Deutsche Rechtsgeschichte, 7. Aufl. 2019
Walter Erman, Handkommentar zum Bürgerlichen Gesetzbuch, 16. Aufl. 2020
Othmar Jauernig, Bürgerliches Gesetzbuch, 18. Aufl. 2021
Eugen Klunzinger, Einführung in das Bürgerliche Recht, 17. Aufl. 2019
Karl Kroeschell, Deutsche Rechtsgeschichte, Bd. 1, 13. Aufl. 2008, Bd. 2, 9. Aufl. 2008, Bd. 3, 5. Aufl. 2008
Dieter Medicus/Jens Petersen, Bürgerliches Recht, 28. Aufl. 2021
Dieter Medicus/Jens Petersen, Grundwissen zum Bürgerlichen Recht, 12. Aufl. 2021
Münchener Kommentar zum Bürgerlichen Gesetzbuch, hrsg. von *Franz J. Säcker/Roland Rixecker/Hartmut Oetker/Bettina Limperg,* 8. Aufl. ab 2018
Hans J. Musielak/Wolfgang Hau, Grundkurs BGB, 17. Aufl. 2021
Christian Grüneberg, Bürgerliches Gesetzbuch, 82. Aufl. 2023
Hans Schlosser, Grundzüge der Neueren Privatrechtsgeschichte, 10. Aufl. 2005
Dieter Schwab/Martin Löhnig, Einführung in das Zivilrecht, 20. Aufl. 2016
Theodor Soergel/ Wolfgang Siebert, Bürgerliches Gesetzbuch, 13. Aufl. ab 1999
Julius v. Staudinger, Kommentar zum Bürgerlichen Gesetzbuch, 17. Aufl. ab 2017
Harm P. Westermann, Grundbegriffe des BGB, 17. Aufl. 2013
Franz Wieacker, Privatrechtsgeschichte der Neuzeit, 3. Aufl. 2016

II. Allgemeiner Teil des Bürgerlichen Gesetzbuches

572 Der Allgemeine Teil des BGB enthält vor allem die grundlegenden Bestimmungen über Personen und Sachen als Subjekte und Objekte des Rechts. Es schließen sich Regelungen über die Willenserklärung als Grundbausteine des rechtsgeschäftlichen Handelns sowie deren Wirksamkeit an. Zudem enthält das Gesetz hier die Bestimmungen über Fristen und Verjährung.

1. Rechtsfähigkeit

573 Die Rechtsfähigkeit des Menschen *beginnt* mit der Vollendung der Geburt (§ 1 BGB). Wer rechtsfähig ist, kann Träger von Rechten und Pflichten sein, kann also zum Beispiel Eigentum erwerben, klagen und verklagt werden. Einzelne Bestimmungen lassen für ihren Bereich die Rechtsfähigkeit früher eintreten: Schon der nasciturus, also das bereits gezeugte aber noch nicht geborene Kind, kann erben, wenn er lebend zur Welt kommt (§ 1923 S. 2 BGB). Entsprechendes gilt, wenn der nasciturus vor der Geburt durch eine unerlaubte Handlung geschädigt, etwa bei einem Verkehrsunfall verletzt wird; mit seiner Geburt wird das Kind Träger des Schadensersatzanspruchs. Die Rechtsfähigkeit *endet* mit dem Tod. Sie kommt allen Menschen gleichermaßen zu, nicht jedoch Tieren oder Sachen. Ein Entzug der Rechtsfähigkeit kann nicht stattfinden.

574 Die Rechtsfähigkeit nach dem BGB besagt nichts über die *sonstige Fähigkeit* von Menschen, *Träger von Rechten zu sein:* Schon der nasciturus hat ein verfassungsrechtlich verbürgtes Recht auf Leben und körperliche Unversehrtheit (Art. 2 Abs. 2 S. 1 GG). Weil andere Rechtsbereiche jeweils unterschiedliche Aspekte berücksichtigen müssen, setzt auch das Strafrecht anders als das bürgerliche Recht ein: Für die Abgrenzung von Abbruch einer Schwangerschaft (§ 218 StGB) und Tötung eines Menschen (§§ 211 ff. StGB) stellt das Strafrecht nicht auf die Vollendung, sondern auf den Beginn der Geburt, also das Einsetzen der Wehen ab.

2. Geschäftsfähigkeit

Von der Rechtsfähigkeit muss die Geschäftsfähigkeit (§§ 104 ff. BGB) unterschieden werden. Sie bedeutet die *Fähigkeit, selbst Rechtsgeschäfte wirksam vorzunehmen*, also zum Beispiel einen Vertrag zu schließen. Das Gesetz unterscheidet darüber hinaus die Deliktsfähigkeit (§ 827 f. BGB). Sie bezeichnet die rechtliche Verantwortlichkeit für unerlaubte Handlungen.

575

Geschäftsfähig ist, wer volljährig ist. Die Volljährigkeit wird nach deutschem Recht mit Vollendung des 18. Lebensjahres erlangt (§ 2 BGB), davor spricht man von Minderjährigkeit. Der Tag der Geburt wird bei der Berechnung mitgezählt. Wer also am 1.1.1983 um 23.55 Uhr geboren wurde, hat sein 18. Lebensjahr am 31.12.2000 um 24.00 Uhr vollendet und ist deshalb bereits am 1.1.2001 den gesamten Tag volljährig und voll geschäftsfähig.

576

Wer das siebente Lebensjahr noch nicht vollendet hat, ist *geschäftsunfähig* (§ 104 Nr. 1 BGB). Geschäftsunfähig ist auch, wer sich in einem dauernden Zustand krankhafter Störung der Geistestätigkeit befindet, der die freie Willensbestimmung ausschließt (§ 104 Nr. 2 BGB). Die Willenserklärung eines Geschäftsunfähigen ist nichtig, also rechtlich unwirksam (§ 105 Abs. 1 BGB).

577

Hat der Minderjährige das siebente Lebensjahr vollendet, ist er *beschränkt geschäftsfähig* (§ 106 BGB). Das bedeutet, dass seine Willenserklärungen zwar nicht nichtig sind, aber zu ihrer Wirksamkeit der Einwilligung seines gesetzlichen Vertreters, damit regelmäßig der Eltern des Kindes, bedürfen. Einwilligung ist die vorherige Zustimmung (§ 183 BGB). Jedenfalls nicht lediglich einseitige Rechtsgeschäfte, die ohne die erforderliche Einwilligung geschlossen werden, sind schwebend unwirksam; sie können aber vom gesetzlichen Vertreter genehmigt und dadurch wirksam gemacht werden (§ 108 BGB).

578

Allerdings kann der beschränkt Geschäftsfähige solche Rechtsgeschäfte selbst wirksam vornehmen, die für ihn lediglich einen rechtlichen Vorteil bedeuten (§ 107 BGB). Er kann sich also etwa ein Grundstück schenken lassen. Das gilt auch, wenn das Grundstück mit einer Hypothek belastet ist oder die Pflicht mit sich bringt, öffentliche Lasten wie die Grundsteuer zu tragen, weil dadurch lediglich eine Minderung des Vorteils eintritt. Das Gesetz lässt Verträge Minderjähriger auch wirksam sein, wenn der Minderjährige die vertragsgemäße Leistung mit Mitteln bewirkt, die ihm von seinem gesetzlichen Vertreter zur freien Verfügung oder mit dessen Zustimmung überlassen sind. Dies ist der sogenannte Taschengeldparagraf (§ 110 BGB). Der beschränkt Geschäftsfähige kann sich also selbstständig ein Fahrrad kaufen, wenn seine Eltern ihm dafür zu Weihnachten 500,– Euro geschenkt haben; die siebzehnjährige Schülerin kann von dem Geld, das ihre Eltern ihr zur freien Verfügung überlassen, Klavierunterricht nehmen und Sachbücher kaufen.

579

Noch weiter geht die *Teilgeschäftsfähigkeit*. Der gesetzliche Vertreter kann den Minderjährigen zum Eintritt in ein Dienst- oder Arbeitsverhältnis ermächtigen oder auch mit Genehmigung des Familiengerichts zum selbstständigen Betrieb eines Erwerbsgeschäftes (§§ 112, 113 BGB). Der Minderjährige kann dann alle Geschäfte abschließen, die der Betrieb des Erwerbsgeschäftes mit sich bringt oder die das Eingehen, Erfüllen oder Aufheben des Dienst- oder Arbeitsverhältnisses betreffen. So kann der sechzehnjährige Hilfsarbeiter bei einer Baufirma selbst wirksam kündigen und ein neues Arbeitsverhältnis bei einer anderen Baufirma aufnehmen. Nur einzelne, besonders

580

gefährliche Rechtsgeschäfte, wie zum Beispiel die Kreditaufnahme oder die Übernahme einer Bürgschaft, sind ausgeschlossen, nämlich solche, zu denen der Vertreter selbst der Genehmigung des Familiengerichtes bedarf (§§ 112 Abs. 1 S. 2, 113 Abs. 1 S. 2, 1643, 1821 f. BGB).

3. Juristische Personen

581 Rechtsfähigkeit kommt nach dem BGB auch *Personenvereinigungen und sonstigen Organisationen* als solchen zu, soweit sie juristische Personen sind. Das deutsche Privatrecht kennt hier einerseits die Stiftung (§§ 80 ff. BGB). Sie ist eine Vermögensmasse, die einem bestimmten Zweck dienen soll. Vor allem aber gibt es den Verein (§§ 21 ff. BGB) und eine größere Zahl von Gesellschaften. Für die einzelnen Gesellschaften bestehen zahlreiche besondere Gesetze, etwa das Aktiengesetz (AktG), das GmbH-Gesetz (GmbHG) oder das Handelsgesetzbuch (HGB) und spezielle Bestimmungen im BGB, wie die §§ 705 ff. zur Gesellschaft bürgerlichen Rechts, die aber selbst keine juristische Person im Sinne des Privatrechts ist.

582 Der *Verein* bildet die *Grundform zahlreicher Gesellschaften*; er besitzt erhebliche soziale Relevanz nicht nur im Wirtschaftsleben, sondern auch als Organisationsform vieler Menschen zu ideellen Zwecken. Die verfassungsrechtliche Grundlage enthält Art. 9 Abs. 1, 2 GG: Alle Deutschen haben das Recht, Vereine und Gesellschaften zu bilden. Vereinigungen, deren Zwecke oder deren Tätigkeit den Strafgesetzen zuwiderlaufen oder die sich gegen die verfassungsmäßige Ordnung oder gegen den Gedanken der Völkerverständigung richten, sind jedoch verboten.

583 Die Rechtsfähigkeit begründet die Vermögensfähigkeit der juristischen Person. *Handlungsfähig* ist die juristische Person nur durch ihre Organe, also den Vorstand, den Geschäftsführer oder die Mitgliederversammlung. Die juristische Person haftet gemäß § 31 BGB für unerlaubte Handlungen ihrer Organträger auf Schadensersatz. Die persönliche Haftung von Organträgern, Gesellschaftern und Mitgliedern für die Schulden der juristischen Person ist für jede der verschiedenen Arten juristischer Personen ihrem Zweck und den getroffenen internen Vereinbarungen entsprechend unterschiedlich geregelt.

584 Der *Verein erlangt Rechtsfähigkeit* durch die Eintragung in das Vereinsregister beim Amtsgericht oder durch besondere Verleihung. Es handelt sich dann um einen »eingetragenen Verein« (e.V.). Die Zahl der Gründungsmitglieder soll mindestens sieben betragen. Daneben gibt es auch nichtrechtsfähige Vereine (§ 54 Abs. 1 BGB). Ihre Stellung ist aber inzwischen in der Rechtspraxis den rechtsfähigen Vereinen weitgehend angeglichen. Das ursprüngliche Ziel des Gesetzgebers Ende des letzten Jahrhunderts war gewesen, durch die Eintragung das Vereinswesen überwachen zu können; nicht eingetragene Vereine waren ursprünglich nicht selbst vermögensfähig, jedes Vereinsmitglied haftete für alle Schulden des Vereins. Gleichwohl haben sich zahlreiche Gewerkschaften, politische Parteien und Studentenverbindungen als nichtrechtsfähige Vereine konstituiert; die ungünstigen Bestimmungen sind durch abweichende Regelung in den Satzungen, aber auch durch Spezialgesetze (§ 50 Abs. 2 ZPO, § 3 PartG) inzwischen verdrängt.

585 Die Besonderheit und Eigenständigkeit des Vereins zeigt sich auch an der Reichweite seiner *Autonomie nach innen*. Erhebliches und kontroverses Interesse findet hier zumeist die Vereinsstrafe als Disziplinarmaßnahme gegen Mitglieder, die gegen die Vereinssatzung oder sonst gegen Vereinsinteressen verstoßen. Diese Disziplinargewalt

beruht auf der Satzung des Vereins, der die Mitglieder durch Beitritt oder Teilnahme an der Gründung des Vereins zugestimmt haben. Die Vereinsstrafen besitzen erhebliche wirtschaftliche Bedeutung etwa im Sport beim Profifußball. Besonders streitig ist, inwieweit staatliche Gerichte die von Vereinsgerichten gegen Mitglieder verhängten Vereinsstrafen überprüfen können. Das staatliche Gericht prüft im Streitfall nur, ob der Strafbeschluss in der Satzung des Vereins eine Stütze findet, das vorgeschriebene Verfahren beachtet, die Satzungsvorschrift gesetz- oder sittenwidrig und die Bestrafung etwa offenbar unbillig ist. Auch die Tatsachen, die im vereinsinternen Verfahren ermittelt worden sind, können vom Gericht überprüft werden.

4. Willenserklärung

Das System des deutschen bürgerlichen Rechts besitzt in der Willenserklärung (§§ 116 ff. BGB) eines seiner *wesentlichen Strukturmerkmale*. Der ursprüngliche liberalistische Grundton des Gesetzeswerkes kommt hierin besonders zum Ausdruck. Verpflichtungen aus anderen Rechtsgründen, selbst solche aus unerlaubten Handlungen, treten dagegen in der Systematik zurück, auch wenn sie praktisch von mindestens gleich großer Bedeutung sind. Manche wichtige Entwicklung ist deshalb neben dem Gesetz, praeter legem, erfolgt. Gleichwohl bleibt das Recht der Willenserklärung zentrale Verankerung für das Verständnis der Grundstruktur des BGB. Von der Willenserklärung ist das Rechtsgeschäft zu unterscheiden. Das Rechtsgeschäft besteht aus mindestens einer Willenserklärung und oft aus weiteren Elementen. So ist der Vertrag ein Rechtsgeschäft, das durch mehrere Willenserklärungen zustande kommt; die Übertragung des Eigentums an einer beweglichen Sache besteht als Rechtsgeschäft aus der Einigung über den Eigentumsübergang und der Übergabe der Sache.

586

Die Willenserklärung ist die Äußerung eines Willens, der auf die Herbeiführung eines Rechtserfolges gerichtet ist. Es muss deshalb zunächst der *äußere Tatbestand* der Erklärung gegeben sein, also eine äußerlich wahrnehmbare Handlung wie Sprechen, Kopfnicken oder Schreiben. Eine Willenserklärung kann auch konkludent erfolgen, also durch ein Verhalten, das nach der Lebenserfahrung auf einen entsprechenden Willen schließen lässt. Ein Beispiel ist das Hinlegen einer Zeitung auf den Kiosktisch durch den Kunden; es bedeutet regelmäßig: Diese Zeitung will ich kaufen. Eine besondere Form der Willenserklärung, also etwa die Schriftlichkeit, ist nur erforderlich, wenn das Gesetz dies ausdrücklich vorsieht. Darüber hinaus bedarf es aber auch eines *inneren Tatbestandes*, bei dem man Handlungswillen, Erklärungsbewusstsein und Geschäftswillen unterscheidet. Der *Handlungswille* setzt ein bewusstes und gewolltes Tun voraus; wer im Schlaf oder in Hypnose spricht, gibt keine Willenserklärung ab. *Erklärungsbewusstsein* hat, wer weiß, mit seiner Handlung etwas rechtlich Erhebliches zu erklären. Die Rechtsprechung scheint zunehmend auf dieses Merkmal einer Willenserklärung zu verzichten. Trotz fehlenden Erklärungsbewusstseins liegt jedenfalls eine Willenserklärung vor, wenn der Erklärende bei Anwendung der im Verkehr erforderlichen Sorgfalt hätte erkennen und vermeiden können, dass seine Äußerung nach Treu und Glauben und der Verkehrssitte als Willenserklärung aufgefasst werden durfte, und wenn der Empfänger sie auch tatsächlich so verstanden hat. Allerdings kann eine solche Willenserklärung gemäß §§ 119, 121, 143 BGB angefochten und so in ihren Rechtswirkungen rückgängig gemacht werden. In diesem Sinne ist auch der Schulfall der »Trierer Weinversteigerung« zu lösen: Der ortsfremde, unkundige Besucher einer Weinversteigerung hebt die Hand, um seinen Freund zu begrüßen; der Auktionator

587

hält das für ein Gebot und schlägt ihm einen Posten Wein zu. Trotz fehlenden Erklärungsbewusstseins des Besuchers liegt eine Willenserklärung vor, und der Kaufvertrag ist zustande gekommen. Der Besucher kann aber von dem Vertrag loskommen, indem er seine Willenserklärung anficht. Der *Geschäftswille* endlich bedeutet die Absicht, ein bestimmtes Rechtsgeschäft vorzunehmen. Fehlt es daran, liegt zwar ebenfalls eine Willenserklärung vor, die aber auch wegen Irrtums nach § 119 Abs. 1 BGB angefochten werden kann.

588 *Schweigen* gilt grundsätzlich nicht als Willenserklärung. Bisweilen knüpft das Gesetz aber an das Schweigen dennoch Rechtsfolgen, meist wird dann das Schweigen als Ablehnung gewertet (§§ 108 Abs. 2 S. 2, 177 Abs. 2 S. 2, 415 Abs. 2 S. 2, 451 Abs. 1 S. 2 BGB). Als Zustimmung gilt das Schweigen nach §§ 416 Abs. 1 S. 2, 455 S. 2, 516 Abs. 2 S. 2 BGB, 362 Abs. 1 HGB. Erhebliche wirtschaftliche Bedeutung hat dabei das sogenannte kaufmännische Bestätigungsschreiben, das die Rechtsprechung aus § 362 HGB entwickelt hat. Bestätigt ein Kaufmann einem anderen Kaufmann schriftlich das Ergebnis von Verhandlungen, die sie geführt haben, gilt das Schweigen darauf grundsätzlich als Annahme.

589 Wichtig ist die Unterscheidung zwischen empfangsbedürftigen und nicht empfangsbedürftigen Willenserklärungen. *Nicht empfangsbedürftige Willenserklärungen*, wie das Testament, werden wirksam, sobald sie formgerecht abgegeben sind. *Empfangsbedürftige Willenserklärungen* dagegen werden erst mit Abgabe und Zugang bei dem Erklärungsempfänger wirksam. Sie können bis zum Zugang widerrufen werden und entfalten dann keine Rechtswirkungen (§ 130 Abs. 1 S. 2 BGB). Die Willenserklärung gegenüber einem Abwesenden ist zugegangen, wenn sie derart in den Machtbereich des Empfängers gelangt ist, dass dieser unter gewöhnlichen Umständen Kenntnis von ihrem Inhalt erlangen kann und man dies nach den allgemeinen Gepflogenheiten von ihm auch erwarten konnte, also zum Beispiel mit dem Einwurf eines Schreibens in den Briefkasten des Empfängers.

590 Von der Willenserklärung, die auf einen Rechtserfolg zielt, ist der *Realakt* zu unterscheiden als eine Tathandlung, an die die Rechtsordnung unabhängig vom Willen des Handelnden bestimmte Rechtsfolgen knüpft, etwa die Schadensersatzpflicht an eine schädigende Handlung. Wiederum etwas anderes sind die *geschäftsähnlichen Handlungen*: Dies sind Willensäußerungen oder Mitteilungen, an die das Gesetz Rechtsfolgen knüpft, ohne dass sie vom Äußernden gewollt sein müssen, wie die Mahnung oder die Kündigung. Auf solche geschäftsähnlichen Handlungen sind die Regeln über Willenserklärungen häufig entsprechend anzuwenden.

5. Willensmängel

591 Grundsätzlich muss sich der Erklärende im Interesse der Verkehrssicherheit an seiner Erklärung so festhalten lassen, wie sie nach Treu und Glauben verstanden werden konnte (§§ 116 ff. BGB). In manchen Fällen bewertet jedoch das Gesetz dieses Interesse der Verkehrssicherheit geringer und stellt die subjektiven Vorstellungen des Erklärenden in den Vordergrund. Leidet die Willenserklärung an bestimmten Mängeln, so ist sie nichtig oder jedenfalls anfechtbar. *Nichtige* Willenserklärungen sind von Anfang an unwirksam. *Anfechtbare* Willenserklärungen sind zwar zunächst wirksam, jedoch werden sie durch die Anfechtung nachträglich so behandelt, als wären sie von Anfang an unwirksam gewesen. Im Arbeits- und Gesellschaftsrecht wirkt die Anfechtung allerdings erst vom Zeitpunkt der Anfechtung an, weil hier viele Leistungen ausgetauscht

sein können, so dass eine Rückabwicklung aller Leistungen untunlich oder – wie bei geleisteter Arbeit – unmöglich wäre. Der Anfechtende ist zumeist zum Ersatz des Schadens verpflichtet, den jemand deshalb erleidet, weil er auf die Wirksamkeit der Willenserklärung vertraut hat (§ 122 BGB).

Gibt jemand eine Willenserklärung ab, obwohl er *heimlich* die Erklärung *gar nicht will*, bleibt er gleichwohl verpflichtet (§ 116 S. 1 BGB). Kennt der Erklärungsempfänger jedoch den Vorbehalt, ist die Erklärung nichtig (§ 116 S. 2, 117 BGB). Wenn eine Willenserklärung aber nicht ernst gemeint ist und sie in der Erwartung abgegeben wird, dass dies erkannt werde, ist sie nichtig. Man spricht hier von Scherzerklärung. Allerdings ist der Erklärende auch hier zum Schadensersatz verpflichtet, wenn der andere auf die Gültigkeit der Erklärung vertraut hat (§§ 118, 122 BGB). 592

Irrt sich der Erklärende über das was er sagt, ist die Erklärung gleichwohl wirksam. Er kann die Erklärung aber anfechten, was unverzüglich, also ohne schuldhaftes Zögern, erfolgen muss (§§ 119, 121 f. BGB). Anfechtungsgründe sind gegeben, wenn der Erklärende sich über den Gegenstand des Geschäfts irrt, etwa weil er bestimmte Maße oder Gewichtseinheiten nicht kennt; dies ist der Verlautbarungsirrtum. Anfechten kann der Erklärende auch, wenn er Geschäftspartner oder Geschäftsobjekt verwechselt; man spricht hier von einem Individualisierungsfehler. Verspricht, verschreibt oder vergreift er sich, ist die Anfechtung wegen Erklärungsirrtums möglich. Wenn seine Willenserklärung falsch übermittelt wird, gibt es die Anfechtung wegen Übermittlungsfehlers (§ 120 BGB). 593

Auch bei der *Willensbildung* selbst können beachtliche Willensmängel zustande kommen. Zwar sind allgemeine Motivirrtümer ebenso unbeachtlich wie ein Kalkulationsirrtum. Ein Motivirrtum liegt etwa vor, wenn der Brautvater ein Hochzeitskleid für seine Tochter kauft, die Brautleute sich aber vor der Hochzeit wieder trennen. Ein Kalkulationsirrtum ist gegeben, wenn der Bauunternehmer einen Pauschalpreis für seine Leistung anbietet, dabei aber einzelne Maurerarbeiten einzuberechnen vergisst. Irrt sich der Erklärende aber über eine verkehrswesentliche Eigenschaft einer Person oder einer Sache – etwa über die Kreditwürdigkeit des Geschäftspartners – kann er seine Erklärung doch anfechten (§ 119 Abs. 2 BGB). 594

Zur Anfechtung berechtigen auch die widerrechtliche Drohung und in der Regel die arglistige Täuschung. Hier braucht der Getäuschte oder der Bedrohte keinen Schadensersatz zu leisten (§§ 123, 122 BGB). 595

6. Rechtsgeschäft

Der Begriff des Rechtsgeschäfts gehört zu den *Schlüsselbegriffen* der deutschen zivilrechtlichen Dogmatik. Er enthält Grundvoraussetzungen des Systems insgesamt und seiner philosophischen Hintergründe. Das Rechtsgeschäft ist das wichtigste Mittel, das die Rechtsordnung für den einzelnen definiert, um seine privaten Lebensverhältnisse eigenverantwortlich zu gestalten. Es ist deshalb Ausdruck der Privatautonomie und der individuellen Freiheit. 596

Den Kern des Rechtsgeschäfts bildet die *Willenserklärung*. Dazu kommen oft noch weitere Elemente, wie bei der Eheschließung etwa die Erklärung des Ehewillens gerade vor dem Standesbeamten. Endlich ist erforderlich, dass die Rechtsordnung den gewünschten rechtlichen Erfolg an die Willenserklärung knüpft. 597

D. Privatrecht

598 Es gibt *einseitige* Rechtsgeschäfte wie zum Beispiel die Errichtung eines Testaments; sie enthalten die Willenserklärung nur einer Person. *Mehrseitige* Rechtsgeschäfte wie Verträge oder die Beschlüsse einer Gesellschafterversammlung erfordern die Willenserklärungen mehrerer, mindestens zweier Personen.

599 Von entscheidender Bedeutung für das Verständnis der Systematik im bürgerlichen Recht ist die Unterscheidung von Verpflichtungsgeschäft und Verfügungsgeschäft – eine Unterscheidung, die in den meisten anderen Rechtsordnungen unbekannt ist. *Verpflichtungsgeschäfte* sind solche Rechtsgeschäfte, durch die (nur) die Verpflichtung zu einer Leistung begründet wird. Meistens sind dies Verträge, wie zum Beispiel der Kaufvertrag. Begründet wird hier nur die Verpflichtung zur Leistung; die Rechtslage des Rechtsobjektes, etwa das Eigentum am Kaufgegenstand, wird dadurch unmittelbar überhaupt nicht verändert. *Verfügungsgeschäfte* dagegen sind solche Rechtsgeschäfte, durch die ein Recht unmittelbar übertragen, belastet, geändert oder aufgehoben wird. Auch dies sind meistens Verträge wie die Einigung über den Übergang des Eigentums an einer Sache nach § 929 S. 1 BGB.

600 Hier kommen zwei Prinzipien zum Ausdruck, die viele andere Rechtsordnungen nicht kennen, jedenfalls nicht in der besonderen Verbindung beider: das Trennungsprinzip und das Abstraktionsprinzip. Nach dem *Trennungsprinzip* werden Verpflichtungsgeschäft und Verfügungsgeschäft streng unterschieden. Mit dem Verpflichtungsgeschäft, etwa dem Kaufvertrag, geht das Eigentum an der Kaufsache noch nicht auf den Gläubiger über; nur die Verpflichtung, das Eigentum zu übertragen, wird mit dem Verpflichtungsgeschäft begründet. Das Eigentum geht erst mit dem Verfügungsgeschäft auf den Erwerber über. Nach dem *Abstraktionsprinzip* ist das Verfügungsgeschäft abstrakt. Das heißt, seine Wirksamkeit hängt nicht von der Wirksamkeit des Verpflichtungsgeschäftes ab.

601 Das Verpflichtungsgeschäft bildet regelmäßig den Rechtsgrund für das Verfügungsgeschäft. Andererseits ist das Verfügungsgeschäft in seiner Wirksamkeit zunächst unabhängig von der Wirksamkeit des Verpflichtungsgeschäfts. Wenn das Verpflichtungsgeschäft unwirksam ist, kann aber eine Verpflichtung bestehen, das Verfügungsgeschäft rückgängig zu machen, also etwa das wirksam erlangte Eigentum zurückzuübertragen. Hierzu dienen die Bestimmungen über die *ungerechtfertigte Bereicherung* (§§ 812 ff. BGB). Hat zum Beispiel der Verkäufer mit dem Käufer einen Kaufvertrag über einen Sportwagen abgeschlossen und ihm das Eigentum übertragen, der Käufer den Kaufvertrag aber wegen Irrtums wirksam angefochten, ist zwar der Kaufvertrag nichtig, die Eigentumsübertragung jedoch bleibt wirksam. Der Verkäufer erlangt aber einen Anspruch gegen den Käufer auf Rückübertragung des Eigentums aus ungerechtfertigter Bereicherung.

602 Die Wirksamkeit einer Verfügung setzt eine besondere Macht des Verfügenden voraus, die regelmäßig dem Rechtsinhaber zusteht. Das ist bei der Übertragung des Eigentums etwa der Eigentümer der Sache; ausnahmsweise steht die *Verfügungsbefugnis* auch anderen zu, etwa dem Testamentsvollstrecker oder dem Insolvenzverwalter. Das Verpflichtungsgeschäft dagegen setzt eine Verfügungsbefugnis nicht voraus, um wirksam zu sein. Kann der Verpflichtete mangels Verfügungsbefugnis nicht leisten, ist er regelmäßig zum Schadensersatz verpflichtet.

603 Der Verkäufer kann infolgedessen dieselbe Sache mehrfach verkaufen, also mehrere Verpflichtungsgeschäfte abschließen. Er kann mit jemandem einen Kaufvertrag über ein Gemälde abschließen und zwei Tage später mit einem anderen ebenfalls, vielleicht

zu einem höheren Preis. Überträgt er dann – durch Verfügungsgeschäft – das Eigentum an dem Gemälde dem zweiten Käufer, ist er zur Erfüllung des Verpflichtungsgeschäfts gegenüber dem ersten Käufer unfähig. Dieser ist dann allein auf Schadensersatzansprüche verwiesen.

7. Vertrag

Eines der wichtigsten Rechtsgeschäfte ist der Vertrag (§§ 145 ff. BGB). Er betrifft so unterschiedliche Lebenssachverhalte wie den Kauf eines Brötchens oder die Übereinkunft, ein Atomkraftwerk zu bauen. Es besteht grundsätzlich umfassende *Vertragsfreiheit* als wesentlicher Ausdruck der Privatautonomie, wie sie die verfassungsrechtliche Garantie der freien Entfaltung der Persönlichkeit in Art. 2 Abs. 1 GG gewährleistet. Jeder soll in freier Gestaltung im Zusammenwirken mit anderen sein Leben und seine Verhältnisse nach seinen eigenen Vorstellungen regeln können.

Der Vertrag besteht aus inhaltlich übereinstimmenden, mit Bezug aufeinander abgegebenen Willenserklärungen von mindestens zwei Personen. Die erste dieser Willenserklärungen wird als Angebot, die zweite als Annahme bezeichnet. Das *Angebot* ist eine empfangsbedürftige Willenserklärung, mit der jemand einem anderen den Vertragsschluss anträgt, so dass das Zustandekommen des Vertrages nur noch von dessen Einverständnis abhängt. Die *Annahme* ist eine grundsätzlich ebenfalls empfangsbedürftige Willenserklärung, durch die der Antragsempfänger das Vertragsangebot gegenüber dem Antragenden annimmt. Dies bedeutet, dass der Antragende ebenso wie der Annehmende ihre Willenserklärungen frei widerrufen können, solange ihr Antrag oder ihre Annahme den Empfänger noch nicht erreicht haben.

Der Antragende ist an seinen Antrag gebunden. Allerdings kann er die Bindung durch eine entsprechende Erklärung ausschließen (§ 145 BGB). Der Antrag erlischt erst, wenn der andere ihn nicht rechtzeitig angenommen hat. Die Annahme kann unter Anwesenden nur sofort erklärt werden. Gegenüber Abwesenden erlischt der Antrag, wenn er nicht zu dem Zeitpunkt angenommen wird, in dem der Antragende den Eingang der Antwort unter regelmäßigen Umständen erwarten darf. Der Antragende kann auch eine Frist setzen. Endlich erlischt der Antrag, wenn der andere ihn ablehnt. Wird der Antrag verspätet angenommen, gilt das als erneuter Antrag zum Vertragsschluss, nunmehr des anderen. Dasselbe gilt, wenn der Antrag unter einer Änderung angenommen wird (§§ 146–149 BGB).

Antrag und Annahme müssen *übereinstimmen*, um einen Vertrag zustande zu bringen. Ob ein solcher Konsens besteht, muss im Zweifel durch Auslegung ermittelt werden. Es gilt dann das übereinstimmend Gewollte, auch wenn der Wortlaut der Erklärungen sich nicht deckt. Ein Dissens dagegen hindert das Zustandekommen des Vertrages. Wenn der Dissens sich allerdings lediglich auf Nebenpunkte des Vertrages bezieht, etwa über den genauen Zeitpunkt oder den Ort der Lieferung, im Übrigen aber Einigkeit erzielt ist, kommt es darauf an, ob die Parteien diesem Nebenpunkt so große Bedeutung beimessen, dass sie die Wirksamkeit des Vertrages von einer Einigung auch hierüber abhängig machen wollen (§ 155 BGB). Wenn die Auslegung Zweifel dabei nicht beseitigen kann, gilt der Vertrag als nicht geschlossen.

D. Privatrecht

8. Allgemeine Geschäftsbedingungen

608 Besonders das Bedürfnis, *häufig wiederkehrende, routinemäßige Geschäfte* leichter abwickeln zu können, hat die Übung begründet, allgemeine Geschäftsbedingungen zum Bestandteil der Verträge zu machen. Oft spricht man untechnisch vom »Kleingedruckten«, weil solche Bedingungen oft in kleinerem Schriftsatz den Vertragsformularen beigefügt sind, was allerdings für die rechtliche Qualifikation keine Rolle spielt. Allgemeine Geschäftsbedingungen sind alle für eine Vielzahl von Verträgen vorformulierten Vertragsbedingungen, die eine Vertragspartei – der Verwender – der anderen Vertragspartei bei Abschluss eines Vertrages stellt. Sie werden durch die Vereinbarung der Parteien *Inhalt des Vertrages*. Wenn die Umstände keine andere angemessene Möglichkeit lassen, genügt es, allgemeine Geschäftsbedingungen deutlich sichtbar in den Geschäftsräumen auszuhängen. Jedenfalls muss der Vertragspartner vom Inhalt der allgemeinen Geschäftsbedingungen in zumutbarer Weise Kenntnis nehmen können, und er muss mit ihnen einverstanden sein.

609 Mit allgemeinen Geschäftsbedingungen ist häufig Missbrauch getrieben worden, indem die Verwender den oft unerfahrenen Geschäftspartnern unangemessene, überraschende und grob nachteilige Bedingungen gestellt haben, die sie entweder faktisch gar nicht zur Kenntnis genommen haben oder die sie akzeptieren mussten, weil der Verwender über eine Monopolstellung verfügte. Um einen fairen Interessenausgleich sicherzustellen, regeln die §§ 305–310 BGB das Recht der allgemeinen Geschäftsbedingungen.

610 Überraschende Klauseln werden nicht Vertragsbestandteil. Bestimmungen sind unwirksam, wenn sie den Vertragspartner entgegen den Geboten von Treu und Glauben unangemessen benachteiligen (§§ 305 c, 307 BGB). Fälle dieser Art sind die Überwälzung des Missbrauchsrisikos von Kreditkarten auf den Kunden ohne Rücksicht auf dessen Verschulden oder eine vorformulierte Einwilligung in die Sektion des Körpers, falls der Patient bei der Operation im Krankenhaus verstirbt. Bestimmte Klauseln sind beispielhaft im Gesetz ausdrücklich für unzulässig erklärt. Wenn einzelne Bedingungen unzulässig sind, treten die gesetzlichen Bestimmungen an ihre Stelle.

611 Es entspricht einer allgemeinen Entwicklung der Rechtsordnung und des politischen Systems, die auch bei der Verbandsklage im Naturschutzrecht und ähnlich im Wettbewerbsrecht zum Ausdruck kommt, dass nicht nur der einzelne Vertragspartner gerichtlich gegen unwirksame allgemeine Geschäftsbedingungen in seinem Vertrag vorgehen kann. Vielmehr besitzen auch Verbraucherverbände, Handwerkskammern und Industrie- und Handelskammern das gerichtlich durchsetzbare Recht, vom Verwender Unterlassung oder Widerruf unzulässiger allgemeiner Geschäftsbedingungen zu verlangen (§ 3 Unterlassungsklagengesetz).

9. Form

612 Willenserklärungen und Rechtsgeschäfte sind *grundsätzlich formfrei* wirksam. Es genügt eine mündliche Absprache oder eben auch konkludentes Handeln. Für einzelne Fälle ist aber die Einhaltung bestimmter Formen vorgeschrieben (§§ 125–129 BGB). Solche Formerfordernisse haben vor allem Warnfunktion. Die Beteiligten sollen sich über den Inhalt ihrer Erklärungen nachdrücklich klar werden. Die Form dient aber auch der Rechtssicherheit im Interesse der Beteiligten und der Allgemeinheit. Wird sie nicht eingehalten, ist die Willenserklärung und das Rechtsgeschäft nichtig. Nur

in Ausnahmefällen kann die Formnichtigkeit etwa durch Erfüllung, Bestätigung oder Umdeutung geheilt werden. Auf die Formnichtigkeit kann sich auch nicht berufen, wer eine andere Vertragspartei über die Formbedürftigkeit arglistig getäuscht hat.

Das Gesetz kennt mehrere *Arten von notwendiger Form*: als wichtigste die Schriftlichkeit, die öffentliche Beglaubigung und die notarielle Beurkundung. Durch Vereinbarung kann zusätzlich ein besonderes Formerfordernis begründet werden. Die *Schriftform* verlangt, dass eine Urkunde erstellt wird, die von dem Erklärenden eigenhändig durch Namensunterschrift unterzeichnet wird. Kann der Erklärende nicht schreiben, wird die Unterschrift durch notariell beglaubigtes Handzeichen ersetzt (§ 126 BGB). In einzelnen Sonderfällen, wie beim eigenhändigen Testament, muss das gesamte Dokument handschriftlich selbst geschrieben und unterzeichnet werden (§ 2247 BGB). 613

Öffentliche Beglaubigung verlangt, dass die Erklärung schriftlich abgefasst und die Unterschrift des Erklärenden von einem Notar beglaubigt wird (§ 129 BGB). Damit bestätigt der Notar, dass die Unterschrift von dem stammt, der sich als Träger dieses Namens ausgewiesen hat. 614

Notarielle Beurkundung als strengste Form bedeutet, dass die Erklärung nach vorangegangener Beratung vor dem Notar abgegeben, von diesem niedergeschrieben, dem Erklärenden vorgelesen, von diesem genehmigt und unterschrieben, endlich durch den Notar unterzeichnet wird. Die näheren Regelungen finden sich in § 128 BGB und im Beurkundungsgesetz (BeurkG). Notarielle Beurkundung ist für Rechtsgeschäfte vorgeschrieben, die der Gesetzgeber für besonders wichtig hält: Grundstückskaufverträge, Erb- und Erbverzichtsverträge, Eheverträge, Schenkungsversprechen. Die notarielle Beurkundung ersetzt als strengere Form sowohl die öffentliche Beglaubigung als auch die Schriftform. 615

10. Stellvertretung

Zu den praktisch wie dogmatisch wichtigen Regelungsbereichen im Allgemeinen Teil des BGB gehört das Recht der Stellvertretung (§§ 164–181 BGB). Das Gesetz spricht einfacher von Vertretung. Minderjährige müssen sich, soweit sie in der Geschäftsfähigkeit beschränkt sind, von ihrem gesetzlichen Vertreter vertreten lassen, das sind in der Regel die Eltern (§§ 1626, 1629 BGB). Auch sonst nicht voll Geschäftsfähige bedürfen der gesetzlichen Vertretung. Juristische Personen handeln durch ihre Organe. Hier finden die Regeln der Stellvertretung Anwendung. Dasselbe gilt für das Handeln für sonstige Personenvereinigungen. Einzelheiten finden sich in den spezifischen Gesetzen des Gesellschaftsrechts (§ 35 Abs. 1 GmbHG, § 78 Abs. 1 AktG und zahlreiche Bestimmungen des HGB). Die Stellvertretung kann auch durch Rechtsgeschäft begründet werden, hier spricht man von Vollmacht. Sie kann auch jederzeit widerrufen werden. 616

Voraussetzung für die Stellvertretung ist grundsätzlich, dass der Vertreter Vertretungsmacht besitzt und im Namen des Vertretenen auftritt. Sie besteht nur im Rahmen rechtsgeschäftlichen Handelns. Schließt der Vertreter einen Vertrag für den Vertretenen mit einem Dritten, so kommt der Vertrag unmittelbar zwischen dem Vertretenen und dem Dritten zustande. Irrt sich der Vertreter, wird er arglistig getäuscht oder zum Vertragsschluss durch rechtswidrige Drohung gezwungen, kann der Vertretene den Vertrag anfechten. Andererseits muss er sich auch zurechnen lassen, was der Vertreter weiß oder wissen müsste (§ 166 Abs. 1, 2. Fall BGB). Von der Stellvertretung zu unterscheiden ist das Handeln als Bote. Der Vertreter gibt eine eigene Willenserklärung für einen anderen ab, der Bote überbringt lediglich die Willenserklärung eines anderen. 617

D. Privatrecht

618 Zwei wichtige *Einschränkungen* der Vertretungsmacht enthält § 181 BGB, um Interessenkonflikte zu vermeiden: Grundsätzlich darf der Vertreter nicht mit sich selbst einen Vertrag im Namen des Vertretenen abschließen. Er darf grundsätzlich auch nicht als Vertreter des einen und gleichzeitig als Vertreter des anderen zwischen diesen beiden einen Vertrag schließen. Allerdings kann der Vertreter in vielen Fällen von dieser Beschränkung befreit werden.

619 Wer *als Vertreter auftritt*, ohne dies hinreichend deutlich zu machen, wird durch die abgegebene Willenserklärung selbst verpflichtet (§ 164 Abs. 2 BGB). Schließt jemand als Vertreter einen Vertrag mit einem Dritten, ohne dazu befugt zu sein, kann der Vertretene den Vertrag genehmigen, der dann zwischen ihm und dem Dritten wirksam wird. Man spricht hier von Vertretung ohne Vertretungsmacht (§§ 177–179 BGB). Lehnt der Vertretene die Genehmigung ab, kann der Vertragspartner von dem Vertreter die Leistung fordern oder aber Schadensersatz verlangen.

11. Gute Sitten

620 Die gesetzlichen Bestimmungen enthalten vielfach rechtlich verbindliche Bewertungen der verschiedenen sozialen Interessen. Das Recht normiert deshalb eine Ordnung des Lebens, die als gut und richtig gelten soll. Nicht alle möglichen Konstellationen kann freilich das Gesetz voraussehen, nicht alle Interessen und Verhältnisse kennen und berücksichtigen. Um solchen Situationen gerecht werden zu können, enthält das positive Recht häufig Normen, die als *Generalklauseln* auf weitere Bewertungsmaßstäbe verweisen, auf die Moral, die Sitte oder die allgemein gültigen Verkehrsanschauungen.

621 Das Bürgerliche Recht besitzt eine solche Generalklausel in *§ 138 Abs. 1 BGB*. Danach ist ein Rechtsgeschäft, das gegen die guten Sitten verstößt, nichtig. Was unter den guten Sitten im Einzelfall zu verstehen ist, ergibt sich erst aus wertender Konkretisierung des Begriffs. Die Rechtsprechung stellt dabei auf das »Rechts- und Anstandsgefühl aller billig und gerecht Denkenden« ab. Es kommt also auf eine faktisch geltende Sozialmoral an, nicht primär auf ein vorausbestehendes Sittengesetz. Wesentliche Bedeutung erlangen hierbei aber vor allem die in den Grundrechten der Verfassung enthaltenen Wertentscheidungen.

622 Aufgrund von § 138 Abs. 1 BGB sind *Fallgruppen* von Rechtsgeschäften gebildet worden, die regelmäßig sittenwidrig und damit nichtig sind. Sittenwidrig sind solche Rechtsgeschäfte, deren Inhalt missbilligt wird, zum Beispiel, wenn jemand einem anderen eine Belohnung für den Fall verspricht, dass er ein Verbrechen begeht. Auch sogenannte Leihmütterverträge gelten als sittenwidrig, bei denen eine Frau ein Kind für eine andere Frau austrägt, nachdem ihr eine befruchtete Eizelle dieser Frau eingepflanzt worden ist, weil und soweit dadurch das Kind bloßer Gegenstand eines Rechtsgeschäftes, gleichsam zur Ware gemacht wird. Sittenwidrig sind auch Knebelungsverträge. Das sind Verträge, die die eine Seite in ihrer persönlichen oder wirtschaftlichen Entfaltungsfreiheit übermäßig beschränken, wie die Verpflichtung des Gaststättenbetriebes, gegen einen Kredit der Brauerei über dreißig Jahre lang ausschließlich Erzeugnisse dieser Brauerei auszuschenken.

623 Sittenwidrig sind gemäß *§ 138 Abs. 2 BGB* besonders auch wucherische Geschäfte. Wucher liegt vor, wenn jemand unter Ausbeutung der Zwangslage, der Unerfahrenheit, des Mangels an Urteilsvermögen oder der erheblichen Willensschwäche eines anderen sich oder einem Dritten für eine Leistung Vermögensvorteile versprechen oder gewähren lässt, die in einem auffälligen Missverhältnis zu der Leistung stehen. Die

Rechtsprechung hat Wucher angenommen, wenn der Zinssatz für einen Kredit 100 % über dem marktüblichen Zins liegt. Der marktübliche Zins wird in Monatsberichten der Deutschen Bundesbank veröffentlicht.

In erster Linie sind bei der Feststellung der Sittenwidrigkeit eines Rechtsgeschäftes die der Rechtsordnung insgesamt zugrunde liegenden Wertungen zu berücksichtigen. Deshalb ist auch zunächst zu prüfen, ob das Rechtsgeschäft etwa gegen ein *gesetzliches Verbot* verstößt. Es ist dann bereits gemäß § 134 BGB nichtig. Gesetzliche Verbote können in jeder Rechtsnorm, auch in Verordnungen oder Satzungen enthalten sein. Beispiele sind die Bestechung eines Amtsträgers oder verbotenes Glücksspiel (§§ 334 Abs. 1, 284 Abs. 1 StGB). Es muss aber gerade der Erfolg des Rechtsgeschäftes verhindert werden sollen. Der Verstoß gegen bloße Ordnungsvorschriften, wie der Ausschank von Getränken nach Beginn der Sperrstunde für Gaststätten, reicht nicht aus. 624

12. Verjährung

Ansprüche, also das Recht, etwas von einem anderen zu verlangen, unterliegen in aller Regel der Verjährung (§§ 194–218 BGB). Durch die Verjährung wird der *Anspruch entkräftet*; der ursprünglich Verpflichtete ist zwar grundsätzlich weiterhin zur Leistung verpflichtet, er kann aber nun die Erfüllung dauernd verweigern. Dadurch sollen Rechtsfrieden und Rechtssicherheit geschützt werden; veraltete, durch Zeitablauf regelmäßig in ihrer Gesamtheit schwer nachprüfbare Ansprüche sollen ausgeschlossen werden, damit jedermann sich auf die bestehende faktische Situation auch rechtlich einstellen kann. Die Verjährung beginnt grundsätzlich mit dem Schluss des Jahres, in dem der Anspruch entstanden ist und der Gläubiger von der Person des Schuldners und den Umständen Kenntnis erlangt hat, die den Anspruch begründen. Sie beginnt auch, wenn der Gläubiger diese Kenntnis ohne grobe Fahrlässigkeit hätte erlangen müssen (§ 199 Abs. 1 BGB). Von diesen Voraussetzungen gibt es einige Ausnahmen. 625

Die regelmäßige *Verjährungsfrist* beträgt drei Jahre (§ 195 BGB). Einige Ansprüche verjähren erst in dreißig Jahren, wie zum Beispiel Herausgabeansprüche aus dem Eigentum, familien- und erbrechtliche Ansprüche, sowie Ansprüche, die rechtskräftig festgestellt sind (§§ 197, 199 Abs. 2 BGB). Für wieder andere Ansprüche, wie solche auf Übertragung des Eigentums an einem Grundstück, gilt eine Verjährungsfrist von zehn Jahren (§§ 196, 199 Abs. 3, 4 BGB). 626

Der Eintritt der *Verjährung bedeutet*, dass der Verpflichtete nicht mehr zu erfüllen braucht (§ 214 BGB). Leistet er dennoch, kann er die Leistung aber nicht zurückfordern; im Prozess um den Anspruch muss er sich auf den Eintritt der Verjährung ausdrücklich berufen. 627

Schriftum:
Hans Brox/Wolf-Dietrich Walker, Allgemeiner Teil des Bürgerlichen Gesetzbuches, 46. Aufl. 2022
Christoph Hirsch, Der Allgemeine Teil des BGB, 10. Aufl. 2019
Helmut Köhler, BGB Allgemeiner Teil, 46. Aufl. 2022
Jörg Neuner, Allgemeiner Teil des deutschen Bürgerlichen Rechts, 12. Aufl. 2020
Dieter Medicus/Jens Petersen, Allgemeiner Teil des BGB, 11. Aufl. 2016

D. Privatrecht

III. Schuldrecht

1. Allgemeiner Teil des Schuldrechts

a) Grundsätze

628 Das Schuldrecht regelt die Schuldverhältnisse. Ein *Schuldverhältnis* ist ein Rechtsverhältnis, kraft dessen eine Person von einer anderen Person eine Leistung zu fordern berechtigt ist (§ 241 BGB). Diejenige Person, die die Leistung schuldet, ist der *Schuldner*. Diejenige Person, der geschuldet wird, nennt man den *Gläubiger*. Von Schuldverhältnissen müssen die Gefälligkeitsverhältnisse unterschieden werden. Sie sind nicht auf eine rechtliche Verpflichtung angelegt: Wer Bekannte aus Freundlichkeit zum Abendessen einlädt, ist nicht rechtlich verpflichtet, wirklich Essen bereitzustellen.

629 Das *Recht der Schuldverhältnisse* ist in seinen wesentlichen Strukturen im zweiten Buch des BGB enthalten, das zwar nicht formell, wohl aber in der Sache zwischen einem allgemeinen und einem besonderen Teil unterscheidet. Der allgemeine Teil umfasst Bestimmungen, die für grundsätzlich alle Schuldverhältnisse gelten, der besondere Teil enthält Regelungen für einzelne besonders wichtige Typen von Schuldverhältnissen. Bestimmungen über Schuldverhältnisse finden sich aber dazu über das gesamte BGB verstreut. Besondere Regelungen sind darüber hinaus in weiteren Gesetzen getroffen, oft zum Ausgleich ungleicher sozialer Machtverhältnisse wie das Produkthaftungsgesetz (ProdHaftG). Manche Gesetze, zum Beispiel das Gesetz zur Regelung des Rechts der allgemeinen Geschäftsbedingungen (AGBG) und das Verbraucherkreditgesetz (VerbrKrG) sind inzwischen in das BGB integriert worden. Von vornherein enthält das Handelsgesetzbuch Sonderregelungen für Schuldverhältnisse unter Kaufleuten.

630 Überhaupt zeigt sich gerade im Schuldrecht schon aus seinen eigenen Voraussetzungen heraus der dynamische Charakter der Rechtsentwicklung im bürgerlichen Recht besonders deutlich. Die Regelungen des Schuldrechts sind *weitgehend dispositiv*, das heißt sie gelten nur, wenn nicht die Beteiligten des Schuldverhältnisses anderes frei bestimmen. Partner können ganz atypische Verträge entwickeln und neue Übereinkünfte schließen. Dies ist Ausdruck der verfassungsrechtlich garantierten Vertragsfreiheit und der Privatautonomie. Diese rechtlich getragene, faktische Dynamik der Verhältnisse hat unter anderem dazu geführt, dass viele wirtschaftlich zentrale Vertragstypen, wie das Leasing, das Factoring oder das Franchising keine Erwähnung im Schuldrecht des BGB finden. Gleichwohl behalten jedenfalls seine Konstruktionsprinzipien ihre bestimmende dogmatische Bedeutung.

631 Vom Schuldrecht wird das *Sachenrecht* abgegrenzt, das im dritten Buch des BGB geregelt ist. Das Sachenrecht betrifft die Beziehungen einer Person zu einer Sache, also Eigentum, Besitz, Pfandrechte. Solche Sachenrechte gelten regelmäßig gegenüber jedermann. Deshalb nennt man sie absolute Rechte. Relative Rechte beherrschen dagegen das Schuldrecht. Sie gelten stets nur zwischen einzelnen, bestimmten Personen.

b) Entstehen von Schuldverhältnissen

632 Schuldverhältnisse entstehen durch *Rechtsgeschäft*, meist durch Vertrag, aber auch durch einseitige Rechtsgeschäfte wie das Vermächtnis im Erbfall. Häufig sind aber auch Schuldverhältnisse, die unmittelbar auf dem Gesetz beruhen. Die wichtigsten dieser *gesetzlichen Schuldverhältnisse* sind solche aus unerlaubter Handlung, also aus Delikt (vor allem §§ 823 ff. BGB): Wer einen anderen rechtswidrig und schuldhaft

III. Schuldrecht

schädigt, ist regelmäßig zum Ersatz des daraus entstehenden Schadens verpflichtet. Durch das Abstraktionsprinzip wird ein weiteres gesetzliches Schuldverhältnis erforderlich, der Anspruch wegen ungerechtfertigter Bereicherung (§§ 812 ff. BGB): Wer auf Kosten eines anderen etwas ohne rechtlichen Grund erlangt hat, muss dies regelmäßig zurückübertragen.

c) Erlöschen von Schuldverhältnissen

Das Schuldverhältnis erlischt in der Regel durch *Erfüllung*. Gemäß § 362 Abs. 1 BGB ist dies das Bewirken der geschuldeten Leistung. Allerdings kann auch eine andere als die geschuldete Leistung das Schuldverhältnis zum Erlöschen bringen, wenn der Gläubiger sie an Erfüllungs statt annimmt (§ 364 Abs. 1 BGB). Daneben gibt es die weniger weitreichende Leistung erfüllungshalber (§ 364 Abs. 2 BGB). Aus dieser Leistung soll sich der Gläubiger etwa durch Weiterverkauf befriedigen. Bis dies geschehen ist, besteht das Schuldverhältnis weiter, einschließlich möglicher Sicherheiten. 633

Bisweilen weigert sich der Gläubiger, die Leistung anzunehmen, obwohl er zur Annahme verpflichtet ist. Man spricht hier von Gläubigerverzug. Dann kann der Schuldner seine Leistungspflicht durch *Hinterlegung* erfüllen. Sie erfolgt bei einer öffentlichen Stelle und befreit von der Schuld, wenn die Rücknahme durch den Schuldner ausgeschlossen ist. Allerdings sind nur bestimmte Gegenstände wie Geld und Wertpapiere hinterlegungsfähig; sonstige Gegenstände können in bestimmten Verfahren öffentlich versteigert und der Erlös hinterlegt werden. Die Hinterlegung setzt voraus, dass der Schuldner aus einem in der Person des Gläubigers liegenden Grund, also etwa wegen Gläubigerverzugs oder infolge einer nicht auf Fahrlässigkeit beruhenden Ungewissheit über die Person des Gläubigers, nicht mit Sicherheit erfüllen kann (§§ 372 ff. BGB). 634

Das Schuldverhältnis kann bisweilen auch durch *Aufrechnung* beendet werden. Hierfür müssen sich zwei Forderungen aufrechenbar gegenüberstehen: Beide Beteiligten müssen sowohl Gläubiger als auch Schuldner füreinander sein. Erklärt dann der eine die Aufrechnung, erlöschen die Forderungen in der Höhe, in der sie sich decken (§§ 387 ff. BGB). Hat also der eine einen Anspruch über 1.000,– Euro aus dem Verkauf einer Stereoanlage gegen den anderen, dieser wiederum einen Anspruch über 500,– Euro, weil jener ihm fahrlässig eine Fensterscheibe eingeschlagen hat, so können 500,– Euro gegeneinander aufgerechnet werden, und die jeweiligen Verbindlichkeiten erlöschen in dieser Höhe. 635

Anerkennt der Gläubiger durch Vertrag mit dem Schuldner, dass die Forderung nicht besteht, oder erlässt er ihm vertraglich die Schuld, erlischt das Schuldverhältnis ebenfalls (§ 397 BGB). 636

Die Leistungspflichten aus einem Schuldverhältnis erlöschen auch durch *Rücktritt* (§§ 346–359 BGB). Der Rücktritt bedeutet das Rückgängigmachen eines Schuldverhältnisses durch Willenserklärung. Das Rücktrittsrecht wird durch eine empfangsbedürftige Willenserklärung gegenüber dem Vertragspartner ausgeübt. Es kann sich aus Vertrag oder aus gesetzlichen Bestimmungen ergeben. Vertragspflichten, die noch nicht erfüllt sind, brauchen im Fall eines berechtigten Rücktritts nicht mehr erfüllt zu werden. Was bereits geleistet ist, muss zurückgewährt werden; das ursprüngliche Schuldverhältnis wandelt sich nach der überwiegenden Auffassung in ein Rückgewährschuldverhältnis um. Für den Fall, dass eine bereits geleistete Sache nicht zurückgegeben werden kann, weil sie etwa zerstört oder verschlechtert ist, enthält das Gesetz in §§ 346 f. BGB detaillierte Regeln über die Haftung. 637

d) Inhalt von Schuldverhältnissen

aa) Treu und Glauben

638 Zwar kann der Inhalt der Schuldverhältnisse weitgehend durch Vertrag bestimmt werden. Weil aber stets nicht alle möglichen Entwicklungen vorausbedacht werden können, oft auch der eine versucht, den anderen Partner auszunutzen, enthält § 242 *BGB* eine ganz zentrale Vorschrift. »Der Schuldner ist verpflichtet, die Leistung so zu bewirken, wie Treu und Glauben mit Rücksicht auf die Verkehrssitte es erfordern«. Besonders über diese und auch über weitere allgemeine Generalklauseln wie § 138 BGB, der sittenwidrige Rechtsgeschäfte für nichtig erklärt, wirkt der Gehalt der *Grundrechte als wertentscheidende Grundsatznormen* auf das Privatrecht ein. Sie bestimmen in der Abwägung und Zusammenordnung der betroffenen unterschiedlichen Rechtsgüter und Interessen unter Berücksichtigung der Strukturen und Regelungen des Zivilrechts letztlich darüber, was Treu und Glauben, was die guten Sitten fordern und was als verbindliche Verkehrssitte gelten kann.

639 Aus dem Grundsatz von Treu und Glauben folgen *Maßgaben für die Art und Weise der Erfüllung*, also darüber, was alles Bestandteil der Hauptpflichten aus dem Schuldverhältnis ist. § 242 BGB begründet darüber hinaus Nebenpflichten. Die Beteiligten können danach verpflichtet sein, bestimmte Auskünfte zu erteilen, Warnungen auszusprechen oder angemessene Sorgfalt zu üben. Insgesamt kann sich auch die Leistungspflicht selbst ändern, wenn die Geschäftsgrundlage wegen wesentlicher Änderung der Verhältnisse weggefallen ist, deren Bestand als Voraussetzung des Rechtsgeschäftes gegolten hat.

bb) Leistungsort

640 Der Schuldner ist verpflichtet, seine Leistung am richtigen Ort zu erbringen, andernfalls wird er von seiner Verbindlichkeit nicht frei. Welches dieser Ort ist, ergibt sich in erster Linie aus der Vereinbarung der Vertragspartner, sonst aus den Umständen des Rechtsverhältnisses. Man unterscheidet *drei verschiedene Arten* von Leistungspflichten, je nach dem Ort der Leistung: Holschulden, Bringschulden und Schickschulden. Bei der *Holschuld* muss der Gläubiger die Leistung beim Schuldner abholen, der Schuldner muss sie bereithalten. Dies ist der gesetzliche Regelfall (§ 269 BGB). Bei der *Bringschuld* muss der Schuldner die Leistung dem Gläubiger bringen. Die *Schickschuld* wird erfüllt, wenn der Schuldner dem Gläubiger die Leistung schickt; er wird frei, sobald er etwa die verkaufte Sache der Transportperson – der Post, dem Spediteur – übergibt. Wenn nichts anderes vereinbart ist, sind Geldschulden Schickschulden (§ 270 BGB). Der Schuldner trägt dabei aber die Gefahr. Geht das Geld unterwegs verloren, muss er noch einmal zahlen. Hat er allerdings das Geld rechtzeitig unter Beachtung der üblichen Überweisungsdauer abgeschickt, etwa durch Einzahlung bei einer Bank, und kommt das Geld dann verspätet beim Schuldner an, muss nicht er, sondern der Gläubiger dieses Risiko tragen.

cc) Stückschulden und Gattungsschulden

641 Das Gesetz unterscheidet zwischen Stückschuld und Gattungsschuld (§ 243 Abs. 1 BGB). Eine *Stückschuld* liegt vor, wenn ein ganz bestimmter Gegenstand geschuldet wird. Bei der *Gattungsschuld* muss der Schuldner irgendwelche Gegenstände aus einer näher bezeichneten Gattung, etwa Kartoffeln, liefern. Sie müssen dann mittlerer Art und Güte entsprechen. Die sogenannte *Vorratsschuld* ist Gattungsschuld, aber aus einem bestehenden bestimmten Vorrat zu liefern, also etwa aus den beim Schuldner lagernden Kartoffeln. Hat der Schuldner die zu liefernden Gegenstände aus der Gattung oder dem Vorrat ausgesondert, das heißt konkretisiert, bezieht sich die Schuld nur noch auf diese Gegenstände (§ 243 Abs. 2 BGB).

dd) Einstehen für Dritte

Oft leistet der Schuldner nicht in Person, sondern bedient sich zur Erfüllung seiner Verbindlichkeit eines Gehilfen. Das ist ihm unbenommen, wenn nichts anderes ausdrücklich verabredet ist oder sich aus den Umständen ergibt (§ 267 BGB). Man spricht hier vom *Erfüllungsgehilfen*. Der Schuldner muss dann aber für das Verschulden des Erfüllungsgehilfen genauso einstehen, als wäre es sein eigenes (§ 278 BGB). Der Erfüllungsgehilfe braucht nicht in einem sozialen Abhängigkeitsverhältnis zum Schuldner zu stehen, er braucht nicht etwa dessen Arbeitnehmer zu sein. Es kann sich vielmehr zum Beispiel auch um eine andere Firma handeln, die der Schuldner mit der Geschäftsbesorgung beauftragt hat.

642

Das soziale Abhängigkeitsverhältnis kennzeichnet dagegen die Stellung des sogenannten *Verrichtungsgehilfen* im Sinne des § 831 BGB. Wer einen anderen zu einer Verrichtung bestellt, ist zum Ersatz des Schadens verpflichtet, den der andere in Ausführung der Verrichtung einem Dritten widerrechtlich zufügt. Es handelt sich hier um reine *Deliktshaftung*, die ein rechtsgeschäftlich begründetes Schuldverhältnis nicht voraussetzt. Andererseits schließt ein solches rechtsgeschäftliches Schuldverhältnis die deliktische Haftung nicht aus; beide können nebeneinander bestehen und gleichzeitig Ersatzansprüche begründen. Zwischen der Einstandspflicht für den Erfüllungsgehilfen nach § 278 BGB einerseits und für den Verrichtungsgehilfen gemäß § 831 BGB andererseits besteht aber ein wesentlicher Unterschied. Von der Haftung für den Verrichtungsgehilfen bei der Haftung aus unerlaubter Handlung kommt der Geschäftsherr frei, wenn er nachweist, dass er ihn sorgfältig ausgesucht und ordnungsgemäß beaufsichtigt hat. Diese *Exkulpationsmöglichkeit* besteht für den Erfüllungsgehilfen bei der vertraglichen Haftung nicht.

643

ee) Vertrag zugunsten Dritter

Auch auf andere Weise können Dritte an Schuldverhältnissen beteiligt sein. Bisweilen will der Gläubiger, dass nicht an ihn selbst, sondern an einen Dritten geleistet werden soll. Wenn der Dritte dann die Leistung unmittelbar vom Schuldner soll fordern können, spricht man von einem *Vertrag zugunsten Dritter* (§§ 328–335 BGB). Einen Sonderfall bildet der *Vertrag mit Schutzwirkung für Dritte*. Dann gelten nicht die Hauptleistungspflichten, sondern lediglich vertragliche Nebenpflichten, besonders die zu Sorgfalt, Warnung oder Information, auch zugunsten von Dritten, etwa für die Familienangehörigen des Mieters. Diese besitzen gegen den Vermieter einen eigenen Anspruch auf Schadensersatz aus dem Mietvertrag, den sie selbst gar nicht abgeschlossen haben, wenn sie etwa durch Verschulden des Vermieters im Treppenhaus zu Schaden kommen.

644

D. Privatrecht

ff) Mehrheit von Schuldnern und Gläubigern

645 Oft ist zur Leistung nicht nur eine Person verpflichtet, sondern mehrere. Relativ einfach ist die Lage, wenn mehrere eine *teilbare Leistung* schulden (§ 420 BGB). Im Zweifel liegt dann Teilschuldnerschaft vor, jeder Schuldner ist nur zu einem gleichen Anteil verpflichtet. Umgekehrt kann bei der Teilgläubigerschaft jeder Gläubiger nur einen gleichen Anteil fordern.

646 Dagegen liegt eine *Gesamtschuld* vor, wenn mehrere eine Leistung in der Weise schulden, dass jeder die ganze Leistung zu bewirken verpflichtet, der Gläubiger aber die Leistung nur einmal zu fordern berechtigt ist (§ 421 BGB). Dann kann sich der Gläubiger an jeden beliebigen der Schuldner halten. Dieser muss dann dem Gläubiger gegenüber die ganze Leistung erbringen. Durch seine Leistung werden auch die anderen Schuldner frei. Ist nichts anderes bestimmt, sind die Gesamtschuldner untereinander aber zum Ausgleich verpflichtet, dh der Schuldner, der geleistet hat, kann von den übrigen Schuldnern zu gleichen Anteilen Ausgleich verlangen (§ 426 BGB).

gg) Wechsel von Schuldner und Gläubiger

647 Der Schuldner muss, wenn nichts anderes bestimmt ist, in Person, also selbst die geschuldete Leistung erbringen. Ein *Wechsel des Schuldners* ist nur mit Zustimmung des Gläubigers zulässig (§ 415 BGB), weil die persönliche Bonität für den Gläubiger meist wesentlich ist. Dagegen ist der *Gläubigerwechsel* ohne Weiteres möglich (§ 414 BGB): Erforderlich ist lediglich ein Vertrag zwischen dem alten und dem neuen Gläubiger, durch den die Forderung auf den neuen Gläubiger übertragen wird, die sogenannte Abtretung (§ 398 BGB). Weiß der Schuldner allerdings nichts von dem Gläubigerwechsel und leistet er deshalb an den alten, nicht mehr berechtigten Gläubiger, wird er auch gegenüber dem neuen Gläubiger frei (§ 407 BGB). Der neue Gläubiger kann und muss sich dann an den früheren Gläubiger halten.

hh) Schadensersatz

648 Wer Schadensersatz zu leisten hat, muss den Zustand herstellen, der bestehen würde, wenn der zum Ersatze verpflichtende Umstand nicht eingetreten wäre (§ 249 Abs. 1 BGB). In erster Linie ist also die sogenannte *Naturalrestitution* geschuldet. Ist dies nicht möglich oder leistet der Schuldner nicht rechtzeitig, tritt an ihre Stelle entsprechender *Ersatz in Geld*. Der zu ersetzende Schaden umfasst auch den eventuell entgangenen Gewinn.

649 Nach dem Gesetz kann *Geldersatz nur für Vermögensschäden*, also für materielle Schäden verlangt werden. *Immaterielle Schäden* wie Einbußen an Ehre oder Lebensfreude können nach der Norm des § 253 Abs. 1 BGB in der Regel nicht durch Geld ersetzt werden. Der Geschädigte ist grundsätzlich auf Naturalrestitution beschränkt, etwa bei rufschädigenden Äußerungen auf die Verpflichtung zum Widerruf durch den Schädiger. Bei Eingriffen in Körper, Gesundheit, Freiheit und sexuelle Selbstbestimmung besteht ein Anspruch auf Schmerzensgeld gemäß § 253 Abs. 2 BGB. Die Rechtsprechung hat aber entgegen § 253 BGB Entschädigung in Geld auch für bestimmte immaterielle Einbußen, besonders bei Ehrverletzungen und entgangener Lebensfreude in großem Umfang gewährt.

650 Einbußen an Wohlbefinden sollen durch eine billige Entschädigung in Geld ausgeglichen und dem Verletzten Genugtuung geleistet werden. Dieses *Schmerzensgeld* tritt

unabhängig neben den Anspruch auf Schadensersatz. Zur Berechnung gibt es Tabellen, die Übersichten über die gängige Rechtsprechung enthalten: Als Schmerzensgeld für einen achtundvierzigjährigen Mann, der bei einem Verkehrsunfall so schwer verletzt wurde, dass sein Leben auf primitivste Existenzzustände reduziert ist, sind 375.000 Euro und eine monatliche Rente von 750 Euro festgesetzt worden, bei einer völligen Erblindung bei gleichzeitigem Verlust von Geruchs- und Geschmackssinn und einer erheblichen Gehbehinderung durch einen Verkehrsunfall 250.000 Euro zuzüglich einer monatlichen Rente von 200 Euro. Bei einem schweren Schleudertrauma und ständigem Wachkoma nach grob fahrlässigem Autounfall sind 500.000 Euro Schmerzensgeld zugesprochen worden. In keiner Weise erreichen die von deutschen Gerichten festgesetzten Schmerzensgelder also die Höhe, die in den Vereinigten Staaten von Amerika oft zuerkannt werden.

Das Gesetz erwähnt einen Schmerzensgeldanspruch für *Verletzungen des allgemeinen Persönlichkeitsrechts* nicht: der Gesetzgeber des Jahres 1896 empfand einen Ausgleich der Ehre durch Geld als unanständig. Heute wird aus der Gewährleistung des allgemeinen Persönlichkeitsrechts durch Art. 1 und Art. 2 GG das Bedürfnis gefolgert, auch hier und entgegen dem Wortlaut des § 253 BGB einen Anspruch auf Schmerzensgeld zuzusprechen. Berühmt ist das Soraya-Urteil: Eine Boulevardzeitung hatte ein Interview mit der persischen Kaiserin Soraya abgedruckt, das intime Einzelheiten aus ihrem Privatleben beschrieb, aber frei erfunden war. Auf ihre Klage musste der Verlag ein Schmerzensgeld leisten. 651

Oft ist der Verletzte gegen den entstandenen Schaden *versichert* oder er profitiert als Arbeitnehmer von der Lohnfortzahlung im Krankheitsfall. Der Verletzte selbst hat dann insoweit keinen Schaden. Gleichwohl soll der Schädiger nicht frei ausgehen, andererseits soll der Verletzte nicht etwa doppelt kassieren: vom Schädiger und von der Versicherung. Man spricht hier vom normativen Schaden; regelmäßig geht dann der Anspruch auf Schadensersatz vom Verletzten auf die Versicherung oder den Arbeitgeber über. 652

ii) Kausalität

Der Schädiger muss nur solche Schäden ersetzen, die er durch sein Verhalten *verursacht* hat. Es muss also Kausalität zwischen Verhalten und Schaden bestehen. Damit nicht für jede völlig unvorhersehbare Konsequenz gehaftet werden muss, gilt im Zivilrecht die *Adäquanztheorie*. Zwischen der Verletzung des Rechtsgutes und dem Schaden muss eine adäquate Verknüpfung bestehen. Ganz außergewöhnliche Folgen bleiben außer Betracht, für sie haftet der Schädiger nicht. Bereits das Reichsgericht als Vorgänger des Bundesgerichtshofs hat das so formuliert: Dem Handelnden wird ein Schaden nur zugerechnet, wenn die von ihm gesetzte Bedingung im Allgemeinen und nicht nur unter ganz besonders eigenartigen, ganz unwahrscheinlichen und unter dem regelmäßigen Verlauf der Dinge außer Betracht zu lassenden Umständen zur Herbeiführung des Erfolges geeignet war. Wer – so ein Schulfall – jemanden bei einem Verkehrsunfall schuldhaft verletzt, haftet für die Krankenhauskosten und auch für die Folgen einer weiteren Infektion, die sich der Geschädigte im Krankenhaus zuzieht; er haftet jedoch nicht für den Verlust der Geldbörse, die die Krankenschwester dem Verletzten während des Klinikaufenthaltes stiehlt. 653

jj) Mitverschulden

654 Gewöhnlich muss der Schädiger den gesamten Schaden ersetzen. Oft trägt der Verletzte aber selbst noch dazu bei, dass der Schaden vergrößert wird. Der Geschädigte geht etwa nach einem Unfall nicht rechtzeitig zum Arzt, wodurch sich die Verletzung erheblich verschlimmert, oder er weist den anderen nicht rechtzeitig auf die Gefahr eines ungewöhnlich hohen Schadens hin, die der andere nicht kennt. Dann muss er den Teil des Schadens selbst tragen, den er durch sein Mitverschulden selbst verursacht hat (§ 254 BGB).

e) Leistungsstörungen

655 Von Leistungsstörungen spricht man, wenn nicht entsprechend den Pflichten geleistet wird, die sich aus dem Schuldverhältnis ergeben. Begeht der Schuldner eine solche Pflichtverletzung, kann der Gläubiger gem. § 280 BGB Ersatz des hieraus entstehenden Schadens verlangen.

656 Der Begriff der Pflichtverletzung in § 280 Abs. 1 BGB versteht sich mithin als Oberbegriff für alle Leistungsstörungen aus einem Schuldverhältnis. § 280 Abs. 1 BGB normiert allen Leistungsstörungen gemeinsame Voraussetzungen eines Schadensersatzanspruchs aufgrund einer Pflichtverletzung. Je nach Pflichtverletzung im Einzelfall ergeben sich zusätzliche Voraussetzungen eines Anspruchs auf Schadensersatz aus den jeweiligen Verweisen in den Absätzen 2 und 3 des § 280 BGB.

aa) Unmöglichkeit

657 Wenn der Schuldner nicht leisten kann, spricht man von Unmöglichkeit. Dabei müssen verschiedene Modalitäten auseinandergehalten werden, die teilweise unterschiedliche Rechtsfolgen nach sich ziehen. Objektive Unmöglichkeit besteht, wenn die Leistung von niemandem erbracht werden kann. Subjektive Unmöglichkeit bedeutet, dass lediglich der Schuldner nicht leisten kann; das ist bei der Gattungsschuld häufig. Anfängliche Unmöglichkeit liegt vor, wenn bereits bei Entstehen des Schuldverhältnisses die Leistung nicht möglich war. Tritt die Unmöglichkeit erst nach Vertragsschluss ein, spricht man von nachträglicher Unmöglichkeit.

658 Wenn die geschuldete Leistung *anfänglich unmöglich* ist, bleibt der Vertrag wirksam (§ 311a Abs. 1 BGB). Gegenseitige Ansprüche auf Erfüllung bestehen nicht. Der Gläubiger kann nach seiner Wahl Schadensersatz statt der Leistung oder Ersatz seiner Aufwendungen verlangen (§§ 311a Abs. 2, 284 BGB). Bei der *nachträglichen Unmöglichkeit* ist entscheidend, wer sie zu vertreten hat. Ob es sich um subjektive oder objektive Unmöglichkeit handelt, ist unerheblich (§ 275 Abs. 1, 280 BGB). Hat der Schuldner die nachträgliche Unmöglichkeit nicht zu vertreten, wird er von seiner Leistungspflicht frei (§ 275 Abs. 1 BGB). Wenn er dagegen den Umstand zu vertreten hat, der nachträglich zur Unmöglichkeit führt, muss er dem Gläubiger Schadensersatz statt der Leistung leisten.

659 Für die *gegenseitig verpflichtenden Verträge* enthalten die §§ 323–326 BGB weitere Regelungen. Solche Verträge verpflichten beide Vertragsparteien zu Hauptleistungen, also zu Leistung und Gegenleistung, wie dies bei den meisten Verträgen der Fall ist. Beide Parteien sind hier sowohl Schuldner als auch Gläubiger. Es muss daher nicht nur bestimmt sein, was mit der einen *Leistung* bei Unmöglichkeit geschieht – dazu §§ 275, 311a BGB –, sondern auch, was dann mit der *Gegenleistung* wird – dazu § 326 BGB.

Bei *anfänglicher Unmöglichkeit* bleibt es bei der Wirksamkeit des Vertrages gemäß § 311a BGB. Der Schuldner braucht hier dennoch nicht zu leisten, er hat aber auch keinen Anspruch auf die Gegenleistung (§§ 275 Abs. 1, 326 Abs. 1 BGB). Bei *nachträglicher Unmöglichkeit, die keine der Vertragsparteien zu vertreten hat*, verliert der Schuldner ebenfalls den Anspruch auf die Gegenleistung (§ 326 Abs. 1 BGB). Das leuchtet ein: er braucht seinerseits ja auch nicht zu leisten (§ 275 BGB). Gibt es für den geschuldeten Gegenstand aber Ersatz oder einen Ersatzanspruch, so kann der Gläubiger diesen anstelle der ursprünglich geschuldeten Leistung verlangen; er bleibt dann zur Gegenleistung verpflichtet (§ 326 Abs. 3 BGB). 660

Wenn der *Gläubiger die Unmöglichkeit zu vertreten hat*, wird der Schuldner frei, behält aber den Anspruch auf die Gegenleistung (§ 326 Abs. 2 BGB). Allerdings muss er sich anrechnen lassen, was er infolge dieser Befreiung erlangt hat oder böswillig zu erlangen unterlassen hat: Er hat etwa in der gesparten Zeit einen anderen Auftrag ausführen können und dabei einen Gewinn erzielt. 661

Wenn der *Schuldner die Unmöglichkeit zu vertreten hat*, besitzt der Gläubiger mehrere Möglichkeiten (§§ 275 Abs. 4, 283, 326 Abs. 5 BGB). Er kann vom Vertrag zurücktreten und er kann Schadensersatz statt der Leistung verlangen. Er kann stattdessen aber auch Herausgabe des Ersatzes oder Abtretung des Ersatzanspruches verlangen, wenn der Schuldner Entsprechendes erhalten hat. 662

bb) Verzug

Der Schuldner muss nicht nur leisten, sondern er muss auch *rechtzeitig*, zur vertraglich oder sonst bestimmten Zeit seine Leistung erbringen. Tut er dies nicht, begeht er eine Pflichtverletzung; er gerät in *Schuldnerverzug*. Dies setzt Fälligkeit der Leistung und schuldhafte Nichtleistung voraus. Darüber hinaus muss der Gläubiger den Schuldner mahnen (§§ 286 ff. BGB). Die Mahnung ist eine Aufforderung an den Schuldner, die Leistung zu erbringen. Bei Geldforderungen entfällt das Erfordernis der Mahnung; hier kommt der Schuldner 30 Tage nach Fälligkeit und Zugang einer Rechnung oder einer gleichwertigen Zahlungsaufforderung in Verzug (§ 286 Abs. 3 BGB). Der Schuldner muss dem Gläubiger regelmäßig den durch den Verzug entstehenden Schaden ersetzen. Seine Haftung ist während des Verzuges erweitert. Er hat dann nicht nur für jede selbst leichte Fahrlässigkeit einzutreten, sondern ist auch für eine während des Verzuges zufällig eintretende Unmöglichkeit verantwortlich, es sei denn, der Schaden wäre auch bei rechtzeitiger Leistung eingetreten. Geldschulden muss der Schuldner während des Verzuges mit mindestens 5 % über dem Basiszinssatz, der von der Deutschen Bundesbank festgelegt wird, verzinsen. Darüber hinaus kann der Gläubiger einen weitergehenden Zinsschaden geltend machen, wenn er höhere Zinsen für einen wegen des Verzuges erforderlichen Kredit hat zahlen müssen (§ 288 BGB). 663

Auch der Gläubiger kann in Verzug kommen (§§ 293 ff. BGB). Bietet der Schuldner die Leistung wie geschuldet an, muss der Gläubiger sie annehmen. Tut er dies nicht, etwa weil er in der Zwischenzeit ein günstigeres Angebot erhalten hat, kommt er in *Annahmeverzug*. Dasselbe geschieht, wenn er nicht bereit ist, die Zug-um-Zug geschuldete Gegenleistung zu erbringen. Während des Annahmeverzuges mindert sich die Haftung des Schuldners. Er braucht jetzt nur noch für Vorsatz und für grobe Fahrlässigkeit einzustehen. 664

cc) Culpa in contrahendo

665 Bereits im vorvertraglichen Bereich haben die Beteiligten Pflichten, deren Verletzung zu Schadensersatzansprüchen führen kann. So begründet die Verletzung der Pflichten aus dem schon vor Vertragsschluss bestehenden gesetzlichen Schuldverhältnis aus §§ 311 Abs. 2, 241 Abs. 2 BGB eine Haftung aus Verschulden bei Vertragsschluss, der sogenannten culpa in contrahendo. Rutscht ein Kunde im Supermarkt auf einem Salatblatt aus, kann er Ersatz des Schadens wegen Verletzung des vorvertraglichen Schuldverhältnisses geltend machen.

Schrifttum:
Hans Brox/Wolf-Dietrich Walker, Allgemeines Schuldrecht, 46. Aufl. 2022
Christoph Hirsch, Allgemeines Schuldrecht, 11. Aufl. 2018
Dirk Looschelders, Schuldrecht Allgemeiner Teil, 20. Aufl. 2022
Dieter Medicus/Stephan Lorenz, Schuldrecht I, Allgemeiner Teil, 22. Aufl. 2021
Harm Peter Westermann/Peter Bydlinski/Stefan Arnold, BGB – Schuldrecht, Allgemeiner Teil, 9. Aufl. 2020
Rainer Wörlen/Karin Metzler-Müller, Schuldrecht AT, 14. Aufl. 2020

2. Besonderer Teil des Schuldrechts

a) Gesetzlich normierte Vertragstypen

aa) Grundsätze

666 Im BGB sind einzelne im Rechtsverkehr *typische Vertragsarten* besonders normiert. Der Gesetzgeber legt dabei Wertungen zugrunde, die seiner Auffassung nach den berechtigten Interessen der Beteiligten am ehesten gerecht werden. Diese Regelungen sind weitestgehend dispositiv, sie gelten also nur, wenn die Vertragsparteien nichts anderes verabreden. In der Praxis gibt es daher oft gemischte Verträge, die mehrere Vertragstypen verbinden, etwa Kauf und Miete oder Werk- und Kaufvertrag. Seit Erlass des BGB haben sich außerdem zahlreiche neue Vertragstypen entwickelt, die bisher keine gesetzlich umfassende Normierung erfahren haben. Das gesamte Recht der Verträge steht auch hier unter dem Grundsatz der *Privatautonomie*.

667 Allerdings gehört es zu den kennzeichnenden Merkmalen der neueren Rechtsentwicklung in Deutschland, dass der Grundsatz der Privatautonomie zunehmend *aus sozialen Gründen durchbrochen* wird. Inzwischen bestehen in weitem Umfang zwingende Regelungen zum Schutz sozial schwächerer Bevölkerungsgruppen. Von ihnen kann regelmäßig nur zur weiteren Sicherung, nicht zum Nachteil der Geschützten abgewichen werden. Entgegenstehende Abmachungen sind nichtig, auch wenn beide Vertragsparteien zugestimmt haben. Das BGB selbst ging ursprünglich von einem liberalistischen Verständnis des Rechtsverkehrs aus. In diesem Weltbild wurden alle Rechtsgenossen grundsätzlich als Gleiche betrachtet, gleich auch in ihrer sozialen Macht und in ihrem juristischen Geschick. Jedermann war als fähig angesehen, kompetent und eigenverantwortlich seine Interessen im Rechtsverkehr zu vertreten. Lediglich für Minderjährige und Menschen mit geistiger Behinderung anerkannte das BGB Ausnahmen und eine besondere Schutzbedürftigkeit.

668 Das bürgerliche Recht in seiner heutigen Erscheinung denkt anders. *Zahlreiche Sondergesetze und Einzelbestimmungen* modifizieren die allgemeinen Regeln des BGB zum Schutz derjenigen, die nach Auffassung des Gesetzgebers besonderer rechtlicher Fürsorge bedürfen. Das gilt etwa für den Mieterschutz, den Kündigungsschutz im

Arbeitsrecht, für den Kauf auf Kredit, für die Überlegungs- und Rücktrittsfristen bei Haustürgeschäften, für das Recht der Allgemeinen Geschäftsbedingungen. Ein Übriges tut die Rechtsprechung über die Auslegung von Generalklauseln etwa beim Kontrahierungszwang (§ 826 BGB) von marktbeherrschenden Unternehmen, wonach solche Unternehmen wegen ihrer Bedeutung etwa für das tägliche Leben und wegen ihrer eventuell bestehenden Monopolstellung grundsätzlich verpflichtet sind, Verträge mit jedem Vertragswilligen einzugehen. Diese Modifizierungen lassen sich allerdings nur in Verbindung mit den ursprünglichen Grundstrukturen der herkömmlichen Vertragstypen verstehen.

bb) Verbraucherprivatrechtliche Sondervorschriften

Eine wichtige Funktion übernehmen übergreifend die Regelungen, die sich als Vorschriften des Verbraucherprivatrechts zusammenfassen lassen. 669

Die Bestimmungen gehören zu der Vielzahl von Regelungen, denen unter Abkehr von der liberalistischen Grundeinstellung des Bürgerlichen Gesetzbuches ein verändertes Menschen- und Gesellschaftsbild zugrunde liegt. Nicht mehr die Idee der prinzipiell gleichen Fähigkeiten der Individuen trägt hier die Norm, sondern der Versuch, ungleiche Machtverhältnisse innerhalb der Gesellschaft auszugleichen, den Schwächeren vor der Überrumpelung durch den Stärkeren zu schützen, soziale Gleichheit so nicht vorauszusetzen, sondern erst herzustellen. 670

Die Vorschriften modifizieren daher die allgemeinen Vorschriften in gesetzlich näher bestimmten Fällen, in denen sich Verbraucher und Unternehmer (§§ 13 f. BGB) gegenüberstehen; sie dienen dem besonderen Schutze des Verbrauchers, der geschäftlich regelmäßig unerfahren ist und daher zur Beibehaltung der Vertragsparität einer Besserstellung bedarf. 671

Verbraucher ist gem. § 13 BGB jede natürliche Person, die ein Rechtsgeschäft zu einem Zwecke abschließt, der weder ihrer gewerblichen noch ihrer selbstständigen beruflichen Tätigkeit zugerechnet werden kann. 672

Unternehmer ist nach § 14 BGB eine natürliche oder juristische Person oder eine rechtsfähige Personengesellschaft, die bei Abschluss eines Rechtsgeschäfts in Ausübung ihrer gewerblichen oder selbstständigen beruflichen Tätigkeit handelt. 673

Wichtige Regelungen zu Verbraucherverträgen (§ 310 Abs. 3 BGB), die insbesondere Ausfluss von Richtlinien der Europäischen Union zum Verbraucherschutz sind, finden sich etwa in den §§ 312–312k, 355 BGB (außerhalb von Geschäftsräumen abgeschlossene Verträge und Fernabsatzverträge), §§ 358, 491–515 BGB (Verbraucherkredit- und ähnliche Geschäfte), §§ 474 ff. BGB (Verbrauchsgüterkauf), aber auch in den Regelungen über die Anwendbarkeit Allgemeiner Geschäftsbedingungen, die spezielle Unwirksamkeitsgründe enthalten (§§ 308 ff. BGB). 674

Folge der Regelungen sind zudem häufig Informationspflichten des Unternehmers gegenüber dem Verbraucher (§§ 312d Abs. 1, 477 Abs. 1, 491a Abs. 1, 493 Abs. 1 BGB) und spezielle Widerrufs- und Rückgaberechte (§§ 312g, 485, 495 BGB). 675

Ein bekanntes Widerrufsrecht ist etwa in den Regelungen über außerhalb von Geschäftsräumen abgeschlossene Verträge (§§ 312b ff. BGB), den sogenannten *Haustürgeschäften*, enthalten. In der Praxis betrifft dies besonders den Verkauf von Zeitschriftenabonnements oder von Haushaltsgeräten an Haustüren, also den Abschluss eines Kaufvertrages außerhalb von Geschäftsräumen. Erfasst sind aber auch die sogenann- 676 ten Kaffeefahrten, organisierte Ausflugsfahrten meist für ältere Leute, bei denen den Teilnehmern Kaufangebote vom Veranstalter gemacht werden.

677 In den letzten Jahren haben Fernabsatzverträge, vor allem der online-Handel, besondere wirtschaftliche Bedeutung erlangt. Ein Fernabsatzvertrag ist ein Vertrag über die Lieferung von Waren oder über die Erbringung von Dienstleistungen, der zwischen einem Unternehmer und einem Verbraucher unter ausschließlicher Verwendung von Fernkommunikationsmitteln abgeschlossen wird, es sei denn, dass der Vertragsschluss nicht im Rahmen eines für den Fernabsatz organisierten Vertriebs- oder Dienstleistungssystems erfolgt. Dem Verbraucher, der einen solchen Vertrag abschließt, steht hier regelmäßig ein Widerrufsrecht zu (§§ 312g Abs. 1, 355 BGB).

678 Diese und ähnliche Modifikationen der allgemeinen vertragsrechtlichen Regelungen sind also beim Vertragsschluss zwischen einem Verbraucher und einem Unternehmer immer zu berücksichtigen.

cc) Kaufvertrag

679 An die erste Stelle der gesetzlich geregelten Vertragsarten setzt das BGB den Kauf (§§ 433–507 BGB). Er steht in der modernen Austauschgesellschaft auch *faktisch im Zentrum*. Gegenstand des Kaufvertrages können Sachen sein und Rechte, sofern diese übertragbar sind. Aber auch sonstige verkehrsfähige Güter können verkauft werden, auch wenn sie nicht Sachen oder Rechte sind, wie etwa Elektrizität oder ein Geschäftsbetrieb in seiner Gesamtheit. Der Verkäufer muss dem Käufer einer Sache die Sache frei von Sach- und Rechtsmängeln übergeben und ihm das Eigentum an ihr verschaffen. Dem Käufer eines Rechtes muss er das Recht verschaffen (§ 453 BGB); berechtigt das Recht zum Besitz einer Sache, muss er ihm auch die Sache übergeben. Der Käufer seinerseits ist verpflichtet, den vereinbarten Kaufpreis zu zahlen und die gekaufte Sache abzunehmen (§ 433 Abs. 2 BGB).

680 Der Kauf ist also *Austausch grundsätzlich einer Sache oder eines Rechtes gegen Geld*. Wird Sache gegen Sache, Recht gegen Recht oder Sache gegen Recht gegeben, liegt Tausch vor. Es gelten dabei die Regeln über den Kauf entsprechend (§ 480 BGB).

681 In der gesetzlichen Definition kommen auch das *Abstraktionsprinzip* und das *Trennungsprinzip* deutlich zum Ausdruck. Der wirksame Abschluss des Kaufvertrages lässt das Eigentum an dem Kaufgegenstand noch nicht übergehen, die sachenrechtliche Lage ändert sich insoweit nicht. Vielmehr handelt es sich um ein *Kausalgeschäft*, das nur die Verpflichtung begründet, die Verfügung über das Eigentum vorzunehmen. Umgekehrt gilt, dass bei einem bereits erfüllten, aber nichtigen Kaufvertrag die Verpflichtung besteht, das übertragene Eigentum nach Bereicherungsrecht (§§ 812 ff. BGB) zurückzuübertragen.

682 Kaufverträge sind *grundsätzlich formfrei* wirksam. Nur für einzelne besondere Fälle ist notarielle Beurkundung erforderlich: für Erwerb und Veräußerung eines Grundstückes (§ 311b Abs. 1 BGB), für den Kauf einer Erbschaft (§ 2371 BGB) sowie für Verträge zwischen künftigen gesetzlichen Erben über das gesetzlichen Erbteil oder den Pflichtteil (§ 311b Abs. 5 S. 2 BGB).

683 Der Verkäufer ist verpflichtet, dem Käufer den verkauften Gegenstand *frei von Rechten Dritter* zu verschaffen. Der Verkäufer eines Rechtes haftet für den rechtlichen Bestand des Rechts, nicht allerdings für dessen faktische Durchsetzbarkeit (§§ 435,

453, 433 BGB). Erfüllt der Verkäufer diese Pflichten nicht, hat der Käufer die für gegenseitige Verträge allgemein geltenden Rechte aus den §§ 320–326 BGB.

Für Mängel an einer Sache *haftet der Verkäufer*, wenn sie zur Zeit des Gefahrüberganges bestanden haben und nicht ganz unerheblich sind. Ein Mangel liegt vor, wenn die tatsächliche Beschaffenheit von der vereinbarten Beschaffenheit zum Nachteil des Käufers abweicht. Darüber hinaus haftet er grundsätzlich für öffentlich angekündigte Eigenschaften der Sache. Auf ein Verschulden des Verkäufers kommt es nicht an (§ 434 BGB). Der *Zeitpunkt des Gefahrübergangs* ist deshalb besonders wichtig. § 446 BGB bestimmt, dass die Gefahr grundsätzlich mit der Übergabe der Sache an den Käufer übergeht. Er hat dann keine Ansprüche mehr bei einem zufälligen Untergang oder einer zufälligen Verschlechterung der Sache und muss in diesem Fall deshalb gleichwohl den Kaufpreis zahlen. Vor der Übergabe trägt der Verkäufer diese Gefahr. Ist verabredet, dass der Verkäufer dem Käufer die Sache an einen anderen als den Erfüllungsort übersenden soll, geht die Gefahr mit Übergabe an den Transportunternehmer über (§ 447 BGB). Für den Verbrauchsgüterkauf gilt das allerdings nicht (§ 474 Abs. 2 BGB). Ein Verbrauchsgüterkauf liegt vor, wenn ein Verbraucher (§ 13 BGB) von einem Unternehmer (§ 14 BGB) eine bewegliche Sache kauft. Hier geht die Gefahr erst über, wenn die Sache beim Käufer angekommen ist. 684

Soweit der Verkäufer für Sachmängel haftet, besitzt der *Käufer verschiedene Ansprüche*. Er muss zunächst Nacherfüllung verlangen, also Nachbesserung der Sache oder Ersatzlieferung (§ 439 BGB). Er kann vom Vertrag zurücktreten, wenn er zweimal erfolglos eine Frist zur Nachbesserung gesetzt hat (§§ 440, 323, 326 BGB). Er kann stattdessen auch Minderung verlangen, das ist die dem Wertverlust entsprechende Herabsetzung des Kaufpreises (§ 441 BGB). Bei einem verschuldeten Mangel kann der Käufer auch Schadensersatz nach den §§ 280, 281, 283, 284, 311a BGB verlangen. Allgemeine Anpreisungen, wie sie in Prospekten und Katalogen gängig sind, also besonders Aussagen in der Werbung begründen grundsätzlich eine Haftung des Verkäufers (§ 434 Abs. 1 S. 3 BGB). 685

Von den zahlreichen Sonderformen des Kaufvertrages ist der *Kauf unter Eigentumsvorbehalt* häufig (§ 449 BGB). Normalerweise müssen beim Kauf Leistung und Gegenleistung Zug um Zug, also sozusagen gleichzeitig erfolgen. Oft kann aber gerade bei höheren Kaufpreisen der Käufer nicht sofort vollständig zahlen und erhält vom Verkäufer der Sache Kredit. Häufig wird Ratenzahlung vereinbart. Nicht selten soll dann das Eigentum erst mit vollständiger Zahlung des Kaufpreises an den Käufer übergehen; die Sache wird aber schon vorher übergeben. Der Käufer erlangt dann ein Anwartschaftsrecht an der Sache, das seinerseits übertragbar ist. Mit Zahlung der letzten Rate wird der Käufer automatisch Eigentümer der Sache. Zahlt der Käufer nicht entsprechend den Vereinbarungen, kann der Verkäufer vom Vertrag zurücktreten und die verkaufte Sache herausverlangen. 686

dd) Schenkung

Auch die Schenkung ist ein *gegenseitiger Vertrag*. Hierbei verpflichtet sich jemand, aus seinem Vermögen einen anderen unentgeltlich zu bereichern (§ 516 Abs. 1 BGB). Man kann Sachen schenken, aber auch Forderungen oder sonstige Rechte, deshalb kann der unentgeltliche Erlass von Schulden ebenfalls Schenkung sein. 687

Um gültig zu sein, bedarf das *Schenkungsversprechen* – nicht aber die Annahmeerklärung des Empfängers – der notariellen Beurkundung. Durch das Bewirken der verspro- 688 chenen Leistung wird ein Formmangel allerdings geheilt (§ 518 BGB). Schenkungsversprechen, die unter der Bedingung erteilt werden, dass der Beschenkte den Schenker überlebt, nennt man Schenkungen von Todes wegen (§ 2301 BGB). Auf sie finden die Formvorschriften des Erbrechts Anwendung.

689 Der Schenker braucht für *Sach- und Rechtsmängel* regelmäßig nicht zu haften. Bei arglistigem Verschweigen eines Mangels muss er allerdings Schadensersatz leisten, wenn dem Beschenkten daraus ein Schaden erwächst (§§ 523, 524 BGB).

690 Die Schenkung kann wegen groben Undanks *widerrufen* werden, wenn sich der Beschenkte eine schwere Verfehlung gegen den Schenker oder einen nahen Angehörigen des Schenkers hat zuschulden kommen lassen (§ 530 BGB). Ist der Schenker nicht in der Lage, seinen Unterhalt angemessen zu bestreiten, wird er in der Regel von seinem Versprechen frei und kann das Geschenkte zurückverlangen (§§ 528, 529 BGB).

691 Weil Schenkungen durch die Unentgeltlichkeit der Leistung definiert sind, liegen bei Sonderzahlungen des Arbeitgebers wie dem Weihnachtsgeld, aber auch bei Trinkgeldern für Dienstleistungen *keine Schenkungen* vor. Sie erfolgen als Gegenleistung für empfangene Leistungen.

ee) Miete und Pacht, Leihe und Darlehen

692 *Miete* hat die entgeltliche Gebrauchsüberlassung einer Sache zum Gegenstand (§§ 535 ff. BGB). Die *Pacht* berechtigt dagegen darüber hinaus dazu, die Nutzungen aus der Sache zu ziehen (§§ 581 ff. BGB), bei der Pacht eines Bauernhofes also im Rahmen einer ordnungsgemäßen Wirtschaft etwa die gemästeten Schweine zu verkaufen oder das im gepachteten Wald geschlagene Holz zu veräußern. Die Pacht kann im Gegensatz zur Miete auch für Rechte und ganze Unternehmen vereinbart werden.

693 Die unentgeltliche Gebrauchsüberlassung ist *Leihe* (§§ 598 ff. BGB). Wird Geld »geliehen«, handelt es sich regelmäßig um ein *Darlehen* (§§ 488 ff.; vgl. auch §§ 607 ff. BGB). Bezeichnungen wie Leihwagen oder Bootsverleih sind meist untechnisch und laienhaft; hierbei handelt es sich regelmäßig um Mietverträge, nicht um Leihe, weil und soweit für die Überlassung ein Entgelt bezahlt wird. Für die rechtliche Beurteilung kommt es jedoch stets auf den tatsächlichen Inhalt eines Vertrages an, nicht auf die Bezeichnung als solche. Das Darlehen ist wie Miete, Pacht und Leihe ein Gebrauchsüberlassungsvertrag. Hier werden dem Darlehensnehmer Geld oder andere vertretbare Sachen aber übereignet. Am Ende der Vertragszeit muss er Sachen gleicher Art, Güte und Menge zurückerstatten. Das entgeltliche Darlehen, bei dem für die Überlassung von Geld Zinsen zu zahlen sind, spielt in der Praxis des Wirtschaftsverkehrs eine überragende Rolle. Hier haben auch die Vorschriften gegen den Wucher (besonders § 138 BGB) ihr Hauptanwendungsfeld.

694 Der *Vermieter* ist verpflichtet, dem Mieter den Gebrauch der vermieteten Sache während der Mietzeit zu gewähren, der *Mieter* dazu, den vereinbarten Mietpreis zu entrichten (§ 535 BGB). Grundsätzlich besteht Formfreiheit.

695 Der Vermieter muss die vermietete *Sache in gebrauchsfähigem Zustand* erhalten. Tut er das nicht, kann der Mieter entsprechend der Gebrauchsminderung den Mietzins herabsetzen (§§ 536 f. BGB). Bei der Miete von Wohnraum haben die Gerichte dabei erhebliche Abschläge für zulässig erklärt. Nicht rechtzeitige Beseitigung von Mängeln durch den Vermieter führt zu Schadensersatzansprüchen des Mieters. Unter Umständen besteht ein Recht des Mieters auf fristlose Kündigung. In der Praxis ist oft verein-

III. Schuldrecht **D.**

bart, dass der Mieter sogenannte Schönheitsreparaturen auf eigene Kosten vornehmen muss, wie regelmäßiges Streichen der Wände und der Türen. Die Rechtsprechung hat diese Praxis in den letzten Jahren allerdings zugunsten der Mieter erheblich eingeschränkt.

Besonders für die *Miete von Wohnräumen* bestehen sehr weitgehende Schutzvorschriften für die Mieter. Weil der Bedarf an preisgünstigen Wohnungen größer als das Angebot ist, sehr viele Menschen in Deutschland auch in Mietwohnungen leben, hat sich der Gesetzgeber in Ausfüllung des Sozialstaatsgebots des Grundgesetzes veranlasst gesehen, besonders im Interesse der Mieter erheblich regulierend in die Vertragsfreiheit einzugreifen. Mieterhöhungen dürfen nur in bestimmten Abständen erfolgen und können in ihrem Ausmaß begrenzt sein. Die Länge der Kündigungsfrist für den Vermieter bemisst sich grundsätzlich nach der Dauer des Mietverhältnisses; für den Mieter beträgt sie immer drei Monate (§ 573 c BGB). Kündigungen sind nur unter bestimmten Umständen zulässig (§§ 573 ff. BGB), etwa bei erheblichen Leistungsstörungen des Mieters, wenn also zum Beispiel der Mieter wiederholt unpünktlich oder gar nicht zahlt, oder wenn er die Wohnung vertragswidrig einem Dritten überlässt. Gekündigt werden kann auch wegen Eigenbedarfs des Vermieters, seiner Familienangehörigen oder zu seinem Hausstand gehörender Personen, wenn hierfür vernünftige, nachvollziehbare Gründe gegeben sind. Aufgrund der Sozialklausel des § 574 BGB kann der Mieter in besonderen Härtefällen der Kündigung regelmäßig widersprechen und verlangen, dass das Mietverhältnis so lange fortgesetzt wird, wie dies unter Berücksichtigung aller Umstände, auch der berechtigten Interessen des Vermieters, angemessen ist. Eine solche Härte ist schon dann gegeben, wenn eine angemessene Ersatzwohnung zu zumutbaren Bedingungen nicht beschafft werden kann. 696

Durch den *Verkauf* des vermieteten Wohnraumes oder überhaupt eines Grundstückes wird das bestehende Mietverhältnis nicht beendet. Vielmehr tritt der neue Eigentümer in das Mietverhältnis ein; der Grundsatz lautet: Kauf bricht nicht Miete (§ 566 BGB). Beim Verkauf beweglicher vermieteter Sachen hat der Mieter gegenüber dem Herausgabeanspruch des neuen Eigentümers alle Einwendungen, die er gegenüber dem Veräußerer besaß, insbesondere aus dem Mietvertrag. In der Regel braucht auch er also die Sache nicht herauszugeben. 697

Als eine besondere nicht im BGB geregelte Form der Miete gilt gemeinhin das *Leasing*. Hier überlässt der Leasinggeber dem Leasingnehmer Wirtschaftsgüter zur Nutzung gegen Zahlung von Leasingraten. Der Leasingnehmer erhält alle Ansprüche des Leasinggebers gegen Dritte bezüglich der geleasten Sache. Er trägt die Gefahr für Untergang, Beschädigung, Wartung und Mängel. Oft muss zu Beginn des Leasingverhältnisses eine Sonderzahlung geleistet werden, am Ende der Leasingzeit besteht die Option, den Leasinggegenstand durch eine Restzahlung zu kaufen. Dieses Vertragsverhältnis hat oft steuerliche Vorteile, weil der Leasingnehmer den Gegenstand nicht als Betriebsvermögen versteuern muss, die Leasingraten von der Steuer absetzen kann und meist keinen Kredit in Anspruch zu nehmen braucht. Außerdem ist der Leasingnehmer in der Lage, schneller auf neue Marktentwicklungen zu reagieren ohne Kapital gebunden zu haben, ihm wird also ein Teil des Innovationsrisikos abgenommen. 698

ff) Dienstvertrag und Werkvertrag

Durch den *Dienstvertrag* wird die Leistung von Diensten versprochen, der Dienstleistungsempfänger ist zur Zahlung der vereinbarten Vergütung verpflichtet (§ 611 BGB). 699

D. Privatrecht

Der Dienstleistende schuldet dabei nur die Verwendung seiner Arbeitskraft, nicht dagegen einen bestimmten Erfolg der Dienstleistung.

700 Die *soziale Bedeutung* des Dienstvertrages liegt vor allem im Arbeitsrecht, wo er durch Sonderregelungen vielfältige Ausgestaltungen und Modifikationen erfahren hat. Im Übrigen beruhen auf Dienstverträgen häufig etwa die Rechtsbeziehungen zwischen Arzt und Patient, zwischen Rechtsanwalt und Mandant, zwischen dem gelegentlichen Babysitter und den Eltern des gehüteten Kindes, auch die Dienstverhältnisse von leitenden Angestellten in Unternehmen.

701 Im Dienstverhältnis gelten nach inzwischen eher überholter Terminologie für den Dienstberechtigten besondere Fürsorgepflichten gegenüber dem Dienstverpflichteten (§§ 617–619 BGB), die nach der Nähe der Vertragspartner zueinander variieren. Im Gegenzug treffen den Dienstverpflichteten Treuepflichten. Inzwischen spricht man allgemein eher von *Pflichten gegenseitiger Rücksichtnahme*. Sie spielen namentlich im Arbeitsrecht eine erhebliche Rolle und drücken sich etwa in dem Verbot aus, dem Dienstberechtigten Konkurrenz zu machen. Die Verletzung solcher Pflichten kann Kündigungsrechte und Schadensersatzansprüche begründen.

702 Während im Dienstvertragsverhältnis lediglich Dienste als solche geschuldet werden, geht die Leistung im *Werkvertrag* (§§ 631 ff. BGB) auf die Herstellung eines bestimmten Werkes, es soll also ein bestimmter Erfolg eintreten: die Restaurierung eines antiken Möbelstückes, die Anfertigung eines Gutachtens, die Beförderung des Passagiers an einen bestimmten Ort. Der Werkvertragsunternehmer kann sich zur Ausführung eines anderen bedienen. Ähnlich wie beim Kaufrecht besteht eine Gewährleistungshaftung für Mängel des Werkes. Ebenso wie im Kaufrecht tritt ein Anspruch auf Beseitigung der Mängel, der Nachbesserungsanspruch, hinzu (§§ 633 ff. BGB).

703 Verpflichtet sich der Unternehmer, eine bewegliche Sache aus Materialien herzustellen, spricht man von einem *Werklieferungsvertrag* (§ 651 BGB). In solchen Fällen findet weitgehend Kaufrecht Anwendung, weil der Lebenssachverhalt eher dem des Kaufes entspricht.

704 Praktisch wichtig sind die Werkverträge beim Bau. Bauherr als Auftraggeber und Bauunternehmer als Auftragnehmer vereinbaren dabei häufig die Geltung der Vergabe- und Vertragsordnung für Bauleistungen (VOB). Sie enthält zahlreiche Detailregelungen für die Art und Weise der Bauausführung, ihre Vergütung und ihre rechtliche Abwicklung. Die VOB ist ein Regelwerk rein privater Art, das von einem Ausschuss erstellt und fortgeführt wird, zu dem Vertreter von Wirtschafts- und Berufsverbänden, Ministerien und sonstigen Verwaltungen gehören.

gg) Weitere Vertragstypen

705 *Zahlreiche weitere Vertragsarten* werden vom BGB normiert. Zu nennen sind unter anderen der Auftrag (§§ 662 ff. BGB), die Geschäftsbesorgung (§§ 675 ff. BGB), die Verwahrung (§§ 688 ff. BGB), der Maklervertrag (§§ 652 ff. BGB), der Reisevertrag (§§ 651 a ff. BGB), der Vergleich (§ 779 BGB), Schuldanerkenntnis und Schuldversprechen (§§ 780 ff. BGB), Spiel und Wette (§§ 762 ff. BGB) und die Auslobung (§§ 657 ff. BGB). Sie alle haben in der Praxis erhebliche Bedeutung. Zum Teil bilden sie Grundformen ganzer weiterer Rechtsgebiete, wie das besonders bei der Anweisung (§§ 783 ff. BGB) und der Schuldverschreibung (§§ 793 ff. BGB) für das Wertpapierrecht der Fall ist.

III. Schuldrecht

Im Kreditgeschäft spielt die *Bürgschaft* (§§ 765 ff. BGB) eine erhebliche Rolle. Hier verpflichtet sich der Bürge vertraglich gegenüber dem Gläubiger eines Dritten, für die Erfüllung einer Verbindlichkeit des Dritten einzustehen (§ 765 Abs. 1 BGB). Der Gläubiger kann dann den Bürgen in Anspruch nehmen, wenn der Dritte nicht leistet; Voraussetzung ist, dass die Verbindlichkeit des Dritten tatsächlich besteht. Der Bürgschaftsvertrag bedarf grundsätzlich der Schriftform (§ 766 BGB), um den Bürgen vor Übereilung zu schützen. Regelmäßig kann der Bürge die Leistung aus denselben Gründen verweigern, die dem Schuldner zustehen, etwa wegen Eintritts der Verjährung. Leistet der Bürge statt des Schuldners, geht die Forderung des Gläubigers gegen den Schuldner von Gesetzes wegen auf den Bürgen über, und der Bürge kann beim Dritten Rückgriff nehmen (§ 774 BGB).

b) Geschäftsführung ohne Auftrag

Oft wird jemand *im Interesse eines anderen tätig*, ohne dass zwischen ihnen vertragliche Beziehungen bestehen: Der hilfreiche Mensch ruft den Handwerker, um einen Wasserrohrbruch im Hause seines verreisten Nachbarn reparieren zu lassen, oder der aufmerksame Strandspaziergänger rettet den ertrinkenden Schwimmer aus der Not. In solchen Fällen liegt meist Geschäftsführung ohne Auftrag vor. Es fragt sich hier etwa, wer die Handwerkerrechnung bezahlen muss oder wer für die verdorbenen Kleider des Retters aufzukommen hat.

Die Geschäftsführung ohne Auftrag begründet ein *gesetzliches Schuldverhältnis*. Ihre Voraussetzungen und Rechtsfolgen sind in den §§ 677 ff. BGB geregelt. Wer ein Geschäft für einen anderen besorgt, ohne von ihm beauftragt oder ihm gegenüber sonst dazu berechtigt zu sein, hat das Geschäft so zu führen, wie das Interesse des Geschäftsherrn mit Rücksicht auf dessen wirklichen oder mutmaßlichen Willen es erfordert. Geschäftsherr ist derjenige, für den das Geschäft ausgeführt wird, Geschäftsführer wird derjenige genannt, der dieses Geschäft erledigt.

Grundtatbestand ist die *berechtigte Geschäftsführung ohne Auftrag*. Sie liegt vor, wenn die Übernahme der Geschäftsführung dem Interesse des Geschäftsherrn mit Rücksicht auf seinen wirklichen oder mutmaßlichen Willen entspricht. Widerspricht die Geschäftsbesorgung dem Willen des Geschäftsherrn, so kann sie dennoch berechtigt sein. Das ist der Fall, wenn ohne die Geschäftsführung eine Pflicht des Geschäftsherrn, deren Erfüllung im öffentlichen Interesse liegt, oder eine gesetzliche Unterhaltspflicht des Geschäftsherrn nicht rechtzeitig erfüllt würde (§ 679 BGB). Sie ist aber nach der herrschenden Meinung auch dann berechtigt, wenn der entgegenstehende Wille gegen ein gesetzliches Verbot oder grob gegen die guten Sitten verstößt. Endlich kann der Geschäftsherr eine an sich unberechtigte Geschäftsführung ohne Auftrag durch nachträgliche Genehmigung zur berechtigten machen (§ 684 S. 2 BGB).

Liegt eine berechtigte Geschäftsführung ohne Auftrag vor, obliegen dem *Geschäftsführer* bestimmte Pflichten. Er muss das Geschäft entsprechend dem wirklichen oder mutmaßlichen Willen des Geschäftsherrn führen. Er muss den Geschäftsherrn sobald als tunlich von der Geschäftsbesorgung in Kenntnis setzen, erforderliche Auskünfte erteilen und Rechenschaft ablegen. Was er aus der Geschäftsbesorgung erlangt, muss der Geschäftsführer dem Geschäftsherrn herausgeben. Fügt der Geschäftsführer dem Geschäftsherrn bei der Besorgung einen Schaden zu, muss er nach den allgemeinen Regeln des Deliktsrechts haften. Allerdings hat er nur Vorsatz und grobe Fahrlässig-

D. Privatrecht

keit zu vertreten, wenn die Geschäftsführung die Abwehr einer dem Geschäftsherrn drohenden dringenden Gefahr zum Zweck hat (§ 680 BGB).

711 Auf der anderen Seite muss bei der berechtigten Geschäftsführung ohne Auftrag der *Geschäftsherr* dem Geschäftsführer dessen Aufwendungen ersetzen (§ 683 BGB). Das umfasst auch den Ersatz von Schäden, die der Geschäftsführer bei der Besorgung erlitten hat.

712 Wenn die Übernahme der Geschäftsführung mit dem wirklichen oder mutmaßlichen Willen des Geschäftsherrn im Widerspruch steht und der Geschäftsführer dies erkennen konnte, liegt regelmäßig eine *unberechtigte Geschäftsführung ohne Auftrag* vor. In diesem Fall muss der Geschäftsführer dem Geschäftsherrn aus der Geschäftsführung entstandene Schäden auch dann ersetzen, wenn ihn sonst kein Verschulden trifft (§ 678 BGB). Alles Erlangte muss er nach den Vorschriften über die ungerechtfertigte Bereicherung herausgeben (§ 684 S. 1 iVm §§ 812 ff. BGB).

713 Dem Geschäftsführer kann der Wille fehlen, das Geschäft für einen anderen vorzunehmen, wenn er etwa ein Fahrrad in der irrtümlichen Annahme repariert, es wäre sein eigenes, aber auch, wenn er das Fahrrad im eigenen Namen verkauft, obwohl er es gestohlen hat. Es mangelt dann am Fremdgeschäftsführungswillen (§ 687 BGB). In diesen Fällen liegt *keine echte Geschäftsführung ohne Auftrag* vor. Zum einen kann es sich um Eigengeschäftsführung handeln, wenn der Geschäftsführer meint, er würde ein eigenes Geschäft erledigen. Dann haftet er dem Geschäftsherrn nach den allgemeinen Regeln besonders des Deliktsrechts und der ungerechtfertigten Bereicherung. Maßt sich der Geschäftsherr bewusst an, ein fremdes Geschäft als eigenes zu führen, kann der eigentlich berechtigte Geschäftsherr daneben nach seiner freien Entscheidung die Ansprüche aus berechtigter Geschäftsführung ohne Auftrag geltend machen, also insbesondere Schadensersatz und Herausgabe des Erlangten fordern. Er ist dann aber auch verpflichtet, Aufwendungsersatz bis zur Höhe der Bereicherung zu leisten (§§ 687 Abs. 2 S. 2, 684, 683 BGB).

c) Bereicherungsrecht

714 Wegen des im deutschen Privatrecht geltenden Trennungsprinzips und des Abstraktionsprinzips ist die sachenrechtliche Zuordnung von der schuldrechtlichen Lage im Grundsatz unabhängig. Jemand kann Eigentum an einer Sache erlangen, obwohl der zugrunde liegende Kaufvertrag nichtig ist. Jemand kann irrtümlich eine fremde Schuld bezahlen, wodurch der eigentliche Schuldner dem Gläubiger gegenüber von seiner Verpflichtung befreit wird. Solche *ungerechtfertigten Vermögensverschiebungen* müssen rückgängig gemacht werden können.

715 Diesem Zweck dient das Bereicherungsrecht. Es ist in den §§ 812 ff. BGB geregelt. Sein Grundgedanke besteht darin, dass derjenige, der etwas ohne rechtfertigenden Grund erlangt hat, diesen Vorteil dem eigentlich Berechtigten herausgeben soll. Den daraus folgenden Anspruch nennt man Kondiktion. Dabei bestehen zwei Grundkonstellationen: die Leistungskondiktion und die Kondiktion in sonstiger Weise. Den Grundsatz enthält § 812 Abs. 1 S. 1 BGB: Wer durch die Leistung eines anderen oder in sonstiger Weise auf dessen Kosten etwas ohne rechtlichen Grund erlangt, ist ihm zur Herausgabe verpflichtet.

716 Die *Leistungskondiktion* beruht auf einer ungerechtfertigten Vermögensverschiebung durch eine Leistung (§ 812 Abs. 1 S. 1, 1. Alt. BGB). Es muss jemand etwas durch die

III. Schuldrecht   **D.**

Leistung eines anderen ohne rechtlichen Grund erlangt haben. Zum Beispiel: Jemand bezahlt die Rechnung für ein Buch durch Überweisung, ohne zu wissen, dass seine Ehefrau kurz zuvor die Rechnung bar im Laden beglichen hat. Die zweite Leistung ist ohne rechtlichen Grund erfolgt, weil der Zahlungsanspruch durch die Zahlung erloschen ist, der Ladeninhaber muss den zweiten Geldbetrag herausgeben. Das Merkmal »*etwas erlangt haben*« meint jede Vermögensveränderung, die das Vermögen des Bereicherungsschuldners vermehrt hat. Sie kann im Erwerb von Rechten ebenso bestehen wie im Besitz, im Erlangen von Gebrauchsvorteilen oder in der Befreiung von Verbindlichkeiten.

Leistung ist jede bewusste und zweckgerichtete Vermehrung fremden Vermögens. Das kann die Zahlung eines Kaufpreises sein, die Übertragung von Eigentum, die Abtretung einer Forderung oder auch ein rein faktisches Handeln wie das Anstreichen einer Sache. Stets muss der Handelnde aber bewusst und zum Zweck der Vermögensvermehrung eines anderen handeln.   717

Endlich muss die Leistung *ohne rechtlichen Grund* erfolgt sein. Das ist dann der Fall, wenn für die Vermögensverschiebung kein rechtfertigender Grund besteht, wenn also die Verbindlichkeit, die durch die Leistung erfüllt werden sollte, tatsächlich nicht bestand. Man kann auch sagen, die Leistung ist ohne Rechtsgrund erfolgt, wenn der Empfänger der Leistung keinen Anspruch auf die Leistung hatte. Das ist etwa dann der Fall, wenn sich nach Übertragung des Eigentums herausstellt, dass der Kaufvertrag nichtig ist.   718

Der Bereicherungsanspruch ist allerdings *ausgeschlossen*, wenn der Leistende gewusst hat, dass er zu der Leistung nicht verpflichtet war, oder wenn die Leistung einer sittlichen Pflicht oder einer auf den Anstand zu nehmenden Rücksicht entsprach (§ 814 BGB).   719

Der Leistung ohne rechtlichen Grund sind *drei andere Arten* der Leistungskondiktion *gleichgestellt*. Wenn der mit der Leistung nach dem Inhalt des Rechtsgeschäfts bezweckte Erfolg nicht eintritt, kann die Leistung ebenfalls zurückgefordert werden (§ 812 Abs. 1 S. 2, 2. Alt. BGB). Als Beispiel gilt, dass jemand an einen anderen einen Geldbetrag zahlt, damit dieser ihn zum Erben einsetzt. Dazu kann sich der andere rechtlich nicht verpflichten (§ 2302 BGB), gleichwohl kann das der von beiden gewollte Erfolg der Leistung sein. Setzt der Empfänger des Geldes den Leistenden nicht zum Erben ein, kann der das Geld zurückfordern. Nach § 815 BGB entfällt allerdings der Bereicherungsanspruch in diesem Fall, wenn von vornherein unmöglich war, dass dieser Erfolg eintreten würde und der Leistende dies gewusst hat. Dasselbe gilt, wenn der Leistende den Erfolg unter Verstoß gegen Treu und Glauben verhindert hat.   720

Als weiterer Fall der Leistungskondiktion gilt der spätere Wegfall des Rechtsgrundes. Nach § 812 Abs. 2 S. 2, 1. Alt. BGB besteht die Verpflichtung zur Rückübertragung des Erlangten auch dann, wenn der ursprünglich vorhandene rechtliche Grund nach der Leistung später wegfällt. Als Beispiel wird hierfür regelmäßig die Konstellation genannt, dass die Versicherung bei Diebstahl dem Eigentümer die Entschädigung ausbezahlt hat, dieser später aber die gestohlene Sache zurückerhält. Dann muss er die Versicherungssumme zurückzahlen.   721

Schließlich muss der Empfänger das Erlangte dann herausgeben, wenn er durch die Annahme der Leistung gegen ein gesetzliches Verbot oder gegen die guten Sitten ver-   722 stoßen hat (§ 817 S. 1 BGB). Dieser Anspruch besteht allerdings grundsätzlich nicht, wenn auch der Leistende gegen diese Normen selbst verstoßen hat (§ 817 S. 2 BGB).

723 Wenn mangels einer Leistung die Leistungskondiktion nicht besteht, kann eine *Kondiktion in sonstiger Weise* eingreifen (§ 812 Abs. 1 S. 1, 2. Alt. BGB). Es gibt drei Arten dieses Bereicherungsanspruches: die Eingriffskondiktion, daneben die Rückgriffskondiktion und endlich die Verwendungskondiktion.

724 Die *Eingriffskondiktion* setzt voraus, dass die Bereicherung durch einen Eingriff erfolgt. Das kann der Eingriff eines Dritten sein, aber auch ohne menschliches Zutun geschehen, etwa durch ein Naturereignis. Als Beispiel wird hierfür oft genannt der eigenmächtige Verbrauch einer fremden Sache: Der Bauherr verbraucht die angelieferten Säcke Zement in der irrigen Meinung, es seien die von ihm bestellten; später stellt sich heraus, dass die Säcke für seinen Nachbarn bestimmt waren, der ebenfalls baut.

725 Die *Rückgriffskondiktion* besteht bei der Tilgung von Verbindlichkeiten des Schuldners durch einen Dritten, falls diese den Schuldner gegenüber seinem Gläubiger befreit.

726 Die *Verwendungskondiktion* endlich ist gegeben bei Verwendungen auf fremde Sachen: Jemand repariert einen Stuhl, von dem er irrtümlich annimmt, es sei sein eigener. Solche Ansprüche sind allerdings oft speziell geregelt: §§ 994 ff. BGB im Eigentümer-Besitzer-Verhältnis; § 951 BGB bei Verbindung, Vermischung oder Verarbeitung einer Sache.

727 Eine weitere Variante des Anspruches aus ungerechtfertigter Bereicherung auf sonstige Weise folgt aus der *Verfügung eines Nichtberechtigten*. Trifft ein Nichtberechtigter über einen Gegenstand eine Verfügung, die dem Berechtigten gegenüber wirksam ist, muss er dem Berechtigten herausgeben, was er durch die Verfügung erlangt hat (§ 816 Abs. 1 S. 1 BGB). Dies ist regelmäßig der Fall beim gutgläubigen Erwerb, den das Sachenrecht zulässt: Verleiht jemand sein Segelboot an einen anderen und verkauft dieser das Boot an einen Dritten, dem er vorspiegelt, er selbst wäre der Eigentümer, so erlangt der Dritte sehr wohl das Eigentum an dem Boot. Er braucht es dem – ursprünglichen – Eigentümer nicht herauszugeben. Wohl aber kann der frühere Eigentümer von dem Entleiher, der unberechtigterweise sein Boot verkauft hat, den Erlös aus dem Verkauf fordern.

728 Wenn die Verfügung aber unentgeltlich war, muss der Empfänger den Vorteil doch herausgeben (§ 816 Abs. 1 S. 2 BGB): Der Entleiher hat in dem Beispiel das Boot nicht verkauft, sondern dem Dritten geschenkt. Hier ist das Vertrauen des Empfängers im Ergebnis nicht schutzwürdig und der frühere Eigentümer kann sich auch sonst an niemanden halten. Er kann deshalb von dem Beschenkten sein Boot zurückverlangen.

729 Schließlich regelt § 816 Abs. 2 BGB die *Kondiktion bei der Leistung an einen Nichtberechtigten*. Wird an einen Nichtberechtigten eine Leistung bewirkt, die dem Berechtigten gegenüber wirksam ist, so ist der Nichtberechtigte dem Berechtigten zur Herausgabe des Geleisteten verpflichtet. Das ist etwa dann der Fall, wenn ein Gläubigerwechsel stattfindet, ohne dass dies dem Schuldner bekannt ist. Leistet der Schuldner dann an den früheren Gläubiger, ist er wegen § 407 BGB auch gegenüber dem neuen Gläubiger frei. Der neue Gläubiger hat aber den Bereicherungsanspruch gegen den früheren Gläubiger.

730 Der Anspruch auf Herausgabe geht beim Bereicherungsanspruch auf *das Erlangte*. Das ist zunächst dasjenige, was der Schuldner konkret erhalten hat: das Eigentum an einer Sache, der Besitz, die abgetretene Forderung. Der Herausgabeanspruch umfasst

III. Schuldrecht

darüber hinaus aber auch die Nutzungen, die der Bereicherungsschuldner gezogen hat, also die Früchte und Gebrauchsvorteile aus der Sache (§§ 818 Abs. 1, 1. Alt., 100 BGB). Weiterhin geht der Anspruch auf dasjenige, was gegebenenfalls an die Stelle des Erlangten getreten ist, also zum Beispiel auf einen Schadensersatzanspruch, falls ein Dritter die erlangte Sache schuldhaft zerstört hat (§ 818 Abs. 1, 2. Alt. BGB). Wenn die Herausgabe wegen der Beschaffenheit des Erlangten nicht möglich ist – es ist etwa Arbeit geleistet worden – oder wenn der Empfänger sonst zur Herausgabe nicht im Stande ist, muss er den Wert ersetzen (§ 818 Abs. 2 BGB).

Der Bereicherungsanspruch soll bestimmte, nach der gesetzlichen Wertung ungerechtfertigte Vermögensverschiebungen rückgängig machen. Dagegen ist hier nicht daran gedacht, Schadensersatzansprüche zu regeln. Deshalb besteht der Bereicherungsanspruch nur, soweit die Bereicherung tatsächlich besteht. Er geht auf Herausgabe des Erlangten, der gezogenen Nutzungen, des Wertersatzes, nicht aber steht die Wiederherstellung der Vermögenslage des Bereicherungsgläubigers im Vordergrund, wie sie vor der Entreicherung bestanden hat. Vielmehr gelten die Grundsätze des *Wegfalls der Bereicherung*. § 818 Abs. 3 BGB bestimmt: Die Verpflichtung zur Herausgabe oder zum Ersatz des Wertes ist ausgeschlossen, soweit der Empfänger nicht mehr bereichert ist. Ist etwa das vom Entleiher verschenkte Boot im Sturm gesunken, braucht der Empfänger nichts mehr an den früheren Eigentümer herauszugeben.

Stehen sich in Bereicherungsfällen Leistung und Gegenleistung gegenüber, gilt die sogenannte *Saldotheorie*: Bei einem erfüllten, nichtigen Kaufvertrag hat der Verkäufer einen Anspruch auf Rückübereignung der verkauften und übereigneten Sache, der Käufer hat einen Rückübereignungsanspruch wegen des bezahlten Kaufpreises. Nur derjenige besitzt in der Regel noch einen Bereicherungsanspruch, zu dessen Gunsten beim Leistungsaustausch ein Rest, der Saldo, übrig bleibt. Der Käufer kauft zum Beispiel ein Bild zum Preis von 1.000,- Euro, dessen Verkehrswert nur 500,- Euro beträgt. Ist der Kaufvertrag nichtig und das Bild wird beim Käufer durch Feuer zerstört, ohne dass den Käufer ein Verschulden trifft, hat nur der Käufer einen Bereicherungsanspruch gegen den Verkäufer, und zwar lediglich in Höhe von 500,- Euro.

Um unbillige Ergebnisse zu vermeiden, enthalten §§ 818 Abs. 4, 819, 820 BGB Bestimmungen über eine *verschärfte Haftung*. Sie greift unter anderem ein, wenn der Schuldner den Mangel des rechtlichen Grundes vor Eintritt der Entreicherung kannte. Er kann sich dann nicht auf den Wegfall der Bereicherung berufen, weil er nun die Herausgabepflicht kennt und sich darauf einstellen kann. Dasselbe gilt, wenn er durch die Annahme der Leistung gegen ein Gesetz oder gegen die guten Sitten verstößt. Der Wegfall der Bereicherung nutzt ihm endlich nichts, wenn die Rechtshängigkeit eintritt; dies ist dann der Fall, wenn der Schuldner auf Herausgabe verklagt ist und deshalb mit der Herausgabepflicht rechnen muss.

d) Deliktsrecht und Gefährdungshaftung

aa) Grundsätze

Das Recht der unerlaubten Handlungen ist in erster Linie in den §§ 823 ff. BGB geregelt. Man nennt es auch das *Deliktsrecht*. Wer eine unerlaubte, also rechtswidrige Handlung begeht und dabei jemanden in dessen geschützten Rechtsgütern schädigt, ist ihm gegenüber regelmäßig zum Ersatz des daraus entstehenden Schadens verpflichtet. Diese Verpflichtung hat keinerlei Strafcharakter. Der in der öffentlichen Strafe liegende ethische Vorwurf, die Sühnung der Tat und die angestrebte Besserung des Täters sind auf das Strafrecht beschränkt. Hier im Zivilrecht geht es lediglich um den Ausgleich von Schäden.

735 Der Schädiger muss in aller Regel *schuldhaft*, also vorsätzlich oder fahrlässig gehandelt haben, wenn er zum Schadensersatz verpflichtet sein soll, weil ihm grundsätzlich nur dann der Schaden zugerechnet werden kann. Liegt kein Verschulden vor und scheidet deshalb eine Haftung aus unerlaubter Handlung aus, greift bisweilen jedoch die *Gefährdungshaftung* ein. Ihr Grundgedanke ist, dass derjenige, der – möglicherweise sogar rechtmäßig – etwas prinzipiell Gefährliches tut, für einen aus dieser Gefahr entstehenden Schaden einstehen soll, unabhängig davon, ob ihn ein Verschulden an dem Schaden trifft oder nicht (vgl. etwa für Kraftfahrzeuge § 7 Abs. 1 StVG).

bb) Grundtatbestand

736 Den Grundtatbestand der Ansprüche aus unerlaubter Handlung enthält § 823 Abs. 1 BGB. Wer vorsätzlich oder fahrlässig das Leben, den Körper, die Gesundheit, die Freiheit, das Eigentum oder ein sonstiges Recht eines anderen widerrechtlich verletzt, ist dem anderen zum Ersatz des daraus entstehenden Schadens verpflichtet.

737 Der Schadensersatzanspruch setzt deshalb eine Schädigung einzelner fremder Rechtsgüter voraus. Die *Handlung*, die dem zugrunde liegt, kann in einem aktiven Tun bestehen. Ausreichend ist aber auch ein Unterlassen, wenn für den Schädiger eine Rechtspflicht zum Tätigwerden bestand. Solche Handlungspflichten ergeben sich aus Gesetz, aus einer Garantenstellung wegen enger sozialer Beziehungen zum Geschädigten oder auch wegen vorausgegangenen gefährdenden Tuns. Die Garantenpflicht kann sich auch aus der Eröffnung eines Verkehrs ergeben: Der Hausbesitzer ist zum Beispiel verpflichtet, die öffentlich zugängliche Eingangshalle seines Gebäudes in sicherem Zustand zu halten.

738 Sowohl Rechtsgutverletzung als auch Schaden müssen *dem Handelnden zurechenbar* sein. Dabei gilt im Zivilrecht die Adäquanztheorie. Nur solche Ursachen sind adäquat kausal und deshalb zurechenbar, die nach der Lebenserfahrung geeignet sind, den Schaden herbeizuführen. Gänzlich unwahrscheinliche und außergewöhnliche Geschehensabläufe bleiben regelmäßig unberücksichtigt. Daneben muss aber auch der Schutzzweck der Norm Beachtung finden. Selbst wenn zum Beispiel wegen ungeeigneter Materialien ganz unwahrscheinlich ist, dass die Brandstiftung gelingt, muss der Täter für den dennoch verursachten Schaden Ersatz leisten, weil die Norm des § 823 BGB gerade für solche unerlaubten Handlungen Ausgleich schaffen will.

739 Bei Verletzungen der in § 823 Abs. 1 BGB ausdrücklich benannten Schutzgüter wird die *Rechtswidrigkeit* der kausalen Handlung indiziert. Das bedeutet, sie wird vorausgesetzt, soweit kein Rechtfertigungsgrund, etwa Notwehr, Selbsthilfe oder die Einwilligung des Verletzten, eingreift.

740 Aus § 823 Abs. 1 BGB besteht ein Schadensersatzanspruch nur, wenn eines der genannten *Rechtsgüter* verletzt ist. Dabei handelt es sich ausschließlich um *absolute Rechte*, also um Rechte, die gegenüber jedermann gelten. § 823 Abs. 1 BGB nennt zunächst ausdrücklich die Rechtsgüter Leben, Körper, Gesundheit, Freiheit und Eigentum. Darüber hinaus schützt diese Norm aber auch gegen Eingriffe in »ein sonstiges Recht eines anderen«. Zu diesen sonstigen absoluten Rechten zählt die Rechtsprechung zunächst den Besitz, dingliche Rechte wie Anwartschaften, Pfandrechte oder

den Nießbrauch, Immaterialgüterrechte wie Patent-, Warenzeichen-, Gebrauchsmuster- und Urheberrechte.

Für das Wirtschaftsleben besonders bedeutsam ist das *Recht am eingerichteten und ausgeübten Gewerbebetrieb*. Wer einen Gewerbebetrieb – ein Geschäft, ein Unternehmen, eine Rechtsanwaltskanzlei oder ähnliches – eröffnet und führt, kann danach bei rechtswidrigen und schuldhaften Eingriffen in diesen Betrieb Schadensersatz geltend machen. Der Schutz dieses Rechtes ist allerdings eingeschränkt; dabei steht im Hintergrund, dass in der Wettbewerbswirtschaft die Verdienstmöglichkeiten, Umsatz, Kunden und Markt stets neu gewonnen werden müssen. Zum geschützten Bestand des eingerichteten und ausgeübten Gewerbebetriebs gehört die unternehmerische Tätigkeit. Es ist der Wert des Unternehmens geschützt, der durch zahlreiche Faktoren gebildet wird wie den Kundenstamm, die guten Beziehungen zu den Kunden, den Namen und den Ruf des Betriebes, durch die Außenstände ebenso wie durch den Tätigkeitsbereich des Unternehmens. Diese Güter lassen sich nicht als Eigentum, sondern lediglich als Erscheinung des Vermögens insgesamt definieren. Das *Vermögen* als solches fällt nicht unter die durch § 823 Abs. 1 BGB geschützten Rechtsgüter. Es muss vielmehr in konkreter Ausgestaltung als absolutes Recht in Erscheinung treten, um nach dieser Vorschrift geschützt zu sein. Deshalb ist die sachliche Anknüpfung an den eingerichteten und ausgeübten Gewerbebetrieb besonders wichtig. Allerdings setzt der Schadensersatzanspruch hier eine unmittelbare Beeinträchtigung des Betriebes voraus. Es bedarf einer besonderen Betriebsbezogenheit des Eingriffes. Wird ein Betrieb lahmgelegt, weil aus Unachtsamkeit Straßenbauarbeiter die Wasserzufuhr für das ganze Gebiet unterbrochen haben, liegt diese Betriebsbezogenheit nicht vor.

741

Besonderes öffentliches Interesse erwecken in diesem Zusammenhang gemeinhin die vergleichenden Warentests, wie sie viele Zeitschriften für Verbraucher vornehmen. Sie können zwar geschäftsschädigend und damit ein Eingriff in den eingerichteten und ausgeübten Gewerbetrieb sein. Wenn sie aber auf sorgfältiger, sachgerechter Prüfung beruhen, Unterschiede etwa in den Preisen berücksichtigen und in der Darstellung nicht unangemessen sind, fehlt es an der Rechtswidrigkeit des Eingriffes. So wird das Spannungsverhältnis zwischen der Wertung in Art. 5 Abs. 1 GG (Meinungs- und Pressefreiheit) und dem Betriebsinteresse (Art. 12, 14 GG) des Betroffenen gelöst.

742

Als sonstiges Recht im Sinne von § 823 Abs. 1 BGB gilt auch das *allgemeine Persönlichkeitsrecht*. Es besitzt eine verfassungsrechtliche Anknüpfung in Art. 1 Abs. 1 und Art. 2 Abs. 1 GG. Schadensersatz aus § 823 Abs. 1 BGB kann danach verlangen, wer in seiner Ehre verletzt wird etwa durch Beleidigungen, Verleumdungen oder durch überzogene Kritik in der Öffentlichkeit. Dasselbe gilt für missbräuchliche Verwendung des Namens oder des Bildes zu fremden Zwecken, besonders in der Werbung. Endlich kann auch die Verletzung der Privatsphäre zu einem Schadensersatzanspruch führen, wenn etwa widerrechtlich heimliche Tonbandaufnahmen hergestellt und verwendet werden.

743

cc) Weitere Deliktsansprüche

Weil § 823 Abs. 1 BGB lediglich Schadensersatzansprüche bei Eingriffen in absolute Rechte vorsieht, könnten teilweise empfindliche Rechtsschutzlücken entstehen. Dies gilt zumal deshalb, weil es eine generelle Norm, die als *Generalklausel* Schadensersatzansprüche bei unerlaubten Handlungen vorsehen würde, im deutschen Recht *nicht*

744

D. Privatrecht

gibt. Zahlreiche weitere Normen ergänzen deshalb für besondere Bereiche die eher enge Grundnorm des § 823 Abs. 1 BGB.

745 *Wesentlich* ist § 823 Abs. 2 BGB. Schadensersatzpflichtig ist danach, wer schuldhaft gegen ein den Schutz eines anderen bezweckendes Gesetz verstößt. Während § 823 Abs. 1 BGB also allgemein auf die Integrität dort benannter Rechtsgüter abstellt, verweist § 823 Abs. 2 BGB auf besondere Schutzgesetze. Damit besteht die Möglichkeit, Schadensersatz zu erlangen, auch wenn keines der absoluten Rechte des § 823 Abs. 1 BGB verletzt ist. Das ist vor allem für den Schutz des Vermögens bedeutsam, soweit es sich nicht in den absoluten Rechten des § 823 Abs. 1 BGB konkretisiert.

746 Die Problematik des § 823 Abs. 2 BGB besteht besonders darin festzustellen, was als *Schutzgesetz* im Sinne dieser Vorschrift gilt. Schutzgesetz ist hier nach der ständigen Rechtsprechung jede Norm, die jedenfalls auch dazu dienen soll, den einzelnen Betroffenen vor der Verletzung seiner Rechte zu schützen. § 823 Abs. 2 BGB ist deswegen praktisch bedeutsam, weil etwa der Betrüger nicht das Eigentum, sondern lediglich das Vermögen des Opfers schädigt, also keines der in § 823 Abs. 1 BGB besonders benannten Rechtsgüter oder Rechte. Er verletzt aber § 263 StGB, der als Schutzgesetz gilt, und er muss deshalb den Schaden ersetzen.

747 Zum Schutz auch des Vermögens bietet § 826 BGB eine Generalklausel. Wer in einer *gegen die guten Sitten verstoßenden Weise* einem anderen vorsätzlich Schaden zufügt, ist ihm zum Ersatz des Schadens verpflichtet. Hier besteht also eine im Blick auf die geschützten Rechte und Rechtsgüter generelle Norm, die Schadensersatzansprüche begründet. Ihre Reichweite wird aber sogleich wieder drastisch auf besonders missbilligenswerte, eben sittenwidrige Schädigungshandlungen beschränkt. Erforderlich für die Schadensersatzpflicht ist hier auch vorsätzliches Handeln, wobei der Vorsatz anders als bei § 823 BGB auch den Schaden erfassen muss. Bloße Fahrlässigkeit reicht nicht aus. Ein Verstoß gegen die guten Sitten ist dann gegeben, wenn das Verhalten gegen das Anstandsgefühl aller billig und gerecht Denkenden verstößt.

748 § 826 BGB hat besonders für das Verhalten im Wirtschaftsleben Bedeutung erlangt. So begründet sittenwidriges Verhalten beim Abschluss eines Vertrages etwa durch arglistige Täuschung in der Regel die Pflicht zum Ersatz des daraus entstandenen Schadens. Unlauteres Konkurrenzverhalten, der Missbrauch von Monopolstellungen und grundlose Boykottmaßnahmen begründen ebenso eine Schadensersatzpflicht wie das Verleiten eines anderen zum Vertragsbruch.

749 Gemäß § 831 BGB besteht eine Haftung für den *Verrichtungsgehilfen*. Wer einen anderen zu einer Verrichtung bestellt, ist zum Ersatz des Schadens verpflichtet, den der andere in Ausführung der Verrichtung einem Dritten widerrechtlich zufügt. Beispiele sind der Kraftfahrzeugreparaturbetrieb, der den angestellten Automechaniker mit der Reparatur des Wagens betraut, oder die niedergelassene Ärztin, die ihre Sprechstundenhilfe dem Patienten ein Medikament verabreichen lässt. Verrichtungsgehilfe ist nur, wer in einem sozialen Abhängigkeitsverhältnis zum Geschäftsherrn steht, weil er dessen Weisungen unterworfen ist. Die Norm erfasst unter dem Begriff der Verrichtung jede Tätigkeit unabhängig davon, ob sie dauernd oder vorübergehend, entgeltlich oder unentgeltlich erfolgt. Der Schaden muss in Ausführung der Verrichtung verursacht werden: Der Handwerksgeselle etwa zerbricht bei der Reparatur des Bades den Wandspiegel. Dadurch sind solche Schädigungen ausgeschlossen, die der Verrichtungsgehilfe nur anlässlich oder bei Gelegenheit der Verrichtung verübt: Stiehlt der Handwerksgeselle während seines Aufenthaltes in der Wohnung Geld aus der Garderobenschublade,

III. Schuldrecht

geschieht dies nur bei Gelegenheit der Verrichtung. Es muss also ein unmittelbarer innerer Zusammenhang zwischen der schädigenden Handlung und der übertragenen Tätigkeit bestehen.

Die Haftung für den Verrichtungsgehilfen setzt nicht voraus, dass dieser schuldhaft handelt. Es genügt rechtswidriges Tun des Verrichtungsgehilfen. Allerdings muss den Geschäftsherrn selbst ein gewisses Verschulden treffen, nämlich besonders bei der Auswahl oder der Überwachung des Verrichtungsgehilfen. Andernfalls greift die *Exkulpationsmöglichkeit* des § 831 Abs. 1 S. 2 BGB ein: Die Ersatzpflicht besteht nicht, wenn der Geschäftsherr bei der Auswahl der bestellten Person und, sofern er Vorrichtungen oder Gerätschaften zu beschaffen oder die Ausführung der Verrichtung zu leiten hat, bei der Beschaffung oder der Leitung die im Verkehr erforderliche Sorgfalt beobachtet hat. Dasselbe gilt, wenn der Schaden auch bei gehöriger Sorgfalt entstanden wäre. 750

Die Haftung für den Verrichtungsgehilfen bietet angemessenen Schutz für den Geschädigten vor allem deshalb, weil der Verrichtungsgehilfe selbst regelmäßig nicht die Mittel besitzt, adäquaten Schadensersatz zu leisten. Er bleibt allerdings gleichwohl neben dem Geschäftsherrn schadensersatzpflichtig, wenn ihn ein Verschulden trifft. Die Interessen des Geschäftsherrn sind durch die Exkulpationsmöglichkeit angemessen gewahrt. 751

Einige weitere Schadensersatztatbestände knüpfen an besondere Sachverhaltskonstellationen an. Dabei versuchen sie durch einzelne Abweichungen von den allgemeinen Regeln den Anforderungen besonderer Lebensverhältnisse gerecht zu werden. Wegen *Kreditgefährdung* ist in der Regel derjenige zum Schadensersatz gemäß § 824 BGB verpflichtet, der der Wahrheit zuwider eine Tatsache behauptet oder verbreitet, die geeignet ist, den Kredit eines anderen zu gefährden oder sonstige Nachteile für dessen Erwerb oder Fortkommen herbeizuführen, wenn er die Unwahrheit kannte oder kennen musste. 752

Eine Haftung besteht auch aus der *Verletzung einer Aufsichtspflicht* (§ 832 BGB). Dies greift besonders für Fälle, bei denen der Schädiger selbst deliktsunfähig ist. Wer durch Gesetz oder Vertrag zur Aufsicht über eine Person verpflichtet ist, die wegen Minderjährigkeit oder wegen ihres geistigen oder körperlichen Zustandes der Beaufsichtigung bedarf, ist zum Ersatz des Schadens verpflichtet, den diese Person einem Dritten widerrechtlich zufügt. Das gilt allerdings dann nicht, wenn er seiner Aufsichtspflicht genügt hat oder der Schaden auch bei gehöriger Erfüllung der Aufsichtspflicht entstanden wäre. 753

Ein Anspruch aus unerlaubter Handlung setzt allgemein voraus, dass der Schädiger schuldhaft handelt. Dafür ist erforderlich, dass der *Schädiger deliktsfähig ist* (§§ 827, 828 BGB). Deliktsunfähig ist, wer noch nicht das siebente Lebensjahr vollendet hat. Jugendliche unter achtzehn Jahren sind dann nicht deliktsfähig, wenn ihnen die zur Erkenntnis ihrer Verantwortlichkeit erforderliche Einsicht bei der Tat fehlte. 754

Auch wer einen Schaden anrichtet, während er sich in einem Zustand der Bewusstlosigkeit oder in einem die freie Willensbetätigung ausschließenden Zustand krankhafter Störung der Geistestätigkeit befindet, ist nicht deliktsfähig. Diese Haftungserleichterung gilt dann nicht, wenn er sich schuldhaft in einen solchen Zustand versetzt, indem er etwa Rauschmittel zu sich nimmt; dann ist er genauso verantwortlich, als habe er den Schaden fahrlässig verursacht. 755

D. Privatrecht

756 Fehlt die Deliktsfähigkeit, kann allerdings noch eine *Ersatzpflicht aus Billigkeitsgründen* bestehen. Wenn sich der Geschädigte nicht an einen Aufsichtspflichtigen halten kann, muss der wegen §§ 827, 828 BGB sonst nicht Verantwortliche nach Billigkeit Ersatz leisten (§ 829 BGB). Das betrifft vorwiegend solche Fälle, in denen der minderjährige Schädiger erhebliches Vermögen besitzt, der Geschädigte aber nicht. Keinesfalls dürfen dem Deliktsunfähigen die Mittel zum Unterhalt oder zur Erfüllung einer gesetzlichen Unterhaltspflicht entzogen werden.

dd) Umfang der Ersatzpflicht

757 Der Umfang der Schadensersatzpflicht wegen unerlaubter Handlung richtet sich grundsätzlich nach den allgemeinen Vorschriften der §§ 249 ff. BGB. Gemäß §§ 842 ff. BGB gibt es aber dabei einige Sondervorschriften.

758 Mitunter ist jemand ersatzberechtigt, der nur mittelbar geschädigt ist. § 844 BGB begründet einen *Ersatzanspruch Hinterbliebener*. Wird ein Unterhaltspflichtiger getötet, besitzt der Unterhaltsberechtigte gegenüber dem Schadensersatzpflichtigen einen Anspruch auf Zahlung des entgangenen Unterhalts in Form einer Rente (vgl. auch § 845 BGB).

759 Mehrere Schadensersatzpflichtige haften als *Gesamtschuldner*, wenn sie die unerlaubte Handlung als Mittäter, Anstifter oder Gehilfe begangen haben oder wenn sie sonst nebeneinander verantwortlich sind (§§ 830, 840 BGB). Dasselbe gilt, wenn sich nicht ermitteln lässt, wer von mehreren Beteiligten den Schaden durch seine Handlung verursacht hat, etwa wenn in einer Massenschlägerei ein Unbeteiligter verletzt wird, ohne dass festgestellt werden kann, wer den konkreten Hieb geführt hat. Allerdings steht es jedem einzelnen offen, den Nachweis zu führen, dass gerade er selbst nicht verantwortlich ist; in diesem Fall ist er von der Haftung frei.

ee) Unterlassungs- und Beseitigungsansprüche

760 Die im Gesetz genannten Ansprüche aus unerlaubter Handlung gehen auf Ausgleich des entstandenen Schadens. Oft reicht das dem Betroffenen nicht aus, *wenn Schäden erst noch drohen*. Sein Interesse geht dann dahin, eine Unterlassung der zukünftigen schädigenden Handlungen verlangen zu können, damit der Schaden ja nicht erst eintritt: Erzählt jemand im Bekanntenkreis unwahre, rufschädigende Dinge über einen anderen, wird dieser neben Ersatz des bereits entstandenen Schadens auch erreichen wollen, dass diese Erzählungen in Zukunft unterbleiben; er braucht einen sogenannten *Unterlassungsanspruch*. Für einzelne Fallgestaltungen sieht das Gesetz ausdrücklich Unterlassungsansprüche vor, so in § 12 S. 2 BGB zum Schutz des Namens, in § 862 Abs. 1 S. 2 BGB zum Schutz des Besitzes, in § 1004 Abs. 1 S. 2 BGB zum Schutz des Eigentums. Die Rechtsprechung hat in Analogie dazu einen allgemeinen Unterlassungsanspruch konstruiert, der die in §§ 823 ff. BGB erfassten absoluten Rechte, Rechtsgüter und Interessen, wie Freiheit, Leben und Gesundheit, das Persönlichkeitsrecht oder das Recht auf den eingerichteten und ausgeübten Gewerbebetrieb schützt. Dieser Anspruch auf Unterlassung besteht, wenn eine Beeinträchtigung ernsthaft droht und der potenzielle Täter rechtswidrig handeln würde; ein Verschulden ist nicht erforderlich. In ganz ähnlicher Weise kann auch die *Beseitigung* einer fortwirkenden Störung verlangt werden.

ff) Gefährdungshaftung

Gemeinhin muss nur derjenige für einen von ihm verursachten Schaden haften, der bei seinem Verhalten schuldhaft gehandelt hat. Davon geht das Gesetz als Grundsatz aus. In manchen Fällen führt das jedoch nicht zu befriedigenden Ergebnissen.

761

Das BGB kennt eine Lösung des Problems zunächst bei der heute in den Hintergrund getretenen *Tierhalterhaftung* nach § 833 S. 1 BGB: Wird durch ein Tier ein Mensch getötet oder der Körper oder die Gesundheit eines Menschen verletzt oder eine Sache beschädigt, so ist derjenige, welcher das Tier hält, verpflichtet, dem Verletzten den daraus entstehenden Schaden zu ersetzen. Dies ist ein Fall der Gefährdungshaftung. Sie trifft den Tierhalter auch, wenn er das Tier sorgfältig beaufsichtigt hat und ihn auch sonst kein Verschulden trifft. Es steht auch das Halten eines Tieres jedenfalls grundsätzlich durchaus in Einklang mit der Rechtsordnung.

762

Die *Grundidee der Gefährdungshaftung* ist stets, dass derjenige, der eine Gefahrenquelle schafft, für Schäden aufkommen soll, die in dieser Gefahrenquelle ihre Ursache haben. Eine praktisch außerordentlich wichtige Gefährdungshaftung enthält außerhalb des BGB das Straßenverkehrsgesetz (StVG) in §§ 7 ff. Wird beim Betrieb eines Kraftfahrzeuges ein Mensch getötet, der Körper oder die Gesundheit eines Menschen verletzt oder eine Sache beschädigt, so ist der Halter des Fahrzeugs regelmäßig verpflichtet, dem Verletzten den daraus entstehenden Schaden zu ersetzen (§ 7 Abs. 1 StVG). Allerdings ist die *Gefährdungshaftung des Fahrzeughalters* ausgeschlossen, wenn der Unfall durch höhere Gewalt verursacht wird (§ 7 Abs. 2 StVG). Außerhalb dieser und einiger weiterer praktisch weniger bedeutsamer Ausnahmen muss aber bei einem Unfall zweier Kraftfahrzeuge wegen der Gefährdungshaftung der Halter des einen auch dann einen Teil des Schadens selbst tragen, wenn ausschließlich den anderen Beteiligten ein Verschulden trifft. Dabei muss man allerdings stets auch bedenken, dass in den meisten dieser Fälle die Versicherungen der Beteiligten eintreten, die diese Ansprüche dann untereinander verrechnen.

763

Für die Gefährdungshaftung greift regelmäßig eine *Höchstsummenbegrenzung* ein. Im Fall der Fahrzeughalterhaftung für private Personenkraftwagen werden höchstens 10.000.000 Euro bei Tötung eines oder mehrerer Menschen geschuldet. Wird der Schaden in Form einer Rente ersetzt, bildet die gleiche Summe die Obergrenze ihres Kapitalwertes (§ 12 Abs. 1 S. 2 StVG).

764

Statt zu der weitreichenden Haftpflicht aus Gefährdungshaftung greift das Gesetz zur angemessenen Verteilung des Risikos häufig auch nur zu einer *Umkehrung der Beweislast*. Normalerweise muss derjenige, der einen Anspruch geltend macht, das Vorliegen aller Anspruchsvoraussetzungen nachweisen. Dies ist ein allgemeiner Grundsatz des Haftungsrechts und des Prozessrechts. Bisweilen ist ein solcher Nachweis für den Geschädigten aber nur schwer oder gar nicht zu führen, auch wenn die Voraussetzungen des Anspruches vorliegen. Sind die Schwierigkeiten darin begründet, dass er die Sphäre der Gefahrenquelle nicht überschauen kann, kommt die Umkehr der Beweislast in Betracht. Dieses Rechtsinstitut begegnete bereits bei der Exkulpationsmöglichkeit des Geschäftsherrn bei Schädigungen durch seinen Verrichtungsgehilfen. Der Geschädigte kann besonders dann den Nachweis der Ersatzpflichtvoraussetzungen oft nicht führen, wenn der Schaden durch die *Verwendung eines Produktes* entstanden ist. Ist hier etwa die Konstruktion fehlerhaft und entsteht daraus beim Verbraucher ein Schaden, so wird es ihm schwerfallen, dem Hersteller ein Verschulden nachzuweisen, weil er nicht in der Lage ist, den Herstellungsprozess zu überschauen. Beispiele gibt es in der

765

D. Privatrecht

Rechtsprechung viele: Die Bremsanlage einer PKW-Baureihe ist fehlerhaft konstruiert, das Pflanzenschutzmittel ist wirkungslos, dem gefährlichen Produkt ist kein Hinweis auf die Gefahr beigefügt.

766 Die *Rechtsprechung* hat auch hier lange Zeit mit einer Umkehr der Beweislast geholfen: Wenn bei bestimmungsgemäßer Verwendung eines Industrieerzeugnisses eine Person oder eine Sache dadurch geschädigt wird, dass das Produkt fehlerhaft hergestellt war, muss der Hersteller beweisen, dass ihn hinsichtlich des Fehlers kein Verschulden trifft. Erbringt der Hersteller diesen Beweis nicht, so haftet er nach Deliktsgrundsätzen.

767 Neben dieser Deliktshaftung mit der Beweislastumkehr besteht das *Produkthaftungsgesetz* (ProdHaftG), das eine entsprechende Richtlinie der Europäischen Gemeinschaft umsetzt. Dieses Gesetz begründet eine Gefährdungshaftung, sieht aber keinen Schmerzensgeldanspruch vor und beschränkt die Haftung durch einen Haftungshöchstbetrag, weswegen der Anspruch aus unerlaubter Handlung nach dem BGB daneben bedeutungsvoll bleibt. Wird durch den Fehler eines Produktes jemand getötet, sein Körper oder seine Gesundheit verletzt oder eine Sache beschädigt, so ist der Hersteller verpflichtet, den daraus entstehenden Schaden zu ersetzen (§ 1 Abs. 1 S. 1 ProdHaftG). Allerdings bestehen eine Reihe von Ausschlussgründen für die Haftung. So trifft den Hersteller unter anderem dann keine Verantwortlichkeit, wenn der Fehler seines Produkts auf zwingenden Rechtsvorschriften beruht oder wenn der Fehler nach dem Stand von Wissenschaft und Technik nicht hat erkannt werden können, als das Produkt in Verkehr gebracht worden ist (§ 1 Abs. 2 ProdHaftG). Ersatzfähig sind bei einer Sachbeschädigung auch nur Schäden an einer anderen Sache als an dem fehlerhaften Produkt selbst, und das fehlerhafte Produkt muss seiner Art nach gewöhnlich für den privaten Gebrauch oder Verbrauch bestimmt und dazu vom Geschädigten hauptsächlich verwendet worden sein (§ 1 Abs. 1 S. 2 ProdHaftG). Hilfsweise haftet der Lieferant, wenn der Hersteller des Produkts nicht festgestellt werden kann und der Lieferant nicht binnen Monatsfrist Hersteller oder Vorlieferant benennt. Die Haftung kann im Voraus nicht rechtsgeschäftlich ausgeschlossen werden. Der Hersteller trägt für das Vorliegen von Haftungsausschließungsgründen die Beweislast. Dagegen muss der Geschädigte den Fehler, den Schaden und den ursächlichen Zusammenhang zwischen beiden nachweisen.

Schrifttum:

Hans Brox/Wolf-Dietrich Walker, Besonderes Schuldrecht, 46. Aufl. 2022
Volker Emmerich, BGB-Schuldrecht, Besonderer Teil, 16. Aufl. 2022
Dieter Medicus/Stephan Lorenz, Schuldrecht II: Besonderer Teil, 18. Aufl. 2018

IV. Sachenrecht

1. Grundsätze

768 Während das Schuldrecht die rechtsgeschäftlichen Beziehungen zwischen Personen regelt, hat das Sachenrecht die dinglichen Rechte zum Gegenstand. *Dingliche Rechte* sind die Herrschaftsrechte einer Person über eine Sache. Man unterscheidet Besitz, Eigentum und die beschränkt dinglichen Rechte, die einzelne Nutzungs-, Verwertungs- und Sicherungsrechte an Sachen vermitteln. Das Sachenrecht ist im Wesentlichen im dritten Buch des BGB enthalten, einzelne allgemeine Grundbestimmungen treffen die §§ 90–103 BGB.

IV. Sachenrecht

Die Trennung von Schuld- und Sachenrecht ist auch Ausdruck des Abstraktionsprinzips und des Trennungsprinzips. Dingliche Rechte wirken gegenüber jedermann: Der Eigentümer kann grundsätzlich jeden von seinem Grundstück weisen. Sie sind absolut im Gegensatz zu den relativen Rechten, die Gegenstand des Schuldrechts sind und grundsätzlich nur zwischen den am einzelnen Rechtsverhältnis unmittelbar Beteiligten Wirkungen entfalten: Den Vertrag müssen nur die Vertragspartner erfüllen.

Eine Folge aus der Absolutheit der dinglichen Rechte ist das *Publizitätsprinzip*. Es verlangt die Offenkundigkeit des Rechts für jedermann. Es soll jeder wissen können, wie die dingliche Rechtslage ist, weil diese Rechte ihm gegenüber wirken. Bei beweglichen Sachen übernimmt der Besitz die Funktion, Publizität zu vermitteln. Für Rechte an Grundstücken besteht das Grundbuch zumeist bei den Amtsgerichten; hier sollen alle entsprechenden Rechte eingetragen werden.

Weiterhin besteht der als Spezialitäts- oder Bestimmtheitsprinzip bezeichnete Grundsatz, wonach deutlich sein muss, wer Eigentümer einer Sache ist und welchen inhaltlichen Umfang das Eigentumsrecht hat. Infolgedessen ist eine Übereignung von Sachgesamtheiten nur möglich, wenn klar ist, auf welche einzelnen Gegenstände sich der Übereignungswille der beteiligten Parteien bezieht. Dingliche Rechte können danach nur an genau bestimmten, einzelnen Sachen, nicht hingegen an Sachgesamtheiten bestehen. Endlich unterliegt das Sachenrecht in der Konsequenz dieser Prinzipien dem *Typenzwang*. Dadurch sind Vertrags- und Gestaltungsfreiheit im Interesse der Rechtsklarheit und damit der Sicherheit des Rechtsverkehrs stark eingeschränkt. Andere als die gesetzlich geregelten dinglichen Rechte können durch Rechtsgeschäft nicht geschaffen werden. Die sachenrechtlichen Bestimmungen sind auch nicht vertraglich abdingbar. Das Sachenrecht ist deshalb insgesamt durch eine nicht unerhebliche Rigidität gekennzeichnet. Es ist auf Statik angelegt, während das Schuldrecht von starker Dynamik beherrscht wird.

2. Besitz

Ein wichtiges dingliches Recht ist der Besitz (§§ 854 ff. BGB). Er darf nicht, wie dies laienhaft oft geschieht, mit dem Eigentum verwechselt werden. Eigentum und Besitz fallen oft auseinander: Der Eigentümer verliert seine Sache und damit den Besitz an ihr, der Finder begründet Besitz, aber noch nicht Eigentum an dem Gegenstand. Unter Besitz versteht das Gesetz die *tatsächliche Herrschaft einer Person über eine Sache*. Nur darauf kommt es an. Auch die unberechtigte Sachherrschaft, etwa die des Diebes oder Räubers, ist Besitz. Um das bessere Recht zum Besitz durchzusetzen, das in einem solchen Fall regelmäßig der Eigentümer der Sache hat, muss dieser um des Rechtsfriedens willen in aller Regel die Gerichte anrufen.

Das Gesetz unterscheidet *verschiedene Arten des Besitzes* (§§ 865 ff. BGB). Von unmittelbarem Besitz wird gesprochen, wenn die tatsächliche Gewalt über die Sache ausgeübt wird. Mittelbarer Besitzer ist derjenige, dessen Besitz durch eine andere Person in einem Besitzmittlungsverhältnis vermittelt wird: Der Mieter übt unmittelbaren, der Vermieter einer Sache bloß mittelbaren Besitz aus (§ 868 BGB). Solcher mittelbare Besitz kann gestuft sein, so dass mehrere jeweils mittelbare Besitzer derselben Sache sind: Verleiht der Mieter die gemietete Sache, sind sowohl Mieter als auch Vermieter mittelbare, der Entleiher ist unmittelbarer Besitzer. Eigenbesitz hat der, der eine Sache als seine eigene, Fremdbesitz derjenige, der sie als im Eigentum eines anderen stehend besitzt. Mehrere können eine Sache gemeinsam besitzen, dann besteht Mitbesitz (§ 866 BGB). Wer die Sachherrschaft allein ausübt, ist Alleinbesitzer.

774 Um Besitz zu erlangen, ist grundsätzlich erforderlich, dass die tatsächliche Gewalt über die Sache erlangt wird (§ 854 BGB). Es muss aber auf der subjektiven Seite auch der *Wille zum Besitz* hinzukommen. Zudem muss beachtet werden: Wer die tatsächliche Gewalt nicht nur vorübergehend verliert, verliert den Besitz. Dabei ist unerheblich, ob dies freiwillig oder unfreiwillig geschieht.

775 Der Besitzer genießt nicht unerhebliche *Rechte*. Gegen verbotene Eigenmacht ist er geschützt, die bei rechtswidriger Störung oder Entziehung des Besitzes gegen den Willen des Besitzers vorliegt. Gegen verbotene Eigenmacht darf sich der Besitzer mit Gewalt wehren (§ 859 BGB). Bei Besitzentziehung darf er in unmittelbarem zeitlichen Zusammenhang mit der Störung den Besitz auch wieder gewaltsam an sich bringen. Sonst muss der Betroffene gerichtlichen Rechtsschutz in Anspruch nehmen. Das Gesetz räumt dem Besitzer gegen Besitzstörungen auch die Möglichkeit ein, auf Unterlassung zu klagen, wenn Wiederholungen der Störung zu befürchten sind (§§ 858 ff. BGB).

3. Eigentum

776 Im Zentrum des Sachenrechts steht das Eigentum. Eigentum wird allgemein als die *rechtliche, nicht nur tatsächliche Herrschaft einer Person über eine Sache* verstanden. § 903 BGB gestattet dem Eigentümer einer Sache, mit ihr nach Belieben zu verfahren und andere von jeder Einwirkung auszuschließen, sofern nicht das Gesetz oder Rechte Dritter dem entgegenstehen. Für diese Einschränkung legt Art. 14 Abs. 2 GG den Grund: Eigentum verpflichtet, sein Gebrauch soll zugleich dem Wohle der Allgemeinheit dienen. Die grundgesetzliche Garantie des Eigentums gibt dem sachenrechtlichen, aus dem Liberalismus des 19. Jahrhunderts stammenden Eigentumsbegriff des BGB neue, stärker sozial ausgestaltete Struktur. Zugleich ist der verfassungsrechtliche Eigentumsbegriff weiter: Er umfasst alle vermögenswerten privaten Rechte, also auch den privatrechtlich vom Eigentum zu unterscheidenden berechtigten Besitz, so dass der Staat den Mieter in seinem Grundrecht aus Art. 14 GG verletzt, wenn er ohne hinreichende Begründung die gemietete Sache beschlagnahmt. Auch einzelne subjektive öffentliche Rechte wie etwa Rentenanwartschaften gegenüber den Sozialversicherungsträgern gehören zum verfassungsrechtlichen, nicht jedoch zum sachenrechtlichen Begriff des Eigentums.

777 Es gibt *verschiedene Arten* des sachenrechtlichen Eigentums: Alleineigentum besteht, wenn eine Person Alleineigentümer ist (§ 903 BGB). Gehört eine Sache mehreren, besteht Miteigentum (§§ 1008 ff. BGB). Dies kann nach Bruchteilen bestimmt sein: bei Ehegatten zum Beispiel zu je 1/2 an dem gemeinsamen Haus. Oder aber es besteht als Gesamthandseigentum; dann ist die Gesamthandsgemeinschaft Eigentümer: Eine Personengesellschaft (§§ 718, 719 BGB), eine Miterbengemeinschaft (§ 2032 Abs. 1 BGB) oder Eheleute bei Gütergemeinschaft (§ 1416 Abs. 1 BGB). Bei dem Miteigentum nach Bruchteilen kann jeder Miteigentümer über seinen Anteil frei verfügen. Beim Gesamthandseigentum ist nur gemeinsames Handeln möglich. Das Wohnungseigentum nach dem Wohnungseigentumsgesetz (WEG) ist so ausgestaltet, dass Miteigentum am Grundstück und Sondereigentum an der Wohnung besteht.

778 Eigentum kann durch Rechtsgeschäft erworben werden, aber auch kraft Gesetzes. Der *rechtsgeschäftliche Erwerb* des Eigentums an einer beweglichen Sache, die sogenannte Übertragung des Eigentums, setzt eine Einigung zwischen dem Veräußerer und dem

IV. Sachenrecht

Erwerber über den Eigentumsübergang und die Übergabe der Sache voraus. Letztere kann entfallen, wenn der Erwerber bereits im Besitz der Sache ist, wenn ein Besitzmittlungsverhältnis vereinbart wird oder indem ein Herausgabeanspruch des Veräußerers gegen einen dritten Besitzer der Sache an den Erwerber abgetreten wird (§§ 929–931 BGB).

Der *Eigentumsübergang an Grundstücken* (§§ 925 ff. BGB) ist komplizierter. Er setzt zunächst ebenfalls Einigung über den Eigentumsübergang voraus. Hinzutreten muss aber die Eintragung der Rechtsänderung im Grundbuch. Viele andere Rechtsordnungen, wie etwa die Frankreichs, kennen diese Komplexität des Erwerbsvorganges nicht. Die Einigung über den Übergang des Eigentums am Grundstück nennt man Auflassung. Sie muss bei gleichzeitiger Anwesenheit beider Teile vor einer zuständigen Stelle erklärt werden. Zuständig sind die Notare, die deutschen Konsularbeamten im Ausland, bei gerichtlichen Vergleichen die Gerichte. 779

Weil das Eigentum an Grundstücken erst mit der Eintragung übergeht und zwischen ihr und der regelmäßig vor dem Notar erklärten Einigung einige Zeit vergehen kann, ist der Rechtserwerb gefährdet. Nach formgerechter Einigung und vor Eintragung hat der Erwerber erst eine Anwartschaft auf den Erwerb des Eigentums. Sein Recht kann durch zwischenzeitliche Eintragung eines anderen Erwerbers oder eines Grundpfandrechtes, etwa einer Hypothek, in Gefahr geraten. Zu seiner Sicherheit kann er sich deshalb eine Vormerkung (§§ 883 ff. BGB) eintragen lassen, was rasch geht und solche Einbußen verhindert, weil das mit ihr bezeichnete Recht einem nachträglich eingetragenen entgegenstehenden Recht vorgeht. 780

Das Grundbuch besitzt öffentlichen Glauben (§ 892 BGB), das heißt der Inhalt des Grundbuches gilt im Rechtsverkehr als richtig. Nur wer die eventuell bestehende Unrichtigkeit des Grundbuches kennt, kann sich auf seinen Inhalt nicht berufen. 781

Gemeinhin erwirbt der Erwerber das Eigentum vom bisherigen Eigentümer oder von dem, der sonst über das Eigentum verfügen darf. In besonderen Fällen ist es aber auch möglich, das Eigentum von jemandem zu erwerben, der zur Übertragung des Eigentums nicht befugt ist. Man spricht hier von *gutgläubigem Erwerb* (§§ 932 ff. BGB). Hat jemand eine Sache verliehen und verkauft der Entleiher gegen den Willen des Eigentümers die Sache einem Dritten, so erwirbt der Dritte das Eigentum, es sei denn, er weiß oder er hätte wissen müssen, dass der Verkäufer zur Übertragung des Eigentums nicht befugt ist. Der Grund des gutgläubigen Erwerbs ist der durch den Besitz erzeugte Rechtsschein, der für das Eigentum des Veräußerers spricht, obwohl es nicht besteht. Es wird also der gute Glaube des Erwerbers geschützt, genauer gesagt, der Erwerber darf nicht bösgläubig sein. Der gutgläubige Erwerb ist deshalb nicht möglich, wenn der Erwerber weiß, dass die Sache vom Veräußerer nicht übertragen werden kann, oder wenn er es hätte wissen müssen. Bei beweglichen Sachen ist der gute Glaube schon gestört, wenn dem Erwerber der Rechtsmangel aus grober Fahrlässigkeit nicht bekannt ist. Ist die Sache dem Eigentümer abhanden gekommen, etwa gestohlen worden oder verloren gegangen, kann sie ebenfalls nicht gutgläubig erworben werden. Hier wertet das Gesetz das Interesse des Eigentümers höher als das des gutgläubigen Erwerbers. Bei Grundstücken ist der gutgläubige Erwerb möglich, weil und soweit auf den Inhalt des Grundbuches vertraut werden kann. Er ist ausgeschlossen, wenn im Grundbuch ein Widerspruch gegen dessen Richtigkeit eingetragen ist. 782

Die Besonderheiten der Eigentumsübertragung werden oft zur *Sicherung anderweitiger Ansprüche* genutzt. Bei der Übertragung einer beweglichen Sache kann, anders als 783

D. Privatrecht

bei einem Grundstück, die Einigung auch unter einer Bedingung erklärt werden. Zur Sicherung eines gestundeten Kaufpreises wird häufig ein Kauf unter Eigentumsvorbehalt abgeschlossen. Dann wird aufgrund des Kaufvertrages die Einigung über den Eigentumsübergang der Kaufsache unter der Bedingung der vollständigen Zahlung des Kaufpreises erklärt. Der Käufer wird erst mit Zahlung der letzten Rate des Kaufpreises ohne Weiteres Eigentümer der Sache.

784 Etwas anderes geschieht bei der Sicherungsübereignung. Hier wird das Eigentum an einer Sache – meist einem Kreditgeber – unbedingt zur Sicherheit übertragen. Der Kreditnehmer bleibt aber im unmittelbaren Besitz der Sache und kann sie nutzen, der Erwerber und Kreditgeber erhält lediglich mittelbaren Besitz. Gleichzeitig wird regelmäßig erklärt, dass das Eigentum unter der Bedingung vollständiger Rückzahlung des Darlehens, aller Zinsen und sonstiger Nebenkosten wieder auf den Kreditnehmer übergehen soll.

785 *Kraft Gesetzes* wird das Eigentum erworben bei der Vermischung, der Verbindung und der Verarbeitung von Sachen (§§ 946 ff. BGB). Der Finder erwirbt von Gesetzes wegen Eigentum an der Fundsache sechs Monate nach Anzeigeerstattung bei der Fundbehörde, wenn sich der Berechtigte nicht meldet (§ 973 BGB). Durch Ersitzung wird Eigentum erworben, wenn jemand eine Sache zehn Jahre in Eigenbesitz hat und er bei Erwerb und später in gutem Glauben ist (§ 937 BGB).

786 In sehr detaillierter Weise regelt das Gesetz das *Verhältnis zwischen Eigentümer und Besitzer* (§§ 985 ff. BGB). Der Eigentümer kann von dem Besitzer die Herausgabe der Sache verlangen, wenn dieser kein Recht zum Besitz gegenüber dem Eigentümer hat (§§ 985, 986 BGB): Der Eigentümer kann die vermietete Sache nicht vor Ablauf der Mietzeit, wohl aber danach herausverlangen (vgl. auch § 546 Abs. 1 BGB; ist der Vermieter nämlich zugleich Eigentümer der Sache, so kann er wahlweise Herausgabe nach § 985 BGB verlangen oder nach § 546 BGB vorgehen); der Eigentümer hat einen Herausgabeanspruch gegen den Dieb. Unter bestimmten Voraussetzungen kann der Eigentümer Herausgabe der aus der Sache gezogenen Nutzungen oder Schadensersatz vom Besitzer verlangen. Über den Umfang der einzelnen Ansprüche entscheidet vor allem, ob der Besitzer auf sein Recht zum Besitz vertrauen durfte oder nicht. Muss er damit rechnen, in Anspruch genommen zu werden, weil er die Rechtsmängel seines Besitzes kennt oder kennen müsste oder weil der Eigentümer ihn bereits auf Rückgabe verklagt hat, haftet er schärfer, als wenn er in gutem Glauben an sein Recht handelt. Er ist dann der sogenannte bösgläubige Besitzer (§ 990 BGB). Derjenige, der sich den Besitz durch Straftat oder durch verbotene Eigenmacht verschafft, haftet dem Eigentümer nach den Vorschriften über den Schadensersatz wegen unerlaubter Handlung. Er ist der deliktische Besitzer (§ 992 BGB).

787 Ist der *Besitzer dagegen redlich*, darf er also an sein Recht zum Besitz glauben, muss er nur die aus der Sache gezogenen Früchte nach den Vorschriften über die ungerechtfertigte Bereicherung herausgeben. Das kann sich auf den Mietzins aus einer Wohnung oder auf die Ernte eines Ackers beziehen. Er darf aber die nach den Regeln ordnungsgemäßer Wirtschaft gezogenen Früchte und sonstige Nutzungen behalten und haftet im Übrigen auch nicht auf Schadensersatz. Notwendige Verwendungen auf die Sache muss der Eigentümer dem Besitzer ersetzen. Soweit der Besitzer aber die Nutzungen behalten kann, muss er auch die gewöhnlichen Erhaltungskosten selbst tragen. Sind die Verwendungen dagegen nur nützlich, nicht aber notwendig – der Besitzer eines Hauses hat größere Fenster eingebaut, damit mehr Licht ins Innere fällt – kann der

IV. Sachenrecht

Besitzer nur Ersatz verlangen, wenn sie vor Eintritt der Rechtshängigkeit oder der Bösgläubigkeit gemacht worden sind und den Wert der Sache auch dann noch erhöhen, wenn der Eigentümer sie zurückerlangt (§ 996 BGB).

Aus § 985 BGB hat der Eigentümer ein grundsätzliches Recht auf Verschaffung des Besitzes. Seine Rechtsstellung kann aber auch auf andere Weise als durch Entziehung des Besitzes beeinträchtigt werden. Das ist etwa der Fall, wenn jemand unbefugt Steine auf dem Grundstück des Eigentümers ablagert oder wenn Immissionen wie Lärm oder Abgase stören. Gegen unbefugte Beeinträchtigungen solcher Art hilft der *Abwehranspruch* aus § 1004 BGB: Gegen bevorstehende, drohende Beeinträchtigungen des Eigentums besteht danach ein Anspruch auf Unterlassung, gegen bereits geschehene noch bestehende Beeinträchtigungen gibt die Norm einen Anspruch auf Beseitigung.

4. Beschränkte dingliche Rechte

Die beschränkten dinglichen Rechte betreffen jeweils verschiedene einzelne Möglichkeiten, Vorteile aus bestimmten Gegenständen zu ziehen. Man unterscheidet Nutzungsrechte, Sicherungs- und Verwertungsrechte.

Der *Nießbrauch* ist das Recht, alle Nutzungen aus einem fremden Gegenstand zu ziehen (§§ 1030 ff. BGB). Solche Gegenstände können Grundstücke und bewegliche Sachen, aber auch Rechte sein. Der Nießbrauch ist nicht übertragbar und nicht vererblich.

Die *Grunddienstbarkeit* besteht im Verhältnis von zwei Grundstückseigentümern zueinander (§§ 1018 ff. BGB). Ein Grundstück – das dienende Grundstück – kann zugunsten des jeweiligen Eigentümers eines anderen – des herrschenden – Grundstückes so belastet werden, dass er das dienende Grundstück in bestimmter Weise nutzen darf, etwa durch Einräumung eines Wegerechts. Möglich ist auch die Belastung mit dem Inhalt, auf dem dienenden Grundstück bestimmte Handlungen nicht vorzunehmen, etwa nicht über eine bestimmte Höhe zu bauen, um den Blick auf das schöne Tal nicht zu verstellen.

Gemäß §§ 1090 ff. BGB kann eine *beschränkte persönliche Dienstbarkeit* eingerichtet werden. Sie steht einer bestimmten Person zu, ist nicht übertragbar und auch nicht vererblich. Im Übrigen gelten grundsätzlich die Vorschriften über die Grunddienstbarkeit.

Zu den Nutzungsrechten an Grundstücken gehört auch das *Erbbaurecht*. Es ermöglicht die Bebauung eines Grundstückes, ohne dass dem Bauherrn das Grundeigentum zusteht. Durch das Erbbaurecht wird besonders den weniger begüterten Bevölkerungsschichten die Möglichkeit vermittelt, Hauseigentum zu erwerben. Es wird häufig von Gemeinden oder privaten Großgrundbesitzern eingeräumt. Die näheren Bestimmungen enthält die Erbbaurechtsverordnung (ErbbauV). Der Erbbauberechtigte muss für die Grundstücksnutzung einen regelmäßig zu zahlenden Erbbauzins entrichten. Das Erbbaurecht besteht stets nur auf Zeit, üblicherweise auf 99 Jahre, dann erlischt es. Das Bauwerk geht nach Ablauf des Rechts in das Eigentum des Grundeigentümers über, der an den bisherigen Hauseigentümer eine Entschädigung zahlen muss.

Ein Sicherungsrecht ist das *Pfandrecht* (§§ 1204 ff. BGB). Sicherungsrechte sollen eine Sicherung des Gläubigers für den Fall bieten, dass der Schuldner seine Verbindlichkeit nicht erfüllt. Wird der Inhaber des Pfandrechts vom Schuldner nicht befriedigt, kann er stattdessen das Pfand verwerten, meist durch öffentliche Versteigerung. Ist es mehr wert als die Schuld, so gebührt dem Eigentümer nach Abzug der Verwertungskosten

D. Privatrecht

der Restbetrag. Um das Pfandrecht an einer beweglichen Sache einzuräumen, muss Einigkeit über die Begründung des Pfandrechts bestehen und die Sache grundsätzlich dem Pfändungsgläubiger übergeben werden. Pfandrechte können auch kraft Gesetzes bestehen. Der Vermieter eines Grundstückes, also auch eines Hauses oder einer Wohnung, hat ein Pfandrecht an den Sachen, die der Mieter in das Mietobjekt eingebracht hat (§§ 562 ff. BGB). Im Werkvertragsrecht hat der Werkunternehmer kraft Gesetzes ein Pfandrecht an den von ihm hergestellten oder ausgebesserten beweglichen Sachen des Bestellers, wenn sie zu dem entsprechenden Zweck in seinem Besitz sind (§ 647 BGB). Pfandrechte können auch an Rechten begründet werden (§§ 1273 ff. BGB). Zwangsweise wird ein Pfandrecht im Wege der zivilprozessrechtlichen Pfändung bestellt (§§ 828 ff., 803 ff. ZPO).

795 Detailliert geregelt sind auch die Sicherungs- und Verwertungsrechte an *Grundstücken*. Sie werden wie das Eigentum und die dinglichen Nutzungsrechte an Grundstücken im Grundbuch eingetragen.

796 Als *Reallast* bezeichnet man die Belastung eines Grundstückes derart, dass aus dem Grundstück wiederkehrende Leistungen an den Berechtigten zu zahlen sind (§§ 1105 ff. BGB).

797 Das gängigste Sicherungsrecht an Grundstücken ist heute die *Grundschuld* (§§ 1191 ff. BGB). Sie bedeutet die Belastung eines Grundstücks dergestalt, dass an den Begünstigten eine bestimmte Geldsumme aus dem Grundstück zu zahlen ist. Das heißt, dass der Gläubiger sich durch Verwertung des Grundstückes befriedigen darf, wenn der Schuldner seine Forderung nicht erfüllt. Die Grundschuld ist vom Bestand der Forderung nicht abhängig. Sie besteht in unveränderter Höhe fort, auch wenn und soweit die Forderung, für die sie bestellt wurde, erfüllt ist. Es entsteht dann aber ein Anspruch auf Rückübertragung der Grundschuld.

798 Die *Hypothek* dagegen, die der Gesetzgeber in den Vordergrund der rechtlichen Regelungen gerückt hat, ist vom Bestand der Forderung abhängig (§§ 1113 ff. BGB).

799 Wird eine Grundschuld in der Weise bestellt, dass in regelmäßig wiederkehrenden Terminen eine bestimmte Geldsumme aus dem Grundstück zu zahlen ist, spricht man von einer *Rentenschuld* (§§ 1199 ff. BGB).

800 Die Verwertung des Grundstückes im Falle der Nichtleistung erfolgt in einem streng geregelten Verfahren nach dem Gesetz über die Zwangsversteigerung und die Zwangsverwaltung (ZVG). Es wird entweder die Zwangsverwaltung durch einen sogenannten Sequester verfügt, der das Grundstück nutzt und aus den gezogenen Früchten, etwa den erzielten Mieteinnahmen, die Forderung erfüllt. Oder aber es wird das Grundstück öffentlich versteigert; der Erlös dient nach Abzug der Kosten für die Versteigerung der Erfüllung der Forderung.

Schrifttum:
Christian Berger, Sachenrecht, 4. Aufl. 2022
Hanns Prütting, Sachenrecht, 37. Aufl. 2020
Harm P. Westermann/Ansgar Staudinger, BGB-Sachenrecht, 13. Aufl. 2017
Marina Wellenhofer, Sachenrecht, 37. Aufl. 2022

V. Familienrecht

1. Grundsätze

Das Familienrecht umfasst die Rechtsnormen, die die *Familienverhältnisse* regeln, also das Recht der Ehe und des Verlöbnisses, die Verwandtschaft, die Adoption und die Vormundschaft. Es ist vornehmlich im vierten Buch des BGB verankert. Seit 2001 gilt das Lebenspartnerschaftsgesetz (LPartG), nach dem gleichgeschlechtliche Partner eine auf Lebenszeit angelegte eingetragene Lebenspartnerschaft eingehen konnten, die in vielem einer Ehe gleichgestellt ist.

801

Das Verfahren in Familiensachen und im Recht des Unterhalts findet seine Regelung im Gesetz über das Verfahren in Familiensachen und in den Angelegenheiten der freiwilligen Gerichtsbarkeit (FamFG). Der Familienstand, Geburt, Geschlecht, Ehe, Verwandtschaft, Tod und weitere personenrechtliche Verhältnisse werden in den Personenstandsregistern registriert, die als staatliche Verwaltungsleistung von den Standesämtern geführt werden. Als Geschlecht kann neben weiblich und männlich auch ‚divers' eingetragen werden, wenn weder die Angabe weiblich noch die Angabe männlich zutreffend ist.

Seinen *verfassungsrechtlichen Angelpunkt* besitzt das Ehe- und Familienrecht in Art. 6 GG. Gemäß Art. 6 Abs. 1 GG stehen Ehe und Familie unter dem besonderen Schutz der staatlichen Ordnung. Pflege und Erziehung der Kinder sind nach der Gewährleistung des Art. 6 Abs. 2 GG das natürliche Recht der Eltern und die zuvörderst ihnen obliegende Pflicht. Die staatliche Gemeinschaft besitzt über die Betätigung dieses Elternrechts ein Wächteramt. Kinder dürfen gegen den Willen der Erziehungsberechtigten aber nur aufgrund eines Gesetzes von der Familie getrennt werden, wenn die Erziehungsberechtigten versagen oder wenn die Kinder aus anderen Gründen zu verwahrlosen drohen. Neben dem elterlichen Erziehungsrecht steht selbstständig ein staatliches Erziehungsrecht, das besonders in der Schule gemäß Art. 7 Abs. 1 GG ausgeübt wird.

802

Das Gebot der Gleichberechtigung gemäß Art. 3 Abs. 2 und 3 GG gilt auch für den Bereich von Ehe und Familie. Jede Mutter hat Anspruch auf Schutz und Fürsorge der Gemeinschaft (Art. 6 Abs. 4 GG). Den Kindern, deren Eltern nicht miteinander verheiratet sind, müssen durch Gesetz die gleichen Bedingungen für ihre leibliche und seelische Entwicklung und für ihre Stellung in der Gesellschaft geschaffen werden wie den ehelichen Kindern (Art. 6 Abs. 5 GG). Das ist heute ganz weitgehend geschehen.

803

Unter einer *Ehe* versteht das Grundgesetz die bürgerlich-rechtlich vorgeprägte und bestimmten Formen unterworfene Beziehung zwischen zwei Personen, die grundsätzlich auf lebenslange Dauer angelegt ist. Die Ehe zwischen Partnern gleichen Geschlechts ist seit 2017 möglich. Mit dem Vordringen nichtehelicher Lebensgemeinschaften sieht sich heute aber auch das Institut der Ehe in Frage gestellt. In manchen Rechtsverhältnissen wie zum Beispiel bei der Miete werden nichteheliche Lebensgemeinschaffen zunehmend wie Ehen behandelt.

804

Der Begriff der *Familie* ist undeutlicher. Er meint jedenfalls die umfassende Lebensgemeinschaft von Eltern und den der elterlichen Sorge unterstehenden Kindern. Dazu gehört auch die Gemeinschaft mit Stief-, Adoptiv- und Pflegekindern. Familie ist auch das Verhältnis zwischen der Mutter und ihrem nichtehelichen Kind. Offen ist weitgehend, ob auch zwischen Großeltern und Enkelkindern und zwischen Geschwistern von Familie im verfassungsrechtlichen Sinne gesprochen werden kann.

805

D. Privatrecht

2. Verlöbnis

806 Der Ehe kann als ihr Vorstadium das Verlöbnis vorausgehen. Es hat in der gesellschaftlichen Wirklichkeit an Bedeutung aber stark eingebüßt. Verlöbnis ist das gegenseitige Versprechen von Mann und Frau, künftig die Ehe miteinander eingehen zu wollen. Daraus entsteht ein Rechtsverhältnis, das man ebenfalls als Verlöbnis bezeichnet.

807 Aus dem Verlöbnis kann auf Eingehung der Ehe nicht geklagt werden (§ 1297 BGB). Den Verlobten kommt aber ihr besonderer Rechtsstatus zugute: Etwa begründet die mit ihm ausgedrückte Nähe der Partner ein Zeugnisverweigerungsrecht vor Gericht sowie Behörden und einzelne strafrechtliche Privilegien, aber auch Verpflichtungen wie die Garantenstellung gegenüber dem Partner, die bei Straftaten eine Strafbarkeit wegen Unterlassung ergeben kann. Ein grundloser Bruch des Verlöbnisses führt nach dem Bürgerlichen Gesetzbuch auch zu Ansprüchen auf Schadensersatz (§ 1298 BGB).

3. Ehe

a) Eheschließung

808 Bereits das Verfassungsrecht begründet *vollständige Eheschließungsfreiheit* der Brautleute. Eine Bestimmung des Ehepartners durch Dritte, besonders durch die Eltern, kennt das deutsche Recht nicht. Das Eherecht ist im Wesentlichen in den §§ 1303 ff. BGB geregelt.

809 Es besteht die *obligatorische Zivilehe*. Eine Ehe kommt nur zustande, wenn die Eheschließenden vor dem staatlichen Standesbeamten ihren Ehewillen bekunden. Andernfalls entstehen keine Ehewirkungen, aus staatlicher Sicht handelt es sich um eine Nichtehe. Kirchliche und sonstige religiöse Ehen entfalten vor dem staatlichen Recht in der Regel keinerlei Rechtswirkungen. Ob die Eheleute zusätzlich eine Trauung nach religiösem Ritus vollziehen, ist für den Staat unerheblich. Eine Ausnahme vom Grundsatz der Zivilehe gilt für Partner, von denen keiner die deutsche Staatsangehörigkeit besitzt. Nach Art. 13 Abs. 3 EGBGB genügt es, wenn sie die Ehe in Deutschland vor einer Stelle eingehen, die von einem ihrer Heimatländer hierzu berechtigt ist, und wenn dies nach dem Recht dieses Heimatlandes geschieht.

810 Das deutsche Recht kennt nur einige *Mindestvoraussetzungen* für die Ehe (§§ 1303 f. BGB). So können Geschäftsunfähige eine Ehe nicht eingehen, ebenso nicht, wer sich im Zustand der Bewusstlosigkeit oder in einem vorübergehenden Zustand gestörter Geistestätigkeit befindet. Für die Eheschließung von Minderjährigen oder sonst beschränkt Geschäftsfähigen bedarf es der Einwilligung des gesetzlichen Vertreters. Sie kann vom Familiengericht ersetzt werden. Vor Erlangung der Volljährigkeit soll allerdings keine Ehe eingegangen werden; davon kann aber dispensiert werden.

811 Ein *absolutes Ehehindernis* besteht zwischen Blutsverwandten in gerader Linie, also zwischen Eltern und Kindern, Großeltern und Enkeln, und zwischen Geschwistern. Doppelehen sind nach deutschem Recht nicht möglich. Verstöße gegen diese Verbote machen die Ehe nichtig, das heißt hier, sie sind durch Gerichtsurteil vernichtbar mit entsprechenden Folgen wie bei einer Scheidung (§§ 1306 ff. BGB).

812 Es gibt zudem einige beachtliche *Willensmängel bei der Eheschließung*. Dazu zählt der Irrtum darüber, dass es sich um eine Eheschließung handelt, oder der Irrtum über die Person des anderen, die widerrechtliche Drohung und die arglistige Täuschung (§ 1314 BGB).

V. Familienrecht

Im Wesentlichen treten dann die Scheidungsfolgen ein. 813

b) Rechte und Pflichten aus der Ehe

Die Ehegatten sind einander *zur ehelichen Lebensgemeinschaft verpflichtet*, und sie tragen füreinander Verantwortung (§ 1353 Abs. 1 S. 2 BGB). Dies bedeutet vor allem die Pflicht zur häuslichen Gemeinschaft und zur Geschlechtsgemeinschaft, zur ehelichen Treue, zur Sorge für die gemeinsamen Angelegenheiten, zu gegenseitigem Beistand und zur Rücksichtnahme. Hierauf kann geklagt werden. Eine Vollstreckung solcher Urteile findet aber nicht statt (§ 120 Abs. 3 FamFG), weil der Staat in diesen höchst persönlichen, oft intimen Verhältnissen Zwang nicht ausüben soll. Die Ehegatten sind einander zur Unterhaltsleistung verpflichtet (§ 1360 BGB), was erforderlichenfalls durch Gerichtsurteil und Zwangsvollstreckung durchgesetzt werden kann. Der berechtigte Mitbesitz an Hausrat und an der Ehewohnung und die Integrität des räumlich-gegenständlichen Bereiches der Ehe sind durch das Deliktsrecht geschützt: Der Ehegatte kann zB gerichtlich verhindern, dass der andere einen außerehelichen Partner in die gemeinsame Ehewohnung aufnimmt. 814

Die Ehegatten sind in der Ehe *gleichberechtigt*. Sie sind gleichermaßen für die Haushaltsführung verantwortlich und zur Erwerbstätigkeit berechtigt, unterliegen dabei aber dem Gebot der familiären Rücksicht (§ 1356 Abs. 2 BGB). Für die konkrete Eheführung sind sie auf gegenseitiges Einvernehmen angewiesen. Beiden steht die sogenannte Schlüsselgewalt zu (§ 1357 BGB): Geschäfte des einen Ehegatten zur Deckung des Lebensbedarfs der Familie verpflichten und berechtigen auch den anderen. 815

Die Ehegatten sollen einen gemeinsamen *Ehenamen* bestimmen. Das ist in der Regel der Geburtsname des Mannes oder der Geburtsname der Frau. Es kann auch jeder Ehegatte seinen Familiennamen behalten oder ihn dem gemeinsamen Namen grundsätzlich beifügen (§ 1355 BGB). Eine Einigung erfordert auch die Bestimmung des Familiennamens der gemeinsamen Kinder. 816

c) Eheliches Güterrecht

Die *Vermögensverhältnisse* der Ehegatten werden zu einem wesentlichen Teil durch das eheliche Güterrecht bestimmt (§§ 1363 ff. BGB). Es betrifft die Frage, inwieweit die Lebensgemeinschaft der Ehe auch das Vermögen erfasst. Dabei regeln die Bestimmungen des ehelichen Güterrechts von vornherein nicht alle vermögensrechtlichen Beziehungen der Ehepartner. Neben ihnen haben andere Aspekte Raum wie Unterhaltspflichten oder Gesellschafts- und Arbeitsverträge. 817

Das BGB kennt *drei unterschiedliche Güterstände* der Ehegatten. Den gesetzlichen Güterstand der Zugewinngemeinschaft, die Gütertrennung und die Gütergemeinschaft. Inwieweit darüber hinaus abweichende Güterstände ehevertraglich geregelt werden können, ist unsicher; die Notare, vor denen solche Eheverträge geschlossen werden müssen, sind hier zurückhaltend. Auf Antrag der Ehegatten wird der Güterstand in ein Güterrechtsregister eingetragen, das bei den Amtsgerichten geführt wird (§§ 1558 ff. BGB). Es besitzt sogenannte negative Publizität: Auf eintragungsfähige Regelungen können sich die Ehegatten Dritten gegenüber nicht berufen, wenn sie nicht eingetragen sind und der Dritte sie auch sonst nicht gekannt hat. 818

Der gesetzliche Güterstand der *Zugewinngemeinschaft* entsteht durch die Eheschließung, wenn die Ehepartner nichts anderes vereinbaren (§§ 1363 ff. BGB). Abweichen- 819 de Vereinbarungen sind auch nach der Eheschließung noch möglich (§§ 1408 ff. BGB). Die Zugewinngemeinschaft hat zur Grundidee, dass das von Mann und Frau während der Ehe Erworbene beiden gleichermaßen zusteht. Versorgt etwa, wie früher häufig, die Frau den Haushalt und erwirtschaftet der Mann Vermögen, so kann er dies nach der gesetzlichen Konzeption in dem gegebenen Umfang nur tun, weil die Frau ihn von der sonst ihm ebenfalls obliegenden Hausarbeit entlastet.

820 Bei der Zugewinngemeinschaft entsteht kein gemeinsames Vermögen. Jeder Ehegatte bleibt von vornherein alleiniger Inhaber seines vor Eintritt der Zugewinngemeinschaft erworbenen Vermögens. Er ist rechtlich zuständig aber auch für das, was er während des Güterstandes hinzuerwirbt. Jeder Ehegatte verwaltet sein Vermögen selbst gemäß § 1364 BGB. Er unterliegt dabei lediglich einigen Restriktionen zum Schutz des anderen Ehegatten; so darf er nicht ohne Zustimmung des anderen über sein Vermögen als Ganzes verfügen (§ 1365 BGB).

821 Der Zugewinn realisiert sich für den anderen Ehegatten erst mit Beendigung der Ehe. Stirbt ein Ehegatte und wird der Überlebende Erbe, so erhöht sich sein gesetzliches Erbteil um ein weiteres Viertel des Gesamtvermögens des Verstorbenen (§ 1371 Abs. 1 BGB). Neben Kindern beträgt sein Erbteil dann 1/2, bei kinderloser Ehe neben Eltern des Erblassers 3/4 des Nachlasses.

822 In allen anderen Fällen der Eheauflösung, etwa durch Scheidung oder Aufhebung, findet ein Zugewinnausgleich statt (§§ 1373 ff. BGB). Zugewinn ist derjenige Betrag, um den das Vermögen eines Ehegatten am Ende der Ehe sein Vermögen zu Beginn der Ehe übersteigt. Ein eventueller Gesamtverlust wird nicht berechnet. Das Anfangsvermögen beträgt mindestens null; anfängliche Schulden und ihr zwischenzeitlicher Ausgleich werden also ebenfalls nicht berücksichtigt. Bestimmte Vermögenswerte, zu deren Erwerb der andere Ehegatte nichts beigetragen hat, bleiben bei der Berechnung außer Ansatz. Das gilt etwa für Erbschaften oder Schenkungen, die nur einen der Ehegatten begünstigen. Derjenige Ehegatte, der während der Ehezeit den geringeren Zugewinn an Vermögen erzielt hat, erhält als Zugewinnausgleich grundsätzlich einen Ausgleichsanspruch gegenüber dem anderen. Er beträgt die Hälfte von dem, was der andere mehr erwirtschaftet hat.

823 Bei der *Gütertrennung* (§ 1414 BGB), die besonders vereinbart sein muss, besitzt die Ehe prinzipiell keinen Einfluss auf die Vermögensverteilung. Beide Ehegatten bleiben uneingeschränkt Herren ihres Vermögens, ein Ausgleich findet nicht statt. Die Unterhaltspflicht bleibt allerdings unberührt. Dasselbe gilt für den Versorgungsausgleich bei einer Scheidung; das ist die Verrechnung von Ansprüchen auf Altersrenten und ähnliche Versorgungen.

824 Die *Gütergemeinschaft* (§§ 1415–1518 BGB) begründet ein Gesamthandsvermögen, das je nach vertraglicher Ausgestaltung von beiden Ehegatten gemeinsam oder von einem der Ehegatten allein verwaltet wird. Das Vermögen beider Ehegatten gehört hier beiden zusammen. Einzelne Vermögensteile zählen von Gesetzes wegen als Sondergut nicht zum Gesamthandsvermögen, andere können als Vorbehaltsgut von ihm ausgeschlossen werden.

d) Ehescheidung

825 Die *Scheidung* der Ehe (§§ 1564 ff. BGB) ist nur durch Richterspruch möglich. Zuständig für die Scheidung und die Regelung der Scheidungsfolgen wie für Fragen des

V. Familienrecht

D.

Familienrechts im Allgemeinen sind die bei den Amtsgerichten bestehenden Familiengerichte. Die Berufung geht unmittelbar zum Oberlandesgericht, die Revision zum Bundesgerichtshof.

Die Scheidung wird vom *Zerrüttungsprinzip* bestimmt. Das Scheitern der Ehe ist alleiniger Scheidungsgrund (§ 1565 BGB). Auf die Gründe des Scheiterns kommt es grundsätzlich nicht an. Damit zeigt sich als Prinzip, dass die Rechtsordnung durch das Scheidungsrecht keine bestimmte Ehemoral durchzusetzen sucht. Sie versucht vielmehr, von dem Leitbild einer beide Partner subjektiv befriedigenden Verbindung auszugehen. Auf ein Verschulden beim Scheitern kommt es deshalb für die Rechtsfolgen nicht an, es würde nach der Lebenserfahrung in der Regel sowieso jeweils beide Teile treffen. Andererseits verzichtet das Recht hier weitgehend darauf, den Beteiligten von außen Halt zu geben, um die Ehe – wenn auch unter Schwierigkeiten – fortführen zu können. Gegenwärtig wird in Deutschland etwa jede dritte Ehe im Laufe der Zeit geschieden. 826

Leben die Ehegatten seit einem Jahr *getrennt* und wollen beide die Scheidung, muss die Ehe geschieden werden. Die Zerrüttung, die sich auch aus anderen Gründen ergeben kann, wird dann vermutet (§ 1566 Abs. 1 BGB). Getrenntleben ist auch innerhalb derselben Ehewohnung möglich; auf der anderen Seite begründet bloße räumliche Trennung wie bei langer beruflicher Abwesenheit oder der Verbüßung von Strafhaft noch kein Getrenntleben, es kommt also wesentlich auf die subjektive Begründung der Trennung an. Leben die Ehegatten drei Jahre getrennt, muss die unheilbare Zerrüttung angenommen werden, auch wenn einer der Ehepartner der Scheidung widerspricht (§ 1566 Abs. 2 BGB). Eine wenig tragfähige Härteklausel enthält § 1568 BGB: Die Ehe soll unter besonderen Umständen nicht geschieden werden, wenn und solange dies im Interesse der aus der Ehe hervorgegangenen minderjährigen Kinder oder des die Scheidung ablehnenden Ehegatten erforderlich ist. Die hier vorausgesetzten Gegebenheiten sind besonders exzeptionell, so dass die Regelung nur geringe soziale Relevanz entfaltet. 827

Die Scheidung, aber schon das dauernde Getrenntleben der Ehegatten, zeitigt *komplizierte Folgen*. Die Leichtigkeit der Scheidung wird so aufgefangen durch die Rechtsfolgen, die auch auf dieser Ebene die Ehe zu einem oft faktisch lebenslangen Verhältnis machen, auch wenn sie rechtlich nicht mehr besteht. 828

Über die Zuteilung der *elterlichen Sorge* für gemeinsame Kinder wird im Falle der Scheidung nur auf Antrag eines Elternteils entschieden, wobei das Kindeswohl der Maßstab ist (§ 1671 BGB). Ansonsten bleibt die elterliche Sorge für gemeinsame Kinder bei beiden Elternteilen. Demjenigen Elternteil, bei dem die Kinder leben, steht die Alleinentscheidungsbefugnis in Dingen des täglichen Lebens zu (§ 1687 BGB). 829

Für den *Unterhalt* geht das Gesetz von dem Grundsatz aus, dass beide Ehegatten für ihr weiteres Auskommen selbst verantwortlich sind (§ 1569 BGB). Für den weniger Vermögenden besteht ja bereits häufig ein Zugewinnausgleich. Gleichwohl erhält der wirtschaftlich Schwächere bei Bedürftigkeit in der Regel einen oft langjährigen, bisweilen lebenslangen Unterhaltsanspruch gegen den leistungsfähigen früheren Gatten. Das gilt etwa, wenn und solange er für die Kinder sorgt. Das Unterhaltsmaß richtet sich nach den ehelichen Lebensverhältnissen und zielt auf den gesamten Lebensbedarf. Das kann auch eine Berufsausbildung und die Kosten einer angemessenen Alters- und Invalidenversicherung umfassen. Eine Härteklausel sieht Ausnahmen von der grundsätzlichen Unterhaltspflicht vor (§ 1579 BGB). Minderung oder Ausschluss des Unterhalts sind besonders dann möglich, wenn die Ehe nur von kurzer Dauer war, wenn der 830

Berechtigte eine schwere Straftat gegen den Verpflichteten oder dessen Angehörige begangen oder wenn er seine Bedürftigkeit mutwillig herbeigeführt hat.

831 Der vermögensrechtliche Ausgleich im Scheidungsfall bezieht sich auch auf Aussichten und Anwartschaften auf eine Versorgung wegen Alters oder wegen Berufs- und Erwerbsunfähigkeit, erfasst also auch *Rentenansprüche*. Bei diesem Versorgungsausgleich gilt der Grundgedanke des Zugewinnausgleichs: Derjenige Ehegatte, der während der Ehe höhere Versorgungsansprüche erlangt hat, muss in der Regel die Hälfte des Überschusses auf den anderen Ehegatten übertragen (§§ 1587 ff. BGB). Endlich wird im Fall der Scheidung und des Getrenntlebens der *Hausrat* und die *Ehewohnung* zwischen den Ehegatten weitgehend unabhängig von der schuldrechtlichen und sachenrechtlichen Lage verteilt; §§ 1568a und b BGB gewähren den Beteiligten bestimmte Ansprüche für den Fall, dass eine Verständigung untereinander nicht gelingt.

4. Eingetragene Lebenspartnerschaft

832 Zwei Personen gleichen Geschlechts konnten zwischen 2001 und 2017 eine auf Lebenszeit angelegte *Lebenspartnerschaft* begründen. Sie sind dann einander zu Fürsorge und Unterstützung sowie zur gemeinsamen Lebensgestaltung verpflichtet. Einzelheiten sind im Lebenspartnerschaftsgesetz (LPartG) enthalten. Die Lebenspartner können einen gemeinsamen Namen führen, sie sind einander unterhaltspflichtig und gegenseitig erbberechtigt. Die Lebenspartnerschaft wird auf Antrag eines oder beider Lebenspartner durch Gerichtsurteil unter anderem dann aufgehoben, wenn beide Lebenspartner erklärt haben, die Lebenspartnerschaft nicht fortsetzen zu wollen, und seit der Erklärung zwölf Monate vergangen sind. Nach dem Gesetz zur Einführung des Rechts auf Eheschließung für Personen gleichen Geschlechts können seit dem 1.10.2017 Lebenspartner auf Antrag ihre Lebenspartnerschaft in eine Ehe umwandeln (§ 20a LPartG); die Begründung neuer Lebenspartnerschaften ist nicht mehr möglich (Art. 3 Abs. 3 des Gesetzes).

5. Kindschaftsrecht

833 Das Familienrecht umfasst besonders auch die rechtlichen Beziehungen zwischen Eltern und Kindern (§§ 1589 ff. BGB). Die frühere Unterscheidung zwischen ehelichen und nichtehelichen Kindern ist in der rechtlichen Regelungsstruktur und in der Terminologie ganz weitgehend beseitigt worden. *Mutter* des Kindes ist die Frau, die das Kind geboren hat. *Vater* ist entweder der Ehemann der Mutter zum Zeitpunkt der Geburt, derjenige, der die Vaterschaft anerkannt hat oder derjenige, dessen Vaterschaft gerichtlich festgestellt ist (§ 1592 BGB). Besonderheiten, die sich ergeben, wenn das Kind innerhalb von 300 Tagen nach Auflösung der Ehe durch Tod geboren wird, regelt § 1593 BGB. Die Vaterschaft kann vom Kind, von der Mutter und grundsätzlich auch vom vermeintlichen Vater angefochten werden (§ 1600 BGB).

834 Überaus umstritten und noch nicht hinreichend geklärt sind die Rechtsfolgen der modernen *Fortpflanzungsmedizin*. Unproblematisch ist freilich die homologe Insemination: die Samenspende durch den Ehemann und das Austragen durch die Ehefrau; hier ist Vater der Ehemann, Mutter die Ehefrau. Bei der heterologen Insemination stammt der Samen von einem anderen Mann; der Ehemann, der der Insemination zugestimmt hat, kann die Vaterschaft nicht anfechten (§ 1600 Abs. 5 BGB). Der Samenspender ist nach wohl überwiegender Auffassung Vater und als solcher unterhaltspflichtig, wenn vom Scheinvater kein Unterhalt zu erlangen ist. Die Insemination und die Identität

des Spenders müssen vom Arzt dokumentiert und auf Verlangen mitgeteilt werden, andernfalls haftet er auf Schadensersatz. Der Samenspender darf nicht anonym bleiben, weil das Kind einen grundrechtlich untermauerten Anspruch auf Kenntnis seiner eigenen Abstammung besitzt.

Eltern und Kinder sind verpflichtet, einander *Unterhalt* zu gewähren, soweit sie einerseits bedürftig und andererseits leistungsfähig sind (§§ 1601 ff. BGB). Die Höhe des Unterhalts für das Kind bestimmt sich nach den Lebensverhältnissen der Eltern und den Bedürfnissen des Kindes (§ 1610 BGB) für den gesamten Lebensbedarf. Die Eltern sind auch verpflichtet, dem Kind eine Berufsausbildung zu finanzieren. 835

Statt von den früher sogenannten nichtehelichen Kindern spricht das Gesetz heute von *Kindern, deren Eltern nicht miteinander verheiratet sind* (§§ 1615a ff. BGB). Für sie gelten grundsätzlich dieselben Vorschriften wie für Kinder, deren Eltern miteinander verheiratet sind. Der Mindestunterhalt des minderjährigen Kindes ergibt sich aus § 1612a BGB, der eine prozentuale Berechnung auf der Grundlage des steuerfrei zu stellenden Existenzminimums des minderjährigen Kindes vorsieht. Im Jahr 2023 beträgt er für das 12–17jährige Kind 588,– Euro monatlich. Im Übrigen ist für die Bestimmung des angemessenen Unterhalts die sogenannte »Düsseldorfer Tabelle« weit verbreitet. 836

Die Eltern haben die Pflicht und das Recht, für das minderjährige Kind zu sorgen (§§ 1626 ff. BGB). Diese *elterliche Sorge* umfasst die Personensorge als Sorge für die Person und die Vermögenssorge als die Sorge für das Vermögen des Kindes. Sie folgt unmittelbar aus Art. 6 Abs. 2 GG, wonach Pflege und Erziehung der Kinder das natürliche Recht der Eltern und die zuvörderst ihnen obliegende Pflicht sind. Diese Primärzuständigkeit der Eltern spiegelt die Überzeugung wider, dass das Kindeswohl in aller Regel am besten durch die Eltern verwirklicht wird, auch wenn ihre Auffassungen und Fähigkeiten nicht mit dem übereinstimmen, was die Allgemeinheit für angemessen hält. In allen Fragen des Kindschaftsrechts ist das Kindeswohl zum zentralen Bezugspunkt geworden. Beide Elternteile handeln danach gleichberechtigt und gemeinsam. Es ergeben sich allerdings bei Kindern, deren Eltern nicht miteinander verheiratet sind, und bei Kindern getrennt lebender Ehegatten einzelne Besonderheiten. Können sich die Eltern nicht einigen, kann das Familiengericht die Entscheidung einem Elternteil übertragen (§ 1628 BGB). 837

Die *Personensorge* umfasst besonders das Recht und die Pflicht, das Kind zu pflegen, zu erziehen, zu beaufsichtigen, seinen Aufenthalt und seinen persönlichen Umgang zu bestimmen (§ 1631 BGB). Alle persönlichen Angelegenheiten sind erfasst. Die Eltern sind die gesetzlichen Vertreter des Kindes. Sie müssen stets die mit wachsendem Alter steigende Einsichtsfähigkeit und Selbstständigkeit des Kindes berücksichtigen. Kinder haben ein Recht auf gewaltfreie Erziehung; körperliche Bestrafungen, seelische Verletzungen und andere entwürdigende Erziehungsmaßnahmen sind unzulässig. Bei der Bestimmung von Beruf und Berufsausbildung müssen die Eltern Rücksicht auf die Neigungen des Kindes nehmen. 838

Die *Vermögenssorge* (§§ 1638 ff. BGB) betrifft grundsätzlich das gesamte Vermögen des Kindes. Bei bestimmten Interessenkollisionen ist die Vertretungsmacht allerdings ausgeschlossen (§§ 1629 Abs. 2, 1795 BGB). Einzelne bedeutsame Geschäfte, wie solche über Grundstücke, bedürfen der Genehmigung des Familiengerichts (§§ 1821, 1643 Abs. 1 BGB), das erstinstanzlich bei den Amtsgerichten besteht. 839

D. Privatrecht

840 Das Familiengericht kann auch die notwendigen Maßnahmen treffen, wenn das *Kindeswohl gefährdet* und die Eltern nicht in der Lage oder willens sind, die Gefahr abzuwenden. Dazu kann das Sorgerecht eingeschränkt oder entzogen werden, stets unter strikter Wahrung des Verhältnismäßigkeitsgrundsatzes (§§ 1666 ff. BGB). Ist kein Elternteil zur elterlichen Sorge in der Lage, kann die Sorge einem Pfleger übertragen werden (§ 1909 BGB). Vor solchen einschneidenden Maßnahmen können jedoch Eltern und Kind zahlreiche Hilfestellungen, etwa nach dem Kinder- und Jugendhilfegesetz, gegeben werden, die von der Beratung bis zur Heimerziehung oder Aufnahme in einer Pflegefamilie reichen.

841 Die *Eltern haften dem Kind* bei Verletzung ihrer Verpflichtungen aus der elterlichen Sorge (§ 1664 BGB), wenn sie die Sorgfalt verletzen, die sie in ihren eigenen Angelegenheiten zu üben pflegen, jedenfalls, wenn sie grob fahrlässig handeln (§ 1664 1Vm § 277 BGB).

842 Wenn einem Elternteil die elterliche Sorge nicht zusteht, behält er gleichwohl grundsätzlich die Befugnis zum *persönlichen Umgang mit dem Kind* (§ 1684 BGB). Das Familiengericht kann den Umfang näher regeln. Das Familiengericht regelt auch die elterliche Sorge, wenn die Eltern dauernd getrennt leben oder im Fall der Scheidung, soweit die Eltern sich nicht einigen können.

6. Verwandtschaft, Adoption, Vormundschaft und ähnliche Institute
a) Verwandtschaft und Schwägerschaft

843 Die Verwandtschaft beruht auf *Abstammung* (§ 1589 BGB). Die unmittelbare Abstammung begründet Verwandtschaft in gerader Linie, also etwa bei dem Verhältnis Großmutter-Mutter-Tochter. Verwandtschaft in der Seitenlinie besteht bei Personen mit gemeinsamen Vorfahren: Geschwister, Vettern und Cousinen, Onkel und Neffe. Die Nähe der Verwandtschaft wird nach Graden bestimmt. Maßstab ist die Zahl der vermittelnden Geburten. Eltern und Kind sind im 1. Grad, Geschwister im 2. Grad, Tante und Nichte im 3. Grad, Vettern im 4. Grad miteinander verwandt. Ehegatten sind als solche miteinander nicht verwandt, ihr Verhältnis ist besonders geregelt.

844 An die Verwandtschaft knüpfen sich *zahlreiche Rechtsfolgen*, die ihren Grund in der vom Gesetz vorausgesetzten besonderen Nähe der Verwandten besitzen. Sie begründet etwa Eheverbote (§ 1307 BGB), Unterhaltspflichten (§§ 1601 ff. BGB) und ein grundsätzliches Erbrecht (§§ 1924 ff.). Verwandtschaft führt zu Milderungen im Strafrecht (§§ 247, 258 StGB), zu Zeugnisverweigerungsrechten (§§ 383, 408 ZPO, §§ 52, 55, 61, 72 StPO) und zum Ausschluss vom Richteramt gegenüber Verwandten (§§ 41, 49 ZPO, §§ 22, 31 StPO; § 6 FamFG; § 54 VwGO). Solche Rechtsfolgen sind im Einzelnen abhängig vom Grad der Verwandtschaft.

845 Weniger bedeutsam ist die *Schwägerschaft* (§ 1590 BGB). Sie bezeichnet die Beziehung zwischen einem Ehegatten oder Lebenspartners und den Verwandten des anderen Ehegatten oder Lebenspartners. Auch bei ihr wird nach gerader Linie und Seitenlinien und nach Graden der Schwägerschaft unterschieden. Die Ehefrau ist mit der Mutter ihres Mannes, ihrer Schwiegermutter, im ersten Grad verschwägert. Die Schwägerschaft begründet weder einen Unterhaltsanspruch noch ein Erbrecht, hat aber wie die Verwandtschaft Zeugnisverweigerungsrechte zur Folge.

b) Adoption

Das Kindschaftsverhältnis kann auch durch Adoption, also die *Annahme als Kind*, begründet werden (§§ 1741 ff. BGB). Neben der Annahme von Minderjährigen ist mit eingeschränkten Wirkungen und unter erschwerten Voraussetzungen auch die Adoption Erwachsener möglich (§§ 1767 ff. BGB). Durch die Adoption eines Minderjährigen erhält das Kind eine Stellung, die der eines Kindes entspricht, dessen Eltern miteinander verheiratet sind. Es tritt in das neue Verwandtensystem ein und scheidet aus seinen bisherigen Verwandtschaftsverhältnissen grundsätzlich aus.

846

Die *wesentlichen Voraussetzungen* der Adoption sind, dass sie dem Wohl des Kindes dienen muss und dass begründete Aussicht besteht, dass zwischen dem Annehmenden und dem Kind ein Eltern-Kind-Verhältnis entsteht (§ 1741 Abs. 1 BGB). Dem Wirksamwerden der Adoption geht in der Regel eine angemessene Pflegezeit als eine Probezeit voraus (§ 1744 BGB).

847

Annehmende müssen das 25. Lebensjahr vollendet haben. Wer nicht verheiratet ist, kann ein Kind nur allein annehmen, während Ehegatten ein Kind grundsätzlich nur gemeinschaftlich annehmen können. Falls ein Ehegatte bereits Elternteil des Kindes ist, kann der andere Ehegatte das Kind auch allein annehmen. Dies gilt auch, wenn ein Ehegatte noch nicht 21 Jahre alt oder geschäftsunfähig ist, denn grundsätzlich muss mindestens ein Annehmender über 25, der andere mindestens 21 Jahre alt sein. Nur in Ausnahmefällen, besonders, wenn das Wohl des Kindes gefährdet ist, kann eine Adoption auch wieder aufgehoben werden (§§ 1759 f., 1763 BGB).

848

c) Vormundschaft, Betreuung und Pflegschaft

Die *Vormundschaft* (§§ 1773 ff. BGB) dient dazu, die elterliche Sorge in den Fällen zu ersetzen, in denen die Eltern hierzu nicht in der Lage sind. Das kann deshalb geschehen, weil die Eltern verstorben sind oder weil ihnen die elterliche Sorge entzogen ist. Die Vormundschaft wird im Regelfall von Amts wegen vom Familiengericht angeordnet (§ 1774 S. 1 BGB, § 151 Nr. 4 FamFG). Der Vormund ist gesetzlicher Vertreter des Kindes, seines Mündels. Ihm obliegen die Personensorge und die Vermögenssorge gegenüber dem Mündel. Für einzelne Geschäfte, etwa solche, die Grundstücke betreffen, bedarf er der Genehmigung des Familiengerichts (§§ 1821 ff. BGB).

849

Die früher mögliche Vormundschaft über Volljährige im Falle ihrer Entmündigung etwa wegen Geistesschwäche ist heute durch die *Betreuung* ersetzt (§§ 1814 ff. BGB). Sie findet auf Anordnung des Betreuungsgerichts statt, wenn ein Volljähriger seine Angelegenheiten ganz oder teilweise nicht selbst besorgen kann, weil er psychisch krank ist oder an einer körperlichen, geistigen oder seelischen Behinderung leidet. Das Betreuungsgericht ist regelmäßig eine Abteilung des Amtsgerichts. Anders als die frühere umfassende Entmündigung ist die Betreuung abgestuft beschränkt auf solche einzelnen Angelegenheiten, die der Betreute nicht eigenverantwortlich erledigen kann. Die wesentlichen Ziele der Betreuung sind, dass der Betreute soweit möglich von Rechts wegen eigenverantwortlich handlungsfähig bleibt.

850

Neben Vormundschaft und Betreuung kennt das Gesetz auch die *Pflegschaft* (§§ 1809 ff. BGB). Sie ist eine Art Teil-Vormundschaft. Der Pfleger hat nicht für alle Angelegenheiten des Pfleglings, sondern nur für einen begrenzten Kreis zu sorgen, der in seinem Umfang durch Gesetz oder durch den Bestellungsakt umschrieben ist. So gibt es den Ergänzungspfleger etwa für solche Angelegenheiten eines minderjähri-

851

D. Privatrecht

gen Kindes, bei denen der elterliche Sorgeberechtigte oder der Vormund wegen einer Interessenkollision verhindert ist (§§ 1795, 1796, 181 BGB). Das kann etwa bei Geschäften zwischen Vater oder Mutter und Kind der Fall sein. Auch wenn ein Kind zu sogenannten Pflegeeltern gegeben wird, können ihnen einzelne Angelegenheiten der elterlichen Sorge übertragen werden, um ihnen die Pflege und Versorgung des Kindes zu erleichtern. Pflegschaft in Form der Abwesenheitspflegschaft kann etwa auch für einen Volljährigen angeordnet werden, wenn sein Aufenthalt unbekannt oder er an der Rückkehr und der Besorgung seiner Angelegenheit verhindert ist (§ 1884 BGB). Bisweilen ist ein Beteiligter in einer zu besorgenden Angelegenheit gänzlich unbekannt, wie etwa beim Anfall einer Erbschaft, für die die Person des Erben noch nicht bekannt ist. Auch dann kann ein Pfleger, ein sogenannter Nachlasspfleger, eingesetzt werden (§§ 1960 ff. BGB).

Schrifttum:
Nina Dethloff, Familienrecht, 33. Aufl. 2022
Dieter Schwab, Familienrecht, 30. Aufl. 2022

VI. Erbrecht

1. Grundsätze

852 Das Grundgesetz garantiert das Erbrecht in Art. 14 Abs. 1: Das Eigentum und das Erbrecht werden gewährleistet. Inhalt und Schranken werden durch die Gesetze bestimmt. Die *wesentlichen Bestimmungen* für das Erbrecht enthält das fünfte Buch des BGB; zahlreiche weitere einschlägige Bestimmungen finden sich in der gesamten Rechtsordnung verstreut; so ist das Erbrecht an Bauernhöfen landesrechtlich unterschiedlich geregelt. Die wichtigen Regelungen der Erbschaftsteuer, die der Staat im Erbfall erhält, trifft das Erbschaft- und Schenkungsteuergesetz (ErbStG).

853 Das deutsche Erbrecht ist durch die Grundsätze der Universalsukzession, der Familienerbfolge und der Testierfreiheit bestimmt. Die *Testierfreiheit* ist die Befugnis des Erblassers, nach freiem Belieben über das rechtliche Schicksal seines Vermögens nach seinem Tod zu bestimmen (§§ 1937 ff. BGB). Einzelne Beschränkungen dieser Befugnis ergeben sich aus der Familienerbfolge. Der Gesetzgeber geht davon aus, dass die Familie dem Erblasser nahe steht und in der Regel auch zum Erwerb des Vermögens einen Beitrag geleistet hat. Zwar hat die Testierfreiheit grundsätzlich Vorrang vor der *Familienerbfolge*: Nur soweit der Erblasser keine abweichende Verfügung getroffen hat, geht das Vermögen kraft Gesetzes auf seine Verwandten und auf seinen Ehegatten über. Ein Mindestanteil verbleibt dem Ehegatten und den Verwandten aber grundsätzlich auch bei abweichender Verfügung. Sie haben dann einen schuldrechtlichen Pflichtteilsanspruch gegen den vom Erblasser eingesetzten Erben (vgl. § 2303 BGB). Der Grundsatz der *Universalsukzession*, also der Gesamtrechtsnachfolge (§ 1922 Abs. 1 BGB), besagt, dass der Erbe mit dem Tod des Erblassers unmittelbar von Rechts wegen und ohne besonderen Übertragungsakt in dessen Rechtspositionen eintritt, den Nachlass also als Ganzes mit allen Aktiva und Passiva übernimmt.

854 Ein Überblick über den Aufbau des Fünften Buches des BGB gibt Aufschluss über die wichtigsten erbrechtlichen Institute: Zunächst wird die Erbfolge bestimmt, es folgt die Regelung der rechtlichen Stellung des Erben. Danach ist das Testament geregelt, dann der Erbvertrag, der Pflichtteil, die Erbunwürdigkeit, der Erbverzicht, der Erbschein und endlich der Erbschaftskauf.

2. Gesetzliche Erbfolge

Die *Fähigkeit, Erbe zu sein*, setzt die Rechtsfähigkeit voraus. Sowohl natürliche als auch juristische Personen können deshalb erben, nicht aber ein Tier. In manchen Fällen wird die Rechtsfähigkeit fingiert, etwa bei noch nicht geborenen, aber bereits gezeugten Menschen (§ 1923 Abs. 2 BGB). 855

Wer Erbe wird, kann der Erblasser durch eine Verfügung von Todes wegen bestimmen, also besonders durch Testament (§§ 1937 ff. BGB). Hat der Erblasser einen Erben nicht wirksam besonders eingesetzt, tritt die gesetzliche Erbfolge ein. Erst wenn überhaupt kein sonstiger Erbe vorhanden ist, erbt der Staat (§ 1936 BGB). 856

Gesetzlicher Erbe ist nach §§ 1924 ff. BGB der Ehegatte. Wer darüber hinaus von den Verwandten Erbe ist, bestimmt sich nach einem recht komplizierten Parentelsystem. Das Recht unterscheidet nach Ordnungen gemeinsamer Vorfahren. Es kommt darauf an, ob man vom Erblasser, von dessen Eltern, von dessen Großeltern usw. abstammt. Gesetzliche Erben erster Ordnung sind die Abkömmlinge des Erblassers, also dessen Kinder und Kindeskinder. Erben zweiter Ordnung sind die Eltern des Erblassers und deren Abkömmlinge, neben den Eltern also die Geschwister, Neffen usw des Erblassers. Erben dritter Ordnung sind die Großeltern und deren Abkömmlinge. 857

Solange ein Verwandter einer vorhergehenden Ordnung vorhanden ist, sind alle Verwandten der nachfolgenden Ordnungen von der Erbfolge ausgeschlossen. Innerhalb jeder Ordnung schließt ein vorhandener Erbe die von ihm abstammenden Personen aus: Das Kind des Erblassers ist Erbe und schließt die von ihm abstammenden Enkel des Erblassers aus. Wird der mit dem Erblasser näher verwandte jedoch nicht Erbe, etwa weil er vorher verstorben ist, treten seine nächstfolgenden Abkömmlinge als Erben ein. Sie erhalten insgesamt den Erbteil, der sonst dem näheren Verwandten zugekommen wäre. Hinterlässt der Erblasser einen Sohn und daneben zwei Enkel, die von einer vorher verstorbenen Tochter des Erblassers abstammen, so erbt der Sohn 1/2, jeder Enkel 1/4 des Nachlasses; man spricht vom *Erbrecht nach Stämmen*. Sind keine Abkömmlinge vorhanden, fällt das Erbe, soweit nicht ein überlebender Ehegatte erbt, je zur Hälfte an Vater und Mutter, gegebenenfalls an deren Abkömmlinge; dies ist das *Liniensystem*. Ab der vierten Ordnung wird das Stammes- und Liniensystem aufgegeben, und es erbt nach dem Gradualsystem derjenige, der innerhalb einer Parentel am nächsten mit dem Erblasser verwandt ist. 858

Kinder, deren Eltern nicht miteinander verheiratet sind, stehen Kindern von miteinander verheirateten Eltern in erbrechtlicher Hinsicht grundsätzlich gleich. 859

Auch dem *überlebenden Ehegatten* und dem hinterbliebenen Lebenspartner (§§ 1931 ff. BGB, § 10 LPartG) steht ein gesetzliches Erbrecht zu. Beim Ehegatten ist es von dem ehelichen Güterstand abhängig und davon, zu welcher Ordnung die im Übrigen erbenden Verwandten gehören. Die Ehe muss zum Zeitpunkt des Todes des Erblassers bestanden haben. Die wichtigste Ausnahme vom Erbrecht des Ehegatten besteht, wenn die Voraussetzungen der Scheidung vorlagen und der Erblasser die Scheidung beantragt oder ihr zugestimmt hatte. Der überlebende Ehegatte erhält neben Verwandten der ersten Ordnung, also den Kindern des Erblassers oder deren Abkömmlingen, ein Viertel des Nachlasses, unabhängig von der Zahl der Kinder. Neben Verwandten der zweiten Ordnung und neben den Großeltern gebührt dem Ehegatten die Hälfte des Nachlasses. In allen anderen Fällen erhält der Ehegatte die gesamte Erbschaft. Abkömmlinge von weggefallenen Großeltern erben also neben dem 860

Ehegatten nicht. Bestand zwischen den Ehegatten im Zeitpunkt des Todes der gesetzliche Güterstand der Zugewinngemeinschaft, erhöht sich der gesetzliche Erbteil um ein weiteres Viertel (§ 1371 BGB). Überleben also Ehegatte und Kinder den Erblasser und bestand zwischen den Ehegatten Zugewinngemeinschaft, erhält der Ehegatte die Hälfte des Nachlasses, die Kinder teilen sich die andere Hälfte. Auch die anderen im BGB geregelten Güterstände zeitigen besondere erbrechtliche Folgen.

3. Gewillkürte Erbfolge und Vermächtnis

861 Die gewillkürte Erbfolge wird durch Testament (§ 1937 BGB), Erbvertrag (§ 1941 BGB) oder durch gemeinschaftliches Testament der Ehegatten (§§ 2265 ff. BGB) begründet. Mit ihnen kann der Erblasser Bestimmungen über das Erbe treffen wie die Einsetzung von Erben, die Verwendung oder Aufteilung des Erbes und die Anordnung von Auflagen.

862 *Testamente* (§§ 2064 ff. BGB) sind strenger Formvorschrift unterworfen. Man unterscheidet das private Testament und das öffentliche Testament, das nur durch einen Notar oder Berufskonsul errichtet wird. Das *private Testament* muss insgesamt eigenhändig geschrieben und unterschrieben werden (§ 2247 Abs. 1 BGB). Andernfalls ist es nichtig. Zur Errichtung eines *öffentlichen Testaments* kann der Erblasser dem Notar seinen letzten Willen mündlich zur Niederschrift erklären oder ihm eine offene oder auch verschlossene schriftliche Erklärung übergeben (§ 2232 BGB). Wenn es wegen äußerer Umstände nicht möglich ist, diese Formvorschrift zu erfüllen, etwa weil der Erblasser in akuter Todesgefahr schwebt, können *Nottestamente* mit begrenzter Geltungsdauer errichtet werden, besonders vor dem Bürgermeister und zwei Zeugen, oder, wenn auch das nicht möglich ist, mündlich vor drei Zeugen (§§ 2249 ff. BGB).

863 Die *Fähigkeit, Testamente zu errichten*, beginnt mit Vollendung des 16. Lebensjahres (§ 2229 Abs. 1 BGB). Der Minderjährige ist aber auf Formen der Errichtung verwiesen, bei denen ihm eine Amtsperson wie der Notar beratend zur Seite steht (§ 2233 BGB).

864 Das Testament kann jederzeit widerrufen werden. Besondere Gründe sind nicht erforderlich. Ein späteres Testament geht dem früheren vor, sofern es ihm widerspricht.

865 Der Erblasser kann über das Erbe auch durch *Erbvertrag* mit einem anderen verfügen (§§ 2274 ff. BGB). Er kann den Vertragspartner oder einen Dritten als Erben einsetzen und alle durch Testament möglichen Regelungen treffen. Der Erblasser ist durch den Vertrag gebunden; ein späteres nachteilig abweichendes Testament ist grundsätzlich insoweit unwirksam. Das Gesetz sieht lediglich einige speziell geregelte Anfechtungs- und Rücktrittsrechte vor. Die Aufhebung durch erneuten Vertrag ist allerdings möglich. Der Erblasser kann über den Nachlass weiterhin durch Verfügung unter Lebenden unbeschränkt verfügen, also etwa Gegenstände verkaufen oder verschenken. Der Vertragserbe hat aber bei beeinträchtigenden Schenkungen einen Anspruch auf Bereicherungsausgleich gegenüber dem Beschenkten (§ 2287 Abs. 1 BGB).

866 Vom *gemeinschaftlichen Testament* spricht man bei gemeinsamer Errichtung eines Testamentes durch Ehegatten (§§ 2265 ff. BGB). Die Verfügungen sind wesentlich voneinander abhängig. Häufig ist das sogenannte Berliner Testament (§ 2269 BGB): Hier setzen sich die Ehegatten gegenseitig zu alleinigen Erben und einen Dritten, meist die gemeinsamen Kinder, zu Erben des Überlebenden ein.

VI. Erbrecht

D.

Der Erblasser kann auch einen *Nacherben* bestimmen (§§ 2100 ff. BGB). Dann wird zunächst ein anderer Erbe, und mit Eintritt der Nacherbfolge erbt der Nacherbe. Das ist regelmäßig mit dem Tod des Vorerben oder aber zu einem sonst vom Erblasser bestimmten Zeitpunkt der Fall. Der Vorerbe unterliegt zahlreichen Beschränkungen bei der Verfügung über den Nachlass. Die Nacherbschaft wird oft angeordnet, um das Vermögen des Erblassers möglichst lang in der Familie zu erhalten. — 867

Verfügungen von Todes wegen können von demjenigen *angefochten* werden, der von ihrer Unwirksamkeit einen Vorteil hätte. Auch jeder Motivirrtum des Erblassers bei seiner letztwilligen Verfügung berechtigt zur Anfechtung (§§ 2078 ff. BGB). Oft werden gerade dann freilich erhebliche Beweisschwierigkeiten für den Anfechtenden bestehen. Die Auslegung nach dem Willen des Erblassers geht der Anfechtung stets vor (§ 2084 BGB). — 868

Die Erbschaft kann dem Erben bei *Erbunwürdigkeit* nachträglich entzogen werden (§§ 2339 ff. BGB). Dazu berechtigen nur wenige sehr schwerwiegende Verfehlungen des Erben. Der Entzug erfolgt aufgrund einer Anfechtungsklage des Berechtigten durch das Gericht. — 869

Die *Testamentsvollstreckung* dient zur Sicherung des Nachlasses und zur Durchführung von Anordnungen des Erblassers in seiner Verfügung von Todes wegen (§§ 2197 ff. BGB). Es wird in diesem Fall ein Testamentsvollstrecker vom Erblasser eingesetzt, der regelmäßig zur Verwaltung des Nachlasses befugt ist. Der Erbe kann dann nicht ohne Zustimmung des Testamentsvollstreckers über die Gegenstände verfügen, die der Testamentsvollstreckung unterliegen. Der Erblasser kann Umfang und Dauer der Testamentsvollstreckung näher bestimmen. — 870

Durch letztwillige Verfügung kann der Erblasser auch einem anderen einen Vermögensvorteil zuwenden, ohne ihn als Erben einzusetzen. Hier spricht man von einem *Vermächtnis* (§§ 2147 ff. BGB). Es beschwert den Nachlass und kann zulasten des Erben oder eines anderen Vermächtnisnehmers gehen. Der Bedachte besitzt dann bei Eintritt des Erbfalles einen schuldrechtlichen Anspruch auf Übertragung gegenüber dem Beschwerten. — 871

Als gesetzliches Vermächtnis hat der überlebende Ehegatte das *Recht auf den Voraus* (§ 1932 BGB): Er kann die zum ehelichen Hausstand gehörenden Gegenstände und die Hochzeitsgeschenke herausverlangen, mindestens soweit er sie zur Führung eines angemessenen Hausstandes benötigt. Außerdem besteht der Dreißigste; das ist ein Unterhaltsanspruch der Familienangehörigen des Erblassers, die in seinem Hausstand leben, für die ersten dreißig Tage nach dem Erbfall (§ 1969 BGB). — 872

4. Pflichtteilsrecht

Der Grundsatz der Testierfreiheit umfasst auch das Recht, den Ehegatten oder Verwandte von der Erbfolge auszuschließen. Eine solche Enterbung bedarf keiner besonderen Gründe. Als Ersatz und um den Grundsatz der Familienerbfolge zu wahren, besteht das Pflichtteilsrecht (§§ 2303 ff. BGB). Das Pflichtteilsrecht besitzen der überlebende Ehegatte, die Eltern und die Abkömmlinge des Erblassers, wenn sie durch Verfügung von Todes wegen von der Erbfolge ausgeschlossen sind. Der Pflichtteil beträgt die Hälfte des Wertes des gesetzlichen Erbteils. Darauf hat der Enterbte einen *schuldrechtlichen Anspruch* gegen den Erben. Er erhält jedoch nicht die Stellung eines Erben und besitzt keinen Anspruch auf bestimmte Gegenstände des Nachlasses. — 873

D. Privatrecht

874 Der Erblasser kann den *Pflichtteil nur entziehen*, wenn der Berechtigte bestimmte schwere Verfehlungen gegen den Erblasser begangen hat (§§ 2333 ff. BGB). Gegenüber faktischen Beeinträchtigungen des Pflichtteils etwa durch Schenkungen des Erblassers an Dritte vor seinem Tode besteht eine Reihe von Schutzvorschriften (§§ 2305 ff. BGB).

5. Stellung des Erben

875 Der Erbe *tritt ohne Weiteres* mit dem Erbfall *in seine Stellung* ein (§ 1942 Abs. 1 BGB). Er kann also ohne und gegen seinen Willen Erbe sein. Besonders, weil er auch für die Verbindlichkeiten des Nachlasses haftet, kann er die Erbschaft *ausschlagen* (§§ 1942 ff. BGB). Dann gilt der Anfall der Erbschaft rückwirkend von Anfang an als nicht erfolgt. Eine Beschränkung der Ausschlagung auf einzelne Teile des Erbes ist nur in wenigen Ausnahmefällen möglich.

876 Der Erbe *haftet* für Nachlassverbindlichkeiten mit seinem gesamten Vermögen (§ 1967 BGB). Er kann aber das Nachlassinsolvenzverfahren oder die Nachlassverwaltung einleiten. Dann wird die Erbschaft abgesondert und die Haftung gegenüber den Nachlassgläubigern auf den Umfang der Erbschaft beschränkt. Eine Beschränkung findet auch in einigen weiteren Fällen statt, so bei Dürftigkeit des Nachlasses oder bei Überschuldung des Nachlasses durch Vermächtnisse und Auflagen (§§ 1990, 1992 BGB).

877 Der Erbe kann den Nachlass als Ganzen *verkaufen* (§§ 2371 ff. BGB). Eine Sachmängelhaftung besteht dann nicht.

878 Werden mehrere Personen Erbe desselben Nachlasses, sind sie *Miterben* (§§ 2032 ff. BGB). Sie bilden dann eine Erbengemeinschaft. Dabei handelt es sich um eine Gesamthandsgemeinschaft. Jeder Miterbe besitzt einen Anteil am Nachlass als Sondervermögen. Er kann über diesen Anteil als solchen verfügen, ihn also ganz oder zu Teilen verkaufen oder verschenken. Über einzelne Nachlassgegenstände kann nur die Erbengemeinschaft insgesamt verfügen.

879 Die Erbengemeinschaft dauert *bis zur Nachlassteilung*. Das bedeutet die Abwicklung aller Rechtsverhältnisse des Nachlasses, besonders seiner Verbindlichkeiten, durch Auseinandersetzung zwischen den Miterben; der verbliebene Rest des Nachlasses wird, im Streitfall durch das Gericht, auf die Miterben nach den Erbteilen verteilt und geht dann in ihr Privatvermögen über. Bis dahin kann der Miterbe auch die Begleichung von Nachlassverbindlichkeiten aus seinem Privatvermögen verweigern.

880 Auf das Erbrecht kann schon vor Eintritt des Erbfalles im Wege des *Erbverzichts* verzichtet werden (§§ 2346 ff. BGB). Dazu ist ein notarieller Vertrag mit dem Erblasser erforderlich. Der Verzichtende wird dann erbrechtlich im Falle des Erbganges so behandelt, als wenn er nicht mehr lebte. Anlass für Erbverzichtsverträge sind häufig Eheschließungen, wenn bereits Kinder aus früheren Verbindungen leben. Der Erbverzicht wird dann oft mit einem Erbvertrag verbunden, das heißt es wird auf das Erbe als solches verzichtet, dafür wird die Einsetzung eines Vermächtnisses vereinbart.

881 Bisweilen regelt der Erblasser bei Lebzeiten Rechtsverhältnisse, die nach seinem Tod eintreten sollen, durch *Rechtsgeschäfte unter Lebenden*. Er kann etwa ein Schenkungsversprechen abgeben, das im Falle seines Todes vollzogen werden soll. Um Nachteile, die dadurch für die Erben und die Nachlassgläubiger entstehen könnten zu vermeiden, finden auf solche zu Lebzeiten des Erblassers nicht vollzogenen »Schenkungen auf den

Todesfall« die Vorschriften über Verfügungen von Todes wegen Anwendung (vor allem § 2301 Abs. 1 BGB).

Der Erbe kann seine Erbberechtigung durch einen *Erbschein* nachweisen. Er wird auf Antrag vom Nachlassgericht ausgestellt (§ 2353 BGB), das auch von Amts wegen den Erben zu ermitteln hat. Nachlassgericht ist in erster Instanz das Amtsgericht. Der Erbschein begründet die gesetzliche Vermutung, dass dem Inhaber das Erbrecht zusteht. Wer an den Inhaber des Erbscheines gutgläubig Leistungen aus dem Erbrecht erbringt, also etwa eine ihm ursprünglich gegenüber dem Erblasser treffende Schuld begleicht, ist gegenüber dem wahren Erben geschützt.

882

Für die Erbschaft wird eine besondere *Erbschaftsteuer* fällig. Dafür unterliegt der Nachlassanfall nicht der Einkommensteuer. Erbschaft- und Schenkungsteuer sind im ErbStG im Wesentlichen gleich geregelt. Familienstiftungen unterliegen alle dreißig Jahre der Erbschaftsteuerpflicht. Die Höhe der Steuer richtet sich vor allem nach dem Verwandtschaftsgrad des Erben zum Erblasser (§ 15 ErbStG): Steuerklasse I für Ehegatten und Lebenspartner, Kinder und Stiefkinder, deren Abkömmlinge, sowie für Eltern und Voreltern bei Erwerben von Todes wegen, Steuerklasse II für die Eltern und Voreltern, soweit sie nicht zur Steuerklasse I gehören, für Geschwister, deren Abkömmlinge ersten Grades, für Stiefeltern, Schwiegerkinder und Schwiegereltern und endlich für den geschiedenen Ehegatten und den Lebenspartner einer aufgehobenen Lebenspartnerschaft. Steuerklasse III gilt für alle übrigen Erwerber und für die Zweckzuwendungen. Dabei gilt in allen Steuerklassen ein mit zunehmendem Wert der Erbschaft steigender Stufensatztarif. Er beträgt in Steuerklasse I mindestens 7 % bis höchstens 30 %, in Steuerklasse II mindestens 15 %, höchstens 43 %, schließlich in Steuerklasse III mindestens 30 % und höchstens 50 % (§ 19 ErbStG). Zusätzlich bestehen Freibeträge und Steuerbefreiungen. Für Ehegatten und Lebenspartner gilt ein Freibetrag von 500.000 Euro, dazu ein Versorgungsfreibetrag von 256.000 Euro. Kindern steht neben einem Freibetrag von 400.000 Euro ein altersmäßig bedingt unterschiedlicher Versorgungsfreibetrag von höchstens 52.000 Euro zu (§§ 16, 17 ErbStG).

883

Schrifttum:
Hans Brox/Wolf-Dietrich Walker, Erbrecht, 29. Aufl. 2021
Rainer Frank/Tobias Helms, Erbrecht, 7. Aufl. 2018
Dieter Leipold, Erbrecht, 23. Aufl. 2022
Lutz Michalski/Jessica Schmidt, BGB-Erbrecht, 5. Aufl. 2019

VII. Internationales Privatrecht

Wenn ein Sachverhalt *Beziehungen zu mehreren Rechtsordnungen* aufweist, bestimmt das internationale Privatrecht, welche Privatrechtsordnung Anwendung findet. Es ist nationales Recht. Oft verweist es auf Regelungen ausländischer Rechtsordnungen, die das deutsche Gericht dann seinen Entscheidungen zugrunde legen muss. Das deutsche internationale Privatrecht ist in seinem Kern in den Art. 3 bis 48 des Einführungsgesetzes zum Bürgerlichen Gesetzbuch (EGBGB) geregelt. Dazu gibt es zahlreiche internationale Übereinkommen, besondere Regelungen in einzelnen Sachgesetzen und in weitem Umfang Richterrecht.

884

Die Verweisungen des deutschen internationalen Privatrechts stehen unter dem *Vorbehalt des »ordre public«* gemäß Art. 6 EGBGB: Führt eine an sich anwendbare Rechtsnorm einer ausländischen Rechtsordnung zu einem Ergebnis, das mit wesentli-

885

D. Privatrecht

chen Grundsätzen des deutschen Rechts offenkundig unvereinbar ist, darf sie nicht angewendet werden. Das ist besonders dann der Fall, wenn ihre Anwendung mit Grundrechten unvereinbar ist. Entsprechendes gilt für die Anerkennung ausländischer Gerichtsurteile gemäß § 328 ZPO und Art. 45 der Europäischen Verordnung über die gerichtliche Zuständigkeit und die Anerkennung und Vollstreckung von Entscheidungen in Zivil- und Handelssachen (EuGVVO) mit einzelnen Modifikationen in der Reichweite des Vorbehaltes.

886 Oft erklärt das deutsche internationale Privatrecht zur Regelung eines Sachverhalts eine ausländische Rechtsordnung insgesamt für anwendbar. Man spricht hier von *Gesamtverweisung*. Nicht selten verweist dann das damit ebenfalls für anwendbar erklärte ausländische internationale Privatrecht wieder zurück auf die deutsche Rechtsordnung oder aber es verweist auf eine dritte Rechtsordnung. Solcher Rück- und Weiterverweisung muss grundsätzlich gefolgt werden. Das gilt allerdings nicht im Fall einer Rechtswahl durch die Beteiligten und nicht im vertraglichen Schuldrecht, weil hier lediglich die Sachvorschriften, nicht jedoch die Kollisionsregeln zum Zuge kommen (Art. 4 Abs. 2 EGBGB, Art. 20 Rom I-VO).

887 In Bezug auf das *Recht der natürlichen Personen und der Rechtsgeschäfte* gilt für die Rechts- und Geschäftsfähigkeit, für das Namensrecht und Todeserklärung grundsätzlich das Heimatrecht des Betroffenen (Art. 7, 9, 10 EGBGB). Für die Formgültigkeit von Rechtsgeschäften wird entweder an das Recht des Vornahmeortes oder an das sachlich maßgebliche Geschäftsrecht angeknüpft.

888 Für *Schuldverträge* gilt in erster Linie gemäß der Privatautonomie das von den Parteien gewollte Recht, das sie ausdrücklich oder stillschweigend bestimmt haben (Art. 3 Rom I-VO). Wurde von den Parteien keine Rechtswahl nach Art. 3 Rom I-VO getroffen, bestimmt sich das auf den Vertrag anzuwendende Recht grundsätzlich nach Art. 4 Rom I-VO. Das Gesetz sieht im Interesse von Verbrauchern, Beförderern, Versicherungen und Arbeitnehmern Sonderanknüpfungen für Verträge dieser Gruppen vor (Art. 5, 6, 7, 8 Rom I-VO). Für Schadensersatzpflichten aus *unerlaubter Handlung* gilt grundsätzlich das Recht des Tatortes (Art. 40 EGBGB). Das kann einerseits der Ort der schädigenden Handlung, andererseits der des Tatererfolges sein. Dabei ist der Begriff »unerlaubte Handlung« im internationalen Privatrecht wesentlich weiter als im deutschen materiellen Recht. So umfasst er hier auch die Gefährdungshaftung, Aufopferung und Ansprüche aus culpa in contrahendo bei Verletzung allgemeiner Fürsorgepflichten.

889 Für das internationale *Sachenrecht* gilt in Deutschland das Recht des Staates, in dem sich die Sache befindet, die lex rei sitae. Gelangt eine Sache, an der Rechte begründet sind, in einen anderen Staat, so können diese Rechte nicht in Widerspruch zu der Rechtsordnung dieses Staates ausgeübt werden (Art. 43 Abs. 1, 2 EGBGB). Als Gewohnheitsrecht gilt für dingliche Rechte an Grundstücken und beweglichen Sachen das Recht des Lageortes, die lex rei sitae.

890 Praktisch bedeutsam ist auch das internationale *Familienrecht*. Die Frage der materiellen Wirksamkeitsvoraussetzungen einer Ehe bestimmt sich grundsätzlich nach dem Recht, dem die Verlobten jeweils angehören (Art. 13 Abs. 1 EGBGB). Ist die Ehe in Deutschland geschlossen, gilt grundsätzlich allein deutsches Recht. Für eine Reihe von Fragen gilt im Familienrecht in erster Linie das gemeinsame Heimatrecht der Ehegatten, hilfsweise desjenige ihres gewöhnlichen Aufenthaltes, falls er sich für beide im selben Staat befindet. Wenn ein solcher Anknüpfungspunkt nicht besteht, gilt das Recht

des Staates, dem die Ehegatten am ehesten verbunden sind. Diese Vorstellungen liegen der Anknüpfung für den ehelichen Güterstand und für die Ehescheidung zugrunde (Art. 14–17 EGBGB).Für eingetragene Lebenspartnerschaften finden sich die Regelungen in Art. 17 b EGBGB wieder. Eine Rechtswahl ist hier nur in eingeschränktem Umfang möglich (Art. 14 Abs. 2–4, 15 Abs. 2 EGBGB). Die Abstammung des Kindes unterliegt dem Recht des gewöhnlichen Aufenthaltes (Art. 19 EGBGB).

Für den *Schutz von Minderjährigen*, etwa bei der Sorgerechtsentscheidung infolge einer Ehescheidung, gilt das Haager Minderjährigenschutzabkommen. Unterhaltspflichten bestimmen sich grundsätzlich nach dem Recht am Ort des gewöhnlichen Aufenthaltes des Berechtigten (Art. 18 Abs. 1 EGBGB). 891

Das internationale *Erbrecht* knüpft an das Heimatrecht des Erblassers an. Für inländische Grundstücke kann das deutsche Recht bestimmt werden (Art. 25 EGBGB). Zahlreiche Sonderanknüpfungen gelten für Verfügungen von Todes wegen gemäß Art. 26 EGBGB. 892

Schrifttum:
Hannes Rösler, Internationales Privat- und Zivilverfahrensrecht, 5. Aufl. 2016
Abbo Junker, Internationales Privatrecht, 5. Aufl. 2022
Gerhard Ring/Line Olsen-Ring, Internationales Privatrecht, 3. Aufl. 2021

VIII. Handels- und Gesellschaftsrecht

1. Handelsrecht

Das Handelsrecht normiert das *Recht des Kaufmannes*. Es ist ein besonderer Teil des Privatrechts, das den spezifischen Bedürfnissen des Handels Rechnung tragen soll. Dabei meint Handel nicht nur den Güterumsatz, sondern auch andere Bereiche des Wirtschaftslebens wie das Transportgewerbe, das Bank- und Versicherungswesen, die Industrie und das Handwerk. 893

Das deutsche System des Handelsrechts knüpft an die Kaufmannseigenschaft an, die es definiert und an die es Folgen knüpft. Es ist deshalb ein *subjektives System* als Sonderrecht der Kaufleute im Gegensatz zum objektiven System Frankreichs, das ein Recht der Handelsgeschäfte ist. Weil das Handelsrecht einen Lebensbereich regelt, in dem zu einem großen Teil Unternehmen tätig sind und der einzelne Kaufmann demgegenüber oft in den Hintergrund tritt, wird das Handelsrecht häufig auch als das Recht der Unternehmen bezeichnet. 894

Das Handelsrecht ist in Kerngebieten im *Handelsgesetzbuch* (HGB) enthalten, das 1897 verkündet und zusammen mit dem BGB am 1.1.1900 in Kraft getreten, inzwischen vielfach geändert ist. Daneben treten *zahlreiche weitere Gesetze*, wie das Gesetz gegen Wettbewerbsbeschränkungen (GWB), das Montanmitbestimmungsgesetz (MontanMitbestG), das Mitbestimmungsgesetz (MitbestG), das Betriebsverfassungsgesetz (BetrVG) und Gesetze über einzelne Unternehmensformen wie das Aktiengesetz (AktG) und das GmbH-Gesetz (GmbHG). Manches hiervon wird heute bereits als systematisch eigenes Rechtsgebiet behandelt. 895

Das Handelsrecht ist starken *Tendenzen zur internationalen Angleichung* besonders auch innerhalb der Europäischen Union ausgesetzt. Sie erstrecken sich neben anderen auch auf den Firmen- und Markenschutz, das See- und Luftfahrtsrecht, Straßengüter- und Eisenbahnverkehr, das Wechsel- und Scheckrecht. Vor allem für die internationa- 896 len Handelskäufe ist das Wiener UN-Übereinkommen über den internationalen Warenkauf (auch als UN-Kaufrecht oder CISG bekannt) bedeutsam.

897 Die raschen Entwicklungen des Wirtschaftsverkehrs haben viele der gesetzlichen Regelungen in den Hintergrund gedrängt. *Richterrecht* und *Gewohnheitsrecht* spielen eine erhebliche Rolle, auf Handelsbräuche verweist das Gesetz selbst (zB § 346 HGB). Zahlreiche wichtige Erscheinungsformen des Handels finden sich gesetzlich nahezu ungeregelt. Dies betrifft etwa das Leasing als Sonderform der Miete, bei dem besonders die Wartungs- und Instandsetzungspflicht dem Leasingnehmer obliegt, und das Franchising, bei dem ein Konzessionsgeber einem Konzessionsnehmer die meist regionale Nutzung eines Geschäftskonzeptes gegen Entgelt zur Verfügung stellt. Es betrifft aber auch das aus dem Rechtskauf entwickelte Factoring als gewerbliche Übertragung von Forderungen eines Unternehmens (Kreditor) gegen Forderungsschuldner (Debitor) vor Fälligkeit an ein Kreditinstitut oder ein Spezialinstitut (Factor). Ein weiteres Beispiel ist schließlich das Recht der Vertragshändler, wie sie im Kraftfahrzeughandel häufig sind, die als selbstständige Kaufleute aufgrund vertraglicher Verpflichtung im eigenen Namen und für eigene Rechnung Waren bestimmter Lieferanten vertreiben.

898 Das *HGB besteht aus fünf Büchern*, die den Handelsstand, die Gesellschaften – von denen zahlreiche Formen in weiteren Gesetzen geregelt sind –, die Handelsbücher, die Handelsgeschäfte und das Seehandelsrecht regeln.

899 Den Handelsstand bilden die Kaufleute. *Kaufmann* ist, wer ein Handelsgewerbe betreibt (§ 1 HGB). Der Verkehr von Kaufleuten untereinander besitzt Besonderheiten, die spezielle Regelungen erfordern. Der Handel ist auf ein erhöhtes Maß an Rechtssicherheit angewiesen, deshalb ist der Gedanke der Erklärungstreue und der Schutz des Vertrauens auf äußere Tatbestände besonders ausgebildet. Das Recht der Vertretung ist etwa durch die *Prokura* besonders geregelt. Der Prokurist besitzt gesetzlich zwingend geregelte, umfassende Vollmacht für den Betrieb des Handelsgeschäfts; die Prokura muss ihm vom Inhaber des Handelsgeschäfts oder dessen Vertreter erteilt worden sein (§§ 48 ff. HGB).

900 Das *Handelsregister* (§§ 8 ff. HGB) erfüllt das Bedürfnis nach Publizität; in dieses bei den Amtsgerichten geführte Register werden Verhältnisse wie die Vertretungsbefugnis, der Ort und die Firma – das ist der Name – des Handelsgeschäfts eingetragen. Jede Eintragung im Handelsregister gilt Dritten gegenüber so lange als richtig und bestehend, bis eine entsprechende Änderung eingetragen und bekannt gemacht ist. Das gilt nur dann nicht, wenn der Dritte den wahren Sachverhalt kennt (§ 15 HGB). Publizitätsbedürfnisse machen die Veröffentlichung von Bilanzen und Geschäftsberichten erforderlich.

901 Wichtig ist auch das Institut des *kaufmännischen Bestätigungsschreibens*: Das Schreiben eines Kaufmannes an einen anderen Kaufmann über den Inhalt einer Vereinbarung bindet den anderen, wenn dieser nicht unverzüglich widerspricht; der Vertrag, auf den darin Bezug genommen wird, gilt als mit dem Inhalt des Bestätigungsschreibens zustande gekommen, ohne dass es auf ein entsprechendes Bewusstsein des Empfängers ankommt. Dies gehört in den Bereich auch sonst bestehender Rügepflichten des Kaufmanns.

902 Verjährungsfristen sind im Handelsrecht abgekürzt, zahlreiche Formvorschriften und sonstige Schutzregelungen besonders im Recht der allgemeinen Geschäftsbedingungen gelten zwischen Kaufleuten nicht. Das Handelsrecht spiegelt und stützt das besondere

VIII. Handels- und Gesellschaftsrecht   D.

Bedürfnis dieses Lebensbereiches nach *Vertragsfreiheit* und *rechtlichen Spielräumen*. Zugunsten der Kaufleute gilt angesichts ihres herkömmlichen und notwendigen Gewinnstrebens die grundsätzliche Anerkennung der Entgeltlichkeit ihrer Leistungen und der Verzinslichkeit ihrer Forderungen. Es bestehen besondere Zurückbehaltungs- und Pfandrechte. Das Bedürfnis nach Risikobegrenzung hat die Anerkennung verschiedener Formen der Haftungsbegrenzung zur Folge, besonders die Möglichkeit, Privatvermögen und Geschäftsvermögen durch die Zulassung von Gesellschaften mit eigener Rechtspersönlichkeit zu trennen.

Schrifttum:
Peter Bülow/Markus Artz, Handelsrecht, 7. Aufl. 2015
Peter Jung, Handelsrecht, 12. Aufl. 2019
Karsten Schmidt, Handelsrecht, 6. Aufl. 2014

2. Gesellschaftsrecht

a) Grundsätze

Das Gesellschaftsrecht umgreift und strukturiert das *Recht der privaten Personenvereinigungen*, sowohl der großen wirtschaftlichen Unternehmen als auch der auch außerhalb des Wirtschaftslebens anzutreffenden Zusammenschlüsse. Letztere sind die Gesellschaft des bürgerlichen Rechts einerseits und der Verein andererseits (§§ 705 ff., 21 ff. BGB). Der *Verein* steht in der Tradition des römischen Rechts. Die wichtigsten ihm zuzuordnenden weiteren Gesellschaftsformen sind die Aktiengesellschaft (AG), die Gesellschaft mit beschränkter Haftung (GmbH), die Kommanditgesellschaft auf Aktien (KGaA), die Genossenschaft (Gen) und der Versicherungsverein auf Gegenseitigkeit (VVaG). Der *Gesellschaft bürgerlichen Rechts*, eher der germanischen Rechtstradition zugehörig, sind die Offene Handelsgesellschaft (OHG), die Kommanditgesellschaft (KG), die Stille Gesellschaft (StG) und die Partnerschaftsgesellschaft zugeordnet. Im Folgenden werden die sozial wichtigsten dieser Gesellschaftsformen dargestellt. 903

Das deutsche Gesellschaftsrecht ist also durch eine *große Vielfalt der Gesellschaftsformen* gekennzeichnet, im Gegensatz etwa zum anglo-amerikanischen System. Eines seiner Charakteristika ist zudem die fast unbeschränkte Freiheit der Beteiligten, unter den angebotenen Gesellschaftsformen zu wählen, um den konkreten Bedürfnissen einzelner Unternehmungen gerecht zu werden; oft spielen dabei auch steuerliche Überlegungen eine zentrale Rolle. Von diesem *Grundsatz der Wahlfreiheit* bestehen Ausnahmen. Vereine sind für »ideale Zwecke« vorgesehen. Zwar können sie mit besonderer Genehmigung auch wirtschaftliche Zwecke verfolgen, diese Genehmigung wird aber selten erteilt (§ 22 BGB). OHG und KG müssen ein kaufmännisches Gewerbe betreiben, sonst sind sie von Gesetzes wegen Gesellschaften des bürgerlichen Rechts. Umgekehrt ist die Gesellschaft bürgerlichen Rechts automatisch OHG, wenn sie ein kaufmännisches Gewerbe betreibt. 904

Gesellschaften können auch in andere Gesellschaftsformen überführt werden. Viele der Regelungen über die innere Ausgestaltung sind durch Vertrag der Gesellschafter abdingbar, um sie besonderen Bedürfnissen anzupassen. Die im Gesetz vorgesehenen *Formen und Strukturen* haben deshalb vor allem *Modellcharakter*. Andererseits bleiben einzelne Regelungen zum Schutz von Gesellschaftern und Dritten zwingend, besonders bei der Aktiengesellschaft. 905

D. Privatrecht

906 Die Gesellschaften werden herkömmlich unterteilt in Kapitalgesellschaften und Personengesellschaften. Bei den *Kapitalgesellschaften* – dem eingetragenen Verein und den ihm zuzuordnenden weiteren Gesellschaftstypen – steht das selbstständige Kapital im Vordergrund. Diese Gesellschaften bestehen stets als juristische Personen im Sinne des Privatrechts. Sie sind selbstständiges Steuersubjekt. Grundsätzlich haften die Gesellschafter mit ihrem Privatvermögen nicht für Verbindlichkeiten der Gesellschaft. Ihre Gesellschaftsanteile sind übertragbar. Die Gesellschaft ist körperschaftlich organisiert, hat also Mitglieder, es werden eigene Organe tätig, und es gilt das Mehrheitsprinzip unter den Gesellschaftern.

907 Demgegenüber besteht für das Vermögen der *Personengesellschaften*, wie etwa der Gesellschaft bürgerlichen Rechts, Gesamthandsgemeinschaft, das heißt, es ist ein gesamthänderisch gebundenes Sondervermögen der Gesellschafter, die Gesellschafter können also über die Gegenstände des Gesellschaftsvermögens nur zusammen verfügen. Die Personengesellschaft ist kein selbstständiges Steuersubjekt. Die Gesellschafter haften selbst mit ihrem eigenen Vermögen für die Verbindlichkeiten der Gesellschaft. Der Zusammenschluss zu einer Personengesellschaft beruht auf dem besonderen Vertrauen der Gesellschafter zueinander. Ihre Anteile sind grundsätzlich nicht übertragbar. Wegen der personalistischen Organisation herrscht bei Entscheidungen das Prinzip der Einstimmigkeit. Die Gesellschafter handeln als Organ der Gesellschaft. Im Einzelnen können diese typischen Merkmale jedoch mit denen der Kapitalgesellschaften konvergieren und besonders ausgestaltet sein. Die Haftungsordnung und die Vermögensordnung können allerdings grundsätzlich nicht verändert werden.

908 Alle Gesellschaften müssen in das Handelsregister, das Vereins- oder das Genossenschaftsregister *eingetragen* werden. Das gilt nur für die Gesellschaft bürgerlichen Rechts und für die Stille Gesellschaft nicht. Die Eintragung muss im Bundesanzeiger und in einer örtlichen Zeitung bekannt gemacht werden. Der Verein und die ihm zuzuordnenden Gesellschaften entstehen erst mit der Eintragung. Auch alle Satzungsänderungen sind eintragungsbedürftig, ebenso die Höhe der Kommanditeinlage bzw. des Kapitals, die Firma und die Vertretungsbefugnisse.

909 Besonders internationale Großprojekte werden häufig als *joint venture*, also als eine gemeinschaftliche Unternehmung, durchgeführt. Rechtlich handelt es sich dabei um ein mehrstufiges Verfahren, bei dem zunächst ein Vertrag zwischen den beteiligten Unternehmen geschlossen wird, ein joint venture-Unternehmen gründen zu wollen. Dieser Vertrag enthält regelmäßig Bestimmungen über Ziel, Zeitplan, anzuwendendes Recht und den Gerichtsstand bei Auseinandersetzungen. Dadurch bilden die Unternehmen zumeist eine Gesellschaft bürgerlichen Rechts. Die davon zu unterscheidende noch zu gründende Trägergesellschaft des joint ventures selbst wird dann meist eine Aktiengesellschaft sein.

910 In Ausführung von Maßgaben des europäischen Gemeinschaftsrechts ist die Europäische Wirtschaftliche Interessenvereinigung (EWIV) als Organisationsform für *grenzüberschreitende Zusammenarbeit* geschaffen worden. Mindestens zwei Mitglieder der EWIV müssen verschiedenen Mitgliedstaaten der Europäischen Gemeinschaft angehören.

911 Darüber hinaus gibt es die Europäische Gesellschaft unter dem Namen Societas Europaea (SE). Sie beruht unmittelbar auf dem Recht der Europäischen Union und kann sich ohne Niederlassungen in der gesamten Gemeinschaft wirtschaftlich betätigen. Die SE muss durch Gesellschaften aus mindestens zwei Mitgliedstaaten gegründet werden.

VIII. Handels- und Gesellschaftsrecht   D.

b) Aktiengesellschaft

Eine der rechtlich erfolgreichsten und für große Unternehmen weitverbreitete Gesellschaftsform ist die Aktiengesellschaft. Das Aktienrecht ist vor allem im Aktiengesetz (AktG) vom 6.9.1965 geregelt, nur wenige Bestimmungen können in der Satzung der Aktiengesellschaft modifiziert werden. Die Aktiengesellschaft ist eine Gesellschaft mit *eigener Rechtspersönlichkeit*. Sie ist stets *Handelsgesellschaft* im Sinne des HGB, auch wenn sie kein Handelsgewerbe betreibt, was aber praktisch so gut wie nicht vorkommt. Sie unterliegt also den Vorschriften des HGB für Kaufleute. Die Form der Aktiengesellschaft eignet sich besonders für Unternehmen mit großem Kapitalbedarf, aber auch für solche mit erheblichem Risiko, weil der Aktionär nur den Wert seiner Aktie verlieren kann, darüber hinaus aber nicht haftet.   912

Ihre *Gesellschafter* verpflichten sich, bei der Gründung ein bestimmtes Kapital, das Grundkapital, aufzubringen. Darüber hinaus sind sie weder der Gesellschaft noch deren Gläubigern zu Leistungen verpflichtet. Für Verbindlichkeiten der Gesellschaft haftet den Gläubigern ausschließlich das Gesellschaftsvermögen. Die Mitgliedschaft der Gesellschafter in der Gesellschaft wird in *Aktien* verbrieft. Solche Aktien sind leicht übertragbar. Sie verbriefen zudem in der Regel das Recht auf eine Dividende, das ist der Teil des Gewinnes pro Aktie, der aufgrund eines Beschlusses des zuständigen Organs ausgeschüttet wird. Häufig werden die Aktien an der Börse gehandelt, ihr Kurs repräsentiert die wirtschaftliche Wertschätzung, die der Aktiengesellschaft entgegengebracht wird. Die Rechte der einzelnen Aktionäre bestimmen sich vor allem nach der Zahl der Aktien, die sie halten.   913

Zur *Gründung* einer Aktiengesellschaft (§§ 23 ff. AktG) reicht eine natürliche oder juristische Person. Der oder die Gründer übernehmen die Einlagen und beschließen die Satzung in notariell beurkundeter Verhandlung. Mit der Eintragung im Handelsregister entsteht die Aktiengesellschaft als juristische Person. Das Grundkapital der Aktiengesellschaft beträgt mindestens fünfzigtausend Euro, das in Aktien im Nennwert von mindestens einem Euro aufgeteilt wird (§§ 6 ff. AktG).   914

Die Aktiengesellschaft besitzt *drei Organe*: den Vorstand, den Aufsichtsrat und die Hauptversammlung. Die Satzung kann den gesetzlich festgelegten Zuständigkeitsbereich der Organe nicht verändern. Allerdings besteht ein gewisser Spielraum dadurch, dass die Satzung und der Aufsichtsrat selbst bestimmte Arten von Geschäften des Vorstandes von der Zustimmung des Aufsichtsrates abhängig machen können (§ 111 Abs. 4 AktG).   915

Der *Vorstand* leitet die Gesellschaft (§ 76 AktG). Er ist nicht an Weisungen des Aufsichtsrates oder der Hauptversammlung gebunden. Er ist jedoch wegen der personalpolitischen Befugnisse des Aufsichtsrates oder in Einzelfragen besonders von ihm abhängig. Der Vorstand vertritt die Gesellschaft. Zumeist besteht der Vorstand aus mehreren Personen. Sie werden auf die Dauer von höchstens fünf Jahren vom Aufsichtsrat bestellt, eine Wiederbestellung ist zulässig. Aus wichtigem Grund können sie abberufen werden. Für bestimmte Geschäfte wie Grundstücks- und Beteiligungsgeschäfte bedarf der Vorstand regelmäßig der Zustimmung des Aufsichtsrates.   916

Der *Aufsichtsrat* (§§ 95 ff. AktG) hat neben den bereits genannten Aufgaben die Verpflichtung, den Vorstand zu überwachen und zu beraten. Er ist das zentrale Organ zur Kontrolle der Aktiengesellschaft. Ein Mitglied des Aufsichtsrates kann nicht gleich-   917

D. Privatrecht

zeitig Mitglied des Vorstandes oder Angestellter der Gesellschaft sein. Der Vorstand unterrichtet den Aufsichtsrat.

918 Die Zusammensetzung des Aufsichtsrates ist vom Mitbestimmungsrecht der Arbeitnehmer abhängig und einigermaßen kompliziert (§§ 95 ff. AktG): Bei Familiengesellschaften mit weniger als 500 Arbeitnehmern und bei den sogenannten Tendenzunternehmen wie Presse- und Rundfunkgesellschaften wählen die Aktionäre die Aufsichtsräte für höchstens fünf Jahre in der Hauptversammlung. Für solche Aktiengesellschaften, die dem Mitbestimmungsrecht unterfallen, werden ein Drittel bis die Hälfte der Aufsichtsräte von der Belegschaft und von den Gewerkschaften bestimmt. Auch im weitestgehenden Mitbestimmungsstatut nach dem MitbestG hat die Seite der Anteilseigner dadurch ein Übergewicht, dass der letztlich stets von ihr bestimmte Vorsitzende des Aufsichtsrates bei Stimmengleichheit eine weitere Stimme besitzt. Die Mitbestimmung von Arbeitnehmern und Gewerkschaften in Großbetrieben ist in Deutschland danach recht weitgehend ausgestaltet. Das trägt der Tatsache Rechnung, dass in der Regel die soziale Existenz auch der Arbeitnehmer mit ihrem Unternehmen wesentlich verbunden ist. Die Eigentumsrechte der Anteilseigner bleiben dabei den verfassungsrechtlichen Anforderungen des Art. 14 GG entsprechend gewahrt.

919 In der *Hauptversammlung* kommen die Anteilseigner zusammen (§§ 118 ff. AktG). Jeder Aktionär kann teilnehmen oder sich vertreten lassen. Der Vertreter, etwa eine Depotbank, ist an Weisungen des Aktionärs gebunden. Die Aktionäre besitzen ein Stimmrecht und ein Auskunftsrecht, das bei bestimmten Arten von Aktien ausgeschlossen sein kann. Fehlerhafte Beschlüsse der Hauptversammlung kann der Aktionär vor Gericht anfechten oder für nichtig erklären lassen. Einzelne Aktionärsminderheiten können zudem etwa die Einberufung einer Hauptversammlung, eine Sonderprüfung und die Geltendmachung von Ersatzansprüchen verlangen.

920 Die Hauptversammlung beschließt über Satzungsänderungen, Kapitaländerungen, die Besetzung des Aufsichtsrats mit Aktionärsvertretern, über die Auflösung der Gesellschaft, über den Abschluss von Unternehmensverträgen, um einen Konzern zu bilden, und über die Verwendung des Bilanzgewinnes der Gesellschaft, endlich auch über die Entlastung des Vorstands und der Aufsichtsratsmitglieder.

c) Gesellschaft mit beschränkter Haftung

921 Die Gesellschaft mit beschränkter Haftung gehört zu den rechtlich erfolgreichsten Unternehmensformen. Sie ist Ende des 19. Jahrhunderts in Deutschland entwickelt worden (GmbHG vom 20.4.1892) und hat Entsprechungen in fast der gesamten Welt mit Ausnahme des anglo-amerikanischen Raumes gefunden. Diese Gesellschaftsform ist dadurch gekennzeichnet, dass die Gesellschafter für die Verbindlichkeiten der Gesellschaft *persönlich nicht haften*. Sie leisten Einlagen auf das Stammkapital der Gesellschaft, das zusammen mit dem sonstigen Gesellschaftsvermögen grundsätzlich die alleinige Haftungsgrundlage der Gesellschaft bildet. Die GmbH steht den Personengesellschaften näher als die Aktiengesellschaft; die Gesellschafter haben relativ große Freiheit in der Ausgestaltung der internen Gesellschaftsverhältnisse.

922 Die GmbH kann zu jedem beliebigen erlaubten Zweck, auch zu ideellen, von jeder natürlichen oder juristischen Person *errichtet* werden (§ 1 GmbHG). Obwohl sie Gesellschaft ist, kann auch ein Einzelner sie gründen, es besteht dann die sogenannte Ein-Personen-GmbH. Der Gründungsakt muss notariell beurkundet werden, die GmbH entsteht danach mit ihrer Eintragung in das Handelsregister des örtlichen

Amtsgerichts. Das Stammkapital muss mindestens fünfundzwanzigtausend Euro betragen. Besonderheiten gelten jedoch bei der sog Unternehmergesellschaft, die eine Rechtsformvariante der GmbH darstellt. Diese kann abweichend von der gewöhnlichen notariellen Beurkundung auch gem. § 2 Abs. 1a GmbHG mittels Musterprotokoll gegründet werden. Das Stammkapital der Unternehmergesellschaft kann gem. § 5a Abs. 1 GmbHG den Betrag des Mindestkapitals nach § 5 Abs. 1 GmbHG unterschreiten; theoretisch kann eine Ein-Personen-Unternehmergesellschaft mit einem Stammkapital von lediglich einem Euro gegründet werden.

Die GmbH wird von einem oder mehreren *Geschäftsführern* geleitet und vertreten (§§ 35 ff. GmbHG). Sie werden von der Gesellschafterversammlung bestellt und abberufen. Geschäftsführer dürfen der Gesellschaft grundsätzlich keine Konkurrenz machen. Die *Gesellschafterversammlung* (§§ 48 ff. GmbHG) ist das oberste Organ der GmbH. Sie entscheidet vorbehaltlich abweichender Regelungen in der Satzung mit einfacher Mehrheit, bei Satzungsänderungen ist Drei-Viertel-Mehrheit erforderlich und ausreichend. Anders als der Aufsichtsrat bei der Aktiengesellschaft kann die Gesellschafterversammlung Beschlüsse zur Geschäftsführung fassen, die für die Geschäftsführer bindend sind. GmbHs können einen Aufsichtsrat bestellen und müssen dies tun, soweit das Mitbestimmungsrecht dies vorsieht. Streitig ist, wieweit das Weisungsrecht der Gesellschafterversammlung in GmbHs reicht, die dem Mitbestimmungsstatut unterfallen. Das BetrVG schreibt für GmbHs mit regelmäßig über 500 Arbeitnehmern einen Aufsichtsrat vor. Bei einer Zahl von mehr als 2000 Arbeitnehmern muss der Aufsichtsrat nach dem Mitbestimmungsgesetz entsprechend der Regelung für Aktiengesellschaften paritätisch besetzt sein. 923

Die *Gesellschafter* können ihre Geschäftsanteile veräußern, was allerdings durch die Satzung ausgeschlossen werden kann. Gesellschafter sind zur Förderung der Interessen der GmbH verpflichtet (§ 705 BGB); auch untereinander besteht die Loyalitätspflicht, deren Intensität mit zunehmender Zahl der Gesellschafter abnimmt. 924

d) Genossenschaft

Nach dem Genossenschaftsgesetz (GenG) kann eine Genossenschaft in das Genossenschaftsregister beim Amtsgericht eingetragen werden. Sie ist eine *vereinsähnliche Körperschaft*, die die Förderung des Erwerbs oder der Wirtschaft ihrer Mitglieder zum Geschäftsgegenstand hat (§ 1 Abs. 1 GenG). Dabei bleiben die einzelnen Mitglieder weitgehend selbstständig, in der Generalversammlung wählen sie den Vorstand und den Aufsichtsrat der Genossenschaft. Wirtschaftlich bedeutsam sind Einkaufs- und Verkaufsgenossenschaften der Landwirte, Einzelhandelsgenossenschaften von Kaufleuten und Bankunternehmen als Kreditgenossenschaften wie Raiffeisen- und Volksbanken. 925

e) Gesellschaft bürgerlichen Rechts

Die *Grundform der Personengesellschaften* ist die Gesellschaft bürgerlichen Rechts. Sie ist in den §§ 705–740 BGB geregelt. Handelsrechtliche Formen der Personengesellschaft sind die Offene Handelsgesellschaft, die Kommanditgesellschaft, die Stille Gesellschaft und die Partnerschaftsgesellschaft. 926

D. Privatrecht

927 Die meisten der gesetzlichen Regelungen können durch den Gesellschaftsvertrag abbedungen und verändert werden. Die Personengesellschaften unterliegen auch nicht der Verpflichtung, ihre Bilanzen prüfen zu lassen und zu veröffentlichen.

928 Die Gesellschaft bürgerlichen Rechts dient der Erreichung eines *gemeinsamen Zwecks der Gesellschafter*. Es können beliebige Zwecke sein. Lediglich ein vollkaufmännisches Gewerbe ist ausgeschlossen. Die Form einer Gesellschaft bürgerlichen Rechts ist häufig. Oft sind Anwaltssozietäten und Gemeinschaftspraxen von Ärzten in dieser Rechtsform organisiert, wenn sie nicht von der Form der Partnerschaftsgesellschaft Gebrauch machen, die nach dem Partnerschaftsgesellschaftsgesetz (PartGG) eine Personengesellschaft ist, in der sich Angehörige freier Berufe zur Ausübung ihrer Berufe zusammenschließen; sie kann nur aus natürlichen Personen bestehen und eine bloße Kapitalbeteiligung an ihr ist nicht zulässig. Gesellschaft bürgerlichen Rechts sind regelmäßig aber auch Arbeitsgemeinschaften (Arge) von mehreren Großunternehmen für Gemeinschaftsprojekte wie den Bau eines Staudammes oder die Erschließung eines Erdölfeldes. Andererseits sind schon Wettgemeinschaften von Arbeitskollegen im Lotto Gesellschaften bürgerlichen Rechts.

929 Die Gesellschaft entsteht durch den Gesellschaftervertrag. Das *Vermögen* ist Gesamthandsvermögen und besteht aus den Einlagen der Gesellschafter und aus den Erträgen der Gesellschaft. Grundsätzlich haftet für Verbindlichkeiten der Gesellschaft bürgerlichen Rechts sowohl die Gesellschaft als solche als auch jeder einzelne Gesellschafter. Die Haftung der Gesellschaft kann allerdings auf das Gesellschaftsvermögen beschränkt werden. Jeder Gesellschafter hat das Recht und die Pflicht, an der *Geschäftsführung* der Gesellschaft und an ihrer *Vertretung* nach außen mitzuwirken. Von Gesetzes wegen wirken stets alle Gesellschafter zusammen; der Gesellschaftsvertrag kann hiervon jedoch Abweichungen vorsehen. Obwohl Gesellschaften bürgerlichen Rechts keine eigene Rechtspersönlichkeit besitzen, können sie nach der Rechtsprechung des BGH doch selbst vor Gericht klagen und verklagt werden.

f) Offene Handelsgesellschaft

930 Die Rechtsform der Offenen Handelsgesellschaft (OHG) wird zumeist von kleineren mittelständischen Unternehmen gewählt. Sie ist eine Gesellschaft, deren Zweck auf den Betrieb eines Handelsgewerbes gerichtet ist (§§ 105 ff. HGB). Alle *Gesellschafter haften* den Gläubigern der Gesellschaft unbeschränkt auch *mit ihrem persönlichen Vermögen*. Diese Haftung kann nicht ausgeschlossen werden. Dies mag ein Grund dafür sein, dass das Interesse an der OHG in den letzten Jahren stark gesunken ist, weil die unbeschränkte Haftung zwar eine bessere Kreditwürdigkeit begründet, aber auch erhebliche persönliche Risiken mit sich bringt.

931 Die OHG kann unter ihrem Namen *klagen und verklagt* werden. Sie muss im Handelsregister eingetragen sein und ist stets Kaufmann; sie unterliegt deshalb den für diesen geltenden besonderen Bestimmungen des Handelsrechts.

932 Die OHG wird von den *Gesellschaftern* verwaltet (§§ 114 ff. HGB). Es ist jeder Gesellschafter vorbehaltlich des Gesellschaftsvertrages allein zur Geschäftsführung und zur Vertretung der Gesellschaft nach außen berechtigt; Abweichungen hiervon sind Dritten gegenüber nur wirksam, wenn sie im Handelsregister eingetragen sind. Zwischen den Gesellschaftern bestehen gegenseitige Treuepflichten, die auch das Verbot umfassen, der Gesellschaft in ihrem Handelszweig Konkurrenz zu machen.

Wegen der engen persönlichen Bindungen der Gesellschafter lässt das Gesetz die Gesellschaft enden, wenn einer von ihnen etwa durch *Tod* ausscheidet (§ 131 HGB). Der Gesellschaftsvertrag kann aber etwas anderes vorsehen und wird dies häufig tun. Das Gesetz hat es auch unterlassen, den Erbgang in einen Gesellschaftsanteil zu regeln. Die ganz herrschende Auffassung lässt die Vererblichkeit eines Gesellschaftsanteils zu, wobei schwierige und im Einzelnen umstrittene Probleme entstehen. Entscheidend ist, dass der Gesellschaftsvertrag die Vererblichkeit des Anteils vorsieht und was er an Einzelbestimmungen über den Vollzug des Übergangs enthält.

g) Kommanditgesellschaft und verwandte Gesellschaftsformen

Die Kommanditgesellschaft (KG) unterscheidet sich von der OHG besonders dadurch, dass bei einem Teil der Gesellschafter die Haftung gegenüber den Gläubigern der Gesellschaft auf ihre Einlage für das Gesellschaftskapital beschränkt ist, sobald die Gesellschaft im Handelsregister eingetragen ist (§§ 161 ff. HGB). Sie werden *Kommanditisten* genannt. Daneben steht der *Komplementär*, das ist der persönlich haftende Gesellschafter, der wie die Gesellschafter der OHG für die Verbindlichkeiten der KG mit seinem gesamten Vermögen einstehen muss. Die Kommanditisten sind nach der gesetzlichen Regelung von der Geschäftsführung und der Vertretung der Gesellschaft ausgeschlossen. Sie besitzen Kontrollbefugnisse und ein Widerspruchsrecht bei außergewöhnlichen Geschäften. Durch den Gesellschaftervertrag können den Kommanditisten aber auch Befugnisse der Geschäftsführung übertragen werden; die Vertretung nach außen ist nur über eine gesonderte Vollmacht möglich.

Eine beliebte Kombination von Rechtsformen ist die *GmbH & Co. KG*. Dies ist eine Kommanditgesellschaft mit einer GmbH als persönlich haftendem Gesellschafter. Da die GmbH nur bis zur Höhe des Eigenkapitals haftet, wird praktisch eine Haftungsbeschränkung auch der Kommanditgesellschaft bewirkt und die gefährliche persönliche Haftung des Geschäftsführers vermieden.

Die *Kommanditgesellschaft auf Aktien* ist eine Kapitalgesellschaft, die der Aktiengesellschaft nahe steht, aber wie die Kommanditgesellschaft einen persönlich haftenden Komplementär besitzt (§§ 278 ff. AktG).

Bei der *Stillen Gesellschaft*, die der Kommanditgesellschaft verwandt ist, vereinbart ein Gesellschafter mit mindestens einem anderen, dass dieser andere sich an dem gemeinsamen Unternehmen beteiligt, ohne dass dies offengelegt wird (§§ 230 ff. HGB).

Schrifttum:
Barbara Grunewald, Gesellschaftsrecht, 11. Aufl. 2020
Jens Koch, Gesellschaftsrecht, 12. Aufl. 2021
Jens Prütting/ Marc-Philippe Weller, Handels- und Gesellschaftsrecht, 9. Aufl. 2016

IX. Wertpapierrecht

Das deutsche Wertpapierrecht ist in *zahlreichen Gesetzen* geregelt, die Bestimmungen sind durchaus lückenhaft. Sie finden sich vor allem im BGB, im HGB, im WG und im ScheckG, im AktG und im DepotG; hinzu treten landesrechtliche Einzelregelungen. Anders als etwa in § 965 des Schweizerischen Obligationenrechts besteht auch keine allgemeine Definition des Wertpapiers. Die herrschende Meinung versteht unter einem *Wertpapier* eine Urkunde, in der ein privates Recht dergestalt verbrieft ist, dass zur

D. Privatrecht

Geltendmachung des Rechts die Innehabung, also der Besitz der Urkunde, erforderlich ist.

939 *Wertpapiere dienen dazu*, Forderungen zu verbriefen und dadurch leichter übertragbar zu machen. Die Entwicklung geht allerdings inzwischen darüber hinaus zu Wertpapieren als reinen Buchungsposten bei Kreditinstituten und Wertpapiersammelbanken, wobei das Papier als solches oft nur noch fingiert wird.

940 *Wichtige Wertpapiere* sind Wechsel, Scheck und Schuldverschreibung, sie verbriefen eine Forderung; Aktien sind Mitgliedschaftspapiere; Grundschuldbriefe, Hypothekenbriefe und Investmentanteile sind sachenrechtliche Wertpapiere. Geldscheine sind keine Wertpapiere, weil sie zwar gesetzliche Zahlungsmittel sind, aber kein außerhalb ihrer selbst liegendes Recht verbriefen.

941 Man unterscheidet Inhaberpapiere und Orderpapiere. *Inhaberpapiere* lauten auf den Inhaber. Beispiele sind Inhaberaktien und Inhaberschuldverschreibungen. Sie werden nach sachenrechtlichen Grundsätzen durch Einigung und Übergabe übertragen. Das Recht aus dem Papier folgt hier dem Recht am Papier.

942 *Orderpapiere* lauten auf einen namentlich genannten Berechtigten. Hier folgt das Recht am Papier dem Recht aus dem Papier. Zur Übertragung bedarf es neben Einigung und Übergabe noch einer schriftlichen Abtretungserklärung, dem sogenannten Indossament. Oft wird durch bloße Unterschrift ein Blankoindossament gegeben; damit ist das Orderpapier praktisch ein Inhaberpapier.

943 *Aktien* verbriefen Teilhaberechte an einer Gesellschaft. Mit dem Teilhaberecht sind regelmäßig Stimmrechte, Auskunftsrechte, Ansprüche auf Dividendenzahlung verbunden. In Deutschland gibt es vorwiegend Inhaberaktien.

944 Aktien und ähnliche Wertpapiere unterliegen regelmäßig nicht unerheblichen Wertschwankungen und bergen deshalb Risiken für den Inhaber. Solche Risiken können durch breite Streuung des Anlagekapitals auf verschiedene Aktien gemindert werden, was für Anleger mit geringem Kapital nicht oder nur eingeschränkt möglich ist. Hier helfen Investmentfonds, sogenannte Kapitalanlagegesellschaften, an denen Investmentanteile erworben werden können. Die dadurch angesammelte größere Menge Kapital wird von einem fachkundigen Management in Aktien oder anderen Wertpapieren angelegt, die üblicherweise dann im Miteigentum der Anleger stehen. Nähere Regelungen finden sich im Kapitalanlagegesetzbuch (KAGB).

945 *Schuldverschreibungen*, auch Obligationen genannt, gewähren einen Anspruch auf Zinszahlung und auf Rückzahlung zum Nominalwert an einem bestimmten Fälligkeitstag. Bei der Wandelanleihe ist zusätzlich das Recht verbrieft, das Papier zu bestimmten Bedingungen innerhalb einer Frist in Aktien der Schuldnergesellschaft umzuwandeln. Wird davon Gebrauch gemacht, erlischt das Forderungsrecht. Optionsanleihen gewähren neben Zins- und Rückzahlungsanspruch zusätzlich das Recht, zu bestimmter Frist und bestimmtem Preis Aktien der emittierenden Gesellschaft zu erwerben. Das Forderungsrecht wird durch die Ausübung des Bezugsrechts nicht berührt.

946 Die Grundform für den Scheck und eine Reihe anderer Wertpapiere ist die bürgerlich-rechtliche *Anweisung* gemäß §§ 783 ff. BGB, die allerdings in der Praxis selten vorkommt. Eine solche Anweisung ist eine Urkunde, in der jemand einen anderen anweist, Geld, Wertpapiere oder andere vertretbare Sachen an einen Dritten zu leisten. Händigt der Anweisende dem Dritten diese Urkunde aus, kann dieser Dritte die Leis-

tung von dem anderen fordern und der andere mit befreiender Wirkung an den Dritten leisten.

Dies ist auch beim *Scheck* der Fall. Gemäß Art. 3, 54 ScheckG darf der Scheck nur auf ein Kreditinstitut bezogen werden, bei dem der Aussteller ein Guthaben hat. Geschieht dies nicht, ist der Scheck wechselsteuerpflichtig; praktisch gibt es daher nur Schecks, die auf Kreditinstitute als Bezogene ausgestellt werden.

947

Eine der Grundformen des Wertpapiers ist der *Wechsel*. Er hat vor allem im Bereich der Wirtschaft Bedeutung und dient anders als der Scheck, der als Zahlungsmittel Verwendung findet, vornehmlich der Kreditbeschaffung. Beim Wechsel verspricht der Aussteller die Zahlung eines bestimmten Geldbetrages an eine bestimmte Person; hier spricht man vom Eigenwechsel. Weist er einen anderen – den Bezogenen – an, die Summe zu zahlen, ergibt das den gezogenen Wechsel, der auch Tratte genannt wird. Der Wechsel muss als solcher ausdrücklich bezeichnet sein und unterliegt auch sonst strengen Formvorschriften. Er ist leicht übertragbar, wobei die Übertragenden regelmäßig in Regress genommen werden können, wenn der Bezogene den Wechsel nicht einlöst. Zahlreiche Einwendungen gegen die dem Wechsel zugrunde liegende Forderung können gegen den Wechsel selbst nicht geltend gemacht werden. Darüber hinaus kann die Wechselforderung in einem besonderen, sehr schnellen Gerichtsverfahren eingeklagt werden, dem Wechselprozess. Häufig sind Diskontgeschäfte: In diesem Fall kauft eine Bank den Wechsel und damit die Wechselforderung. Sie zahlt dem Einreicher die Wechselsumme unter Abzug eines Zinses, des Diskonts, für die Zeit bis zur Fälligkeit des Wechsels.

948

Schrifttum:
Hans Brox/Martin Henssler, Handelsrecht, 23. Aufl. 2020

X. Gewerblicher Rechtsschutz

1. Wettbewerbsrecht

Einen Kernbereich des gewerblichen Rechtsschutzes bildet das Wettbewerbsrecht, das im Gesetz gegen den unlauteren Wettbewerb (UWG) geregelt ist. Es will im Interesse eines funktionierenden Marktes den *Wettbewerb schützen*, indem es als unlauter empfundene Methoden bekämpft. Gleichzeitig schützt es die Interessen des Kaufmannes als Teilnehmer am Wettbewerb und den Verbraucher vor Irreführung und Übervorteilung. Ziel ist es, dass sich im wirtschaftlichen Wettbewerb die bessere Leistung durchsetzt.

949

Wer eine geschäftliche Handlung vornimmt, die unlauter ist, kann auf Unterlassung und Schadensersatz in Anspruch genommen werden (§§ 3, 8 ff. UWG). Mit dieser *Generalklausel* öffnet sich das Wettbewerbsrecht gesellschaftlichen Entwicklungen. Was unlauter ist, bestimmt sich danach, was anständigen Gepflogenheiten in Handel, Handwerk oder selbstständigen beruflichen Tätigkeiten zuwiderläuft. In diesem Rahmen ist geschäftliche Handlung gemäß § 2 Abs. 1 Nr. 1 UWG jedes Verhalten einer Person mit dem Ziel, zugunsten des eigenen oder eines fremden Unternehmens den eigenen wirtschaftlichen Erfolg zu fördern. Rein private, betriebsinterne oder amtliche Tätigkeiten etwa zum Zweck der Gefahrenabwehr unterfallen nicht dem Wettbewerbsrecht.

950

D. Privatrecht

951 Insgesamt erscheint das deutsche Wettbewerbsrecht im Vergleich zu manchen ausländischen Rechtsordnungen *restriktiv* und auf Pflege des Bestehenden gerichtet, Aggressivität im Wettbewerb möglichst eindämmend. Als unlauter gelten zahlreiche im UWG näher bezeichnete Verhaltensweisen, wie die Verwendung von Gütezeichen ohne die erforderliche Genehmigung und bestimmte unwahre Behauptungen, auch die Werbung durch Telefonanruf ohne vorherige ausdrückliche Erlaubnis des Verbrauchers. Unlauter sind der Vernichtungswettbewerb, die Förderung von fremdem Rechts- oder Vertragsbruch und seine Ausnutzung, weil sie grundsätzlich den freien Wettbewerb gefährden. Vergleichende Werbung war grundsätzlich untersagt, besonders, wenn sie sich kritisch mit fremden Produkten auseinandersetzt oder wenn sie den guten Ruf des fremden Produktes für sich ausnutzt. Nunmehr gilt aufgrund von Europäischem Unionsrecht, dass auch vergleichende Werbung grundsätzlich erlaubt ist, sofern der Vergleich nicht irreführend oder verunglimpfend ist und typische und nachprüfbare Eigenschaften der verschiedenen Waren miteinander verglichen werden. Unlauter sind Wettbewerbsmethoden, die Verbraucher täuschen oder eine Verwechslungsgefahr herbeiführen. Die Entschließungsfreiheit darf nicht beeinträchtigt werden etwa durch Ausnutzen von Mitleids- oder Dankbarkeitsgefühlen oder von Trieben wie der Spielleidenschaft. Werbegeschenke dürfen keinen moralischen Kaufzwang ausüben.

952 Eine Reihe von *Sondertatbeständen* enthält Konkretisierungen der Generalklausel. Unwahre Werbung ist untersagt; die wissentlich unwahre Werbung ist als Straftatbestand ausgestaltet und mit Freiheitsstrafe bis zu zwei Jahren bedroht (§ 16 Abs. 1 UWG). Strafbar ist auch die Bestechung von Angestellten oder Beauftragten ebenso wie das Sich-bestechen-lassen (§§ 299 ff. StGB). Schon die Anschwärzung als Behauptung oder Verbreitung bestimmter geschäftsschädigender Tatsachen begründet unter anderem einen Anspruch auf Schadensersatz, wenn diese Tatsachen nicht erweislich wahr sind (§ 4 Nr. 8 UWG). Endlich wird der Verrat und die unbefugte Ausnutzung von Geschäfts- und Betriebsgeheimnissen, Betriebsspionage und das unbefugte Verwerten von anvertrauten Vorlagen bestraft (§§ 17 f. UWG).

953 Intensiven Schutz genießen Erkennungs- und Unterscheidungsmerkmale wie Namen, Firma, Geschäftsabzeichen, bestimmte im Verkehr anerkannte Farb- und Formgebungen und Titel von Druckschriften.

954 Regelmäßig kann bei Wettbewerbsverstößen auf *Schadensersatz, Beseitigung* und auf *Unterlassung* geklagt werden. Auch die Klage auf Herausgabe des Gewinns an den Bundeshaushalt ist in bestimmten Fällen möglich (§ 10 UWG). Klagebefugt ist der verletzte Mitbewerber; zum Schutz der Allgemeinheit besteht aber häufig auch ein Klagerecht der Konkurrenten und von Interessenverbänden, Verbraucherverbänden, Industrie-, Handels- und Handwerkskammern (§ 8 Abs. 3, 10 UWG).

2. Kartellrecht

955 Dem Schutz des Wettbewerbs dient vornehmlich auch das Kartellrecht besonders mit dem Gesetz gegen Wettbewerbsbeschränkungen (GWB) und Kartellregelungen des Europäischen Unionsrechts. Kartelle sind Vereinbarungen zwischen Unternehmen, Beschlüsse von Unternehmensvereinigungen und aufeinander abgestimmte Verhaltensweisen *zum Zweck der Beschränkung des Wettbewerbs*, etwa indem bei Ausschreibung öffentlicher Aufträge die Angebotspreise untereinander abgesprochen oder indem Märkte untereinander aufgeteilt werden.

X. Gewerblicher Rechtsschutz   D.

Nach dem deutschen eher strengen Kartellrecht sind Kartelle *grundsätzlich verboten* (§ 1 GWB). Gesetzliche Freistellungen vom Kartellverbot bestehen bei geringer wettbewerbspolitischer Gefährlichkeit zur Förderung des allgemeinen Fortschritts. 956

Kartelle und Vereinbarungen, die unter das Verbot des § 1 GWB fallen und keinen Tatbestand der Freistellung erfüllen, sind nichtig. Als Sanktionsmöglichkeiten gibt es Auflagen zur Abstellung der Zuwiderhandlung gegen das GWB, die zu einem Unterlassungs-, Schadensersatz- und sogar Vorteilsabschöpfungsanspruch führen können (§§ 32 ff. GWB). 957

Marktbeherrschende Unternehmen unterliegen einer besonderen Kontrolle der Kartellbehörden zur Vermeidung des Missbrauchs ihrer marktbeherrschenden Stellung (§§ 19 ff. GWB). Unternehmenszusammenschlüsse, die die Gefahr der Marktbeherrschung in sich tragen, bedürfen der Genehmigung und können unter Umständen untersagt werden. Zur regelmäßigen Begutachtung der Unternehmenskonzentrationen in der Bundesrepublik Deutschland besteht eine Monopolkommission aus unabhängigen Fachleuten (§§ 44 ff. GWB). 958

Verstöße gegen Bestimmungen des GWB können als Ordnungswidrigkeiten mit Geldbußen bis zu 1.000.000 Euro zum Zweck der Abschöpfung des durch die Ordnungswidrigkeit erzielten Mehrerlöses geahndet werden; in besonderen Fällen kann auch eine höhere Geldbuße verhängt werden (§ 81 Abs. 4, 5 GWB). Zuständig für Maßnahmen nach dem GWB ist in erster Linie das Bundeskartellamt; daneben auch die Kartellbehörden der Länder und der Bundeswirtschaftsminister. 959

3. Patentrecht und Warenzeichenrecht

Das *Patent* begründet einen besonderen gewerblichen Rechtsschutz für technische Erfindungen. Nach dem Patentgesetz (PatG) werden Patente vom Deutschen Patentamt in München für Erfindungen erteilt, die neu sind, auf einer erfinderischen Tätigkeit beruhen und gewerblich anwendbar sind. Das setzt voraus, dass die Erfindung über den bisherigen Stand der Technik hinausgeht und sich aus ihm auch für den Fachmann nicht in naheliegender Weise ergibt. Das Patent sichert dem Inhaber ein Schutzrecht gegen die Verwertung der Erfindung durch andere, das in Deutschland auf zwanzig Jahre begrenzt ist, und für das Gebühren gezahlt werden müssen. Zahlreiche internationale Übereinkommen versuchen, den Patentschutz über den nationalen Bereich hinaus auszudehnen. Um Patentschutz auf europäischer Ebene zu erlangen, muss ein Antrag beim Europäischen Patentamt gestellt werden, das seinen Sitz ebenfalls in München hat. 960

Dem Patentschutz nicht zugänglich sind Entdeckungen von etwas schon Bestehendem, wie Molekularteilchen oder Naturgesetze. Dasselbe gilt für die Entwicklung geistiger Verfahren, Pläne, Spiele und Computerprogramme, Pflanzensorten und Tierarten. Nur in stark eingeschränktem Umfang können biologische Zuchtverfahren für Tiere und Pflanzen patentiert werden. 961

In einer Reihe dieser Fälle helfen *andere Institute des gewerblichen Rechtsschutzes*. Manche Schöpfungen erfüllen nicht die strengen Voraussetzungen der Patenterteilung. Für Arbeitsgerätschaften und Gebrauchsgegenstände werden Gebrauchsmuster nach dem Gebrauchsmustergesetz (GebrMG) erteilt, wenn sie dem Arbeits- oder Gebrauchszweck durch eine neue Gestaltung, Anordnung oder Vorrichtung dienen sollen. Nach seiner Eintragung darf nur der Inhaber Nachbildungen des Musters gewerbsmäßig herstellen und in Verkehr bringen, gebrauchen oder zum Verkauf halten. 962

D. Privatrecht

963 Gewerbliche Muster oder Modelle schützt das Geschmacksmustergesetz (GeschMG), wenn sie neu und eigentümlich sind. Selbstständige Neuschöpfungen können nicht untersagt werden, wohl aber Nachbildungen.

Schrifttum:
Volker Emmerich, Unlauterer Wettbewerb, 11. Aufl. 2019
Helmut Köhler/Joachim Bornkamm/Jörn Feddersen, Gesetz gegen den unlauteren Wettbewerb, 41. Aufl. 2023

XI. Urheberrecht

964 Das Urheberrechtsgesetz (UrhG) schützt *geistige Leistungen im Bereich der Kultur*. Das Urheberrecht steht dem Schöpfer eines Werkes der Literatur, der Wissenschaft und der Kunst zu, wenn es eine persönliche, geistige Schöpfung ist. Dazu zählen besonders Werke der Musik, des Films, wissenschaftliche und technische Darstellungen, Sprachwerke wie Reden, Schriftwerke und Computerprogramme, pantomimische Werke einschließlich der Werke der Tanzkunst, Werke der bildenden Künste, wozu auch Werke der Baukunst zählen. Auch Bearbeitungen geistiger Werke begründen ein Urheberrecht, wie etwa die Inszenierung eines Theaterstückes oder die Übersetzung eines Buches. Amtliche Werke wie Gesetze oder Gerichtsentscheidungen sind ausdrücklich vom Urheberrechtsschutz ausgenommen.

965 Das *Urheberrecht* entsteht unmittelbar mit der Schaffung des Werkes, einer besonderen Verbriefung oder Erteilung bedarf es nicht. Es erlischt im Allgemeinen siebzig Jahre nach dem Tod des Urhebers (§ 64 UrhG). Sein Inhaber besitzt vor allem das alleinige Recht zur Veröffentlichung, Veränderungen des Werkes bedürfen grundsätzlich seiner Zustimmung, er besitzt das ausschließliche Recht zur Verwertung, besonders zur Vervielfältigung oder Aufführung seines Werkes. Für die wirtschaftliche Nutzung kann er eine Vergütung verlangen, häufig geschieht das im Massenbetrieb der Musiksendungen oder der Ausleihe aus öffentlichen Bibliotheken durch Verwertungsgesellschaften wie die »Gema« besonders für Musik oder durch die »Verwertungsgesellschaft Wort« über Pauschalabkommen. Das Urheberrecht ist zwar vererblich, aber nicht allgemein übertragbar. Es können aber einzelne Nutzungsrechte etwa in einem Verlagsvertrag übertragen werden. Verletzungen des Urheberrechts verpflichten regelmäßig zur Herausgabe des Erlangten und zum Schadensersatz, besonders genannte Eingriffe sind mit Strafe bedroht (§§ 106 ff. UrhG).

966 Im Interesse des Informationsrechts und der kulturellen Entwicklung bestehen *Grenzen des Urheberrechts* (§§ 44 a ff. UrhG). Außer von Musiknoten und Computerprogrammen dürfen einzelne Kopien zum privaten Gebrauch hergestellt werden, auch zum wissenschaftlichen Gebrauch und zur Unterrichtung über Tagesfragen sind in bestimmtem Umfang Nutzungen zulässig. Dem Urheber stehen aber Vergütungsrechte zu wie beispielsweise durch eine besondere Gebührenpflicht für Großkopierer, zu denen Universitäten, Schulen und Bibliotheken gehören, und für Kassetten-, Video- und Kopiergeräte. Solche Gebühren werden regelmäßig über Verwertungsgesellschaften eingezogen und verteilt.

XII. Arbeitsrecht

Schrifttum:
Hartmut Eisenmann/Ulrich Jautz, Grundriss Gewerblicher Rechtsschutz und Urheberrecht, 11. Aufl. 2022
Manfred Rehbinder/Alexander Peukert, Urheberrecht, 19. Aufl. 2023
Haimo Schack, Urheber- und Urhebervertragsrecht, 10. Aufl. 2021

XII. Arbeitsrecht

Das *Verhältnis zwischen Arbeitnehmer und Arbeitgeber* birgt zahlreiche besondere Probleme, für die das Recht Strukturen und Lösungen bereithalten muss. Im Vordergrund steht hier die persönliche und wirtschaftliche Abhängigkeit des Arbeitnehmers, aus der das Schutzprinzip als ein leitender Grundsatz des Arbeitsrechts entwickelt worden ist. Viele Vorschriften des Arbeitsrechts sind zwingend, von ihnen kann nur zugunsten des Arbeitnehmers abgewichen werden. Die Materien des Arbeitsrechts gehören teils dem privaten, teils dem öffentlichen Recht an; gerade auch hier sieht sich diese Unterscheidung erheblichen praktischen Zweifeln ausgesetzt. 967

Gemeinhin wird zwischen Individualarbeitsrecht und Kollektivarbeitsrecht unterschieden. Das *Individualarbeitsrecht* umfasst die privatrechtlichen Beziehungen zwischen Arbeitgeber und Arbeitnehmer. Hierzu zu zählen ist wohl auch das stark öffentlich-rechtlich ausgestaltete Arbeitsschutzrecht, das Bestimmungen etwa über die Gestaltung von Arbeitsräumen enthält, über Höchstarbeitszeiten oder das Verbot der Kinderarbeit. 968

Das *Kollektivarbeitsrecht* dagegen regelt das Recht der Verbände, die im Arbeitsleben auftreten. Hierzu gehört das Recht des Arbeitskampfes, die Bestimmungen über die Verträge zwischen den Verbänden – die Tarifverträge –, dazu auch das Betriebsverfassungsrecht und das sonstige Recht der Mitbestimmung. 969

Zahlreiche unterschiedliche Gesetze betreffen Einzelbereiche des Arbeitsrechts, *ein Arbeitsgesetzbuch gibt es nicht*. Besonders kennzeichnend ist, dass weite Strecken des Arbeitsrechts gar keine gesetzliche Regelung gefunden haben. Hier ist der unmittelbare Rückgriff auf die Verfassung häufig; besonders die Wertgehalte der Grundrechte wirken in die Ausgestaltung und Auslegung des Arbeitsrechts hinein. Die Gerichte, vor allem das Bundesarbeitsgericht, haben in erheblichem Umfang Richterrecht geschaffen, das ständig dynamisch fortentwickelt wird. Endlich regeln die Tarifverträge zwischen Arbeitgeber- und Arbeitnehmerverbänden große Bereiche der Arbeitsbeziehungen. 970

Noch immer wird in diesen Regelungen zwischen *Arbeitern und Angestellten* unterschieden, wenngleich diese Differenzierung in den Sachregelungen tendenziell verschwindet. Arbeiter sind alle Arbeitnehmer, die nicht Angestellte sind; als Angestellte gelten Arbeitnehmer, wenn sie kaufmännische oder andere höhere Dienste verrichten. 971

Arbeitsverhältnisse werden durch Verträge begründet, ausnahmsweise kann es aber auch durch tatsächliche Arbeitsleistung zu faktischen Arbeitsverhältnissen kommen. Die Benachteiligung bestimmter Bevölkerungsgruppen ist untersagt (§§ 1 ff. AGG). Es bestehen darüber hinaus keine Beschäftigungsverpflichtungen wie etwa Quoten für Jugendliche oder ethnische Minderheiten. Wohl aber sind größere Betriebe zur Beschäftigung eines Anteils von Menschen mit einer schweren Behinderung verpflichtet; sie können diese Verpflichtung allerdings durch Leistung einer Abgabe ablösen. Seit 2016 müssen alle Aufsichtsräte von börsennotierten Unternehmen, die der paritätischen Mitbestimmung unterliegen, zu 30 % mit Frauen besetzt sein. Einzelne *gesetzliche* 972

D. Privatrecht

Verbote beschränken die Freiheit zum Abschluss von Arbeitsverträgen: Ausländer, die nicht Angehörige eines Mitgliedstaates der Europäischen Union sind, dürfen nur beschäftigt werden, wenn sie eine Arbeitserlaubnis besitzen; dadurch soll unter anderem möglichst verhindert werden, dass einzelne Arbeitgeber Ausländer ausnutzen, indem sie zu niedrige Löhne zahlen oder Sozialabgaben und Steuern hinterziehen; vor allem aber soll wohl der Arbeitsmarkt kontrolliert werden. Kinderarbeit ist verboten, ebenso die Schwarzarbeit, also die Beschäftigung von Arbeitnehmern, ohne dass die erforderlichen Steuern, Abgaben oder Versicherungsbeiträge abgeführt werden.

973 Das *Arbeitsverhältnis* begründet die Verpflichtung für den Arbeitnehmer, die Arbeit zu leisten, und für den Arbeitgeber, den vereinbarten Lohn zu zahlen. Der Arbeitsvertrag ist grundsätzlich Dienstvertrag; der Arbeitnehmer schuldet deshalb keinen bestimmten Erfolg seiner Arbeit, sondern muss seine Arbeitskraft lediglich zur Verfügung stellen und bei der Arbeit den Anweisungen des Arbeitgebers Folge leisten. Für die Arbeitszeit bestehen gesetzliche Höchstgrenzen und vielfältige tarifvertragliche Festsetzungen mit einer deutlichen Tendenz zur Flexibilisierung. Die Lohnansprüche sind weithin tarifvertraglich festgelegt, daneben kommen einzelne besondere Vereinbarungen zum Tragen. Dasselbe gilt für den Anspruch auf Urlaub, der intensiv gesetzlich geregelt ist.

974 Das Arbeitsverhältnis begründet auch gegenseitige Pflichten auf *Interessenwahrung und Rücksichtnahme*, wie das Unterlassen von Wettbewerb oder die Wahrung von Betriebs- und Geschäftsgeheimnissen; der Arbeitgeber etwa muss Gefahren für den Arbeitnehmer vermeiden. Für Schädigungen des Arbeitgebers bei Ausführung seiner Arbeit haftet der Arbeitnehmer nur bei Vorsatz und grober Fahrlässigkeit, bei Haftung gegenüber Dritten muss der Arbeitgeber ihn grundsätzlich freistellen.

975 Die *Beendigung des Arbeitsverhältnisses* durch Kündigung ist an Fristen und an das Vorliegen bestimmter Gründe gebunden. Dazu gehören Fehlverhalten des Arbeitnehmers, aber auch dringende betriebliche Erfordernisse, besonders der Mangel an Aufträgen für das Unternehmen. Der betroffene Arbeitnehmer kann dagegen nach dem Kündigungsschutzgesetz (KSchG) Klage vor dem Arbeitsgericht erheben.

976 Das kollektive Arbeitsrecht hat seinen verfassungsrechtlichen Angelpunkt in Art. 9 Abs. 3 GG, der *Koalitionsfreiheit*. Das Recht, zur Wahrung und Förderung der Arbeits- und Wirtschaftsbedingungen Vereinigungen zu bilden, ist danach für jedermann und für alle Berufe gewährleistet. Abreden, die dieses Recht einschränken oder zu behindern suchen, sind nichtig, hierauf gerichtete Maßnahmen sind rechtswidrig. Auf der Grundlage dieser verfassungsrechtlichen Gewährleistung haben sich in Deutschland relativ starke und große Gewerkschaften und Arbeitgeberverbände gebildet, die als Tarifparteien erheblichen Einfluss auf die Gestaltung der Arbeitsbeziehungen nehmen. Das hat sich als Faktor der Stabilität und Prosperität erwiesen. Die Freiheit, positiv Koalitionen zu bilden, darf nicht verletzt werden, ebenso wenig aber auch die negative Koalitionsfreiheit, also das Recht, solchen Vereinigungen fernzubleiben.

977 Es gilt die Regel, dass nur solche Vereinigungen tariffähig sind, die die Fähigkeit und den grundsätzlichen Willen besitzen, Druck auf den Gegner auszuüben. Die *Tarifparteien* schließen Tarifverträge ab, die individuelle Arbeitsbedingungen enthalten wie Lohnhöhe, Arbeitszeiten, Urlaubsregelungen, Kündigungsregelungen, darüber hinaus aber auch mit allgemein normativer Wirkung betriebsverfassungsrechtliche Fragen regeln können. Sie gelten zunächst nur für die Tarifvertragsparteien selbst, können aber vom zuständigen Minister für allgemeinverbindlich erklärt werden.

XIII. Insolvenzrecht   **D.**

Das wohl wichtigste Instrument der tariflichen Auseinandersetzung ist der *Arbeits-* 978
kampf. Das Streikrecht ist ebenso gewährleistet wie die Aussperrung, das ist die Weigerung des Arbeitgebers, die Arbeitsleistung des Arbeitnehmers anzunehmen, wodurch die Pflicht entfällt, den Arbeitslohn zu zahlen. Stets müssen diese Kampfmaßnahmen die Arbeitsbedingungen zum Gegenstand haben; der politische Streik zu allgemeinpolitischen Fragen ist durch die Koalitionsfreiheit des Art. 9 Abs. 3 GG nicht gewährleistet. Streiks sollen nur von tariffähigen Organisationen getragen werden, wilde Streiks bedeuten einen rechtswidrigen Bruch der arbeitsvertraglichen Verpflichtungen. Das Bundesarbeitsgericht hat den Grundsatz entwickelt, dass Kampfmaßnahmen verhältnismäßig sein müssen. Sie dürfen erst nach dem Scheitern aller Verhandlungsmöglichkeiten eingeleitet werden. Regelmäßig gehört dazu der Schlichtungsversuch eines unabhängigen, von den Tarifparteien bestellten Schlichters. Die Statuten der Gewerkschaften sehen die Entscheidung der Mitglieder als Urabstimmung über den Streikbeginn vor. Warnstreiks sind bereits zu einem früheren Zeitpunkt zulässig.

Zum kollektiven Arbeitsrecht gehört auch das *Mitbestimmungsrecht*, das vor allem durch das Betriebsverfassungsgesetz (BetrVG) und das Mitbestimmungsgesetz (MitbestG) geregelt ist. Als betriebliche Mitbestimmung erfasst es besonders die Einrichtung von Betriebsräten, die bei Einstellung, Versetzung und Entlassung von Mitarbeitern und bei sozialen Angelegenheiten wie der Regelung von Arbeitszeiten weitreichende Mitentscheidungsbefugnisse besitzen. Sie müssen schon in kleineren Betrieben eingerichtet sein. Beteiligungsrechte bestehen auch für wirtschaftliche Fragen wie Betriebsveränderungen oder das Absatz- und Produktionsprogramm. Die Mitbestimmung wird zudem besonders durch die Rechte der Arbeitnehmerseite bei der Besetzung von Gesellschaftsorganen wie Aufsichtsrat und Vorstand durchgesetzt. 979

Schrifttum:
Wolfgang Däubler, Arbeitsrecht, 13. Aufl. 2020
Wilhelm Dütz/Gregor Thüsing, Arbeitsrecht, 27. Aufl. 2022
Manfred Löwisch/Georg Caspers/Steffen Klumpp, Arbeitsrecht, 12. Aufl. 2019
Raimund Waltermann, Arbeitsrecht, 20. Aufl. 2021
Rainer Wörlen/Axel Kokemoor, Arbeitsrecht, 13. Aufl. 2019

XIII. Insolvenzrecht

Wenn ein Schuldner zahlungsunfähig ist oder wenn seine Zahlungsunfähigkeit droht, 980
kann über sein Vermögen auf Antrag ein *Insolvenzverfahren* eröffnet werden. Bei juristischen Personen ist auch die Überschuldung Eröffnungsgrund. Das Insolvenzverfahren hat zum Ziel, die Gläubiger des zahlungsunfähigen Schuldners zu befriedigen und gleichzeitig möglichst das Unternehmen zu erhalten und dem Schuldner das wirtschaftliche Überleben zu ermöglichen. Dazu kann ein Insolvenzplan aufgestellt werden, der die Befriedigung der absonderungsberechtigten Gläubiger und der Insolvenzgläubiger, die Verwertung der Insolvenzmasse und deren Verteilung sowie die Haftung des Schuldners nach Beendigung des Insolvenzverfahrens abweichend von der Insolvenzordnung regeln kann. Damit sollen flexiblere und wirtschaftlich effektivere Maßnahmen ermöglicht werden.

Nach der Insolvenzordnung wird in der Regel ein *Insolvenzverwalter* zur Abwicklung 981
des Insolvenzverfahrens bestellt (§ 56 InsO). Er hat in erster Linie die Aufgabe, das Vermögen des Schuldners zu sichern, anstelle des Schuldners ist er befugt, das Vermögen zu verwalten und über es zu verfügen (§ 80 InsO). Das Insolvenzgericht, das ist

das Amtsgericht, kann den Schuldner aber auch verfügungsbefugt belassen (§§ 270 ff. InsO); in diesem Fall wird er einer Aufsicht unterstellt.

982 Das gesamte Vermögen, das dem Schuldner zur Zeit der Eröffnung des Verfahrens gehört und das er während des Verfahrens erlangt, bildet die *Insolvenzmasse* (§§ 35 ff. InsO). Nur solche Gegenstände, die nicht der Zwangsvollstreckung unterliegen, gehören nicht dazu. Bestimmte Rechte, wie verschiedene Pfandrechte, berechtigen zu einer abgesonderten Befriedigung (§§ 49 ff. InsO) des berechtigten Gläubigers.

983 Das Insolvenzgericht beruft die Gläubiger in einer *Gläubigerversammlung* ein. Diese entscheidet auf der Grundlage des Berichts des Insolvenzverwalters, ob das Unternehmen liquidiert oder mit dem Ziel einer Sanierung fortgeführt wird. Insgesamt ist das Insolvenzverfahren von dem Gedanken beherrscht, bestehendes Vermögen und Unternehmen möglichst nicht zu zerschlagen, sondern mit dem Ziel der Sanierung zu erhalten und auch dem Schuldner die *Fortführung seiner wirtschaftlichen Existenz* zu erleichtern.

984 Durch die sogenannte Restschuldbefreiung (§§ 286 ff. InsO) soll Schuldnern, die natürliche Personen sind, eine Rückkehr ins Wirtschaftsleben ermöglicht werden. Danach kann der Schuldner nach sieben Jahren von der verbleibenden Schuld befreit werden, wenn er sich dem Gesetz entsprechend um Zahlung bemüht hat.

985 Für Kleingewerbebetreibende und Verbraucher gibt es bei Insolvenz ein vereinfachtes Verfahren (§§ 304 ff. InsO) mit dem Ziel einer außergerichtlichen Einigung.

Schrifttum:
Reinhard Bork, Einführung in das Insolvenzrecht, 10. Aufl. 2020

XIV. Zivilprozessrecht und Freiwillige Gerichtsbarkeit

1. Grundsätze

986 Das *Verfahren in bürgerlichen Rechtsstreitigkeiten* ist im Wesentlichen in der Zivilprozessordnung (ZPO) geregelt. Sie enthält Bestimmungen über das Erkenntnisverfahren vor Gericht und über die Vollstreckung, also die zwangsweise Durchsetzung von Forderungen. Gerichtskostengesetz (GKG), Justizvergütungs- und Entschädigungsgesetz (JVEG) sowie das Rechtsanwaltsvergütungsgesetz (RVG) geben Auskunft über die Kosten des Verfahrens im Zivilprozess, aber auch vor anderen Gerichtsbarkeiten. Die ZPO ist 1877 in Kraft getreten und seither oftmals und einschneidend geändert worden.

987 Im deutschen Zivilprozess gilt die *Dispositionsmaxime*. Sie bedeutet, dass es grundsätzlich allein in der Hand des Einzelnen liegt, ob es überhaupt zum Prozess kommt. Der Einzelne hat als Ausfluss der Privatautonomie die Dispositionsbefugnis über sein Recht. Mit der Klageerhebung bestimmt der Kläger zugleich über den Gegenstand des Prozesses; ohne bestimmten Klageantrag ist die Klage unzulässig. Das Gericht ist an den Antrag gebunden, es kann weder anderes als beantragt, noch mehr als das Beantragte zusprechen. Die Parteien können auch während des Prozesses grundsätzlich frei über den Prozessgegenstand verfügen. Sie haben deshalb die Möglichkeit, einen Vergleich zu schließen, der Beklagte kann die Klageforderung anerkennen, die Parteien können die vom Gesetz vorgesehenen Rechtsbehelfe einlegen oder auf sie verzichten, Klage und Rechtsbehelfe können zurückgenommen werden. Es besteht auch keine Verpflichtung des Beklagten, zur mündlichen Verhandlung zu erscheinen oder sich

vertreten zu lassen oder überhaupt sich zu verteidigen. Er läuft dann allerdings Gefahr, dass das Gericht ein sogenanntes Versäumnisurteil (§§ 330 ff. ZPO) erlässt, womit er ohne Rücksicht auf seine möglicherweise bestehenden Gegenrechte den Prozess verliert, wenn nur das Vorbringen des Klägers dessen behaupteten Anspruch gegen den Beklagten trägt.

Nur in geringem Umfang gelten *Ausnahmen von der Dispositionsmaxime*, die jeweils in den Sachstrukturen des betroffenen Rechtsgebietes begründet liegen. So ist etwa in Ehesachen weder Anerkenntnis noch Vergleich zulässig. 988

Als weiterer Grundsatz ist die *Verhandlungsmaxime* zu beachten. Sie bedeutet, dass es grundsätzlich Sache der Parteien ist, die Tatsachen beizubringen und zu benennen, die dem Urteil des Gerichts zugrunde liegen. Während die rechtliche Würdigung des Sachverhaltes Sache des Gerichts ist (iura novit curia = das Gericht kennt das Gesetz), liegt die Verantwortung für die tatsächlichen Grundlagen der Entscheidung bei den Parteien. Es gibt deshalb keine Aufklärung des Sachverhaltes von Gerichts wegen. Über welche Tatsachen das Gericht Beweis zu erheben hat, bestimmen die Parteien. Nur solche Tatsachen sind beweisbedürftig, die der Prozessgegner bestreitet. Das Gericht muss grundsätzlich nicht bestrittene oder zugestandene Behauptungen als wahr behandeln. Einzelne Beweise kann das Gericht – außer dem Zeugenbeweis – aber von Amts wegen erheben. Es ist stets das Gericht, das Beweis erhebt. So lädt insbesondere das Gericht, nicht etwa die Prozessparteien, die Zeugen. Offenkundige Tatsachen kann das Gericht allerdings von Amts wegen berücksichtigen. Das sind solche Tatsachen, die gerichtskundig, also dem Gericht als solchem – vielleicht aus früheren Prozessen – bekannt sind und solche, die allgemein bekannt sind. 989

Trägt der Kläger lediglich Tatsachen vor, die die von ihm begehrte Rechtsfolge nicht begründen, ist die Klage, weil unschlüssig, abzuweisen. Ist die Klage dagegen schlüssig, das heißt tragen die vom Kläger vorgebrachten Tatsachen nach der rechtlichen Würdigung sein Begehren, muss der Beklagte sich mit erheblichem Vorbringen verteidigen; sonst wird der Klage stattgegeben. 990

Eine *Einschränkung* erfährt die *Verhandlungsmaxime* durch die richterliche Frage- und Aufklärungspflicht, die sich aus § 139 ZPO ergibt. Der Richter hat dahin zu wirken, dass die Parteien sich über alle erheblichen Tatsachen vollständig erklären und sachdienliche Anträge stellen. Das ist besonders bei rechtsunkundigen Parteien relevant. Andererseits darf der Richter sich nicht auf die Seite einer Partei stellen und eine einseitige Beratung vornehmen. Die Grenzen zwischen Aufklärungspflicht und Neutralitätsgebot sind im Einzelnen sehr umstritten und schwierig einzuhalten. Auf die eingetretene Verjährung, die der Begünstigte geltend machen muss, darf der Richter nach herrschender Auffassung nicht hinweisen. Die Parteien sind verpflichtet, sich der Wahrheit gemäß und vollständig zu erklären. Allerdings dürfen sie durchaus Behauptungen aufstellen, über deren Wahrheit sie im Ungewissen sind. 991

2. Verfahrensgang

Das zivilgerichtliche Verfahren ist in *verschiedene Abschnitte* eingeteilt. Sie sollen dazu dienen, die bisweilen entgegengesetzten Interessen an umfassender Wahrheitsfindung und Richtigkeit des Urteils einerseits, an möglichst rascher Durchführung des Verfahrens andererseits angemessen zu befriedigen. Grundsätzlich ist das Verfahren vor dem Zivilgericht mündlich, wenn nicht die Parteien einem schriftlichen Verfahren zustimmen; bisweilen kann auch das Gericht ein schriftliches Verfahren anordnen. 992

D. Privatrecht

Der Rechtsstreit soll möglichst in einem umfassend vorbereiteten Termin zur mündlichen Verhandlung, dem Haupttermin, erledigt werden. Zur Vorbereitung stehen dem Gericht nach seinem Ermessen zwei Wege zur Verfügung. Es bestimmt entweder einen frühen ersten Termin zur mündlichen Verhandlung. In diesem Termin kann etwa durch Vergleich oder auch durch Urteil des Gerichts das Verfahren beendet werden, ansonsten dient die Verhandlung der weiteren Vorbereitung des Haupttermins. Möglich ist als zweiter Weg die Durchführung eines rein schriftlichen Vorverfahrens. Im Haupttermin wird die Sache verhandelt, der etwa erforderliche Beweis erhoben und gelegentlich bereits das danach zu fällende Urteil verkündet. Zumeist wird für das Urteil jedoch ein besonderer Verkündungstermin anberaumt.

993 Im Interesse eines raschen Verfahrensfortschritts besteht die Möglichkeit der *Präklusion*. Darunter versteht man den Ausschluss eines Beteiligten mit seinem Vorbringen. Der Beklagte hat innerhalb bestimmter Frist auf die ihm vom Gericht zugestellte Klageschrift schriftlich zu erwidern. Mit späterem Vortrag ist er grundsätzlich ausgeschlossen, egal wie relevant und richtig sein Vorbringen sein mag. Hierauf muss das Gericht ihn hinweisen. Auch im weiteren Verlauf des Verfahrens kann das Gericht für die Einlassung der Beteiligten immer wieder Fristen setzen. Wird eine dieser Fristen nicht eingehalten, ist die säumige Partei mit verspätetem Vorbringen ausgeschlossen, eben präkludiert, wenn andernfalls das Verfahren verzögert würde oder die Partei die Verspätung nicht genügend entschuldigt (§§ 275 Abs. 1 und 3, 276 Abs. 1 S. 2, 277 Abs. 1–3, 296 Abs. 1 ZPO). Es ist nicht immer ganz leicht, die vielfältigen und bisweilen sehr rigiden Präklusionsvorschriften mit dem Recht auf Gehör vor Gericht aus Art. 103 Abs. 1 GG in Einklang zu bringen.

994 Weil Prozesse oft recht lange dauern, Rechtsschutz häufig aber nur dann effektiv ist, wenn er schnell erfolgt, gibt es den *einstweiligen Rechtsschutz*. Das Gericht kann eine einstweilige Verfügung in Bezug auf den Streitgegenstand erlassen, wenn zu besorgen ist, dass durch eine Veränderung des bestehenden Zustandes die Verwirklichung des Rechts einer Partei vereitelt oder wesentlich erschwert werden könnte. Es kann auch sonst zur Sicherung des Rechtsfriedens einen Zustand vorläufig regeln. Das Gericht bestimmt dabei nach freiem Ermessen, welche Anordnungen zur Erreichung des Zweckes erforderlich sind (§§ 935, 940, 938 ZPO). Grundsätzlich darf dabei nur eine vorläufige und keine endgültige Regelung erfolgen. Mithilfe des Arrestes kann die Zwangsvollstreckung wegen einer Geldforderung gesichert werden (§§ 916 ff. ZPO). Es wird dann vorläufiger Zugriff auf das Vermögen des Schuldners oder auf den Schuldner selbst entsprechend den Vorschriften über die Zwangsvollstreckung genommen.

995 Die normale *Klage* wird schriftlich beim Gericht des ersten Rechtszuges, also bei der ersten Instanz, *erhoben*. Vor dem Amtsgericht genügt auch die mündliche Erklärung zu Protokoll des Urkundsbeamten der Geschäftsstelle. Beim Landgericht muss die Klageschrift von einem zugelassenen Rechtsanwalt abgefasst und eingereicht werden. Hier und bei den höheren Zivilgerichten herrscht Anwaltszwang. Das Gericht stellt die Klage dem Beklagten zu.

996 Die *örtliche Zuständigkeit* des Gerichts, man spricht auch von Gerichtsstand, richtet sich in der Regel nach dem Wohnsitz des Beklagten (§§ 12, 13 ZPO). Dazu gibt es eine Reihe von besonderen Gerichtsständen, etwa den des Ortes einer unerlaubten Handlung oder den des gewöhnlichen Aufenthaltes (§§ 15 ff. ZPO).

997 Erstinstanzlich zuständig sind entweder das Amtsgericht oder das Landgericht. Man nennt dies die *sachliche Zuständigkeit*. Sie richtet sich nach dem Streitwert, es sei

denn, sie wird dem jeweiligen Gericht ausdrücklich zugewiesen (§§ 23, 71 GVG). So ist etwa das Amtsgericht gemäß § 23 a GVG in Familiensachen sachlich zuständig. Verfahren mit einem Streitwert bis zu 5.000,- Euro kommen vor das Amtsgericht, darüber ist das Landgericht zuständig. Von den Ausnahmen dazu ist die der Mietstreitigkeiten bei Wohnräumen am wichtigsten. Hier ist stets ohne Rücksicht auf den Streitwert erstinstanzlich das Amtsgericht zuständig. Die Landgerichte sind dagegen ohne Rücksicht auf den Streitwert stets für Ansprüche aus Amtspflichtverletzungen sachlich zuständig (§ 71 Abs. 2 Nr. 2 GVG).

Rechtsmittel, im Zivilprozess Berufung, Revision und Beschwerde, setzen voraus, dass der Rechtsmittelführer beschwert ist. Die *Berufung* (§§ 511 ff. ZPO) gegen ein Urteil in vermögensrechtlichen Streitigkeiten ist nur zulässig, wenn die Beschwer des Berufungsklägers, also der Umfang, in dem er in der ersten Instanz unterlegen ist, 600,- Euro übersteigt oder vom Gericht zugelassen ist (§ 511 Abs. 2 Nr. 1 ZPO). Berufung muss binnen Monatsfrist seit Zustellung des Urteils, spätestens fünf Monate nach Verkündung des Urteils durch Einreichung einer Berufungsschrift beim Berufungsgericht eingelegt werden (§ 517 ZPO). Berufungsgericht ist in der Regel das Landgericht für Urteile des Amtsgerichts, das Oberlandesgericht für Urteile des Landgerichts. 998

Die *Revision* (§§ 542 ff. ZPO) findet grundsätzlich gegen die in der Berufungsinstanz erlassenen Endurteile statt sowie gegen erstinstanzliche Urteile, indem die statthafte Berufung übersprungen wird; das ist die sogenannte Sprungrevision (§ 566 ZPO). Die Revision führt zum Bundesgerichtshof. Voraussetzung der Zulässigkeit der Revision ist generell, dass das Gericht die Revision ausdrücklich zulässt. Dies geschieht in dem Urteil des Berufungsgerichts; bei der Sprungrevision ist die Zulassung durch das Revisionsgericht erforderlich. Die Zulassung erfolgt, wenn die Sache grundsätzliche Bedeutung hat oder wenn die Fortbildung des Rechts oder die Sicherung einer einheitlichen Rechtsprechung eine Entscheidung des Revisionsgerichts erfordert (§ 543 ZPO). Gegen die Nichtzulassung der Revision durch das Berufungsgericht ist grundsätzlich die Nichtzulassungsbeschwerde an das Revisionsgericht gegeben (§ 544 ZPO). Wird der Nichtzulassungsbeschwerde stattgegeben, geht das Beschwerdeverfahren als Revisionsverfahren weiter. Die Revisionsfrist entspricht der Berufungsfrist (§ 548 ZPO). 999

Die *sofortige Beschwerde* (§§ 567 ff. ZPO) richtet sich in erster Linie gegen Beschlüsse und Verfügungen des Gerichts, also nicht gegen Urteile. Sie ist statthaft, wenn das Gesetz sie ausdrücklich zulässt und grundsätzlich gegen Entscheidungen, die eine mündliche Verhandlung nicht erfordern, sofern sie ein Verfahrensgesuch zurückweisen. Sie wird in der Regel bei dem Gericht erhoben, gegen dessen Entscheidung sie sich wendet. Die Beschwerde muss binnen zwei Wochen seit Zustellung der angefochtenen Entscheidung erhoben werden. Das Gericht kann der Beschwerde selbst abhelfen, ansonsten legt es die Beschwerde dem oberen Gericht vor. Gegen Beschwerdeentscheidungen kann die Rechtsbeschwerde beim Bundesgerichtshof erhoben werden (§ 574 ZPO). 1000

Das Verfahren vor den Zivilgerichten ist *gebührenpflichtig*. Die Höhe der Gerichtskosten ergibt sich aus dem Gerichtskostengesetz (GKG) und ist gestaffelt nach dem Streitwert, den das Gericht jeweils festsetzt. Gerichtskosten umfassen auch Auslagen des Gerichts. Schuldner ist für die Gerichtskasse derjenige, der das Verfahren in der Instanz beantragt hat sowie diejenige Partei, der das Gericht die Kosten des Verfahrens auferlegt hat. 1001

D. Privatrecht

1002 Die *Kosten des Verfahrens* insgesamt trägt im Verhältnis der Parteien untereinander grundsätzlich die im Prozess unterlegene Partei. Zu diesen Kosten gehören alle für die sachgemäße Rechtsverfolgung notwendigen Kosten auch des Gegners. Sie umfassen auch die Kosten für den Anwalt. Dessen Honorar ergibt sich aus dem Rechtsanwaltsvergütungsgesetz (RVG), ebenfalls grundsätzlich gestaffelt nach dem Streitwert und abhängig vom Umfang seiner Tätigkeit. Die Vereinbarung eines Erfolgshonorars, also die Übereinkunft zwischen Anwalt und Mandant, Gebühren nur zu erheben, wenn die Streitsache gewonnen wird, ist in Deutschland nur im Einzelfall und nur dann zulässig, wenn der Auftraggeber aufgrund seiner wirtschaftlichen Verhältnisse ohne die Vereinbarung von der Rechtsverfolgung abgehalten würde (§ 4a Abs. 1 S. 1 RVG). Nicht selten werden auch Honorare nach Stundensätzen vereinbart.

1003 Die Prozesskosten sind oft sehr erheblich. Sie können bis zum Berufungsurteil die Höhe des Streitwerts und mehr errreichen, bis zum Abschluss der dritten Instanz beim Eineinhalbfachen und darüber liegen. Die staatliche *Prozesskostenhilfe* ermöglicht hier zumeist Rechtsschutz auch für die weniger wohlhabenden Teile der Bevölkerung (§§ 114 ff. ZPO). Sie wird aus der Staatskasse getragen und umfasst die gesamten Verfahrenskosten. Ein Anspruch auf Prozesskostenhilfe besteht, wenn die beabsichtigte Rechtsverfolgung hinreichende Aussicht auf Erfolg hat und nicht mutwillig erscheint. Zudem darf das Einkommen des Antragstellers bestimmte, kompliziert zu errechnende Nettogrenzen nicht überschreiten. Zumutbare Beträge muss der Berechtigte erstatten. Anspruch auf Prozesskostenhilfe besitzen Ausländer genauso wie Deutsche.

1004 Um den Schwierigkeiten und Kosten des staatlichen Gerichtsverfahrens zu entgehen, wird nicht selten zum Mittel des Schiedsverfahrens gegriffen. Dabei können die streitenden Parteien sich darauf einigen, dass ihr Streit von einem privaten Schiedsgericht entschieden wird. Nach Maßgabe der §§ 1025 ff. ZPO erhalten die Urteile des Schiedsgerichts staatliche Anerkennung.

3. Mahnverfahren

1005 Große praktische Bedeutung besitzt das Mahnverfahren (§§ 688 ff. ZPO). Es soll einfache Sachen aus dem eher umständlichen Prozessbetrieb heraushalten, Kosten sparen und raschen Rechtsschutz vermitteln. In diesem Verfahren können grundsätzlich *fällige Ansprüche auf Zahlung einer bestimmten Geldsumme* geltend gemacht werden, die nicht von einer Gegenleistung abhängig sind, also etwa der Anspruch auf Kaufpreiszahlung nach Lieferung der Kaufsache.

1006 Dieses Verfahren wird mit einem Antrag auf Erlass eines *Mahnbescheides* beim Amtsgericht eröffnet (§§ 688 ff. ZPO). Auf die Höhe der Forderung kommt es nicht an. Das Gericht erlässt den Bescheid ohne Anhörung des Gegners, mündliche Verhandlung oder Beweisaufnahme finden nicht statt.

1007 Der Gegner kann nach Zustellung des Mahnbescheides *Widerspruch* erheben (§§ 694 ff. ZPO). Dadurch wird das Mahnverfahren in das normale streitige Verfahren übergeleitet. Erhebt der Gegner keinen Widerspruch, wird frühestens nach zwei Wochen auf Antrag ein *Vollstreckungsbescheid* erlassen. Der Widerspruch kann bis zum Erlass dieses Vollstreckungsbescheides erhoben werden. Gegen den Vollstreckungsbescheid ist Einspruch möglich. Aus dem bestandskräftigen Vollstreckungsbescheid kann der Antragsteller die Forderung vollstrecken.

4. Musterfeststellungsklage

Die Musterfeststellungsklage ist eine zivilrechtliche Verbandsklage. Sie ist in §§ 606 ff. ZPO geregelt. Mit ihr können qualifizierte Einrichtungen die Feststellung verlangen, dass bestimmte tatsächliche oder rechtliche Voraussetzungen für Ansprüche oder Rechtsverhältnisse zwischen Verbrauchern und einem Unternehmer bestehen oder nicht bestehen. Ein Beispiel ist die Feststellung, dass bestimmte technische Maßnahmen zur Abgasregulierung bei Kraftfahrzeugen illegal sind. Klageberechtigte Verbände sind insbesondere die in § 4 UKlaG bezeichneten Stellen, etwa Verbraucherschutzverbände. Die ausschließliche erstinstanzliche Zuständigkeit liegt bei den Oberlandesgerichten.

Für die Einreichung einer Klage ist eine Gruppe von mindestens zehn Verbrauchern erforderlich. Wird die Klage zugelassen, können sich betroffene Verbraucher in ein Klageregister eintragen, das vom Bundesamt für Justiz eingerichtet wird. Dafür sind innerhalb von zwei Monaten mindestens 50 Geschädigte erforderlich. Der Eintrag wirkt für den individuellen Verbraucher verjährungshemmend (§ 204 Abs. 1 Nr. 1a BGB). Ein Prozesskostenrisiko ergibt sich für den Verbraucher nicht.

Das Gericht entscheidet bei einer Musterfeststellungsklage nur, ob ein Sachverhalt vorliegt, der den Verbraucher grundsätzlich zu Schadensersatz durch den Beklagten berechtigt. Entscheidet das Gericht zugunsten des klagenden Verbandes, muss in der Regel jeder im Klageregister eingetragene Verbraucher sodann seine Schadenersatzansprüche individuell gerichtlich durchsetzen. Für nicht im Klageregister eingetragene Verbraucher bleibt ein Musterfeststellungsurteil ohne Wirkung.

5. Vollstreckungsrecht

Die *faktische Befriedigung des Gläubigers*, der mit dem ihm günstigen Urteil ja erst ein Stück Papier in Händen hält, geschieht durch die Zwangsvollstreckung, wenn der Schuldner weiterhin nicht freiwillig leistet. Die Zwangsvollstreckung wird ausschließlich über staatliche Institutionen betrieben. Sie ist im Einzelnen in §§ 704 ff. ZPO geregelt. Das Insolvenzverfahren nach der InsO ist auch eine Form der Zwangsvollstreckung, die jedoch als Gesamtvollstreckung anderen Regeln folgt als die Einzelvollstreckung nach der ZPO.

Die Zwangsvollstreckung erfolgt in der Regel aus einem *Vollstreckungstitel*. Das sind besonders Urteile, Vollstreckungsbescheide oder vor Gericht geschlossene Vergleiche. Je nach Art der zu vollstreckenden Forderung verläuft die Zwangsvollstreckung auf unterschiedliche Weise.

Wegen Geldforderungen kann in *körperliche Sachen vollstreckt* werden. Dies geschieht durch den Gerichtsvollzieher als staatlicher Behörde, der sich für erforderliche Zwangsmaßnahmen auch der Polizei bedienen kann. Die Zwangsvollstreckung in das bewegliche Vermögen erfolgt durch Pfändung (§§ 803 ff. ZPO). Geld, Wertpapiere und »Kostbarkeiten« nimmt der Gerichtsvollzieher in Besitz. Geld händigt er dem Gläubiger aus. Wertpapiere verkauft er. Andere gepfändete Gegenstände, ein Fernsehapparat vielleicht oder ein Auto, die regelmäßig durch ein Pfandsiegel, den »Kuckuck«, gekennzeichnet werden, darf der Schuldner dem Gläubiger, etwa durch Verkauf der Sache, nicht entziehen, andernfalls macht er sich wegen Pfandkehr (§ 289 StGB) strafbar. Gepfändete Gegenstände werden öffentlich versteigert, aus dem Erlös werden die Kosten des Verfahrens bestritten und der Gläubiger in Höhe seiner Forderung befriedigt, wenn nicht der Schuldner vorher leistet.

1011 Oft wird in *Forderungen vollstreckt* (§§ 828 ff. ZPO), zum Beispiel in den Lohnanspruch des Arbeitnehmers. Dies geschieht durch einen Pfändungs- und Überweisungsbeschluss des Amtsgerichts als Vollstreckungsgericht. Er wird dem Forderungsschuldner, also dem Dritten, etwa dem Arbeitgeber, mitgeteilt. Der Dritte muss dann statt an seinen Gläubiger, das ist der Vollstreckungsschuldner, an den Vollstreckungsgläubiger leisten und wird gegenüber dem Vollstreckungsschuldner frei.

1012 In das *unbewegliche Vermögen* wird vollstreckt, indem durch das Grundbuchamt eine Zwangshypothek zur Sicherung der Forderung eingetragen wird. Außerdem besteht die Möglichkeit der Zwangsversteigerung durch das Amtsgericht als Vollstreckungsgericht. Endlich kann auch eine Zwangsverwaltung erfolgen zur Befriedigung des Gläubigers aus den Nutzungen eines Grundstückes (§§ 864 ff. ZPO sowie die Vorschriften des ZVG).

1013 Die Zwangsvollstreckung zur *Herausgabe von Sachen* erfolgt, indem der Gerichtsvollzieher die Sache dem Schuldner wegnimmt und dem Gläubiger übergibt (§§ 883 ff. ZPO). Mittels der Zwangsvollstreckung können auch Handlungen bewirkt werden. Bei vertretbaren Handlungen, die also auch ein Dritter vornehmen kann, wird der Gläubiger ermächtigt, die Handlung auf Kosten des Schuldners vornehmen zu lassen (§ 887 Abs. 1 ZPO). Ein Beispiel wäre das Einsetzenlassen einer zerstörten Fensterscheibe. Zuständig ist das Prozessgericht erster Instanz. Bei unvertretbaren Handlungen, etwa der Erteilung einer Auskunft, hält dieses Gericht den Schuldner durch die Auferlegung von Zwangsgeld oder Zwangshaft zur Vornahme an. Dasselbe geschieht zur Erzwingung von Duldungen oder Unterlassungen (§§ 888 Abs. 1, 890 ZPO). Geschuldete Willenserklärungen, etwa die Erklärung der Einigung bei der Eigentumsübertragung, gelten mit Rechtskraft des Urteils als abgegeben (§§ 894 ff. ZPO).

1014 Gegen die Zwangsvollstreckung als solche gibt es eine Reihe von *Rechtsbehelfen*. Mit der *Erinnerung* (§ 766 ZPO) kann die Verletzung von Vorschriften über die Voraussetzungen, zum Beispiel das Fehlen des erforderlichen Vollstreckungstitels, und über das Verfahren der Zwangsvollstreckung geltend gemacht werden. Die *Vollstreckungsgegenklage* (§ 767 ZPO) kann mit Behauptungen erhoben werden, die im Hauptverfahren nicht vorgebracht werden konnten, etwa, dass nach Erlass des Urteils die Forderung bereits erfüllt worden sei. Dritte können sich mit der *Drittwiderspruchsklage* gegen die unzulässige Vollstreckung in ihr Vermögen wenden (§ 771 ZPO), wenn etwa das von einem Dritten entliehene Fahrrad beim Schuldner gepfändet wird, der es als sein eigenes ausgibt. Bisweilen besitzen Dritte vorrangige Pfandrechte an einer Sache, wie zum Beispiel das Vermieterpfandrecht. Solche Rechte werden mit der *Klage auf vorzugsweise Befriedigung* (§ 805 ZPO) geltend gemacht, der Vollstreckungsgläubiger erhält dann von dem Wert der gepfändeten Sache nur so viel, wie nach der Befriedigung des vorrangigen Pfandrechtsgläubigers übrig bleibt.

1015 Bestimmte für den menschenwürdigen Lebensunterhalt unerlässliche Sachen *unterliegen nicht der Pfändung* (vgl. §§ 811, 850 a ff. ZPO). Dazu gehören die Kleidung, notwendige Unterkunft und bestimmte Arbeitsmittel, aber auch ein einfaches Radio. Pfändungsfreigrenzen bei Lohnansprüchen sichern das Lebensminimum; ihre Höhe ist unter anderem abhängig von den Unterhaltspflichten, die der Schuldner zu erfüllen hat.

XIV. Zivilprozessrecht und Freiwillige Gerichtsbarkeit D.

Führt die Zwangsvollstreckung nicht zur Befriedigung des Gläubigers, kann der Schuldner zur *Offenlegung seiner Vermögensverhältnisse* verpflichtet werden, in der Regel also zur Erklärung seiner vollständigen Zahlungsunfähigkeit. Hierüber muss er eine eidesstattliche Versicherung abgeben (§ 807 ZPO). Ist sie falsch, macht er sich strafbar, weigert er sich, kann er durch Haft bis zu sechs Monaten zur Abgabe gezwungen werden. Die eidesstattliche Versicherung wird zeitlich begrenzt in ein öffentliches Schuldnerverzeichnis eingetragen, womit der Schuldner faktisch seine Kreditwürdigkeit verliert (§§ 899 ff. ZPO). 1016

6. Freiwillige Gerichtsbarkeit und Familiensachen

Für eine recht große Zahl von Rechtsangelegenheiten gelten die Regeln der freiwilligen Gerichtsbarkeit. Sie finden sich im *Gesetz über das Verfahren in Familiensachen und in den Angelegenheiten der freiwilligen Gerichtsbarkeit* (FamFG). Schon ihr leicht irreführender Name macht die Beschreibung dieses Rechtszuges nicht einfach. Es handelt sich um ein *besonderes Verfahren* zur Erledigung enumerativ, aber sehr verstreut aufgezählter Angelegenheiten. Vorwiegend, aber nicht ausschließlich, handelt es sich um nichtstreitige Angelegenheiten. 1017

Zu den *wichtigsten Bereichen* der freiwilligen Gerichtsbarkeit zählen das Verfahren vor den Grundbuchämtern, die Führung öffentlicher Register wie der Vereinsregister oder der Güterrechtsregister. Wichtig sind auch Aufgaben im Erbrecht: die Erteilung und Einziehung von Erbscheinen, die Testamentseröffnung oder die Regelung von Nachlassverwaltung und Nachlasspflegschaft. Aus dem Familienrecht kommen etwa Kindschaftssachen (§§ 151 ff. FamFG), Abstammungssachen (§§ 169 ff. FamFG), Adoptionssachen (§ 186 FamFG), Gewaltschutzsachen (§§ 210 ff. FamFG), Versorgungsausgleichssachen (§§ 217 ff. FamFG) und Betreuungssachen (§§ 271 ff. FamFG) im Verfahren der freiwilligen Gerichtsbarkeit zur Erledigung. Eine Ausnahme bilden Ehe- und Familienstreitsachen, für die gem. § 113 FamFG grundsätzlich auf die allgemeinen Regelungen der ZPO verwiesen wird und die damit dem Zivilprozess zugeordnet sind. 1018

Im Geltungsbereich des FamFG sind die Verfahren gekennzeichnet durch weitgehenden Amtsbetrieb, also die Ermittlung der erforderlichen Tatsachen von Amts wegen, durch umfangreiche Ermessensräume der entscheidenden Instanzen und durch leichte Abänderbarkeit von Entscheidungen, wenn bessere Einsicht dazu anhält. 1019

Schrifttum:
Monika Anders/Burkhard Gehle, Zivilprozessordnung, 81. Aufl. 2023
Ursula Bumiller/Dirk Harders/Werner Schwamb, FamFG Freiwillige Gerichtsbarkeit, 13. Aufl. 2022
Wolfgang Grunsky/Florian Jocoby, Zivilprozessrecht, 18. Aufl. 2022
Wolfgang Lüke, Zivilprozessrecht, 11. Aufl. 2020
Hans-Joachim Musielak/Wolfgang Voit, Grundkurs ZPO, 19. Aufl. 2022
Leo Rosenberg/Karl-Heinz Schwab/Peter Gottwald, Zivilprozessrecht, 18. Aufl. 2018
Kurt Schellhammer, Zivilprozess, 16. Aufl. 2020
Friedrich Stein/Martin Jonas, Kommentar zur Zivilprozessordnung, 23. Aufl. ab 2014
Heinz Thomas/Hans Putzo, Zivilprozessordnung, 43. Aufl. 2022
Richard Zöller, Zivilprozessordnung, 34. Aufl. 2022

E.

E. Europarecht

I. Struktur

1020 Mit dem deutschen Recht aufs Engste verwoben ist heute das Europäische Recht. Einerseits prägt das europäische Recht das deutsche Recht, andererseits nimmt das deutsche Recht intensiven Einfluss auf das europäische Recht. Oft verfließen die Grenzen der Rechtsordnungen und es bedarf der Zusammenarbeit der beteiligten Institutionen. Eine isolierte Betrachtung der Rechtsordnungen würde daher den tatsächlichen Verhältnissen nicht mehr gerecht.

1021 Das Europarecht im weiteren Sinne umfasst eine große Anzahl von internationalen und supranationalen Organisationen. Neben der Europäischen Union gehören hierzu der Europarat, die Europäische Menschenrechtskonvention und eine erhebliche Zahl weiterer Organisationen und Abkommen.

1022 Mit dem Europarecht im engeren Sinne ist insbesondere das Recht der Europäischen Union gemeint. Die Europäische Union ist die für das deutsche Recht wichtigste supranationale Organisation. Ihr Recht prägt maßgeblich auch das deutsche Recht und das Recht der weiteren Mitgliedstaaten, darum sind auch ihre Institutionen von zentraler Bedeutung. Neben der Europäischen Union besteht die Europäische Atomgemeinschaft, die eine eigenständige supranationale Organisation ist, aber alle Institutionen der Europäischen Union gemeinsam hat. Darüber hinaus haben die europäischen Staaten eine Vielzahl von Organisationsformen multilateraler Zusammenarbeit entwickelt, denen nicht stets alle Mitgliedstaaten der Europäischen Union angehören, oft aber auch Staaten, die nicht Mitglieder der Europäischen Union sind, wie die Schweiz oder Norwegen. So bestehen etwa die Schengener Abkommen als internationale Übereinkommen, die insbesondere der Abschaffung der stationären Grenzkontrollen an den Binnengrenzen der teilnehmenden Staaten dienen. Dies sind die Mitgliedstaaten der Europäischen Union ohne Irland, Rumänien, Bulgarien und Zypern. Durch Zusatzabkommen mit der Europäischen Union sind jedoch Island, Liechtenstein, Norwegen und die Schweiz einbezogen. Der Gültigkeitsbereich des Abkommens wird gemeinhin als Schengen-Raum bezeichnet.

II. Die Europäische Union

1023 Das *Europäische Unionsrecht* und die Politik auf europäischer Ebene sind heute für die Rechtsentwicklung in Deutschland von entscheidender Bedeutung. Das deutsche Recht lässt sich heute nicht mehr angemessen verstehen ohne den Blick auf das Unionsrecht. Der allmähliche Prozess der Überantwortung von Hoheitsmacht und die dabei notwendige Zusammenarbeit nationaler mit europäischen Stellen gehören zu den besonders dynamischen Bereichen der Rechtsordnung. Das Grundgesetz enthält eine Grundlage für diese Entwicklung in Art. 23 und in seiner Präambel; beide verpflichten Deutschland, aktiv an der Einigung Europas mitzuwirken.

1. Rechtsquellen

1024 Im Recht der Europäischen Union wird das Primärrecht vom sekundären Recht der Europäischen Union und vom subsidiären Recht der Europäischen Union unterschieden. Darüber hinaus sind internationale Übereinkünfte mit Drittstaaten oder mit internationalen Organisationen ebenfalls integraler Bestandteil des Rechts der Europä-

II. Die Europäische Union

ischen Union. Diese Rechtsquellen zusammen bilden eine umfassende Rechtsordnung, die einen Kern der europäischen Einigung auf der Grundlage gemeinsamer Werte ausmacht.

a) Primärrecht

Das Primärrecht der Europäischen Union wird von einer Vielzahl von Verträgen gebildet. Das Primärrecht regelt die Aufteilung der Zuständigkeiten zwischen der Europäischen Union und ihren Mitgliedstaaten und es bildet den rechtlichen Rahmen für die Politik durch die Organe der Europäischen Union. Von zentraler Bedeutung sind dabei der Vertrag über die Europäische Union (EUV), der Vertrag über die Arbeitsweise der Europäischen Union (AEUV) und die Charta der Grundrechte der Europäischen Union (GRCh).

Zum Primärrecht gehören aber unter anderem auch die Beitrittsverträge zahlreicher Mitgliedstaaten und Zusatzverträge wie etwa der Akt zur Einführung allgemeiner unmittelbarer Wahlen der Abgeordneten des Europäischen Parlaments.

b) Sekundärrecht

Als Quellen des sekundären Rechts der Europäischen Union gelten fünf Arten von Rechtsakten. Dies sind Verordnungen, Richtlinien, Beschlüsse, Stellungnahmen und Empfehlungen.

Verordnungen sind für alle Mitgliedstaaten unmittelbar verbindlich. Sie sind am ehesten einem formellen Gesetz nach deutscher Dogmatik vergleichbar. Ein Beispiel für eine Verordnung ist etwa die Datenschutz-Grundverordnung.

Wesentlich häufiger werden jedoch Richtlinien erlassen, die in das Recht der Mitgliedstaaten umgesetzt werden müssen. Sie verpflichten zunächst also nur die Mitgliedstaaten, an die sie sich richten, und sind in den Mitgliedstaaten grundsätzlich nicht unmittelbar anwendbar. Unter bestimmten Voraussetzungen erlangen sie jedoch unmittelbare Geltung auch für den Bürger. Er kann sich unmittelbar auf die Richtlinie berufen, wenn der Mitgliedstaat sie nicht innerhalb der erforderlichen Frist umgesetzt hat, sie bestimmt genug ist und dem Bürger eine Rechtsposition einräumt. Ein Beispiel für eine Richtlinie ist etwa die Richtlinie über Einwegkunststoffe, die Auswirkungen von Kunststoffprodukten auf die Umwelt verringern soll; sie verpflichtet die Mitgliedstaaten, den Gebrauch von Wegwerfplastik wie Tellern, Trinkhalmen und Getränkebechern aus Plastik einzuschränken oder ganz zu verbieten.

Beschlüsse sind verbindliche Rechtsakte. Ist ein Beschluss an einen bestimmten Adressaten, etwa an einen Mitgliedstaat, eine natürliche oder eine juristische Person gerichtet, ist er nur für diesen Adressaten verbindlich. Grundsätzlich kann ein Einzelner nur dann ein Recht einklagen, das durch einen an den jeweiligen Mitgliedstaat gerichteten Beschluss begründet wurde, wenn dieser Mitgliedstaat den Beschluss in innerstaatliches Recht umgesetzt hat; Beschlüsse können jedoch unter den gleichen Voraussetzungen wie Richtlinien unmittelbar anwendbar sein. Ein Beispiel für einen Beschluss der Europäischen Union ist der Beschluss über die Einführung des Euro in Kroatien.

Empfehlungen und Stellungnahmen begründen für den Adressaten keine Rechte oder Pflichten. Beide Rechtsakte können jedoch Hinweise zur Auslegung und zum Inhalt des Unionsrechts geben. Eine Empfehlung ist etwa die Empfehlung der Europäischen Kommission zu internen Schutzvorkehrungen für redaktionelle Unabhängigkeit und

Transparenz von Medieneigentum. Ein Beispiel für eine Stellungnahme bildet die Stellungnahme des Europäischen Wirtschafts- und Sozialausschusses zur KMU-Strategie der nächsten Generation, die Maßnahmen zur Förderung kleiner und mittlerer Unternehmen (KMU) in der Europäischen Union vorschlägt.

c) Subsidiäres Recht

1032 Quellen des subsidiären Rechts der Europäischen Union umfassen die Rechtsprechung des Gerichtshofs der Europäischen Union sowie allgemeine Rechtsgrundsätze.

d) Internationale Übereinkünfte

1033 Internationale Übereinkünfte sind vom Primär- und Sekundärrecht getrennt. Sie bilden eine eigene Kategorie. Internationale Übereinkünfte können unmittelbare Wirkung besitzen und sie besitzen einen höheren Rechtsrang gegenüber dem Sekundärrecht. Das Sekundärrecht muss daher mit den internationalen Übereinkünften im Einklang stehen. Internationale Übereinkünfte sind unmittelbar anwendbar, soweit sie eine präzise Verpflichtung enthalten, die nicht von der Annahme späterer Maßnahmen abhängig ist.

2. Organe der Europäische Union

1034 Die Organe der Europäischen Union sind der Europäische Rat, der Rat der Europäischen Union, die Europäische Kommission, das Europäische Parlament, der Gerichtshof der Europäischen Union, die Europäische Zentralbank und der Europäische Rechnungshof.

1035 Daneben bestehen Einrichtungen und dezentrale Agenturen der Europäischen Union sowie im administrativen Bereich weitere Agenturen und Organisationen, die spezifische rechtliche Aufgaben wahrnehmen, und interinstitutionelle Dienste, die die Organe bei ihrer Arbeit unterstützen.

a) Der Europäische Rat

1036 Der Europäische Rat entscheidet über die allgemeine Ausrichtung und die Prioritäten der Unions-Politik, kann aber selbst keine Rechtsvorschriften erlassen. Seine Aufgaben und seine Funktionsweise sind in Art. 15 EUV und in Art. 235 f. AEUV geregelt. Der Europäische Rat ernennt und bestimmt Kandidaten für spezifische wichtige Positionen auf der Unionsebene wie etwa für die Europäische Zentralbank oder die Europäische Kommission. Er befasst sich zudem im Rahmen der zwischenstaatlichen Zusammenarbeit mit komplexen oder sensiblen Themen, die auf einer niedrigeren Ebene nicht geklärt werden können. Darüber hinaus legt er die gemeinsame Außen- und Sicherheitspolitik der Europäischen Union fest unter Berücksichtigung von Fragen der Verteidigungspolitik und der strategischen Interessen der Union.

1037 Der Europäische Rat setzt sich zusammen aus den Staats- und Regierungschefs der Mitgliedstaaten der Europäischen Union, dem Präsidenten des Europäischen Rates und dem Präsidenten der Europäischen Kommission. Der Präsident des Europäischen Rates wird vom Europäischen Rat für eine Amtszeit von zweieinhalb Jahren gewählt und kann einmal wiedergewählt werden. Er vertritt die Europäische Union nach außen, hat aber im Europäischen Rat kein Stimmrecht.

II. Die Europäische Union **E.**

b) Der Rat der Europäischen Union

Der Rat der Europäischen Union repräsentiert die Mitgliedstaaten der Europäischen Union. Im Vertragstext wird er lediglich als Rat bezeichnet, nichtamtlich wird er wegen seiner besonderen Zusammensetzung auch Ministerrat genannt. Der Rat der Europäischen Union setzt zusammen mit dem Europäischen Parlament das Recht der Europäischen Union. Zudem wird er in Politikbereichen tätig, in denen das Europäische Parlament weniger Mitsprache hat. Diese intergouvernementalen Bereiche betreffen etwa die Gemeinsame Außen- und Sicherheitspolitik. Regelungen über die Funktionsweise des Rates finden sich in Art. 16 EUV und in Art. 237 ff. AEUV. Der Rat der Europäischen Union besteht aus je einem Vertreter pro Mitgliedstaat, der ermächtigt ist, für seine Regierung verbindliche Entscheidungen zu treffen. Er ist insgesamt ein einziges Organ, seine Sitzungen finden aber getrennt nach jeweiligen Politikbereichen in den sogenannten Ratsformationen statt. Es gibt insgesamt zehn Ratsformationen, darunter den Rat für Umwelt, den Rat für Landwirtschaft und Fischerei und den Rat für Inneres und Justiz. In der jeweiligen Ratsformation treffen sich grundsätzlich die nationalen Minister, die in ihrer Regierung für das entsprechende Ressort zuständig sind; die Vertreter können jedoch von ihrer Regierung frei bestimmt werden. Den Vorsitz im Ministerrat hat jeweils ein Mitgliedstaat. Der Vorsitz wechselt jedes halbe Jahr und rotiert unter den Mitgliedstaaten; Vorsitzender einer Ratsformation ist dann jeweils derjenige Minister oder auch der Regierungschef aus diesem Staat.

1038

c) Das Europäische Parlament

Das Europäische Parlament besitzt, oft gemeinsam mit anderen Organen der Europäischen Union, zentrale Entscheidungsaufgaben. Seine primäre Rechtsgrundlage findet sich in Art. 14 EUV. Als Gesetzgebungsorgan setzt das Europäische Parlament Unionsrecht gemeinsam mit dem Rat der Europäischen Union und auf der Basis von Vorschlägen der Europäischen Kommission. Es entscheidet über internationale Abkommen und über Erweiterungen der Union. Das Europäische Parlament prüft das Arbeitsprogramm der Europäischen Kommission und kann sie auffordern, Vorschläge für Rechtsvorschriften vorzulegen. Als Kontroll- und Wahlorgan kontrolliert das Europäische Parlament alle Organe der Europäischen Union. Es wählt den Präsidenten der Europäischen Kommission, die Zusammensetzung der Kommission als ganze Bedarf seiner Zustimmung; zudem hat es die Möglichkeit eines Misstrauensvotums, das die Europäische Kommission zum Rücktritt verpflichtet. Das Europäische Parlament entlastet die Europäische Kommission, das heißt, es genehmigt die Ausgaben aus dem Haushalt der Europäischen Union. Es entscheidet über Petitionen und kann Untersuchungsausschüsse einsetzen. Zudem erörtert es die Währungspolitik mit der Europäischen Zentralbank. Es hat das Recht, Europäische Kommission und Europäischen Rat zu befragen. Schließlich kann das Europäische Parlament auf der Grundlage von Art. 2 und 21 EUV und Art. 205 AEUV Wahlbeobachtungen auf Einladung der Länder durchführen, die es dazu einladen. Im Bereich des Haushalts stellt das Europäische Parlament gemeinsam mit dem Rat den Haushaltsplan der Europäischen Union auf und hat das Recht, den sogenannten mehrjährigen Finanzrahmen, also den langfristigen Haushalt der Europäischen Union, zu genehmigen.

1039

Das Europäische Parlament besteht aus 705 Abgeordneten. Kein Mitgliedstaat erhält mehr als 96 Sitze, mindestens jedoch sechs Abgeordnete. Sie werden von den Unionsbürgern in unmittelbarer, freier und geheimer Wahl auf fünf Jahre gewählt. Die

1040

E. Europarecht

Wahl wird sowohl durch Vorschriften der Europäischen Union geregelt, die für alle Mitgliedstaaten gelten, als auch durch Regelungen der Mitgliedstaaten, die von Staat zu Staat unterschiedlich sind. Auf Unionsebene gelten die Art. 14 EUV, Art. 20, 22 und 223 AEUV und Art. 39 GRCh sowie der Akt zur Einführung allgemeiner unmittelbarer Wahlen der Abgeordneten der Versammlung. In diesen gemeinsamen Vorschriften sind das Prinzip des Verhältniswahlrechts, Bestimmungen über Schwellenwerte und bestimmte Unvereinbarkeiten mit dem Mandat als Mitglied des Europäischen Parlaments festgelegt. Viele andere bedeutsame Regelungen, etwa das Wahlalter, wie das Wahlsystem genau ausgestaltet wird und die Zahl der Wahlkreise, finden sich im Recht der jeweiligen Mitgliedstaaten. Die nationalen Rechtsgrundlagen für das Wahlverfahren in Deutschland sind das Europawahlgesetz (EuWG) und die Europawahlordnung (EuWO) sowie das Wahlstatistikgesetz (WstatG) und das Europaabgeordnetengesetz (EuAbgG). Das Wahlalter liegt bei 16 Jahren.

d) Die Europäische Kommission

1041 Die Europäische Kommission besitzt vor allem Aufgaben der Exekutive, sie ist insofern mit der Regierung eines Nationalstaats vergleichbar. Sie sorgt für die korrekte Ausführung der europäischen Rechtsakte, setzt den Haushalt der Europäischen Union um und führt die Förderprogramme durch. Die primären Rechtsgrundlagen für die Europäische Kommission finden sich in Art. 17 EUV und Art. 244 ff. AEUV. Über ihre Exekutivbefugnisse hinaus hat die Kommission weitere Aufgaben. So besitzt sie sie im Bereich der Legislative der Europäischen Union das alleinige Initiativrecht, nur sie kann daher einen formalen Vorschlag zum Erlass eines Rechtsaktes der Europäischen Union machen und ihn dem Rat der Europäischen Union und dem Europäischen Parlament vorlegen. Die Kommission kontrolliert zudem die Einhaltung der europarechtlichen Verpflichtungen durch die Mitgliedstaaten. Sie kann bei Rechtsverstößen der Mitgliedstaaten ein Vertragsverletzungsverfahren vor dem Europäischen Gerichtshof einleiten. Besonders im Außenhandel und bei der Entwicklungszusammenarbeit vertritt die Kommission die Europäische Union auf internationaler Ebene.

1042 Die Europäische Kommission besteht gegenwärtig aus 27 Mitgliedern, den informell sogenannten Kommissaren. Eine in den Verträgen vorgesehene Verkleinerung der Kommission hat bisher nicht stattgefunden. Die Kommission besitzt einen umfassenden Arbeitsunterbau. Jeder Mitgliedstaat entsendet einen Staatsangehörigen als Kommissionsmitglied, das jedoch unabhängig von Weisungen seines Mitgliedstaates ist. Eines der Kommissionsmitglieder ist Präsident der Europäischen Kommission, den anderen Kommissionsmitgliedern ist jeweils ein bestimmtes Ressort zugewiesen. Der Kommissionspräsident wird nach der Europawahl vom Europäischen Rat vorgeschlagen und sodann vom Europäischen Parlament gewählt. Er hat die Richtlinienkompetenz in der Kommission, ernennt die Vizepräsidenten und kann einzelne Kommissare entlassen (Art. 17 Abs. 6 EUV).

e) Der Gerichtshof der Europäischen Union

1043 Der Gerichtshof der Europäischen Union hat gemäß Art. 19 EUV die Aufgabe der Wahrung des Rechts bei der Auslegung und Anwendung der Verträge. Das gesamte Gerichtssystem der Europäischen Union wird als Gerichtshof der Europäischen Union bezeichnet. Es besteht aus einzelnen Gerichten, dem Europäischen Gerichtshof (EuGH)

II. Die Europäische Union

und dem Gericht der Europäischen Union (EuG); darüber hinaus können Fachgerichte eingerichtet werden.

Wesentliche Verfahren vor dem EuGH sind Vertragsverletzungsverfahren gegen einen Mitgliedstaat gemäß Art. 258 f. AEUV und Vorabentscheidungen nach Art. 267 AEUV auf Vorlage eines Gerichtes eines Mitgliedstaates über die Auslegung des Vertrags über die Europäische Union und des Vertrags über die Arbeitsweise der Europäischen Union sowie über die Gültigkeit und die Auslegung der Rechtsakte der Union. Die Entscheidungen sind für die Gerichte der Mitgliedstaaten bindend. Das EuG ist zuständig für eine Vielzahl von verschiedenen Verfahren wie etwa Klagen von natürlichen und juristischen Personen auf Nichtigerklärung von Handlungen der Europäischen Union, die an sie gerichtet sind oder sie unmittelbar und individuell betreffen.

1044

f) Die Europäische Zentralbank

Die Europäische Zentralbank ist die Zentralbank der 19 Mitgliedstaaten der Europäischen Union, die den Euro als offizielle Währung besitzen. Ihre wesentlichste Aufgabe ist es, Preisstabilität im Euroraum zu gewährleisten und damit die Kaufkraft der gemeinsamen Währung zu erhalten.

1045

g) Der Europäische Rechnungshof

Der Europäische Rechnungshof (EuRH) prüft gemäß Art. 285 ff. AEUV die Rechtmäßigkeit und ordnungsgemäße Verwendung der Einnahmen und Ausgaben der Europäischen Union.

1046

3. Grundprinzipien des Unionsrechts

Grundlegende Gewährleistungen des Unionsrecht sind die vier sogenannten Grundfreiheiten: der freie Warenverkehr, der freie Personenverkehr, der freie Dienstleistungsverkehr und der freie Kapitalverkehr. Der freie Warenverkehr gewährleistet unter anderem grundsätzlich den Wegfall von Grenzkontrollen zwischen den Mitgliedstaaten. Der freie Personenverkehr steht unter anderem für Reisefreiheit und die freie Wahl des Wohn- und Arbeitsortes. Der freie Dienstleistungsverkehr ermöglicht es prinzipiell, dass unionsweit alle Arten von Dienstleistungen angeboten, nachgefragt und in Anspruch genommen werden können. Der freie Kapitalverkehr schließlich bedeutet grundsätzlich den freien Zugang zu allen Finanzdienstleistungen sowie den Wegfall von Devisenkontrollen und Beschränkungen des Zahlungsverkehrs.

1047

Eines der zentralen Prinzipien des Unionsrechts ist das Prinzip der begrenzten Einzelermächtigung (Art. 4 Abs. 1, Art. 5 Abs. 1, 2 EUV). Es besagt, dass die Europäische Union bzw. die Europäische Atomgemeinschaft nur die Kompetenzen besitzt, die ihr in den Verträgen übertragen sind. Die Europäische Union kann daher nicht von sich aus Kompetenzen an sich ziehen, eine Kompetenz-Kompetenz steht ihr nicht zu. Ergänzt wird dieses Prinzip durch die Implied-Powers-Doktrin, nach der die in den Verträgen vorgesehenen Kompetenznormen auch die Tatbestände erfassen, ohne die die Kompetenznormen nicht sinnvoll angewendet werden können. In Bezug auf Deutschland findet sich die Grundlage für die Übertragung von Hoheitsrechten auf die Europäische Union in Art. 23 GG. Im Rahmen der Ultra-vires-Kontrolle prüft das Bundesverfassungsgericht, ob sich eine Maßnahme der Europäischen Union im Rah-

1048

E. Europarecht

men der ihr übertragenen Kompetenzen hält; insoweit besteht allerdings ein offener Dissens zwischen dem Bundesverfassungsgericht und dem Europäischen Gerichtshof.

1049 Nach dem Subsidiaritätsprinzip wird die Union in den Bereichen, die nicht in ihre ausschließliche Zuständigkeit fallen, nur tätig, wenn die Ziele der Maßnahme durch die Mitgliedstaaten nicht ausreichend verwirklicht werden können, sondern auf Unionsebene besser zu verwirklichen sind (Art. 5 Abs. 3 EUV).

1050 Recht der Europäischen Union geht dem Recht der Mitgliedstaaten grundsätzlich vor. Es gilt der Grundsatz des Anwendungsvorrang des Unionsrechts. Nach dem Grundsatz des Anwendungsvorranges haben die Verträge und das von der Union auf der Grundlage der Verträge gesetzte Recht Vorrang vor dem Recht der Mitgliedstaaten. Nationale Behörden und Gerichte sind daher verpflichtet, die Vorschrift des Unionsrechts auch dann anzuwenden, wenn eine Vorschrift des nationalen Rechts dem entgegensteht. Dies betrifft aber stets nur den konkreten zu entscheidenden Fall. Ein allgemeiner Geltungsvorrang des Unionsrechts, der das entgegenstehende mitgliedstaatliche Recht insgesamt verdrängen würde, besteht dagegen nicht.

1051 Nach dem Grundsatz der unionsrechtskonformen Auslegung müssen Normen des mitgliedstaatlichen Rechts stets im Licht des Unionsrechts ausgelegt werden.

1052 Primäres Unionsrecht kann nach der gegenwärtig geltenden Rechtsprechung des Bundesverfassungsgerichts über die parlamentarischen Zustimmungsgesetze (Art. 59 Abs. 2 GG) im Wege der Normenkontrolle vom Bundesverfassungsgericht auf ihre Vereinbarkeit mit dem Grundgesetz überprüft werden. Hinsichtlich des sekundären Unionsrechts ist besonders die Überprüfbarkeit anhand der deutschen Grundrechte problematisch geworden. Das Bundesverfassungsgericht hat dazu entschieden, dass grundsätzlich eine solche Überprüfbarkeit möglich sei und eine Bindung des sekundären Unionsrechts an deutsche Grundrechte bestehe, soweit deutsche Sachverhalte betroffen seien. Der erforderliche Rechtsschutz werde vom Bundesverfassungsgericht und vom Europäischen Gerichtshof in einem Kooperationsverhältnis wahrgenommen, in dem das Bundesverfassungsgericht sich auf die generelle Gewährleistung der unabdingbaren Grundrechtsstandards beschränke, während der Europäische Gerichtshof den Grundrechtsschutz im einzelnen Fall garantiere. Das Bundesverfassungsgericht behauptet also, eine Art Reservekompetenz für den Fall zu haben, dass der Grundrechtsschutz durch den Europäischen Gerichtshof wegen Versagens in vielen Einzelfällen generell nicht mehr gewährleistet erscheint oder in einem Einzelfall in unerträglichem Maße missachtet würde. Dies ist allerdings eine recht weitgehende Vorstellung, die jedoch durch die Besonderheiten des allmählichen Überganges immer weiterer Hoheitsrechte und damit öffentlicher Verantwortung auf die europäischen Organe eine mögliche Begründung findet. Jedenfalls aber bleibt insoweit der Dissens zwischen dem Europäischen Gerichtshof und dem Bundesverfassungsgericht über die Geltungskraft des Unionsrechts und die Zuständigkeiten für seine Überprüfung noch bestehen.

F. Völkerrecht

I. Struktur

Das Völkerrecht ist eine überstaatliche Rechtsordnung. Sie besteht aus Prinzipien und aus Regeln; seine Quellen sind Internationale Verträge, das Völkergewohnheitsrecht und allgemeine Rechtsgrundsätze. Das Völkerrecht regelt die Beziehungen zwischen den Völkerrechtssubjekten und geht dabei von dem Grundsatz der Gleichrangigkeit der Völkerrechtssubjekte aus. Völkerrechtssubjekte sind zumeist die Staaten. Darüber hinaus sind das Internationale Komitee vom Roten Kreuz, der Heilige Stuhl und der Souveräne Malteser Ritterorden als Völkerrechtssubjekte anerkannt. Im Übrigen haben Nichtregierungsorganisationen, multinationale Unternehmen und Einzelpersonen grundsätzlich keine Völkerrechtssubjektivität. Ihnen werden jedoch bestimmte völkerrechtliche Rechte und Pflichten, und somit partielle Völkerrechtssubjektivität, zuerkannt. Solche Rechte und Pflichten sind etwa die Menschenrechte, das Verbot der Piraterie und das Verbot des Völkermords.

1053

In Deutschland sind gemäß Art. 25 S. 1 GG die allgemeinen Regeln des Völkerrechts Bestandteil des Bundesrechts. Sie gehen den Gesetzen vor und erzeugen Rechte und Pflichten unmittelbar für die Bewohner des Bundesgebietes.

1054

II. Wichtige Institutionen und Verträge

1. Die Vereinten Nationen

Eine besonders bedeutsame Rechtsquelle des Völkerrechts ist die Charta der Vereinten Nationen mit dem in ihr enthaltenen allgemeinen Gewaltverbot (Art. 2 Nr. 4 UN-Charta). Es verbietet jeden Angriffskrieg und ist als Völkergewohnheitsrecht auch über die Mitgliedschaft in den Vereinten Nationen hinaus verbindlich. Jedoch besteht das Recht zur Selbstverteidigung nach Artikel 51 UN-Charta. Bei einem bewaffneten Angriff gegen einen Staat darf der Angegriffene sich mit militärischer Gewalt wehren und andere Staaten dürfen ihm dabei zur Hilfe kommen.

1055

Die Hauptorgane der Vereinten Nationen sind die Generalversammlung aller Mitgliedstaaten und der Sicherheitsrat. Der Sicherheitsrat besteht aus den ständigen Mitgliedern USA, Russland, der Volksrepublik China, Frankreich und dem Vereinigte Königreich sowie zehn weiteren, nicht ständigen Mitgliedstaaten. Die ständigen Mitglieder besitzen ein Vetorecht, was Entscheidungen in wichtigen kontroversen Angelegenheiten immer wieder verhindert.

1056

Der Internationale Gerichtshof (IGH) ist das zentrale Organ der Rechtsprechung der Vereinten Nationen. Seine Wirksamkeit ist allerdings eingeschränkt. Parteien vor dem IGH können nur Staaten sein und das Gericht kann nur dann entscheiden, wenn die beteiligten Parteien die Zuständigkeit des IGH anerkannt haben.

1057

2. Der Europarat

Der Europarat ist eine internationale Organisation, die von der Europäischen Union und ihren Organen unterschieden ist. Er bildet einen Rahmen, in dem zwischenstaatliche, völkerrechtlich verbindliche Abkommen mit dem Ziel abgeschlossen werden, das gemeinsame Erbe zu bewahren und wirtschaftlichen und sozialen Fortschritt zu fördern. Er setzt sich besonders ein für die Wahrung der Menschenrechte, die Sicherung

1058

demokratischer Grundsätze und rechtsstaatlicher Grundprinzipien. Er dient der Förderung des wirtschaftlichen und sozialen Fortschritts, der kulturellen Zusammenarbeit, der Förderung des Umwelt- und Naturschutzes in Europa und der Bekämpfung des Terrorismus.

1059 Der Europarat besitzt nach Art. 10 seiner Satzung (EuRatS) zwei Organe. Dies sind das Ministerkomitee und die Parlamentarische Versammlung. Im Ministerrat sind die Mitgliedstaaten durch ihre Außenminister bzw. deren Ständige Vertreter vertreten. Die Parlamentarische Versammlung besteht aus Abgeordneten, die von den Parlamenten der Mitgliedstaaten entsandt werden.

1060 Im Rahmen des Europarates ist eine Vielzahl von internationalen Abkommen geschlossen worden, darunter besitzt insbesondere die Europäische Konvention zum Schutze der Menschenrechte und Grundfreiheiten (die Europäische Menschenrechtskonvention) erhebliche Bedeutung.

3. Die Europäische Menschenrechtskonvention

1061 Die Konvention zum Schutze der Menschenrechte und Grundfreiheiten ist ein völkerrechtlicher Vertrag zwischen den Mitgliedern des Europarats. Er enthält einen umfangreichen Katalog von Grundrechten und Menschenrechten. Der Europäische Gerichtshof für Menschenrechte (EGMR) wacht über die Einhaltung der Konvention und der mit ihr verbundenen Protokolle. Er darf nicht mit dem Europäischen Gerichtshof der Europäischen Union verwechselt werden.

1062 Die wichtigsten Verfahrensarten vor dem Europäischen Gerichtshof für Menschenrechte sind die Individualbeschwerde (Art. 33 EMRK) und die Staatenbeschwerde (Art. 34 EMRK). Mit der Individualbeschwerde kann sich jeder Einzelne gegen eine Verletzung seiner Konventionsrechte unmittelbar an den Gerichtshof wenden, nachdem der innerstaatliche Rechtsweg erschöpft ist. Im Rahmen der Staatenbeschwerde können auch die Mitgliedstaaten wegen einer Verletzung der Konvention durch einen anderen Mitgliedstaat den Gerichtshof anrufen (Art. 34 EMRK). Die Mitgliedstaaten sind zur Umsetzung der Entscheidungen des Europäischen Gerichtshofs für Menschenrechte verpflichtet. Der Ministerrat überwacht die Einhaltung der Konvention.

Stichwortverzeichnis

Die Angaben verweisen auf die Randnummern des Buches.

Abgeordnete   91, 170, 176 ff., 199, 203, 340
Abschiebung   309 ff.
Abstraktionsprinzip   600, 632, 681, 714, 769
Abwehranspruch   788
Adoption   801, 846 ff., 1018
Aktie   912, 940 ff.
Aktiengesellschaft   912 ff.
Allgemeine Geschäftsbedingungen   608 ff., 629, 668, 674, 902
Allgemeines Preußisches Landrecht   256, 431, 564
Amtshaftung   261 ff.
Anfechtung   243, 591 ff., 865 ff.
Anfechtungsklage   419 ff.
Anstiftung   452
Anwartschaft   324 f., 686, 740, 776 ff., 831
Anweisung   242 ff., 705, 946, 973
Arbeitskampf   119, 969, 978
Arbeitslosengeld   324 f.
Arbeitsrecht   46, 161, 227, 314, 570, 668, 700 f., 967 ff.
Arbeitsschutzrecht   968
Asylrecht   142, 313
Atomrecht   161
Atomwaffen   218, 338
Aufenthaltstitel   302 ff.
Aufklärung   2, 80, 430 f., 564 f.
Aufrechnung   635
Aufsichtsrat   171, 915 ff., 979
Auftrag   164, 219, 661, 704 ff., 952, 955
Auftragsverwaltung   164, 211
Ausbildung   55 ff., 112, 272, 321 ff., 375, 398, 489 ff., 525, 830, 835 ff.
Ausländerrecht   9, 161, 300 ff.

Auslegung   28, 33 ff., 54, 120, 154, 607, 668, 868
Auslobung   705
Aussperrung   978
Auswärtige Beziehungen   165
Ausweisung   309

Bauordnungsrecht   344
Bauplanungsrecht   344, 346
Baurecht   9, 344 ff., 404
Beamtenrecht   9, 262, 356 ff.
Begnadigungsrecht   169
Begriffsjurisprudenz   565
Beihilfe   361, 400, 452
Bereicherungsrecht   714 ff.
Berufsbeamtentum   356 ff.
Berufung   42, 825, 998 ff.
Beschwerde   42, 998 ff.
Beseitigungsanspruch   268 f., 760
Besitz   414, 513, 716, 740, 768 ff., 814
Bestimmtheitsgrundsatz   153
Betreuung   849
Betriebsverfassungsrecht   969, 977
Betrug   434, 517
Bewährung   493 ff.
Beweis   537 ff., 989 ff., 1006
Beweislastumkehr   765 ff.
Beweisverwertungsverbote   538 f.
Billigkeitshaftung   756
Boykott   137, 748, 951
Bringschuld   640
Budgethoheit   214
Bundesagentur für Arbeit   303, 322 f.
Bundeskanzler   146, 168 ff., 191 ff.
Bundesnachrichtendienst   275
Bundespolizei   273
Bundespräsident   146, 168 ff., 194 ff.
Bundesrat   9, 163 ff., 185 ff., 190

241

Bundesrechnungshof 215
Bundesregierung 168 ff., 191 ff., 214
Bundesstaat 30, 143, 159 ff.
Bundestag 68, 168 ff., 175 ff.
Bundesverfassungsgericht 21, 27 f., 53, 149, 199 ff.
Bundeswehr 161, 217 ff.
Bundeszentralregister 437
Bürgerbeauftragte 240
Bürgerliches Gesetzbuch 11, 569 ff.
Bürgermeister 146, 340 ff., 862
Bürgschaft 580, 705 f.

culpa in contrahendo 665, 888

Darlehen 321, 692 ff., 784
Datenschutzrecht 277, 351 ff.
Deliktsfähigkeit 575, 754 ff.
Deliktshaftung 416, 643, 767
Demokratie 4, 96 ff., 143 ff., 198
Deutsche Bundesbank 216
Deutsche Demokratische Republik 27, 90 ff., 148, 208
Deutsche Einigung 218
Deutscher 102 ff., 301
Deutscher Bund 84
Deutsches Reich 77 ff., 432
Diebstahl 434, 513 ff.
Dienstbarkeit 791 ff.
Dienstvertrag 701 ff., 973
Dingliche Rechte 740, 768 ff., 789 ff., 889
Dispositionsmaxime 987 f.
Doppelstaatsangehörigkeit 104

Ehe 11 f., 115, 154, 306, 510, 569, 615, 801 ff., 890
Ehegattentestament 866
Ehehindernis 811
Eheliche Lebensgemeinschaft 814 ff.
Eheliches Güterrecht 817 ff.
Ehename 816
Ehescheidung 154, 569, 825 ff., 890
Eheschließung 597, 808 ff.

Eigentum 11, 110 ff., 263 ff., 391, 513, 564, 569, 768 ff.
Eigentümer – Besitzer – Verhältnis 726, 786
Eigentumserwerb 778
Eigentumserwerb an Grundstücken 779 ff.
Eigentumsvorbehalt 686, 711
Eingerichteter und ausgeübter Gewerbebetrieb 741, 760
Eingriffskondiktion 723 f.
Einigungsvertrag 93
Einkommensteuer 212, 226, 406 ff., 883
Elterliche Sorge 445, 829 ff.
Entschädigung 47, 252, 263 ff., 333
Entschuldigungsgründe 442, 466 ff.
Entwicklungshilfe 217
Erbbaurecht 414, 793
Erbengemeinschaft 878 f.
Erbrecht 569, 844 f., 852 ff.
Erbschaftskauf 854
Erbschaftsteuer 212, 852, 883
Erbschein 854, 882, 1018
Erbunwürdigkeit 869
Erbvertrag 861, 865, 880
Erbverzicht 615, 880
Erfüllung 612, 625, 633
Erfüllungsgehilfe 642 f.
Ermessen 132, 153, 253 ff., 282
Europa 1 ff., 167 f.
Europäische Integration 143, 167 ff.
Europäischer Gerichtshof 32, 54
Europäisches Gemeinschaftsrecht 53, 910
Europäische Union 13, 32
Europäische wirtschaftliche Interessenvereinigung 910

Fachhochschule 56, 375
Factoring 630, 897
Fahrerflucht 51

242

Stichwortverzeichnis

Fahrlässigkeit 434, 446 ff., 625, 634, 663 f., 710, 747, 782, 974
Familienerbfolge 853, 873
Familiengesellschaften 918
Familienrecht 569, 801 ff., 890, 1018
Familiensachen 801, 997, 1017 ff.
Fernsehen 376 ff.
Festnahme 288, 465, 532, 544
Finanzverfassung 161, 211 ff.
Firma 642, 900, 908, 953
Form 587, 612 ff., 682, 706, 862, 902
Franchising 630, 897
Freiheitsrechte 107, 118, 129
Freiheitsstrafe 431, 436, 487 ff., 560
Freiwillige Gerichtsbarkeit 986 ff., 1017 ff.
Führerschein 387
Fund 785

Gattungsschuld 641, 657
Gebrauchsmuster 740, 962
Gefährdungshaftung 734 ff., 761 ff.
Geheimdienst 275
Geldscheine 940
Geldstrafe 490
Gemeinden 146, 334 ff., 346 f.
Gemeinderat 340 ff.
Gemeingebrauch 250
Generalklauseln 153, 278 ff., 616, 744, 950
Generalprävention 482
Genossenschaft 330, 566, 925
Gerichtsbarkeit 36 ff., 227, 399, 1017 ff.
Gerichtsverfassung 161
Germanistik 566
Gesamthandseigentum 777
Gesamtschuld 646, 759
Geschäftsbesorgung 705, 709 ff.
Geschäftsfähigkeit 575 f., 616, 887
Geschäftsführer 583, 708 ff., 923 ff.

Geschäftsführung ohne Auftrag 707 ff.
Geschäftsordnungsrecht 9
Geschmacksmuster 963
Gesellschaft des bürgerlichen Rechts 903, 926 ff.
Gesellschafterversammlung 598, 923
Gesellschaft mit beschränkter Haftung 903, 921 ff.
Gesellschaftsrecht 903 ff.
Gesetz 15 f.
Gesetzgebung 161, 185
Gesetzliche Erbfolge 855 ff.
Gesetzliche Vertretung 578 ff., 616, 810, 838
Gesetzlichkeitsprinzip 440
Gewaltenteilung 81, 152, 166
Gewerbe 395, 413, 741 ff., 760, 899, 904
Gewerblicher Rechtsschutz 967 ff.
Gewerkschaften 119, 384, 584, 918, 976 ff.
Gewissenstäter 474
Gewohnheitsrecht 24, 440, 889
Gläubigerverzug 634, 663 f.
Gläubigerwechsel 647, 729
Gleichberechtigung 108, 240, 803
Gleichheit 7, 80, 107 f., 132 f., 177
GmbH & Co KG 935
Grundbuch 770, 779 ff., 1012
Grunddienstbarkeit 791 f.
Grundpfandrecht 780
Grundrechte 4 ff., 26 ff., 84 ff., 105 ff., 167
Grundrechtsfunktionen 110 ff.
Grundrechtsschranken 121 f.
Grundschuld 797 ff.
Grundschuldbrief 940
Gütergemeinschaft 777, 818, 824
Gütertrennung 818, 823
Gute Sitten 620 ff.
Gutgläubiger Erwerb 727, 782

Haager Minderjährigenschutzabkommen 891
Handelsrecht 570, 893 ff.
Hauptversammlung 915 ff.
Haushaltsgesetz 214, 400, 402
Haushaltsplan 214
Heiliges Römisches Reich Deutscher Nation 77 ff., 428
Hinterlegung 634
Historische Rechtsschule 565
Hochschullehrer 63
Höchstarbeitszeiten 968
Holschuld 640
Hypothek 579, 780, 798, 904, 1012
Hypothekenbrief 940

Immunität 182, 301
Indemnität 182
Individualarbeitsrecht 968
Indossament 942
in dubio pro reo 554 ff.
Inhaberpapiere 941
Insolvenzgericht 981 ff.
Insolvenzgläubiger 980
Insolvenzrecht 980 ff.
Insolvenzverfahren 876, 980 ff., 1008
Insolvenzverwalter 602, 981 ff.
Interessenjurisprudenz 567
Internationales Erbrecht 892
Internationales Familienrecht 890
Internationales Privatrecht 884 ff.
Investmentanteile 940, 944
Irrtum im Strafrecht 475 ff.

joint venture 909
Jugendstrafrecht 433, 521 ff.
Juristische Personen 117, 581 ff.

Kammern der Berufe 234, 398 f.
Kapitalanlagegesetzbuch 944
Kartellrecht 955 ff.
Kaufmann 893 ff.
Kaufvertrag 679 ff.

Kausalität 653
Kinderarbeit 968 ff.
Kindschaftsrecht 833 ff.
Kirchen 224 ff.
Kirchensteuer 226
Koalition 119, 193, 976 ff.
Kodifikation 431, 564 ff.
Kollektivarbeitsrecht 968 f.
Kommanditgesellschaft 903, 934 f.
Kommanditgesellschaft auf Aktien 903, 936
Kommunale Selbstverwaltung 336 ff.
Kommunalrecht 9, 334 ff.
Konditionen 715 ff.
Kontaktsperre 558
Krankenversicherung 328
Kredit 686, 706, 752, 784 f.
Kreise 231, 334 f., 343
Kriegsrecht 220
Kulturverwaltungsrecht 365 ff.
Kündigung 590, 695 f., 701, 975 ff.
Kündigungsschutz 668, 975

Laienrichter 38, 530
Länderfinanzausgleich 212
Leasing 630, 698, 897
Lebensgemeinschaft, nichteheliche 804
Lebenspartnerschaft 801 ff., 832, 890
Legislaturperiode 170, 176, 197
Leihe 627 ff., 693, 773, 945
Leihmuttervertrag 622
Leistungskondiktion 715 ff.
Leistungsort 640
Leistungsstörung 655 ff.
lex rei sitae 889
Lohnfortzahlung 652

Mahnbescheid 1006 f.
Mahnung 590, 663
Mahnverfahren 1005 ff.
Maklervertrag 705

Stichwortverzeichnis

Maßregeln der Besserung und Sicherung 433, 498
Medienrecht 139, 376 ff.
Mehrwertsteuer 212, 410
Melde- und Paßrecht 349 f.
Menschenwürde 128, 129
Miete 692 ff., 804
Militärischer Abschirmdienst 275
Militärische Verteidigung 217 ff.
Minderung 685
Mindestunterhalt 836
Misstrauensvotum 195 ff.
Mitbestimmung 895, 918, 923, 969, 979
Miteigentum 777
Mittäter 450
Mittelbarer Besitz 773
Mitverschulden 654
Moderne Fortpflanzungsmedizin 834
Mord 434, 455, 508

Nachbesserung 685, 702
Nacherbschaft 867
Nachlassinsolvenz 876
Nationalsozialismus 5, 89, 127, 149, 433, 473
NATO 218
Naturalrestitution 648 f.
Naturrecht 5, 27
Naturschutz 294
Nebenstrafen 491, 498
Nießbrauch 740, 790
Norddeutscher Bund 86
Normenkontrolle 32, 201, 204 f., 421
Notar 62
Notarielle Beurkundung 613 ff., 682
Nötigung 502, 519 f.
Notstand,
– entschuldigender 469 ff.
– rechtfertigender 462 f.
Notwehr 460 f.
Notwehr, Überschreitung der 471

Notwendige Verteidigung 557 f.
Nutzungsrechte 789
Nutzungsrechte, an Grundstücken 793 f.

Offene Handelsgesellschaft 903, 930 ff.
Öffentliche Beglaubigung 613 f.
Öffentlicher Dienst 356 ff.
Öffentliche Sachen 249
Öffentliches Recht 6, 13, 77 ff.
Offizialprinzip 546
Online-Handel 677
Optionsanleihen 945
Orderpapiere 941 f.
Ordnungswidrigkeitenrecht 44, 436 ff.
ordre public 885
Organstreitverfahren 201, 203

Pacht 692 f.
Parlament 16, 145, 150, 168, 170, 198, 214, 340
Parteienprivileg 209
Partnerschaftsgesellschaft 903, 926, 928
Patentrecht 960 ff.
Persönlichkeitsrecht 130, 351, 651, 743
Pfandrechte 631, 740, 794, 982
Pflegeversicherung 331
Pflegschaft 851
Pflichtteil 682, 873 f.
Pflichtverteidiger 557
Plan 245
Politische Parteien 203, 206 ff., 584
Polizei 271 ff., 531
Präjudizien 19
Präklusion 993
Pressefreiheit 111, 137 f., 140, 376, 381
Privatautonomie 11, 295, 596, 604, 630, 666 f., 987

Privatisierung von Verwaltungstätigkeit 228, 237, 247 f.
Privatklage 546
Privatrecht 11, 561 ff.
Privatrechtsgeschichte 561 ff.
Produkthaftung 570, 629, 767
Prokura 899
Prozesskosten 1003
Prozesskostenhilfe 1003
Prozessrecht 9, 12, 415 ff., 529 ff., 986 ff.
Publizitätsprinzip 770

Quoten für Frauen 972

Realakt 246, 590
Reallast 796
Rechtfertigungsgründe 429, 442, 458 ff.
Rechtliches Gehör 117, 537, 993
Rechtsanwalt 55, 57, 64, 395, 399, 541, 557, 995
Rechtsfähigkeit 573 f., 581, 583 f., 855
Rechtsgeschäft 586 f., 596 ff., 612, 632
Rechtspfleger 56
Rechtspositivismus 5
Rechtsprechung 2, 17 ff., 37, 40, 145
Rechtsstaat 143, 149 ff.
Rechtstradition 1 ff., 134
Rechtsverordnung 16, 28, 245, 248
Reisevertrag 705
Religionsgemeinschaften 224 ff., 366, 375
Religionsunterricht 226
Religiöse Ehen 809
Rentenanwartschaften 776
Rentenschuld 799
Rentenversicherung 329, 358
Republik 96, 143, 158
Resozialisierung 482, 489
Revision 42, 825, 998 f.

Revolution von 1848 85
Rezeption 3, 428, 561
Richter 37 f., 42, 50 f., 59, 64, 199, 530, 535
Richterliche Frage- und Aufklärungspflicht 991
Richterrecht 17 ff., 568, 570, 884, 897
Richtlinienkompetenz 191, 198
Romanistik 566 ff.
Rückgriffskondiktion 723, 725
Rücktritt 457, 637, 668, 865
Rückwirkung 154, 440
Rundfunk 137, 139 f., 376, 383 ff.
Rundfunkbeitragsstaatsvertrag 383

Sachenrecht 631, 727, 768 ff., 889
Sachmängelhaftung 684 f., 877
Sanktionen 434 f., 438, 482 ff., 524
Satzung, öffentlich-rechtliche 16, 28
Schadensersatz 648 ff.
Scheck 930, 938, 946 f.
Schenkung 687 ff.
Schenkung auf den Todesfall 881
Schenkungsteuer 411, 852
Schickschuld 640
Schlüsselgewalt 815
Schmerzensgeld 217, 649 ff.
Schriftlichkeit 613
Schuld, strafrechtliche 442, 466 ff.
Schuldanerkenntnis 705
Schuldfähigkeit 649
Schuldnerwechsel 647
Schuldrecht 569, 628 ff.
Schuldverhältnisse 628 f., 632 ff.
Schuldverschreibung 705, 940, 945
Schuldversprechen 705
Schule 366 ff.
Schutzzweck der Norm 738
Schwägerschaft 843, 845
Schwangerschaftsabbruch 135 f., 512
Schwarzarbeit 972

Stichwortverzeichnis

Schweigen 588
Selbstmord 510
Sicherungsübereignung 784
Sicherungs- und Verwertungsrechte 789, 795
Sondernutzung 250
Souveränität 26
Sozialhilfe 241 f., 316 ff., 336
Sozialrecht 314 ff.
Sozialstaat 134, 143, 157, 315, 696
Sozialversicherung 327 ff.
Spezialitätsgrundsatz 771
Spezialprävention 752
Spiel 705
Staatsangehörigkeit 102 ff.
Staatsanwalt 60, 531 ff.
Staatshaftung 261 ff.
Stellvertretung 616 ff.
Sterbehilfe 511
Steuerrecht 9, 49, 401 ff.
Stille Gesellschaft 903, 908, 926
Strafantrag 546 f.
Strafbefehl 549
Strafermittlung 531 f.
Strafprozess 529 ff.
Strafrecht 6, 10, 424 ff.
Strafrechtsgeschichte 424 ff.
Straftat 272, 434 f.
Straftheorien 482 ff.
Strafverfolgung 60, 277, 516, 534, 536
Strafverteidiger 557 ff.
Strafvollstreckung 560
Strafzweck 482 ff.
Straßenverkehrsrecht 387 ff.
Streikrecht 978
Streitkräfte 173, 192, 217
Stückschuld 641
Stufenbau der Rechtsordnung 25
Subvention 400

Tarifparteien 976 f.

Tarifvertrag 119, 969 f., 977
Täterschaft 434, 450 f.
Tausch 680
Teilnahme 434, 452
Testament 589, 598, 613, 861 ff.
Testierfreiheit 853, 873
Theater 365
Tierhalterhaftung 762
Tierschutz 143, 295
Totschlag 434, 446, 508 ff., 543
Tratte 948
Trennungsprinzip 600, 681, 714, 769
Treu- und Glauben 153, 587, 591, 638 f., 720
Typenzwang 771

Überpositives Rechtsdenken 5, 27
Umfang der Schadensersatzpflicht 757 ff.
Umsatzsteuer 212, 410
Umweltrecht 9, 289 ff.
Unerlaubte Handlung 575, 583, 734 ff., 888
Universalsukzession 853
Universität 118, 370 ff.
UN-Kaufrecht 896
Unlauterer Wettbewerb 948 ff.
Unmöglichkeit 657 ff.
UNO 61, 219, 504
Unterhaltsrecht 814, 830, 835
Unterlassungsanspruch 760
Unterlassungsdelikt 434, 444 f.
Untersuchungshaft 543 f.
Urheberrecht 964 ff.

Verarbeitung von Daten 240, 351 ff.
Verarbeitung von Sachen 726, 785
Verbandsklage 418
Verbindung 726, 785
Verbotene Eigenmacht 775
Verdeckter Ermittler 545
Verdingungsordnung für Bauleistungen 704

Verein 581 ff., 903 ff.
Verfall 499
Verfassung 94 ff.
Verfassungsänderung 95 f.
Verfassungsbeschwerde 201 f.
Verfassungsgerichtsbarkeit 4, 40, 52
Verfassungsorgane 168 ff.
Verfassungsschutz 275
Verfügungsgeschäft 599 ff.
Vergleich 705, 987 f.
Verhältnismäßigkeitsgrundsatz 124 f., 155
Verhandlungsmaxime 989, 991
Verjährung, strafrechtliche 154
Verjährung, zivilrechtliche 625 ff.
Verlöbnis 806 f.
Vermächtnis 871
Vermieterpfandrecht 1014
Vermischung 726, 785
Vernehmungsmethoden 538 ff.
Vernunftrecht 564 ff.
Verpflichtungsgeschäft 599 ff.
Verrichtungsgehilfe 643, 749 ff.
Versäumnisurteil 987
Versicherungsschutz 652, 763
Versicherungsverein auf Gegenseitigkeit 903
Versorgungsausgleich 823, 831
Versuch 453 ff.
Verteidigung 217 ff.
Verteidigungsfall 51, 173, 220
Vertrag, privatrechtlich 604 ff., 630, 666 ff.
Vertragsfreiheit 604, 630
Vertragshändler 897
Vertrag zugunsten Dritter 644
Vertrauensfrage 196
Vertrauensschutzprinzip 154
Verwahrung 705
Verwaltung 162 ff., 228 ff.
Verwaltungsakt 242 ff.

Verwaltungsgerichtsschutz 243, 415 ff.
Verwaltungsorganisation 162 ff.
Verwaltungsrecht 228 ff.
Verwaltungsrechtlicher Vertrag 244
Verwaltungsverfahren 251 ff.
Verwaltungsvorschrift 28, 163, 245, 291
Verwandtschaft 801, 843 ff.
Verwendungskondiktion 723, 726
Verzug 663 f.
Völkerrecht 14, 31
Vollmacht 616, 899, 934
Vollstreckungsbescheid 1007 ff.
Vollziehende Gewalt 26
Vorbehalt des Gesetzes 150
Vorerbschaft 867
Vormundschaft 849 ff.
Vorrang des Gesetzes 150
Vorsatz 262, 267, 447 f.
Vorstand 583, 915 f.

Wahlfeststellung 555
Wahlrecht 176 ff., 300
Wahlverteidiger 557
Wahndelikt 456
Wandelanleihe 945
Warenzeichenrecht 960 ff.
Wasserrecht 293
Wechsel 940 ff.
Wegfall der Bereicherung 733
Wehrdienst 220
Wehrdienstverweigerung 220
Wehrpflicht 220
Weimarer Republik 87, 98 f., 144, 433
Werklieferungsvertrag 703
Werkvertrag 699 ff., 794
Wertpapierrecht 570, 938 ff.
Wertungsjurisprudenz 567
Wettbewerbsrecht 949 ff.
Wette 705

Stichwortverzeichnis

Widerruf
- der Strafaussetzung 494 ff.
- des Verwaltungsaktes 252
- einer Willenserklärung 589

Widerrufsrecht 675 ff.
Willenserklärung 586 ff., 591 ff., 597 ff.
Willensmängel 591 ff.
Wirtschaftsverwaltungsrecht 391 ff.
Wohnungseigentum 777
Wucher 623

Zensur 378
Zerrüttungsprinzip 826 f.
Zeugnisverweigerungsrecht 379, 541, 844
Zivildienst 220
Zivilprozessrecht 986 ff.
Zugewinnausgleich 822
Zugewinngemeinschaft 818 ff., 860
Zwangsversteigerung 800, 1012
Zwangsverwaltung 800, 1012
Zwangsvollstreckung 1008 ff.